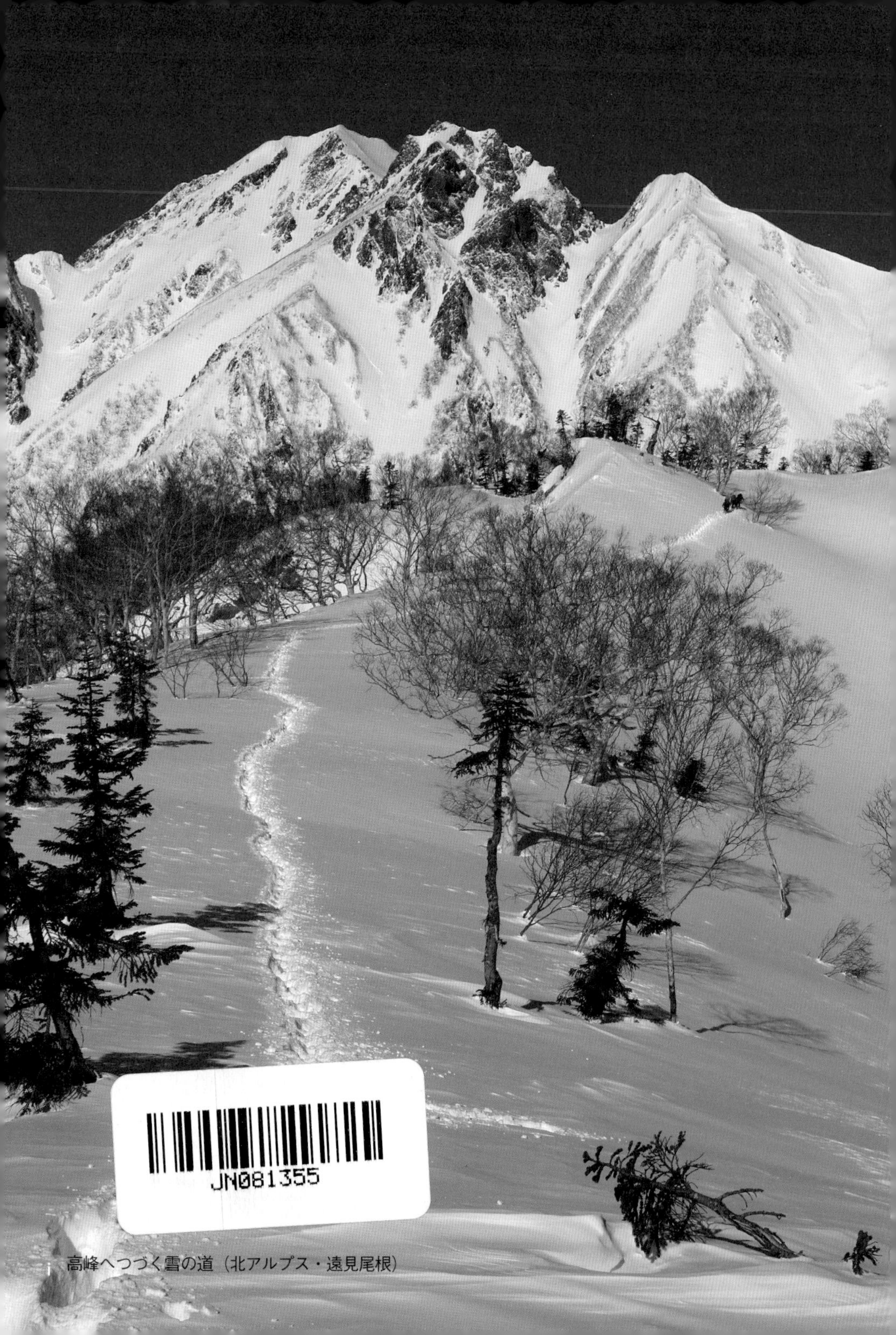

高峰へつづく雪の道（北アルプス・遠見尾根）

氷雪混じりの岩稜をたどる（八ヶ岳・横岳）

琵琶湖を眺める展望台（伊吹山）

雲が切れて晴れ上がる山稜（伯耆大山）

テントから望む日没（日高山脈・カムイエクウチカウシ山）

ヤマケイ 入門＆ガイド

雪山登山

改訂版

Winter Mountaineering

野村仁 編著　江崎善晴 画

山と溪谷社

はじめに

日本の雪山はおもしろい。行くたびに雪山風景のざん新さに驚嘆し、いくらかスリリングな地点を乗り越え帰ってくると、あらためて生きる活力が取り戻せた気がして心が満たされる。

日本の山では、一年の半分は雪山である。日本各地に多様な雪山があって、地域の人々と共生しながら山の風景をつくってきた。そのような雪山を訪ねることはこのうえない喜びである。

11年前に初版が出版された本書は、雪山登山の入門者のマニュアルであることを意識した。難しく高度だと思われていた雪山登山技術の全体を見渡せて、何を学習し、練習し、教わればよいかがわかるようにまとめた。本書を読んで、必要な装備をそろえたら、やさしい雪山へまず行ってみてほしい。

登山を続けるモチベーションになるのは山そのものである。本書では初〜中級のレベルで行ける雪山ルートを多数収録して、具体的な雪山登山がイメージできるようにした。旧版では各地の精通者にガイドをお願いしたが、今回はなるべく編者自身でルートを登り、情報を調べて掲載するようにした。

どうぞ多くの雪山へ行って、自分の力で遭難を防ぎながら登り、楽しんでいただきたい。

2023年11月
編者　野村 仁

注意　＊掲載内容は2023年12月末の情報です。山小屋の営業状況などは、山行前に必ず確認してください。
＊雪山登山は大きな危険を伴います。管理された無雪期の一般登山コースとは大きく状況が異なります。本書で紹介したルートでの事故等に関して、小社は一切責任を負いません。初心者のみでの入山は慎み、安全に充分配慮してください。

雪山登山 目次

第2部 雪山ルートガイド

第1部 雪山技術

雪山の魅力

すべての風物が雪でおおわれる季節、人間社会から隔絶した山々は、それまでとは異質な美しい風景をくり広げる。動植物の気配もすっかり絶えて静まり返った世界で、神々しいまでの自然美を体験できるのは、登山する者だけがふれられる雪山の魅力だ。

日本の山々が雪でおおわれる季節は、思いのほか長い。

東京近郊の奥多摩、丹沢など、太平洋側に位置する低山では、雪山シーズンは1～3月の約3カ月間、一年のおよそ4分の1にすぎない。中部山岳地域の内陸部にある八ヶ岳では、12月中旬から4月までの4カ月間余り。しかし、北アルプス北部などの多雪地域になると、11月下旬には根雪となり、翌年6月の梅雨期まで雪の影響が残る。積雪期は実に6～7カ月間にも及ぶ。

このように雪山シーズンは長期間にわたり、地域によって多様な姿を見せる。雪山登山といっても、さまざまな楽しみ方があり、比較的安全なものもあれば、危険と隣り合わせの緊張感を強いられることもある。

雪山のシーズンは冬季と春季に分けられ、冬季は初冬期と厳冬期に分けられる。また、春季のうち後半、新しい降雪がほとんどなくなる時期を残雪期と呼んでいる。以下の（　）内は、北アルプスを念頭においたものである。

初冬期（11月下旬～12月中旬）

冬型気圧配置の日がしだいに多くなり、山の積雪が消えずに残る根雪になってゆく。まだ本格的なラッセルにはならないものの、ヤブが雪で埋まりきらないため、踏み抜きが多くて苦労させられる。雪山をめざす人は、寒さ慣らしのための登山や、雪上訓練を行なって本格的な雪山に備える。

厳冬期（12月下旬～2月）

例年、12月下旬までには強力な寒波が何度か訪れて、山々は一気に積雪を

新雪におおわれた伊吹山の表登山道（11月下旬）

増して冬の装いとなる。年末年始は長期で本格的な雪山登山ができるチャンスだ。各地で年末年始だけ営業する山小屋もある。

正月を過ぎると、山は一年で最も静かな季節を迎える。1月上旬、2月中旬の連休は厳冬期登山の目標になる。低山のスノーハイクや、スノーシューを履いた雪原散歩でも、雪山の世界を楽しむことができる。

上：山荘が建つ八ヶ岳・赤岳北峰（2月中旬）
下：立山・室堂から一ノ越へのトレース（5月上旬）

春季（3月〜4月中旬）

2月下旬から3月になると、冬型気圧配置がゆるんで、移動性高気圧が通過する日も多くなる。日射時間が長くなり、日ざしに暖かさが感じられる。日本的な味わいのある雪山を楽しむには、絶好の季節といえる。

雪山登山の技術をマスターした人は、3月下旬の連休を利用して、北アルプスなどのビッグプランをめざすところだ。また、八ヶ岳、奥秩父、雪深い東北や南会津、上信越方面など、各自のレベルに応じて雪山登山を楽しめる。

残雪期（4月下旬〜5月）

4月も後半になると冬の厳しさとはほど遠く、時には初夏の陽気を感じるほどだ。春の大型連休を中心とする時期には、北アルプス、南アルプス、飯豊連峰、北海道の日高山脈のような大きな山々で、テント泊のプランが考えられる。北アルプスなら山小屋泊も可能だ。本格的な雪山登山をめざす人にとって、この時期は、雪山の技術を学ぶ絶好の機会にもなる。

雪山登山のジャンル

日本では、低山から3000m級までの雪山が登られている。

標高で重要な要素は、森林限界高度を超えるかどうかという点だ。森林限界以下の高度では、基本的に強風による氷化（ウインドクラスト）がないため滑落の危険性は少ない。したがって、それほどシビアな歩行技術は必要とされない。しかし、森林限界以上の高度になるとピッケルとアイゼンを使い、正しいアイゼン歩行のフットワークによって、滑落を防止しながら登下降する必要がある。

森林限界高度は山によって違う。中部山岳地域では2500m前後だが、谷川連峰では1500m、東北の山では1500〜1700mである。実際の標高よりも、森林限界高度を超えているかどうかが重要だ。

低山

標高1000m級以下の山で、首都圏では奥多摩、奥武蔵、丹沢などが典型的。赤城山、日光周辺、南会津など内陸部になるほど積雪も多く、雪山入門に適したプランができる。

低山では積雪があってもその影響は少なく、無雪期の延長で歩ける。スノーハイクとも呼ばれ、一定のジャンルを築いている。

樹林帯、雪原、山間集落などで雪景色を眺めて雪上散歩を楽しみ、下山後は温泉で温まって帰る。トレッキングポールと軽アイゼンまたはチェーンスパイクで済ませられることが多い。しかし、雪のため山道が滑りやすく、迷いやすくなっている。転倒・滑落と道迷いには注意が必要である。

2000m級の雪山

森林限界高度を超えないか、超えても短い区間で樹林帯に戻れるコースが多い。ピッケル・アイゼンを使った、雪山入門に適したプランとなる。

八ヶ岳のうち、核心部を除いた北八

低山でも変化のある雪山風景が楽しめる（奥多摩・川苔山）

ヶ岳（天狗岳以北）、蓼科山、霧ヶ峰、美ヶ原、信越地域の黒斑山、高峰高原、奥日光、那須連峰、東北地方の山々など多くの対象が考えられる。

どの山でも滑落などの危険性があり得るので、きちんと歩行技術を身につけて挑戦しよう。また、地形図を読図して的確なルートを判断できるようにしたい。これらの山を数多く登って、有益な雪山経験を積むことができる。

上：きれいな雪の樹林帯を歩く北八ヶ岳
下：木曽駒ヶ岳は最も容易に登れる 3000m 級雪山だ

2500m級以上の雪山

本格的な雪山といえるレベル。北・中央・南アルプス、富士山、八ヶ岳核心部、また標高は低いが、飯豊連峰、朝日連峰、日高山脈、利尻山など。これらのなかでも難易に大きな差があり、たとえば北アルプスなら、西穂独標、蝶ヶ岳、燕岳などは初級、唐松岳、白馬岳、爺ヶ岳などは中級、剱岳、槍ヶ岳、奥穂高岳などは上級となる。

確実なピッケル・アイゼンワーク、雪上確保の技術、テント泊の生活技術を充分に身につけて臨む必要がある。

ただし、入山者が多い八ヶ岳は例外で、快適に泊まれる通年営業の小屋があり、雪山とはいえコースがほぼ完全に整備されている。実力あるリーダーに引率されれば、初級者でも登頂できる特別なエリアだが、技術的に容易なわけではないことに注意したい。

八ヶ岳以外の山は、初冬期～厳冬期に登るのは非常に厳しい。3月以降の春山ならだいぶ登りやすくなる。5月連休を利用して登る残雪期登山はさらに容易で、一般的なレベルとなる。

雪山のエリアと特徴

現代の雪山登山は、限られた山とコースに集中しがちだが、自由な発想で臨むなら、全国の雪山が登山のフィールドにできる。ここでは全国の雪山エリアについて概観してみたい。

【北海道】 個性的な山がたくさんあり、本州にはない雰囲気のある山々が魅力的だ。辺境に位置する利尻山、知床（羅臼岳など）は、強風と急激な気象変化が注意点である。大雪・十勝連峰はスキー使用を基本によく登られている。日高山脈は厳冬期に登られることは少なく、4月下旬～5月上旬からがアプローチ、雪質の面で適期となる。札幌周辺にも雪の豊富な山がいろいろあるが、雪崩には注意したい。

【東北】 登攀的要素は少なく、山麓の風物も合わせて味わいのある雪の山旅ができるのが魅力。広大なエリアだけに対象となる雪山は無尽蔵だ。多くの山はスキー向きだがスノーシューやわかんでも歩ける。標高の高い岩手山、鳥海山は遭難も多いので注意。2月までは気象が厳しく、3月から登頂チャンスが多くなる。

【飯豊・朝日連峰】 東北地方のなかでも、とくにスケールの大きな山域である。主稜線はテント泊縦走が基本で、適期は朝日連峰が3～4月、飯豊連峰は4～5月。厳冬期はきわめて困難な気象状況となる。

【吾妻・安達太良・磐梯】 吾妻連峰は古くから山スキーの中心地だった。安達太良・磐梯もスキー場があり、その機動性を生かして入門～初級レベルの雪山登山ができる。

【那須連峰】 行程が短く、日帰りで雪山登山ができる貴重なエリア。首都圏の登山者にとって雪山入門の定番でもある。ただし、意外に厳しい強風と寒気は要注意だ。

【南会津】 広大な山域を含む。会津鉄道周辺は交通事情がよくなり、いくつかの山は首都圏から日帰りできるようになった。標高が低く、難しい雪山ではない。西部の会津駒・朝日周辺は原始的なエリアで、厳冬期の登山は難しく、3月中旬以降が適期である。

【奥日光】 ゴンドラの架かる丸沼高原

集落の裏山で雪遊びする人たち。遭難もなく安全にできる雪山だ（秋田県北秋田市）

から日光白根山は日帰り可能。日光側から登る日光白根山、男体山、女峰山などは意外に山深い。2000m級とはいえ体力が必要で、中級以上の対象となる。

【北関東】　赤城山は雪山入門に適している。上州武尊山と足尾山塊は入山者が少ない。コースによって岩場やヤセ尾根の難所を含むので要注意だ。

【谷川連峰】　アプローチの近い天神平~谷川岳、土合~白毛門などが主な対象となっている。また荒沢山、タカマタギなどの衛星峰は、ラッセル訓練で登られたりする。一部の人気ルート以外は上級レベルになる。

上：気温が低く積雪が少ない赤城山。霧氷が美しい
下：スキー場から日帰り往復できる日光白根山

【越後三山】　厳冬期の越後三山は、国内でも特別に困難な対象のひとつだろう。最近は、ほとんど登られていないと思われる。3月以降は本格的な雪山登山の対象となる。

【奥多摩・奥秩父・大菩薩】　奥多摩、大菩薩はスノーハイクのできるエリア。奥秩父は山が深く、本格的な雪山登山が体験できる。健脚者なら日帰り可能なルートもある。

【丹沢】　全般に雪が少なく、安全性の高いスノーハイクができるエリア。高山的景観にも恵まれていて、塔ノ岳山頂から関東平野の夜景、富士山の景観などは一見の価値がある。

【富士山】　激烈な気象が最大の関門だ。条件がよければ簡単に登れることもあるが、悪天候になればまったく対応不可能な恐ろしい山になる。気象をよく研究したうえで、悪天候のときを避けて挑戦することが重要だ。

【八ヶ岳】　全国で最も雪山登山が活発なエリア。北八ヶ岳は通年営業の小屋が多く、スノーシューでの雪山歩きが活発だ。南八ヶ岳ではピッケル・アイゼンを使った本格的な雪山登山が行なわれ、アイスクライミング、ミックスクライミングのルートも多い。

【霧ヶ峰・美ヶ原】　北八ヶ岳と連続するエリアで、数は少ないが営業小屋とスキー場がある。北八ヶ岳の樹林帯とは別の、広大な雪原をスノーシュー、クロカンで散歩する遊び方ができる。

【南アルプス】　広大なエリアのなかでよく登られているのは、鳳凰三山、甲斐駒ヶ岳、仙丈ヶ岳だけ。この3峰も基本的に3日間が必要である。ほかはアプローチが悪いためあまり登られていない。積雪は少なめで晴天率も高いので、実力のある人には登りがいのあるエリアだ。

【中央アルプス】　千畳敷からの木曽駒ヶ岳往復は、初級者が3000m級の雪山を体験できる貴重なコース。ただし、千畳敷全体が雪崩の要注意箇所で、過去に何度も雪崩事故が起こっている。それ以外は、宝剣岳も含めて、すべて中級以上の対象となる。

【上信越】　徒歩で登られているのは、アプローチがよい浅間山周辺の黒斑山、高峰高原、北信五岳のうち黒姫山、飯縄山、戸隠山など。そのほかの山はスキー登山が行なわれている。

【北アルプス】　初級から上級までさまざまなコースがとれる。季節も厳冬期から残雪期まで登られている。コースの難易順は無雪期とほぼ同じ。槍ヶ岳、奥穂高岳、剱岳などは最も難しい。白馬岳、唐松岳、五竜岳、鹿島槍ヶ岳などは、登攀的な難しさとともに、豪雪のラッセルや雪崩が関門になる。チャンスの少ない薬師岳や黒部源流エリアなども、あこがれの対象といえる。

【白山とその周辺】　冬季の白山は深い雪に閉ざされ、登山口まで入ることもできない。白山周辺でアプローチのよい取立山、荒島岳などは、すばらしい初~中級ルートを提供している。

【鈴鹿】　冬季の季節風が直接吹き抜ける伊吹山や鈴鹿北部の山は、12月中旬~2月にかけてすばらしい雪山登山の領域になる。1000m級とはいえ、

唐松岳は北アルプスのなかでは入門ルート。絶大な人気がある

しっかりした雪山装備を用意し、気象情報に注意して出かけたい。

【比良・京都北山】　日本海側気候の影響を強く受け、山上では例年2～3ｍの積雪がある。比良では樹氷や雪庇もあり、本格的な雪山登山が行なわれている。冬の北山は入山者が少なく、静かなスノーハイクが楽しめる。

【大峰・台高】　太平洋側に位置するため冬季の積雪量は少ない。大峰北部の山上ヶ岳～弥山付近で多いときでも2ｍ前後、それより以南では雪の影響は少なくなる。高見山と三峰山は関西では人気が高い初級雪山で、樹氷シーズンは1月下旬～2月ごろ。

【中国】　1500ｍを超える大山と氷ノ山では、12月～4月にかけて本格的な雪山登山ができる。ただし、日本海に面する大山は厳冬期（1～2月）の気象条件が悪く、雪山遭難が非常に多い山である。そのほかの1000ｍ級の山でも12月下旬～3月に積雪があり、スノーハイクを楽しめる。

【四国】　積雪期は12月中旬～3月、積雪は法皇山脈で1ｍほど、石鎚山北面や剣山周辺では1～2ｍになる。石鎚山は滑落と雪崩の危険箇所があるが、それ以外は大きな危険もなく登れる山が多い。雪山風景を楽しむなら、気温の低い2月中に登りたい。

【九州】　九重・阿蘇、祖母・傾山地では、12月～3月には積雪や寒気の影響がある。しかし、南国だけに積雪量は少なく、ラッセルになることもほとんどない。きれいな霧氷の景色を求めて、多くの人が雪山登山に訪れている。

上：伯耆大山の七合目付近。確実なアイゼン技術が必要
下：霧氷におおわれた九重・星生山。牧ノ戸コースから

雪山登山の計画

雪山登山は事前にしっかりと計画を立てることが重要だ。登山を実現するために必要な情報がわかるだけでなく、遭難対策の第一歩にもなる。

目標ルートを決める

最初に、行きたい具体的な山を決めることが始まりになる。

たとえば八ヶ岳の赤岳、北アルプスの白馬岳など。赤岳なら登るルートはほぼ決まっており、地蔵尾根または文三郎道が登れるかどうか、技術面が問題になる。しかし、白馬岳の場合はもっと選択肢が広い。最も登りやすいのは4月下旬からの残雪期、ルートは栂池からの往復が容易だ。

目標ルートを決めるときにまず考慮するのはグレード（難易度）ということだ。ルートによって難しさが変わるのは当然だが、雪山は季節によってグレードが大幅に変わる。年末年始と5月連休は営業する小屋が多く、小屋泊まりの雪山登山ができる。小屋利用が可能になるとグレードは低くなり、登りやすくなる。

雪山のグレードはいろいろな要素を組み合わせたもので、複雑でわかりにくい。そのなかで、あまり背伸びせずに、自分にとって少しだけ挑戦的であるようなルートを選ぶのが、雪山登山を成功させ、楽しめるコツである。

メンバーを決める

目標の山とルートが決まり、必要日数から日程も決まる。次にいっしょに行くメンバーを検討するが、このときに、初級者の友達を連れていくことは慎重に考えよう。初級者が加わったら、ルートも初級者がこなせるものにする必要がある。その結果、自分が登りたいルートは諦めることになるかもしれない。グループ内の最も弱いメンバーが参加できることが、雪山にかぎらず登山の大原則だ。自分のチャレンジか山友達と楽しむのか、目的をはっきりさせることが重要である。

情報を集める

雪山登山に必要な情報として、以下のような内容を調べる。

①交通アクセス

電車・バスの経路、時刻、タクシーの運行状況。車でどこまで入れるか。駐車場または駐車可能なスペース。道路状況によっては登山口まで入れないことがある。交通や道路状況については、地元の観光課、バス会社、タクシー会社などに問い合わせる。

②山小屋の営業状況

山小屋が営業しているかどうか、ま

た、休業中の小屋で、一部が冬季小屋として入れるようになっているかどうか。食事が出ずに素泊まりだけできる小屋もある。小屋に泊まれると、それを生かした雪山計画が可能になる。

③積雪状況

ルート近くに営業小屋がある場合は、小屋に問い合わせれば現地の積雪状況がわかる。スキー場がある山では、スキー場の積雪情報からも判断できる。警察署のサイトで、ヘリから撮影した山の状況を載せているケースもあり参考になる。地元観光課や観光協会では山の積雪はわからないが、山麓の状況は教えてくれるので、それから推測することもできる。

④ルート状況

ガイドブックや雑誌記事は、多少古いものであっても重要な基本情報である。雪山のルートがどのような組み立てか。どこまでが樹林帯で、どこから森林限界になり、雪稜・岩稜になり、

雪山登山のグレード例（本書での考え方）

体力グレード＝おもに所要時間によるが、テント泊の重荷や、ラッセルの可能性も考慮する
技術グレード＝ピッケル、アイゼン、ロープ使用頻度と、トレース状況などを考慮する

グレード		体力	技術
★	入門	日帰りで5時間以下。ラッセルなし	ピッケル、アイゼンを使用しない。ほぼトレースがある容易なコース
★★	初級	ラッセルなしで5時間超〜8時間以内。またはラッセル主体で5時間以下	短い区間でピッケル、アイゼンを使用する（1〜2時間）。またはルートが一部不明瞭な箇所がある
★★★	中級	ラッセルなしで8時間超〜10時間以内。またはラッセル主体で5時間超〜8時間以内	ピッケル、アイゼンを長時間使用する（3時間以上）。またはルートの不明瞭な箇所が多数ある
★★★★	中〜上級	1泊2日までで、最長の日が10時間超。またはラッセル主体で8時間超〜10時間以内	コース中に2〜3カ所程度の危険箇所があり、少なくとも初・中級者に対してロープ確保が必須
★★★★★	上級	2泊3日以上で、最長の日が10時間超。またはラッセル主体で8時間超〜10時間以内	コース中に多数の危険箇所があり、スタカット、コンティニュアスなどの技術を駆使して登攀する

山岳保険に入る

雪山登山者はかならず山岳保険に入ろう。1年契約で保険料が最も安いタイプは4000円くらいからある。年間を通して捜索救助費用が補償される山岳保険に入っておけば安心だ。1回掛け捨てのタイプは軽登山対象なので、雪山登山には適用されない。

山岳保険と会員制捜索ヘリサービス「ココヘリ」を組み合わせた新タイプも出ており、年会費5500円で加入できる。未発見遭難が高い確率で防げるのは大きい。検討してほしい。

難所がどこで出てきて、どの程度の難しさかなど。基本的な部分が把握できるので熟読しておこう。インターネットに公開されている記録は主観的な表現も多いので、正確かどうかは注意が必要だ。ただし画像として見られる情報は参考になる。

⑤エスケープルート

ルートのなかで最も危険な状況になり得るのは、強風雪にさらされる森林限界以上の区間だ。そこからどういう手段でエスケープできるか、どの方角に何分間がんばれば安全地帯に出られるか、稜線から一時的に下って樹林帯に逃げ込める場所があるか、というような問題を検討する。ルート情報から判断するか、地形図を見て推測できることもある。

⑥雪崩情報

そのルート周辺で過去に雪崩事故がなかったか、できるだけ調べておきたい。例は少ないが、ガイドブックや雑誌記事で指摘している場合もある。日本雪崩ネットワークのように、特定山域についてリアルタイムで雪崩情報を発信している例もある。

行動予定を見通す

雪山ルートのガイドにはコースタイムが書かれているが、これは不確定なもので、そのとおりに歩ける保障はまったくない。ラッセルになると行動予定は大幅に狂ってしまい、予定の宿泊地にたどり着けないこともある。

しかし、それでもコースタイムに基づいて予定時刻を見通しておくとよい。行動時間が長くて到着が遅くなりそうなら、朝の出発時間を早めるなどの対応もできる。基本的に朝7時には出発し、遅くとも15時までに宿泊地に着くような行動計画にしたい。

[装備リスト] 装備内容は毎回決まっているので、変更の部分は少ない。雪山登山用の装備リストを作っておいて、それに記入していくと忘れ物もない。登山届（計画書）には、リストのまま添付しておけばよい。

[食料の分担] 自炊する場合に必要。最近は個々で食料を用意するグループも多いが、鍋を囲んで食べる楽しさもある。食事当番は夕食と朝食でそれぞれ決める。買い出しやボッカ（荷担ぎ）の担当は、すすんで引き受けよう。

登山計画書

計画内容がすべて決まったら、登山計画書にまとめる。上に掲げたのは一例だが、表が計画書、裏に装備表が印

断(なくても可)　"／"はどちらか1つ

○	ラジオ(＋替電池)	
○	天気図用紙	
	補助ロープ　[φ7mm×20m]	野村
	<テント用具[共同]>	
	⑤テント(4～5人用)本体	
○	⑤フライシート・ポール・ペグ	
	⑤テントマット	
	②テント(2～3人用)本体	
	②フライシート・ポール・ペグ	
○	②テントマット	
	内張り／外張り	
	スノーソー	
○	ガソリンコンロ	
	白ガソリン　[　　ℓ]	
	予熱用メタ	
	ガスコンロ	野村
	カートリッジ　[　小1　個]	野村
	LEDランタン	
	ローソク　[　　本]	
*	ライター／マッチ	野村
	⑤クッカー(4～5人用)	
	②クッカー(1～2人用)	野村
○	ビリーカン	
○	ウォーターキャリー	
	まないた・おたま・飯へら	
	雑巾／ペーパータオル	
○	ロールペーパー	
○	雪用ビニール袋	
○	雪用タワシ	
○	<登攀用具[共同]>	
○	ロープ　[φ8mm×　30m]	
○	ハーネス(共装用)	
	安全環付カラビナ	
	カラビナ	
○	スリング(長)	
*	スリング(短)	
○	確保器・下降器	野村
○	ハンマー／バイル	
○	ロックピトン	
○	アイスピトン	
○	ボルトセット	
	スノーアンカー	
	<緊急対策用具[共同]>	
	ツエルト	野村
	メタ(非常用)	野村
	無線機	
	携帯電話・予備バッテリー	各自

登山計画書

富山県知事 御中

富山県警察本部地域部山岳安全課
〒930-8570 富山市新総曲輪1-7
TEL:076−441−2211(代)

2023年5月6日 (提出者:野村 仁)

山域/山名 ルート名	立山〜別山縦走	山行形態	小屋泊まり縦走
山行期間	2023年5月10日(水) 〜 11日(木)	2日間 (予備日なし)	
集合場所	JR信濃大町駅 11:10集合		

行動予定:※下線部の数字は徒歩所要時間(時.分)	食料 朝	食料 昼	食料 夜
5/10(水) 11:30 12:30 12:46 信濃大町駅(車0.30)扇沢(トロリーバス)黒部ダム(歩0.15) 13:00 13:05/20 13:27/45 黒部湖(ケーブル)黒部平(ロープウェイ)大観峰(トンネル 13:55 16:00 バス)室堂ターミナル(1.40)一ノ越山荘[泊]	—	外食または持参	山荘
5/11(木) 4:00 6:30/7:00 7:30/40 9:10/20 一の越山荘(1.00)雄山(0.25)大汝山(1.00)真砂岳 10:50/11:10 11:40 13:40/50 (1.00)別山(0.25)別山乗越(1.20)雷鳥平(0.45) 14:50/15:15[最終16:30] 16:51[17:51] 室堂ターミナル(アルペンルート)扇沢	弁当	行動食持参	—
[合計コースタイム] 5/10=1時間40分 5/11=5時間55分			

[行動予定備考欄]
悪天候、体調不良などで継続不可能な場合は引き返します

※一の越山荘 現地電話 090-1632-4629
※みくりが池温泉 076-463-1441 入浴可 9:00〜16:00

[食料備考欄]
＊各自行動食1食分、非常食少々を持参します

担当	氏名	生年月日	血液型	性別	保険	現住所/電話番号	緊急連絡先(氏名) 本人との続柄
L	野村 仁	1975/*/**	O	男	有	横浜市[redacted]区[redacted]*-**-*** 〒221-0801 TEL:080-****-****	野村[redacted](妻) TEL:080-****-****
	山川 静香	1980/*/--	A	女	有	東京都[redacted]区[redacted]*-**-*** 〒168-0064 TEL:090-****-****	山川[redacted](夫) TEL:090-****-****

[留守本部] 住所/電話
野村 [redacted] 〒221-0801 神奈川県横浜市[redacted]区[redacted]*-**-***
TEL:080-****-****

【参考】1/25000地図の図名=「立山」「劔岳」

雪山登山用装備表

○必需品 ＊個人の

個人装備		タオル/手ぬぐい
<服装>		ちり紙
長袖シャツ	○	カップ
アンダーウェア上下	○	ナイフ
ロングパンツ	○	ビニール袋
ショートパンツ		地図・コンパス
靴下(＋替え)	○	コース資料
防寒着(フリース・ダウンなど)	○	高度計
ウインドブレーカー		GPS
帽子	○	時計
バラクラバ(目出帽)		手帳(記録用紙)・筆記用具
ネックウォーマー		カメラ(＋替電池、付属品)
手袋(＋替え)	○	貴重品入れ(お金・カード類など)
軍手		<生活用具>
着替え(下着)		シュラフ・シュラフカバー
着替え(ズボン)		個人用マット
レインウェア上下		テントシューズ
オーバー手袋	○	食器(おわん)
オーバーヤッケ	○	食器(スプーン・フォーク・はし)
オーバーパンツ	○	洗面用具
<歩行用具>		裁縫用具・修理用具
雪山用登山靴	○	防虫薬
スニーカー		日焼け止め
スパッツ		リップクリーム
トレッキングポール(2本)	○	携帯トイレセット
ピッケル	○	<登攀用具>
ピッケルバンド	○	ヘルメット
アイゼン=12本爪	○	ハーネス
アイゼンケース/プロテクター	○	安全環付カラビナ[1 個]
チェーンスパイク/軽アイゼン		カラビナ [3 個]
予備アイゼンバンド		スリング(長) [1 本]
わかん/スノーシュー		スリング(短) [2 本]
スキー板		確保器・下降器
シール(＋グルー)		<緊急対策用具>
スキーアイゼン		救急薬品・常備薬
スノーショベル	○	テーピングテープ
雪崩ビーコン	○	健康保険証
プローブ	○	行動食(日数分)
<一般携行品>		非常食
ザック	○	登山計画書(控え用)
ザックカバー	○	共同装備 (担
サブザック		<一般携行品[共]>
雨傘	＊	標識(赤布)
サングラス/ゴーグル	○	竹竿
ヘッドランプ・予備電池	○	針金
水筒 [約1 ℓ]	○	粘着テープ
保温ポット [300〜450 cc]	○	プライヤー・ドライバー

刷されている。ここに必要事項を書き、人数分印刷してメンバーに配る。また、計画書で設定してある「留守本部」の人にもかならず渡しておく。

【登山届の提出】 登山計画書を登山届として、道府県警本部か入山する山域の警察署に提出する。提出は一部の山域では条例などで義務付けられている（P238参照）。多くの山域では任意だが、かならず提出してほしい。その理由は、遭難事故発生のとき、登山届があるかどうかで、捜索活動の実効性が大幅に変わるからだ。

登山届は複数の方法で行なうことができる。推奨する順に次のとおり。

①自治体・道府県警への電子申請
②自治体・道府県警と連携しているSNS（コンパス、ヤマップなど）
③道府県警、管轄警察署、林業事務所などへの郵送、FAX、メール添付
④登山口などに設置された登山届ポストへの投函（回収は最も遅くなる）

雪山の気象①冬

雪山への出発前、最後まで検討するのが気象である。ここではおもに冬山の気象について考えてみよう。

冬型気圧配置

冬になるとユーラシア大陸に優勢な高気圧が発達し、千島列島や日本の東海上には発達した低気圧が停滞することが多くなる。これが西に高く東に低い、西高東低の冬型気圧配置である。

冬型気圧配置になると、大陸の高気圧から冷たく乾いた北～西の強風が吹き出してくる。この風は日本海上で大量の積雲・積乱雲を発達させ、日本列島の山脈に当たって上昇気流となり、さらに積乱雲を発達させる。この積乱雲（雪雲）が日本海側を中心に暴風雪をもたらし、大量の雪を降らせる。

冬山の天気を判断するには、

①冬型がどれほど強いか
②冬型がどれくらい続くか

この2点を、各種気象情報から見抜くことがポイントになる。

地上天気図の見方

強い冬型のとき、大陸の奥地に1050hPa以上の優勢な高気圧があって、日本付近は南北方向に等圧線が走っている。高気圧の動きが遅いほど、等圧線の間隔が狭いほど冬型は強い。

弱い冬型のとき、または冬型が弱まってきたときは、大陸奥地に強い高気圧が見えず、また、日本付近で等圧線の南北の形が崩れ、間隔が広くなったり、東西に寝た形になってくる。このようなとき大陸南部に高気圧が現われれば、移動性高気圧となって日本付近にやってくることが多い。

高層天気図の見方

上空の寒気の状態に注目するとよい。冬型のとき、上層の寒気が強いほど激しい風雪になる。500hPa面でマイナス36℃とマイナス30℃の等温線に注目し、以下のとき警戒が必要となる（猪熊隆之『山岳気象大全』より）。

①マイナス30℃以下の寒気におおわれたときは大雪、マイナス36℃以下の寒気におおわれたときはドカ雪を警戒。
②マイナス36℃の等温線が北緯40度線よりも南下したときは、半日～1日後には激しい雪となる。
③マイナス36℃の等温線が北陸地方に達したときは、ひと晩に1m以上のドカ雪となる。

マイナス30℃の等温線が横長に延びていると、寒気から抜けられず、強い冬型は長く続く。マイナス30℃線が大陸で北上していると、寒気から抜けるのは早く、冬型は長くは続かない。

強い冬型と弱い冬型

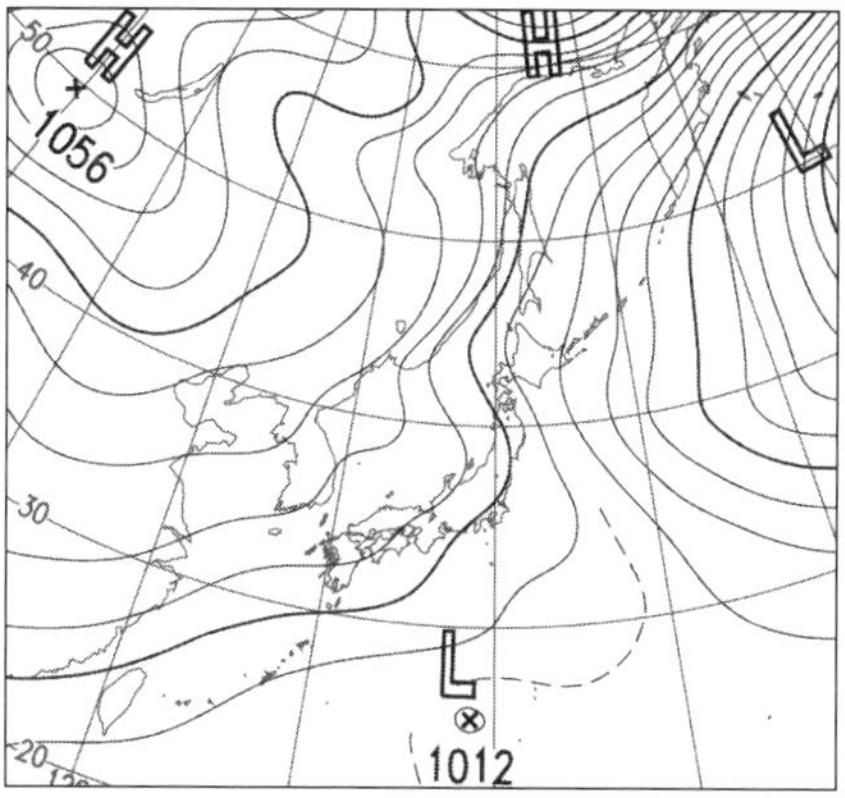

強い冬型　大陸の奥に 1050hPa 以上の高気圧があり、等圧線が南北に狭い間隔で並ぶ

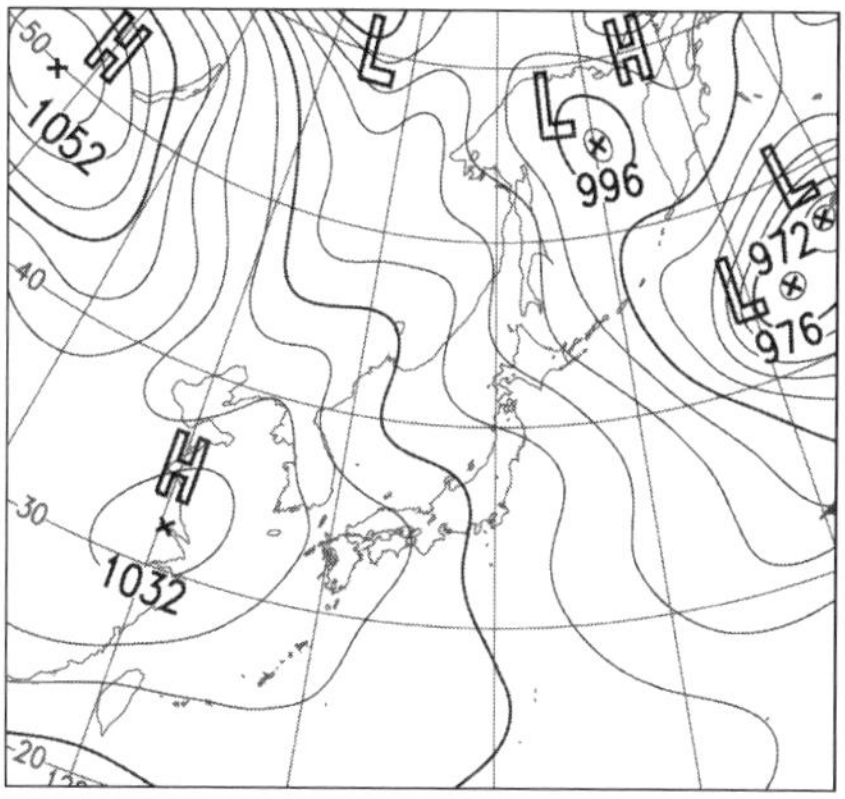

弱い冬型　等圧線の南北に並ぶ形が崩れて間隔も広い。大陸南部に高気圧が張り出している

高層天気図で寒気の状態を見る

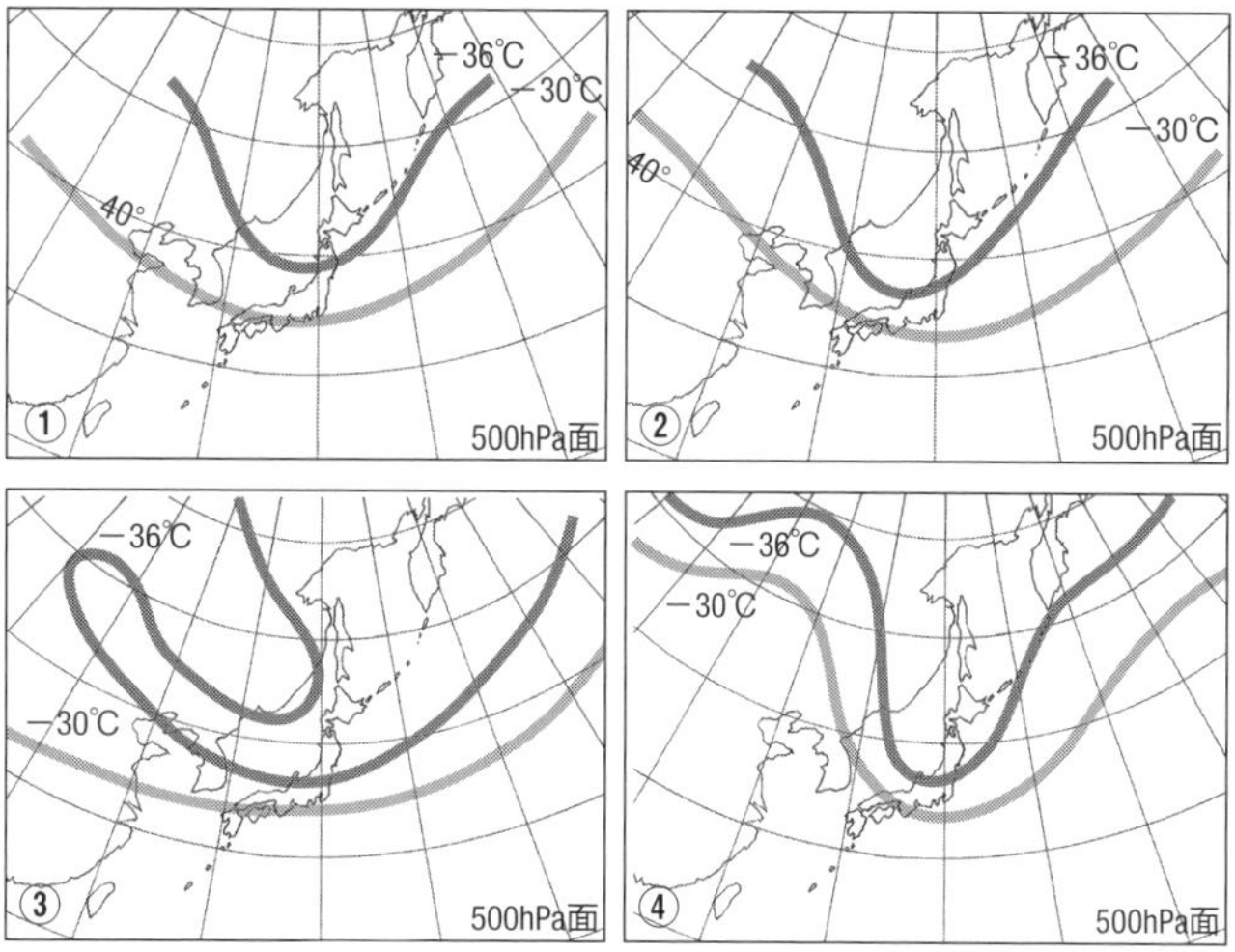

①－36℃の等温線が北緯 40 度線よりも南下したら、半日～1 日後に激しい雪
②－36℃の等温線が北陸地方にまで達したら、ひと晩に 1m 以上のドカ雪

③－30℃の等温線が横に長く延びていると強い冬型が長く続く
④－30℃の等温線が大陸の奥で北上していると冬型は長く続かない

里雪型と疑似荒天

冬型気圧配置のとき高気圧が日本の南海上に張り出し、日本海に小さな低気圧や前線が現われると、本州付近で等圧線の向きが東西に走り、東側では等圧線の間隔が広くなる。このような気圧配置を里雪型という。これに対し、本文で説明した通常の冬型を山雪型という。

里雪型になると、気流は平野部や沿岸部でぶつかり合う流れになり、上昇気流が強まって大雪となる。山では風も弱く、それほど雪が降らないことも多い。しかし、里雪型は半日ほどで山雪型に変化することがあり、こうなると山では急激な暴風雪に襲われる。このような「擬似好天」で遭難した例は多く、充分な注意が必要である。

雪山の気象②春

春の天気は、低気圧と移動性高気圧が交互に通過して、悪天と好天とを周期的に繰り返す。低気圧が接近・通過するときに悪天となるが、通過後もすぐに晴れるわけではない。一時的な冬型となって激しい風雪（または風雨）に襲われることがある。このときの遭難が多いので要注意だ。

低気圧は通過コースによって日本海低気圧、南岸低気圧、二つ玉低気圧と呼ばれる。低気圧通過の間には西から高気圧が移動してきて、絶好の登山日和となることもある。

日本海低気圧

温帯低気圧が日本海を通過し、日本列島の大部分の山で強い南風を受けて激しい湿雪、みぞれ、雨が降る。通過後は北西風に変わって気温が急激に下降し、山では暴風雪となる。低体温症のリスクが高く、春山で最も危険な天気パターンの一つだ。

南岸低気圧

本州の南海上ないし南岸沿いを温帯低気圧が東〜北東進して、日本列島の全域が低気圧の北側に入る。通過前には北東〜東の風、通過後には北西〜北の風が吹き、全般に気温は低い。2月後半ごろから現われることが多くなり、太平洋側の山や平地にも大雪を降らせることがある。

二つ玉低気圧

日本海低気圧と南岸低気圧が二つ並んで、日本列島を挟むような形で通過する。進行前面（東〜北東側）では南寄りの風が吹いて気温が上昇、後面（北西〜西側）では北西〜西の風が吹いて気温が下降する。低気圧は大発達しながら通過することも、東海上に抜けてから発達することもある。

移動性高気圧

2月後半ごろから、冬型の気圧配置が弱まるのと交替して、大陸から高気圧が切り離されて移動してくることが多くなる。移動性高気圧の圏内に入ると好天に恵まれることが多いが、東側や西側の高気圧の縁にあたる地域では天気が崩れることもある。

高層天気図による予想

500hPa天気図で中国大陸にある上層の寒気の強さをみる。3月にはマイナス30℃線、5月にはマイナス21℃またはマイナス24℃線に注目して、寒気が南下するときは大雪になり、低気圧は発達する可能性が高い（寒気の度数が低いほど大発達する）。

日本海低気圧（2020年1月8～9日）

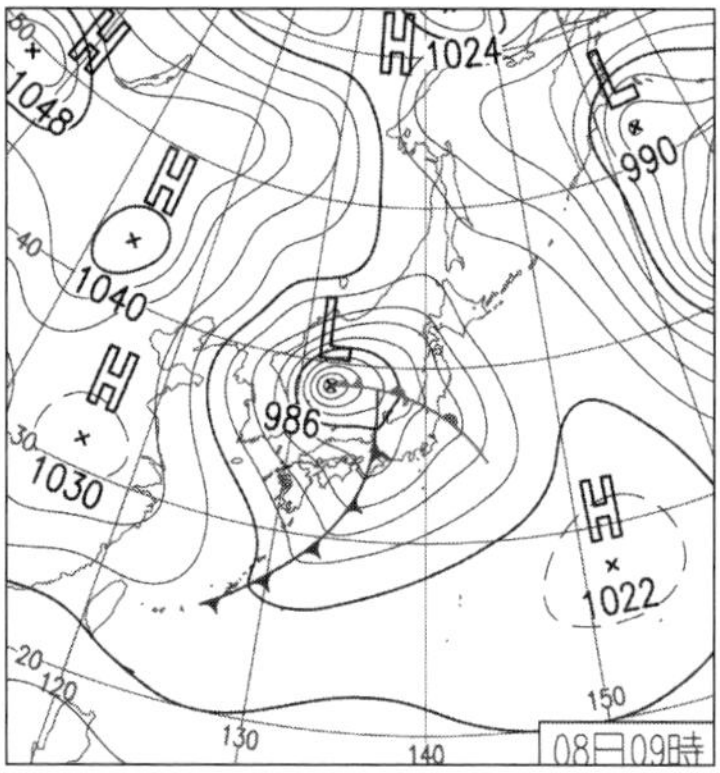

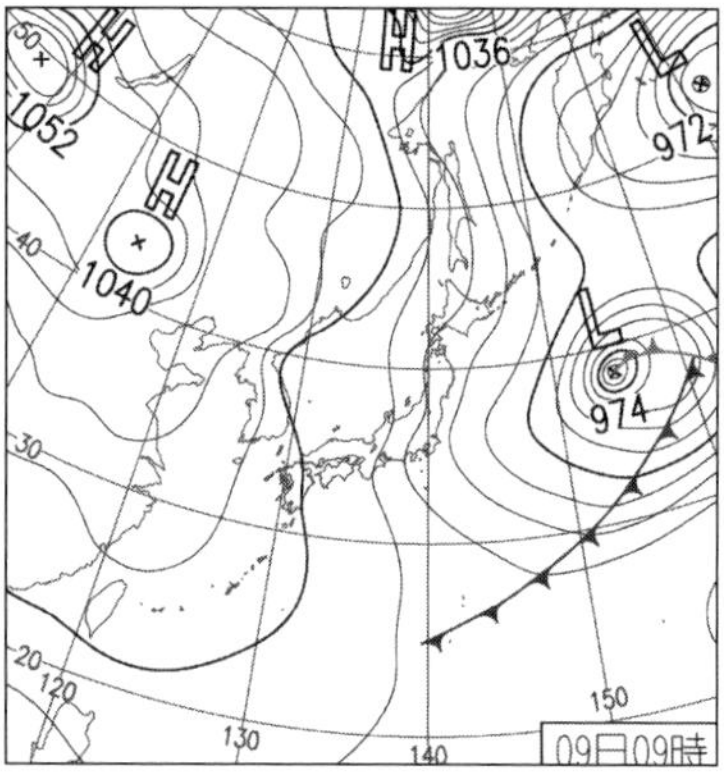

急速に発達した低気圧が日本海を東進し、夜から翌日にかけて東海上に抜けて冬型になった。真冬にこのような強い日本海低気圧が現われるのは珍しく、この年は暖冬だった。

南岸低気圧（2020年4月1～2日）

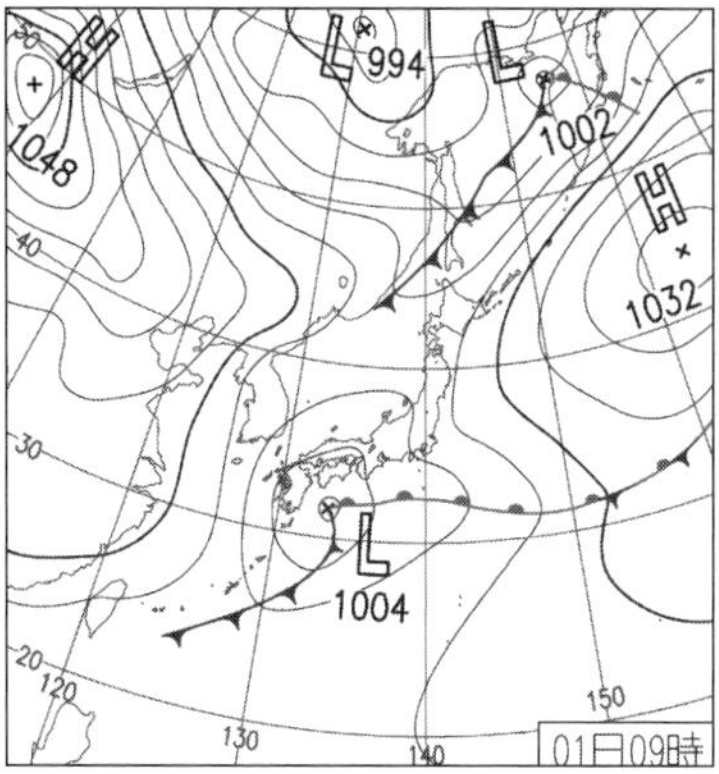

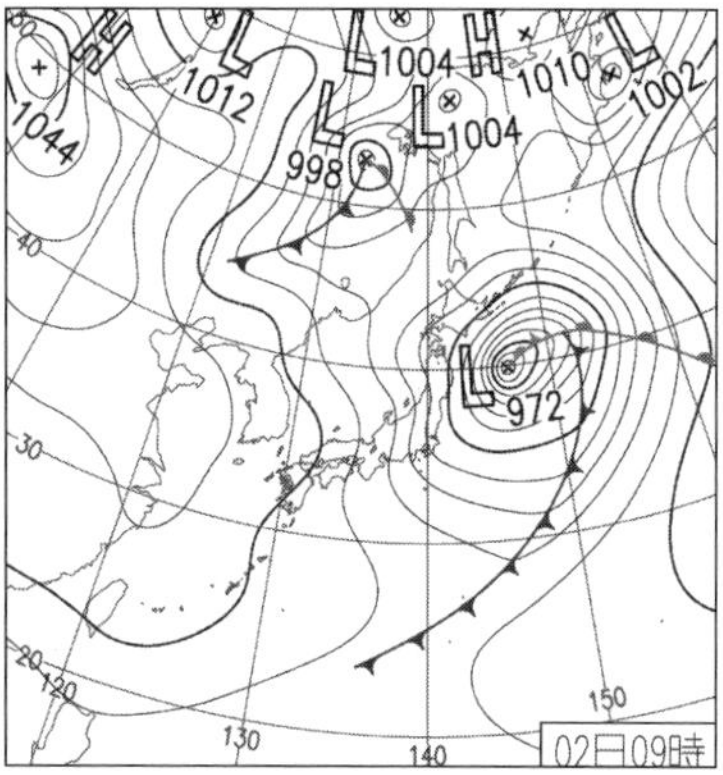

低気圧が発達しながら本州南岸を進み、西日本～東日本の太平洋側で局地的に非常に激しい雨が降った。通過後は各地で強風を記録し、北陸～北日本では雨や雪となった。

二つ玉低気圧（2021年2月15日）

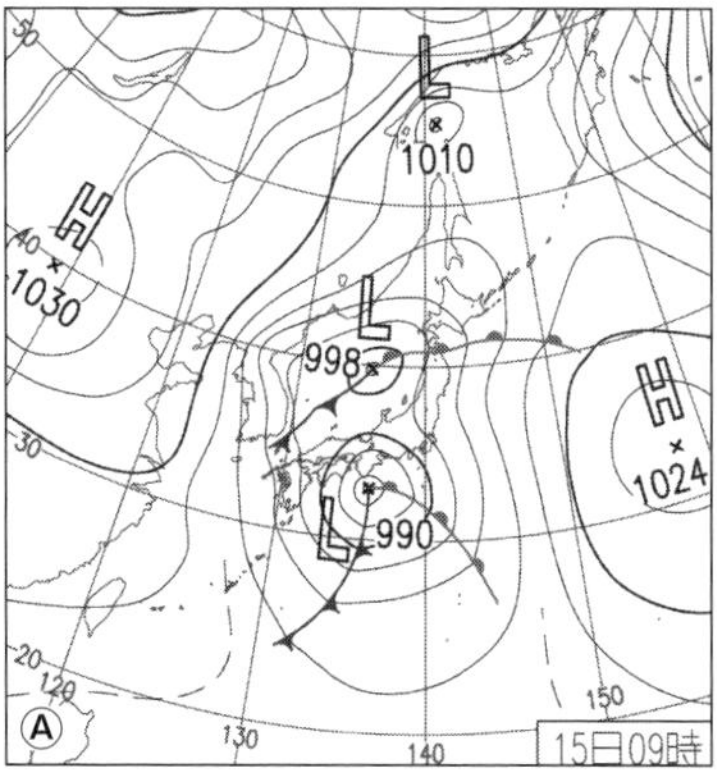

移動性高気圧（2020年3月12日）

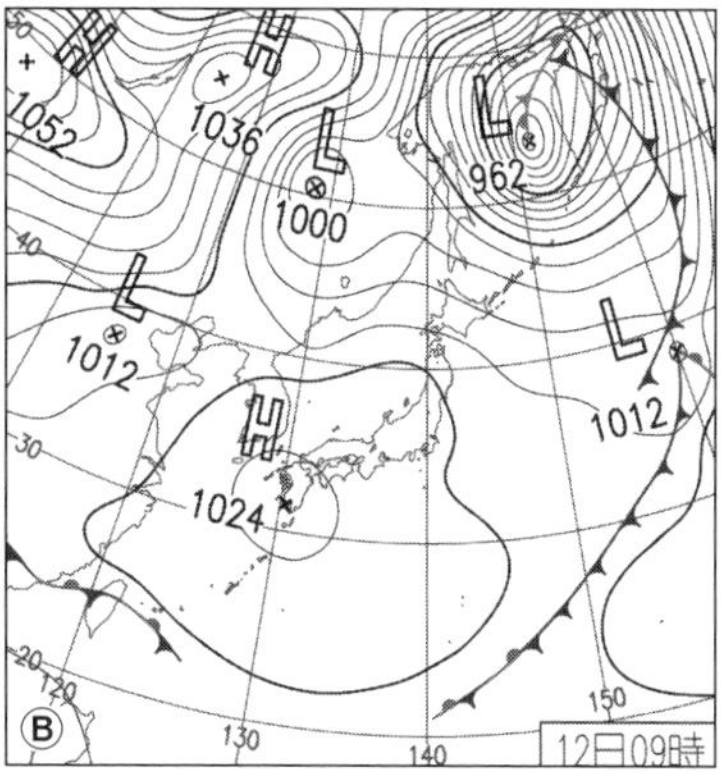

Ⓐ二つの低気圧がともに発達、翌日北海道で946hPaを記録した。全国で大荒れの天気に。Ⓑ高気圧におおわれて全国的に晴れたが、北日本ではぐずついた。晴天は1日だけだった。

雪山用登山靴

雪山登山で特に重要な基本装備は、登山靴とウェアの2つだ。これらは、雪山の厳しい自然環境に対して、登山者の体を守る役割をもっている。

雪山用登山靴は、防水（雪）性、保温性、堅牢性が重要になる。防水（雪）性・保温性が不充分な靴は、雪山では遭難事故につながる。また、靴底がかなり堅い靴でないと、雪の上は滑って歩けないし、アッパーが堅くないと、アイゼンやわかんをしっかりと装着することはできない。

雪山用登山靴の種類

現在使われている雪山用登山靴は、おもに次の3種類がある。

【オールラウンドタイプ】 雪山用登山靴の基本となるタイプで、レザーでできたアッパーに防水透湿素材と保温材を封入して、防水（雪）性、保温性を高めている。ラバーラウンドやアンクルパッドで足を防御し、二層構造の堅いソールは雪上でのスリップに強い。1000m級から3000m級の雪山まで、これ一足で対応できる。アイゼンとの相性もよく、ほとんどすべてのアイゼンを合わせることができる。

【ライトタイプ】 無雪期用の3シーズンシューズと同型の製品に、保温材をプラスして雪山にも対応できるようにしたタイプ。軽快に歩けることを重視し、またそのようなニーズが強く、愛用する人も多い。あくまでも入門〜初級ルート用で、2500m級や多雪地の雪山には使えない。10〜12本爪アイゼンを合わせられるかは製品により異なる。チェーンスパイクか軽アイゼンとセットで使う人が多い。

【ゲイタータイプ】 一般的な雪山登山靴の周囲を、ストレッチ性のあるゲイターで取り囲んでいるタイプ。軽量にこだわった製品が多く、本格的な雪山靴ながら軽快で歩きやすく感じる。靴と一体化したゲイターのため保温性も高い。もともとはクライミング用途を意図して開発された製品で、中〜上級ルート向きのタイプといえる。

自分の足に合ったものを

本格的な雪山をめざすなら、ある程度堅くて重いオールラウンドタイプを選ぶことになるが、足に合っていない部分があるとストレスが大きい。デザインや外形的なことよりも、自分の足に合っていることが何より重要だ。

購入するときは、できれば自分のソックスを持参する。店内で多くの靴を納得いくまで履き比べ、試し歩きもしてみたうえで、最もフィットした一足を選ぶようにしたい。

雪山用登山靴の部分名称と種類

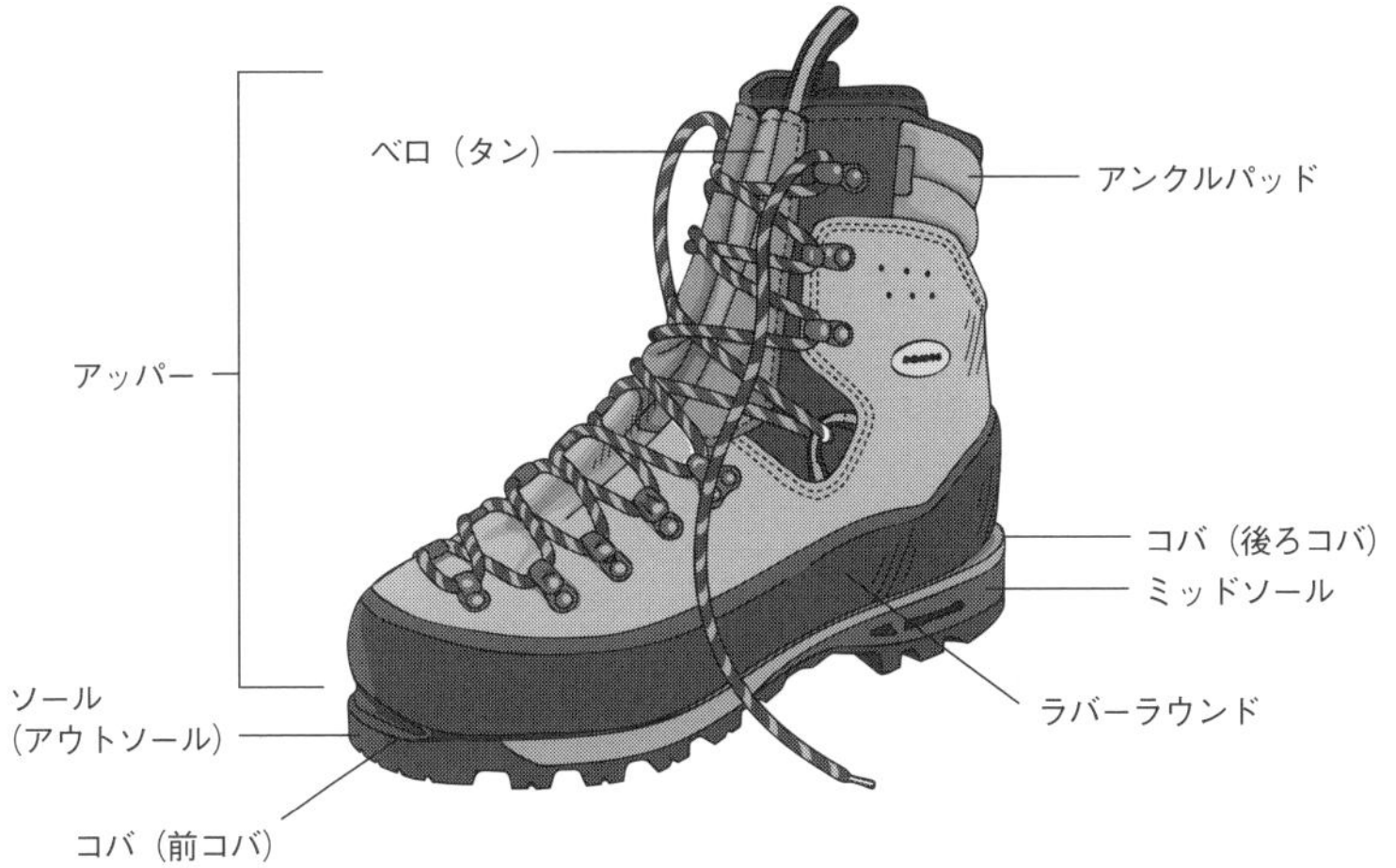

オールラウンドタイプ
ある程度の厚さがあるレザー製アッパーと分厚いソールで、保温性と剛性にすぐれた登山靴

ライトタイプ
雪山靴の重さや堅さを軽減して軽快に歩けることを重視。本格的な雪山には向いていない

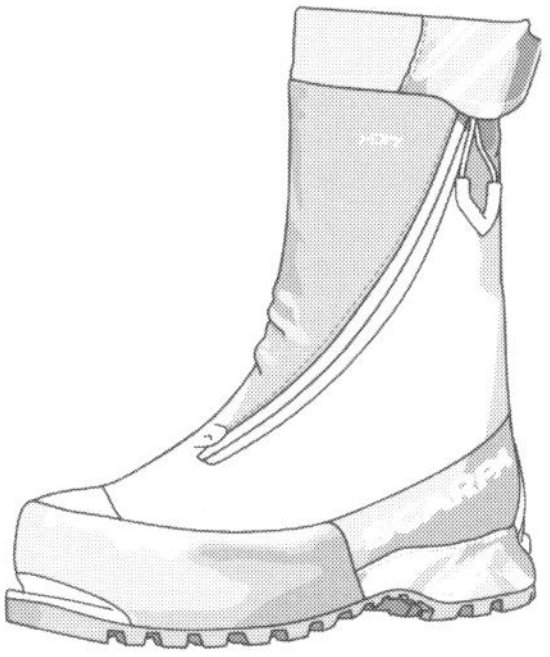

ゲイタータイプ
雪山用登山靴とゲイターが一体化したデザイン。軽快さを追究した製品も多い

靴の構造

アッパー　靴のソール部分を除いた上部全体をさす。足の甲をおおう。

ソール　地面に接する靴底で、アウトソールともいう。

ミッドソール　ソールの内側にある衝撃吸収のパッド。

インソール　中敷き。足入れをよくして衝撃を和らげる。

ベロ(タン)　靴前面にある舌状部分。足の甲部分を守る。

ラバーラウンド　底部側面に張られたラバー。靴の剛性を増し、防水性を高める。

アンクルパッド　足首部分に当てられたパッド。

コバ　アイゼンを装着するためのミゾ。ワンタッチ、セミワンタッチ式のアイゼンは、コバがない靴には装着できない。

ピッケル

ピッケルは雪山登山に欠かせない重要な用具だ。雪上を歩くときのバランス補助の杖として持つほかに、誤って転倒・滑落したときに、それ以上の滑落を止める初期制動や滑落停止の操作を行なう。一度滑りだしたら、ピッケルを手に持っていないかぎり、滑落を止めることはまず不可能だ。

そのほかにも、登るのが難しい氷雪ではピックを突き刺してホールドにしたり、ブレードで雪を削って足場を作り前進することもできる。

ピッケルの種類

ピッケルは、おおまかに分けて3つのタイプがある。

[ストレートシャフト]　初歩的なルートから登攀的なルートまでオールラウンドに使えるピッケル。シャフトは直線的な形をしていて（ストレートシャフト）、雪にまっすぐに刺すことができるため使いやすい。ヘッド、シャフトにほどよい厚みがあり、充分な強度をもっている。

[ベントシャフト]　一般ルートに加えて、岩や氷のクライミングまで対応したタイプ。シャフトの上部が曲がっていて（ベントシャフト）、急斜面で使いやすいようになっている。ヘッドはやや大きめで、ピック、ブレードの下向き角度がややきつく、氷雪を処理しやすい。シャフトの下部は直線なので、雪に刺すのに支障はない。

[軽量ピッケル]　初歩的なコースやスノーハイキングでポール（杖）のように使ったり、スキーツアーなどで万一に備えて持っていく軽量ピッケル。標準的なタイプより150〜200gも軽量化している。機能は標準用とあまり変わらないが、シャフトが細身でヘッドが小さいため、雪に刺したり氷雪を処理する操作はやりにくい。

ピッケルの選び方

自分がどんな雪山をやりたいか見通しを立てたうえで、ピッケルのタイプを決める。そして長さ、重量を考慮して選ぼう。やさしい雪山だけ行くのなら軽量タイプでもいいが、本格的な雪山もめざすなら標準タイプ（ストレートまたはベントシャフト）が必要だ。

ピッケルの長さは、短めをすすめられることが多い。中級者以上は急斜面でしかピッケルを使わないため、50〜60㎝の短いピッケルを持つ人が多いからだ。しかし、通常の雪上歩行のとき、ピッケルの先がまったく雪に届かないのでは使いにくい。体の横に持ち、スパイクの先がくるぶしの上5㎝ぐらいにくる長さが標準だ。

ピッケルの部分名称と種類

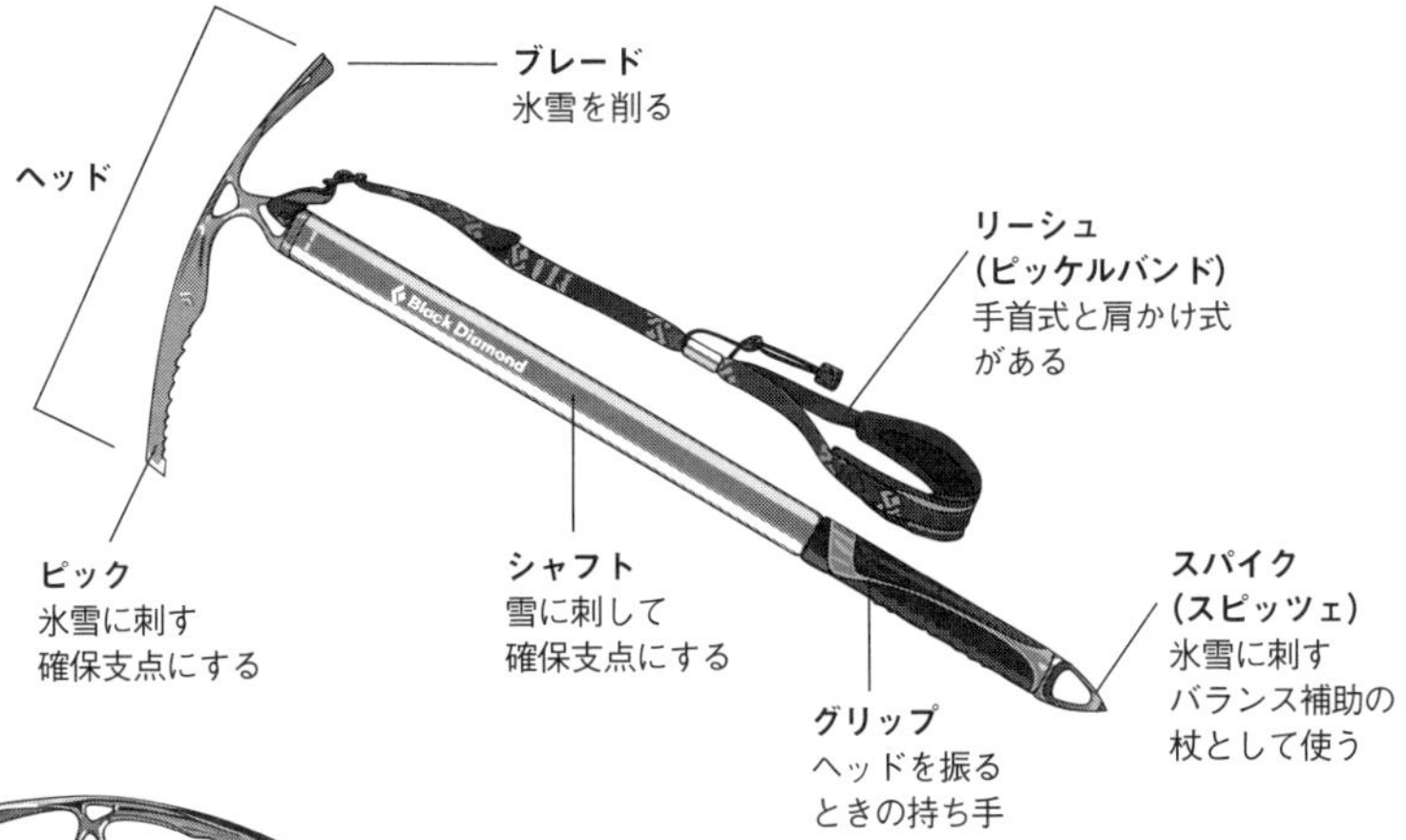

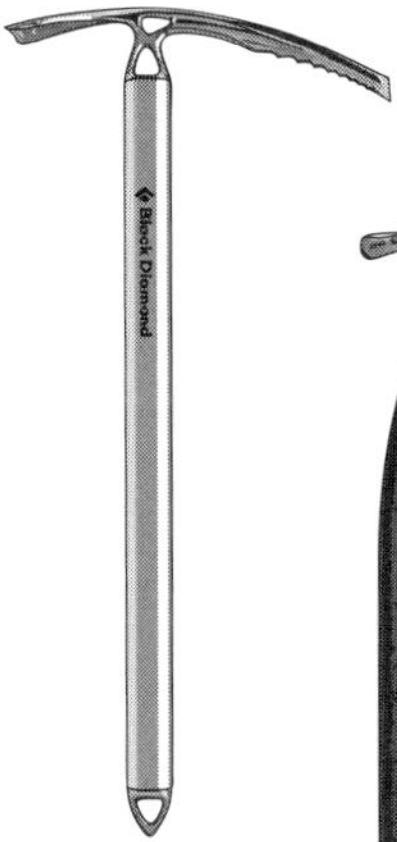

ストレートシャフト
（縦走用）

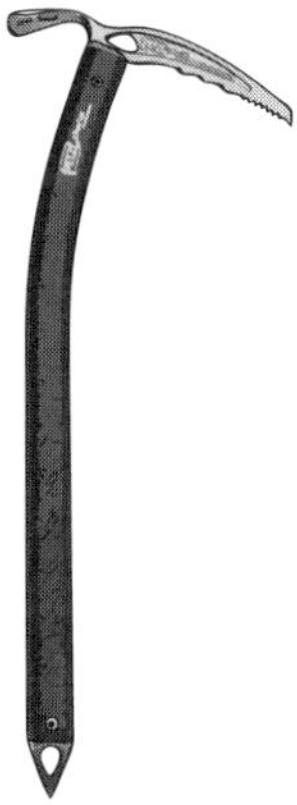

ベントシャフト
（縦走用・登攀用）

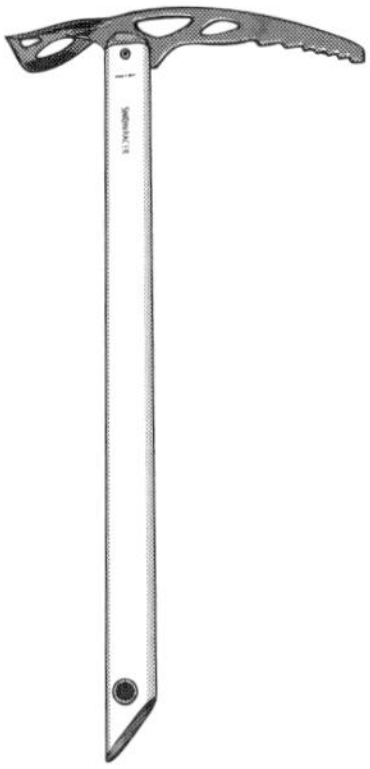

軽量タイプ
やさしい雪山やスキーツアー向け

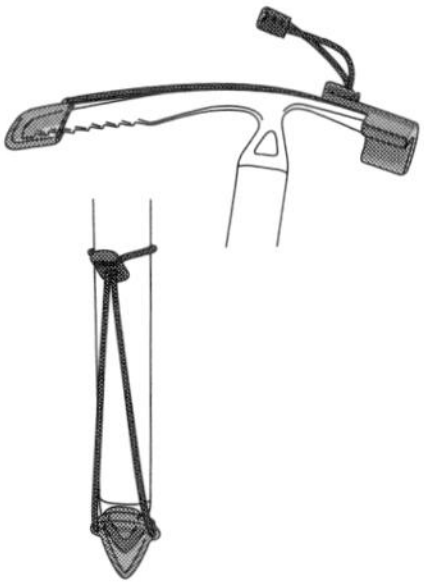

カバー類
ヘッドとスパイクに取り付けるカバーも必要だ

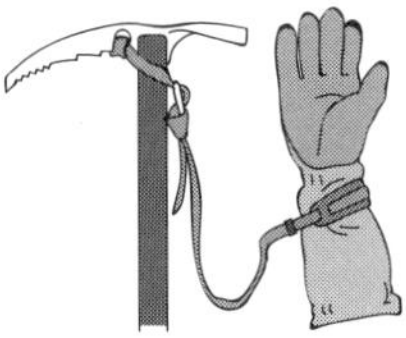

手首式

肩かけ式

体への固定

雪山でピッケルをなくすと危険なので、ピッケルは原則として体に固定した状態で使う。ピッケルを体につなぐリーシュは肩かけ式と手首式がある。肩かけ式はピッケルを左右の手で持ち替えるのが簡単だが、滑落したときはピッケルをはじき飛ばされるおそれがある。手首式はピッケルが手に近いため紛失しにくいが、左右の持ち替えはめんどうだ。

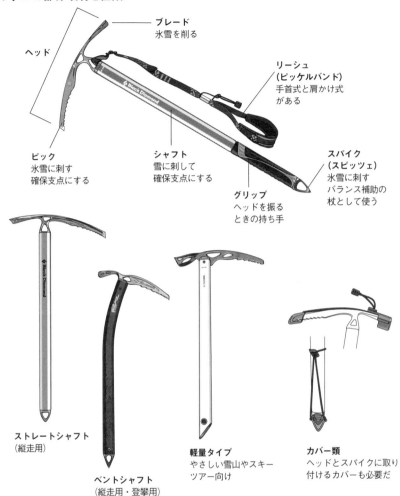

アイゼン（クランポン）

アイゼンはピッケルほど多様な用途はなく、氷雪上を滑らずに歩けるようにするのが目的だ。

雪山登山で使うアイゼンは12本爪が基本である。軽量化のため爪の数を減らした10～8本爪のタイプのうち、前爪を省略したものは、通常の雪山登山にはすすめられない。

縦走用アイゼンの特徴

12本爪のアイゼンは、オールラウンド用（縦走用）、アイスクライミング用があるが、形状がまったく違うので選択に迷うことはない。一般的な雪山登山に使うアイゼンの特徴は、爪が短めで、前爪が水平に出ている（横爪という）、前爪以外の爪が真下に出ていることなど。短めの爪は岩と氷雪が入り混じった場所を歩くときに引っかかりにくく、長い爪よりも歩きやすい。またアイゼンで岩のホールドに立つときは、前爪が短く、2番目の爪が真下に出ているほうがやりやすい。

アイゼンの固定方式

アイゼンを選ぶときに最も重要な点は、靴に合うかどうかである。それにはアイゼンを靴に装着する方式が大きくかかわってくる。

［ワンタッチ式］　靴のつま先のコバを金属バーにかけ、かかとのコバをビンディングで固定する。つま先、かかとともにコバがないと固定できない。

［セミワンタッチ式］　つま先は樹脂製ハーネスなどに収め、かかとをレバーロックで固定し、ナイロンバンドで前後を締めて装着する。つま先はコバが不要だが、かかとはコバが必要。

［バンド式］　バンドをリングなどに通して包み込むように固定する。昔ながらの方式だが、現在はつま先、かかとともに樹脂製ハーネスを装備したものが多くなっている。どんな靴にでも合わせられるのが利点だ。

どの方式のアイゼンでも、購入するときはかならず靴を持参して、装着できるかチェックする必要がある。

軽アイゼンとチェーンスパイク

樹林帯や林道の雪道、残雪期の比較的やさしいルートなど、本格的なアイゼンを使うほどではない場面で滑り止めに使うのが、軽アイゼンやチェーンスパイクだ。チェーンスパイクはどんな靴にも合わせられるうえ、コンパクトなためサブのアイゼンとして持参する人が多い。かなり本格的な雪山までチェーンスパイクで登っている人も見かけるが、本来の使い方ではなく、危険なので注意してほしい。

アイゼンの部分名称

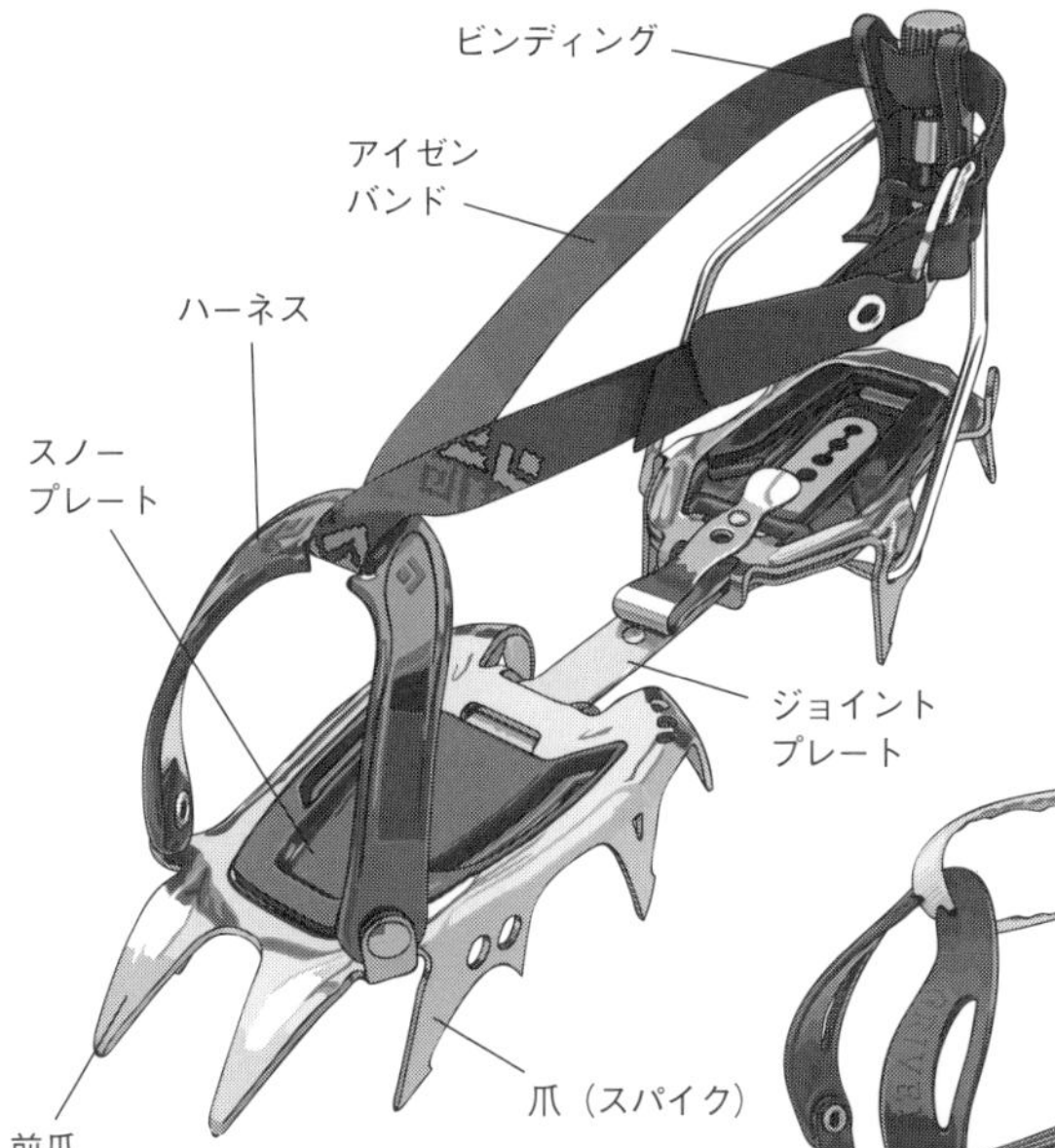

12本爪アイゼン
雪山登山の標準タイプ

10本爪アイゼン
やさしい雪山登山で使う軽量タイプ

装着する方式のちがい

前に金属バー
後ろにビンディング

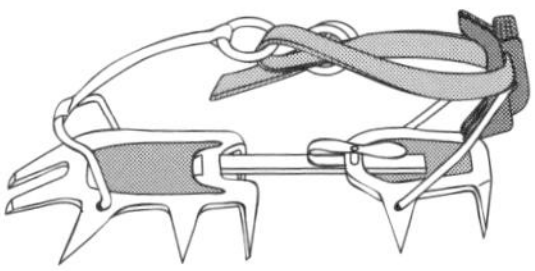

コバのある登山靴用で
しっかりと固定できる

前にハーネス
後ろにビンディング

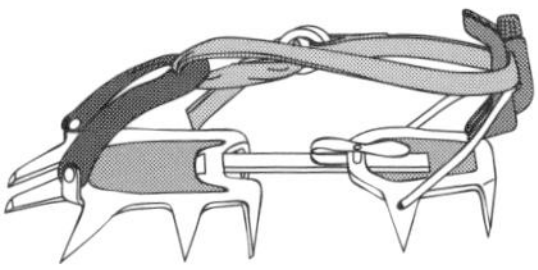

つま先のコバがないか
浅い登山靴用

前後ともハーネス

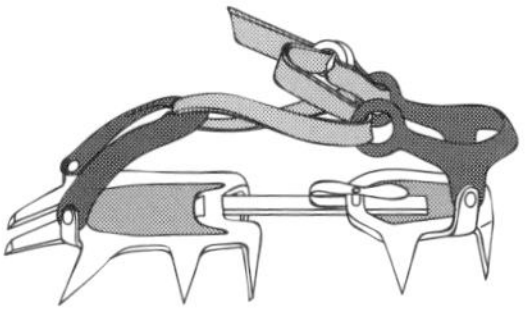

コバのない靴にも
装着できる

アイゼンケース

アイゼンを持ち運ぶのに必要。袋型ケース、シートタイプ、ポイントプロテクターなどがある。

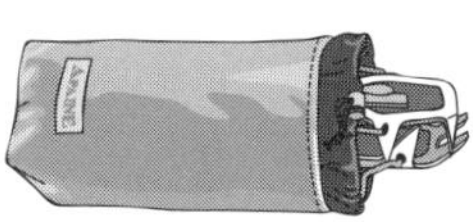

袋型

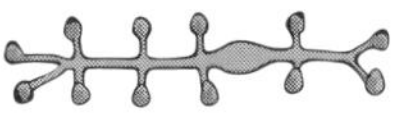

ポイントプロテクター

スノーシュー、わかん、トレッキングポール

スノーシュー、わかん、トレッキングポールは、雪上の歩行を楽にしてくれる用具だ。厳密に考えれば必携ではなく、軽量化が必要なときには省略されるものでもある。しかし、これらの用具を使いこなすことは、雪山登山の機動力を広げることにつながる。

スノーシュー

雪上での浮力が非常に高く、スキーに近い感覚がある。「ラッセルはつらい」という雪山の常識を忘れさせてくれる用具である。よいことばかりではなく、急斜面に弱く、とくに下りは苦手。かさばって持ち運ぶのが大変だし、値段が高価な点も厳しいところだ。

スノーシューを雪山散歩に使うのなら、選択にそれほど気を配ることもない。しかし、雪山登山のアプローチ手段として活用するのなら、雪上でのグリップ力が高く、ヒールリフトがあって、そこそこの急斜面にも対応できるものを選択しよう。最近はかなりの急斜面まで登れてトラバースにも強い、登山用の本格的なタイプも多い。

わかん

スノーシューと比較すると、浮力の面ではかなわない。しかし、わかんは万能な用具である。スノーシューやスキーで歩ける山は限られるが、わかんでは日本の雪山のほとんどが歩ける。

現在、わかんの選択肢はジュラルミンフレームの金属製わかんだけである。木製または籐製わかんは、登山にはほとんど使われなくなった。

トレッキングポール(ストック)

滑落の危険性が少ない場所で、バランス補助の杖として使う。無雪期のポールにスノーバスケットを付け替えて使用できる。スノーシューやわかんで歩くときには、両手にトレッキングポールを持ちたい。ラッセルのときにポールがないと消耗度が倍増する。

伸縮式と折りたたみ式があり、伸縮式のジョイント部分はスクリュー式とロック式がある。ロック式は機構がシンプルで手袋でも操作しやすい。スクリュー式は強度が高いのが利点だが、内部にサビが出て故障しやすいので、保管時は乾燥に気を配ること。

折りたたみ式は組み立てがワンタッチで簡単にでき、折りたたむとコンパクトになるため人気が高い。コンパクトなものほどポール径が細いが、雪山用にはある程度太くて強度があり、長さ調節ができる製品を選びたい。

軟雪の上を歩く用具

スノーシュー

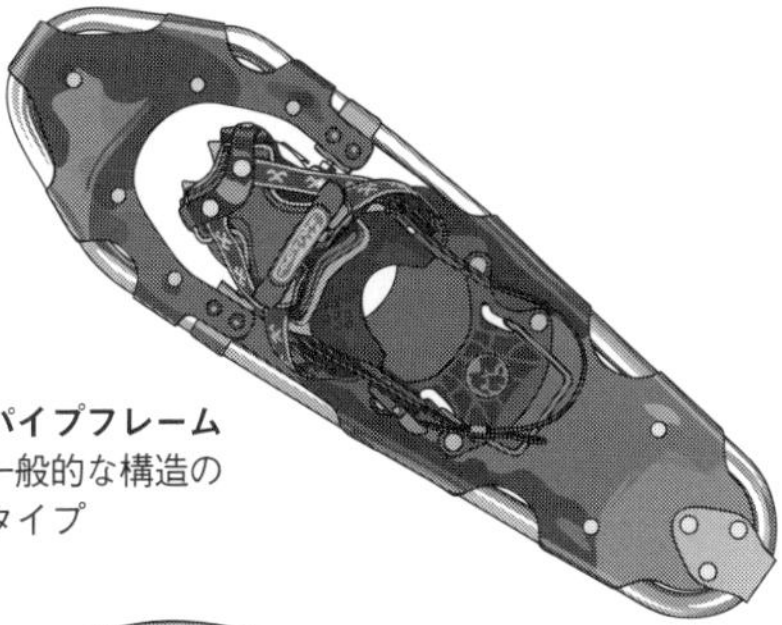

パイプフレーム
一般的な構造の
タイプ

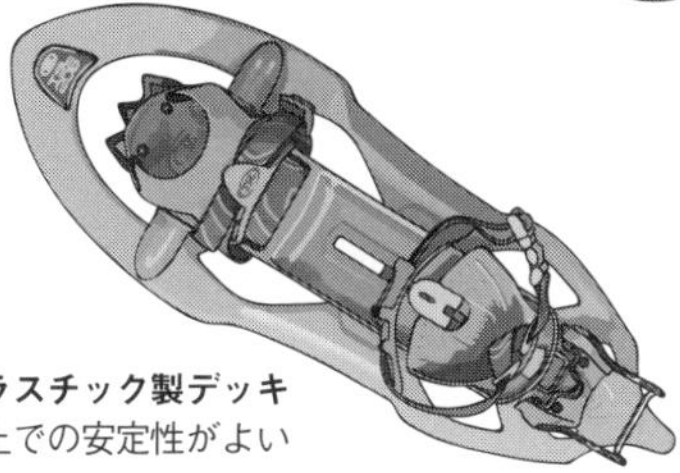

プラスチック製デッキ
雪上での安定性がよい

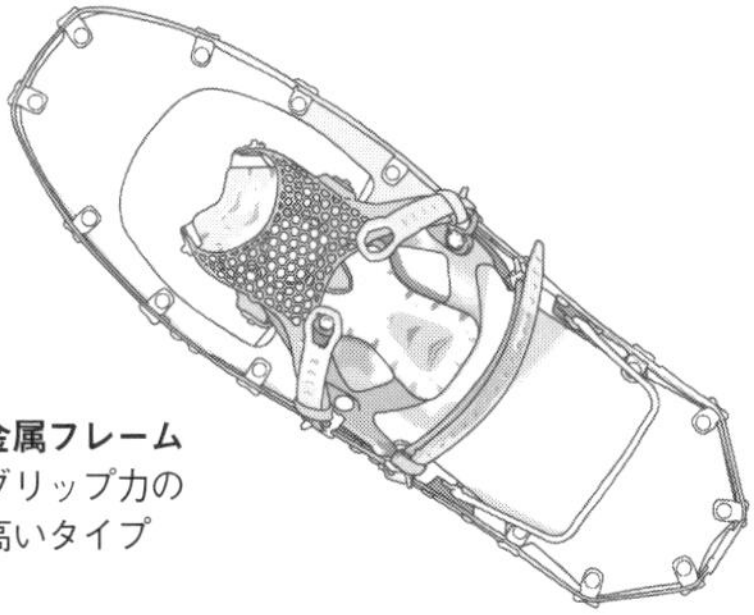

金属フレーム
グリップ力の
高いタイプ

わかん

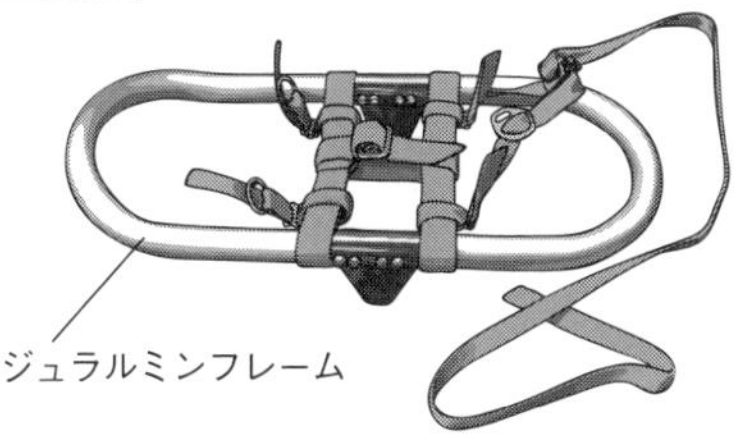

ポール

（折りたたみ式）

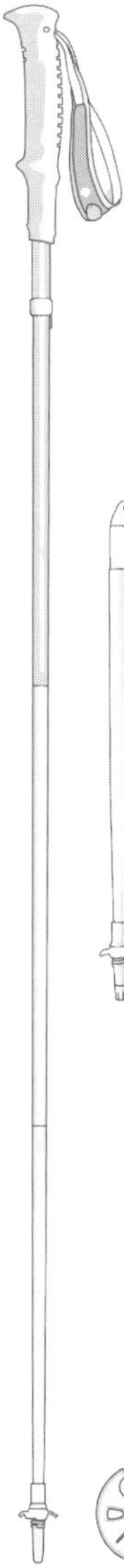

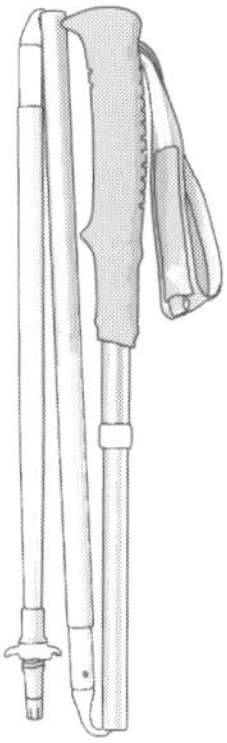

（3段伸縮式）

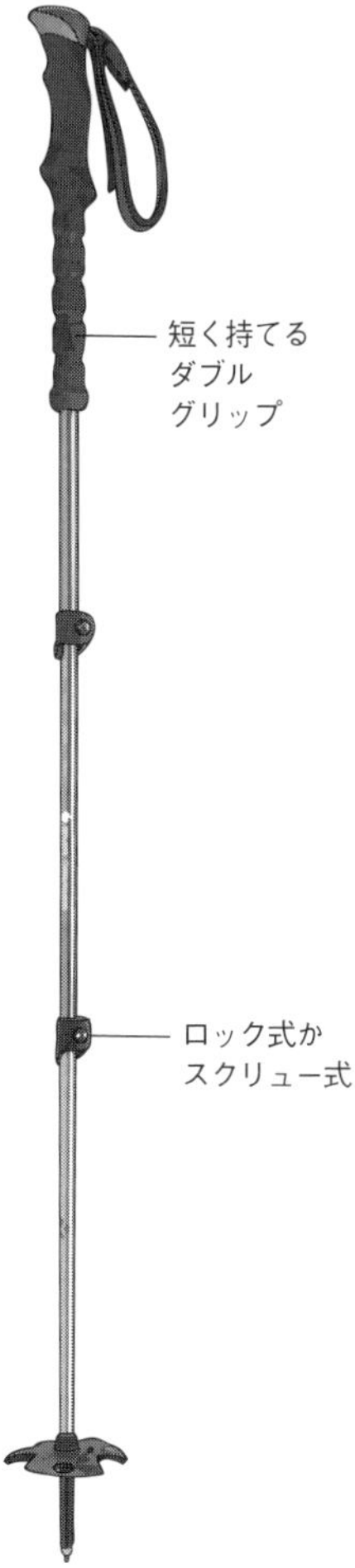

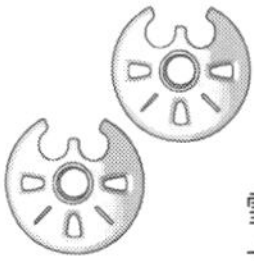

雪用の
大きいバスケット

その他の一般装備

左ページに、歩行用具以外に雪山登山で使う必携用具を挙げた。いくつか解説を加えよう（非常用具、クライミング用具、テント泊の用具は後記）。

＊

【水筒】　軽量化したいときはソフトパックタイプの水筒がよい。テント泊のときは、2ℓぐらいの大型があると水作りがまとめてできて便利だ。広口タイプの水筒はかさばるが、なにかと使いやすい。

【保温ボトル】　個人用で0・5ℓぐらいの容量をもつとよい。軽さではチタン製だが、最近はステンレス製でもかなり軽い製品が出るようになった。

【ヘッドランプ】　重要装備である。電池は軽量化しないで、多めの量を持つようにしよう。LEDでない場合は予備電球も必要。最近は電池よりも軽いミニライトなどがあり、予備として持つ人もいる。

【地形図】　地形図はデータを購入して印刷するなど入手方法が変わってきている。スマートフォンでも見られるが、トラブル時のバックアップとして印刷地図を持参したい。スマホの地図アプリは有効だが、使用法をマスターしないと活用できず逆効果である。

【竹竿と赤布】　登山専門店にはないので、ホームセンターなどを探して入手する。赤布は適当な大きさに切り、一端に目印（イニシャルなど）を書き、他方に切れ込みを入れて結べるようにしておく。竹竿は持ち運びやすい長さに切っておくとよい。

【時計（高度計）】　時計は必携。高度計機能があるものをぜひ用意したい。雪山のルートファインディングで、高度計があるのとないのとでは雲泥の差がある。

【ナイフ】　小さいものを。炊事はもちろん、修理作業、ケガの応急手当て、赤布の回収、不要なひもを切ってかたづけるなど、いろいろな場面で必要になる。

【ホイッスル】　はぐれて迷ったり、雪庇から転落したり、シビアな場面で必要な場合がある。大声で叫ぶよりもホイッスルを吹いたほうが、効果的に自分の位置を知らせることができる。

【サングラス／ゴーグル】　どちらかが必携。厳冬期の吹雪の稜線を歩くにはゴーグルが欲しい。春山の強い日差しから目を守るには、濃い色のサングラスがよい。

【日焼け止め】　性別・年齢にかかわらず必要。晴れた雪山で紫外線を浴びたら、1～2日後には確実に日焼けの炎症になる。これとは別に、唇の日焼け対策にリップクリームが必要。

雪山登山で使う一般装備

小物装備

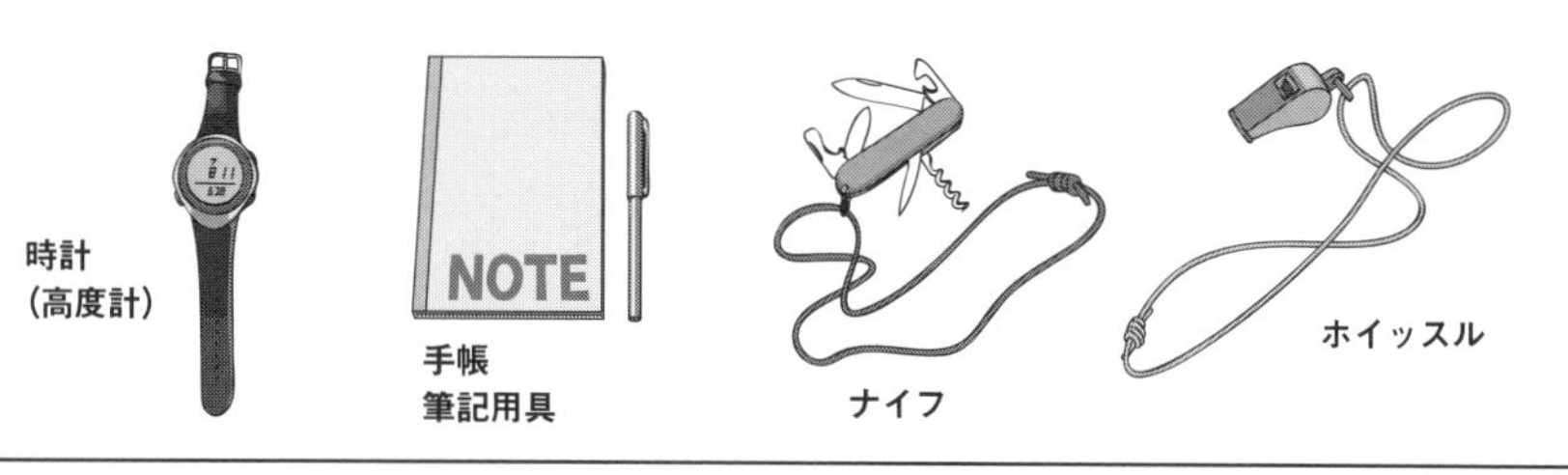

紫外線対策

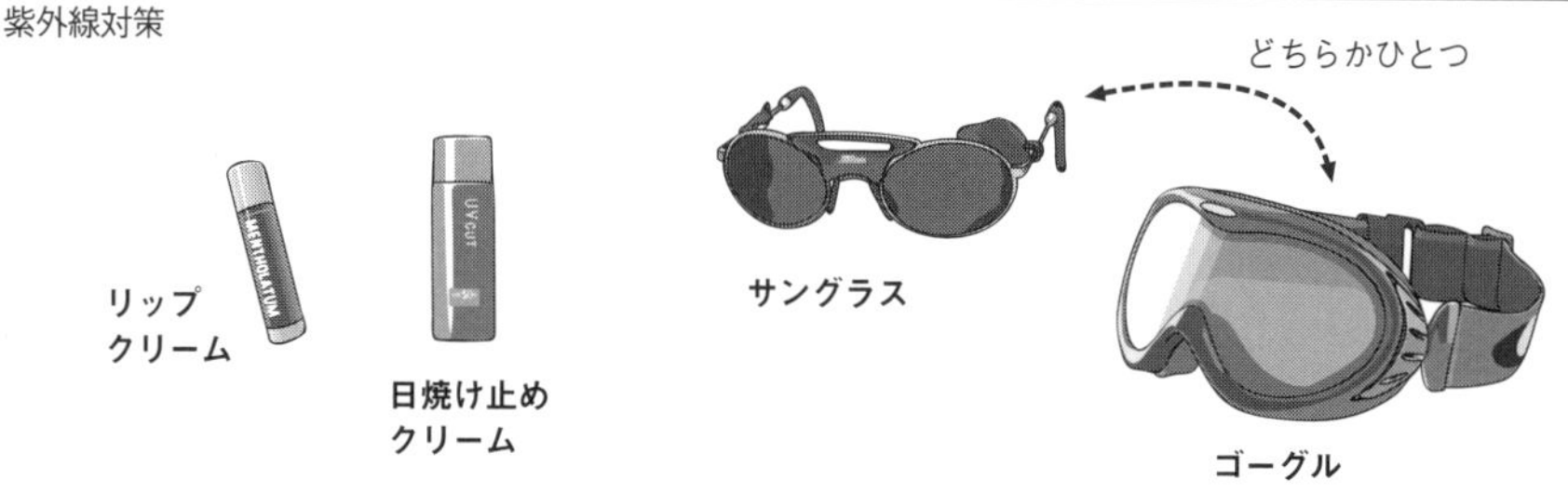

非常用具

雪山でなんらかのトラブルに遭ったとき、自分で困難を乗り切るために使う最少限の用具である。ビバーク用具、救急用具、通信機器、雪崩対策用具がある。

ビバーク用具

絶対に必要なのがツエルトだ。現在はパーティにひとつではなく、個人でひとつ持つことが推奨されている。最も軽いものは1人用で120gぐらいからあるが、実用性を考えると2人が並んで寝られる1〜2人用のものを持ちたい。その場合は、最軽量で250〜300gの製品になるだろう。

このほかに、軽量なガスコンロと、お湯が沸かせる金属製の食器が欲しい。非常食も必要だが、これは行動食の残りでもよい。

救急用具

救急処置に使う三角巾、包帯、滅菌ガーゼなどと、いろいろな用途に使えるテーピングテープ（50㎜幅がよい）、長期の場合は風邪薬などの持病薬も持ったほうが安心だ。

救急手当てができるようになるには、ある程度の勉強と、それに応じた用具を工夫することも必要になる。キズの手当は、現在は水で洗うだけで、消毒薬などは使わないのが主流だ。

通信機器、GPS

緊急通信のために携帯電話かアマチュア無線のどちらかが必要。実際は大多数の人が携帯電話ということになるだろう。携帯電話は通話のほかに、写真撮影、気象予報や地図参照、SNS投稿などで多用する。緊急時に使えなくなることのないよう、かならず予備バッテリーを持参しよう。また、低温や濡れに弱い機種も多いと思われる。登山環境に対する弱点を補いながら使用する工夫が必要だ。

GPSは、ホワイトアウトやルートミスのときに大きな武器になる。携帯電話にもGPS機能があるので代替できる。使用法を勉強しておきたい。

雪崩対策用具

ビーコン、プローブ（ゾンデ）、ショベルの3つが、雪崩対策のために必携。どれも個人で持つもので、かなりコンパクトな仕様である。携帯電話のGPS機能と同様、専門技術を身につけないと使いこなせない用具である。雪山シーズンになると雪崩対策の講習会が各地で行なわれる。ぜひ受講して、雪崩レスキューの技術を身につけてほしい（本書P112参照）。

雪山登山で使う非常用具

ファーストエイド
キット

[主に外傷用]
三角巾
ビニール手袋
滅菌ガーゼ
サージカルテープ
テーピングテープ
(50mm 幅)
絆創膏類各種
ワセリン
経口補水パウダー
ハサミ付きナイフ
安全ピン、綿棒

[内服薬・軟膏]
鎮痛剤
胃腸薬
風邪薬
ステロイド軟膏
芍薬甘草湯

ガスストーブ
メタルカップ
ライター

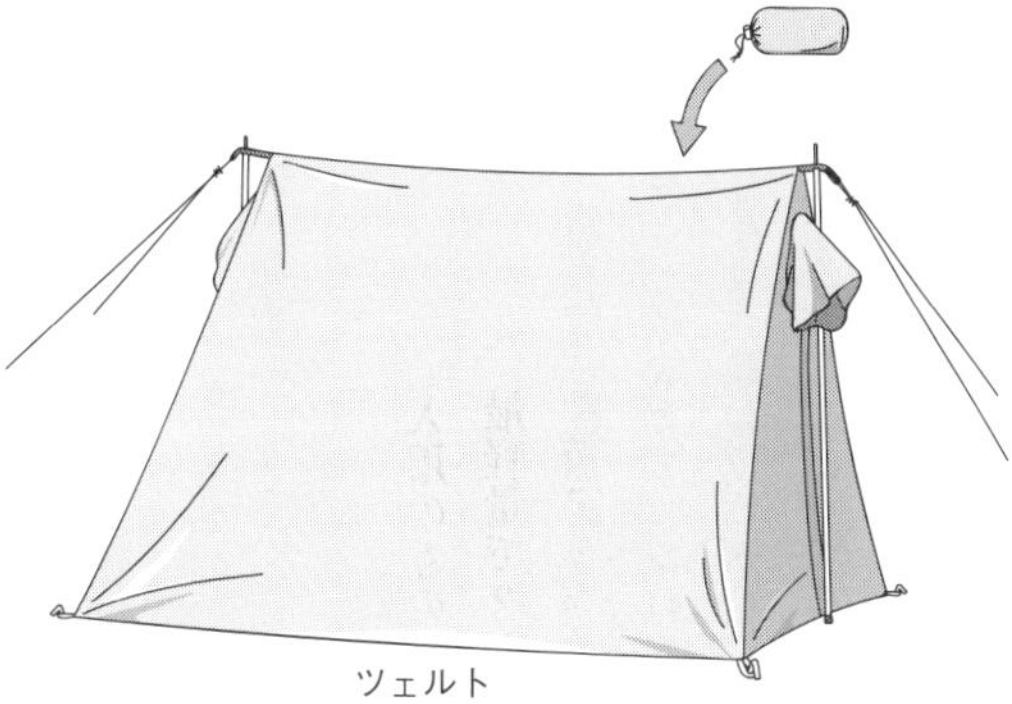

ツェルト

非常食

バッテリー

スマートフォン

無線機

必要なものを持参

雪崩対策用具

ショベル
(スノースコップ)

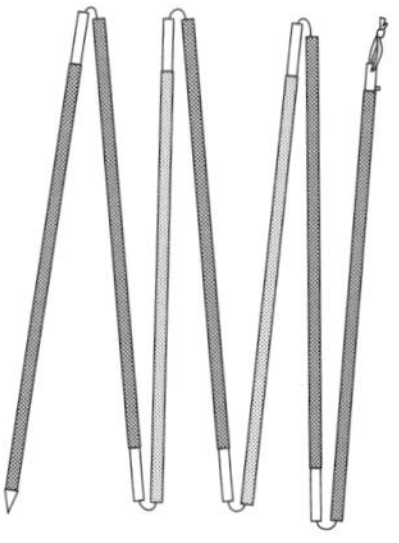

プローブ（ゾンデ）

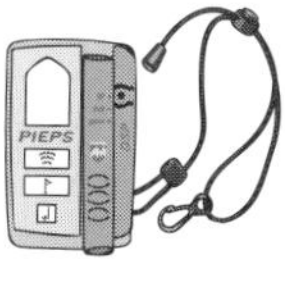

ビーコン

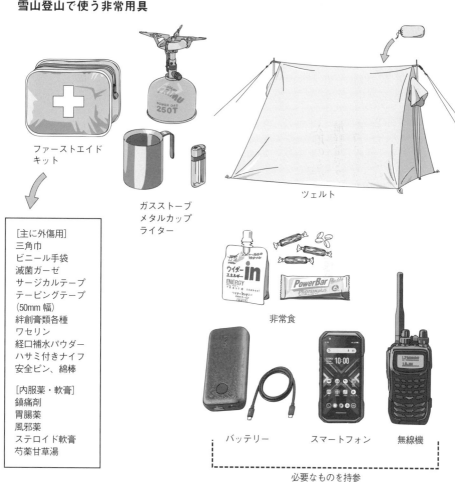

ウェア①レイヤリング

雪山の環境は登山者にとって非常に過酷なものだ。適切なウェアを着て体を守らなければ、たちまち低体温症に陥って生きていられないだろう。雪山のウェアは、ピッケルなどと同じく、重要な装備のひとつといえる。

3種類のウェア

雪山のウェアに求められる機能は、次のようなものがある。

①防風、防雪、防水
②防寒（保温）
③吸汗、吸湿
④身体の保護

雪山では、おもに3種類のウェアを組み合わせることによって、これらの機能をもたせるようにしている。

【ベースレイヤー】 日本語でいう「下着」で、いちばん下に着るウェア。ロングスリーブシャツ、ロングタイツのほか、下着のパンツなどもある。皮膚からは常に蒸気や汗が出ているが、それを吸い上げて外側に排出するのがベースレイヤーの役割である。

【ミドルレイヤー】 「中間着」で、ウールやフリース、そのほかの化繊素材でできたシャツ、ジャケット、パンツなど。体を守る意味では防寒のために着るのだが、雪山で行動中に着ることもポイントになる。つまり、保温性が高すぎないことや、アウターとの擦れが生じないなどの点も重要だ。

【アウターシェル】 「上着」で、雪山用のジャケット、ヤッケ、オーバーパンツが該当する。防風、防雪、防水の機能を受け持つ。シェルとは「殻」の意味で、外の環境からの影響を遮断して内側の体を守るもの。

レイヤード（重ね着）

以上3種類のウェアを雪山では重ね着する。積雪がある状態では最上部のアウターは脱げないので、保温力の調節はミッドレイヤーで行なう。ミッドレイヤーを2種類用意しておいて、

A…薄手の中間着＋アウター
B…中厚手の中間着＋アウター
C…両方を重ね着＋アウター
D…アンダーに直接アウター

というように工夫することになる。

しかし、実際の行動中にはそれほど細かく脱ぎ着することはない。基本的にAかBで通すのが普通で、CやDにするのは、特別に寒い（C）か、暑すぎる（D）場合だけである。

雪山では、レイヤリングでカバーできる温度幅は限られる。歩き方の調節によって汗が出ないようにするのが重要である。高機能なウェアも使い方が悪ければ生かされないのである。

雪山用ウェアの構成

ベースレイヤー
ミドルレイヤー
アウターシェル
トップス（上）
アンダーシャツ
ウール・化繊など
シャツ、ジャケット
ウール・化繊など
ハードシェルジャケット
透湿性防水素材
ボトムス（下）
アンダーパンツ
ウール・化繊など
パンツ
ウール・化繊など
ハードシェルパンツ
透湿性防水素材
手袋
インナーグローブ
中厚手グローブ
オーバーグローブ
ソックスと登山靴
中厚手ソックス
厚手ソックス
登山靴
ゲイター
（スパッツ）

ウェア②ベースレイヤー

雪山登山で大敵となる「濡れ」は、雪や雨だけでなく、自分自身の体も原因になる。つまり、常に発生している皮膚からの汗と蒸れがウェアを濡らし、そのまま滞留する時間が長いほど、体を冷やしてしまう。

雪山登山用のベースレイヤーは、この「濡れ」の問題を解決するために進化してきた。

機能

ベースレイヤーに必要な機能は、何よりもまず「濡れても暖かい（冷たく感じない）」ということだ。それを実現するために、吸汗（吸湿）速乾性ということが重視されている。汗や蒸れをすばやく吸収して、外側に排出していくという機能である。

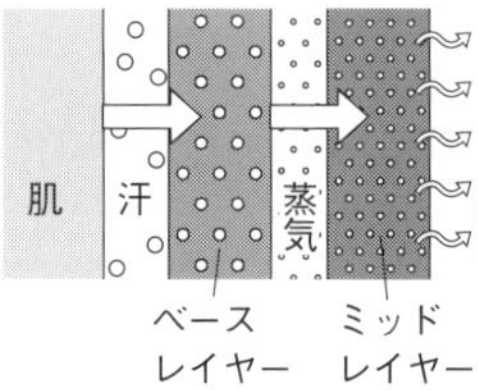

肌から出た汗・水分はベースレイヤーの繊維間に取り込まれ、拡散して放出される。その蒸気はミッドレイヤーの繊維間に吸収され、さらに外側へ蒸散されていく。

保温性の面では、生地の厚みでだいたい3ランクに分けられ、保温力に差をつけている。基本的に薄手は春～夏用、中厚手は秋～冬用、厚手は冬用と考えればよい。

素材

ベースレイヤーの素材は、化繊とウールに大別される。

化繊素材はフリースにも使われるポリエステル系が中心で、高い速乾性をもつ。早く乾くという性質は、繊維自体が水分をほとんど含まないことで実現されている。着用感の面では天然繊維のようにはいかず、違和感があるとか、肌に合わないという人もあった。しかし、この点も年ごとに改善されてきているようだ。

最近はベースレイヤーでウールの人気が高く、製品が多くなっている。ウールの吸汗（吸湿）性は繊維自体が水分を吸うことで実現されるので、化繊のように速乾性ではない。しかし、ウールは吸湿すると発熱する性質のため、多少濡れていても暖かいという。このため、大きく汗をかくような状況でなければ問題はない。

第3に、化繊にウールを混紡したハイブリッド素材のものがある。肌側には水分を含まない性質の化繊、外側にウールという組み合わせが多く、化繊とウールの弱点をそれぞれ補い合ったものになっている。

いろいろなベースレイヤー

ウール 100%
化繊より暖かく感じるものが多い。乾きはやや遅い

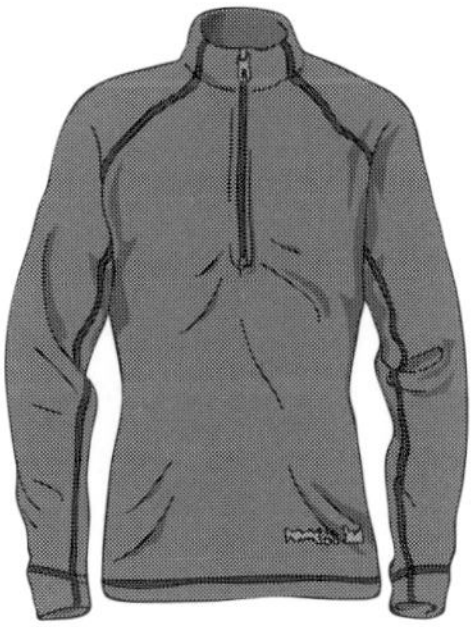

ウール混紡
速乾性に優れ肌触りもよい

化繊 100%
乾きが早いがウールよりも肌触りがよくない

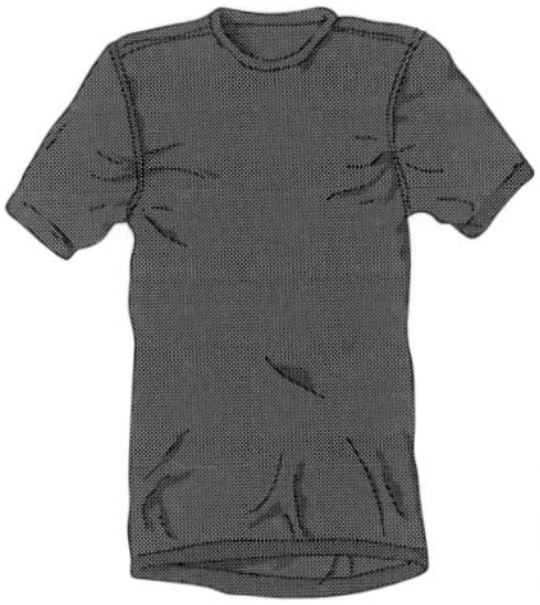

独自の編目構造をもった繊維

ドライレイヤー
撥水性をもたせたメッシュ素材で、濡れても冷たさを感じにくい。ベースレイヤーの下に重ねる

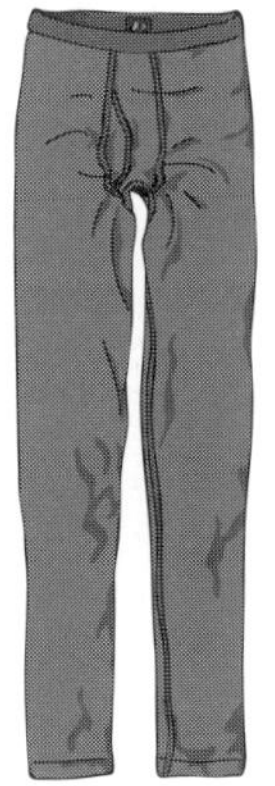

アンダーパンツ
上半身と同素材でそろえることが多い

ベースレイヤー＋1

ファイントラック社が最初に開発した「ドライレイヤー」は、撥水加工を施したメッシュ地でできた薄い一枚だ。これをベースレイヤーの内側に着ることで、肌が濡れるのを抑えることができるという。シャツ、パンツ、インナー（下着）などの製品がある。

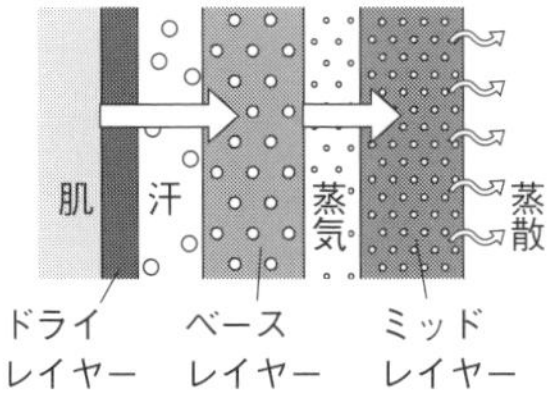

ウェア③ミドルレイヤー

ミドルレイヤーのウェアは、ベースレイヤーの上に重ねて行動着として着る。シャツ、ジャケット、パンツ類はさまざまな商品種類があり、自分の好みやファッション性なども重視して選び、着ることを楽しむことができる。雪山のウェアとして必要な機能を押さえつつ、適切なものを選びたい。

機能

ミドルレイヤーに必要な機能は第一に保温性だが、それに次いで吸汗（吸湿）速乾性も重要である。つまり、ウエアとして要求される機能は、ベースレイヤーとほぼ同じである。

ただし、**化繊**100%のウェアは水分を溜め込まずに通過させるだけなので、汗や蒸れの量が多すぎるとうまく拡散できない。汗や蒸れの処理は、ウールのように繊維自体が水分を吸収する素材のほうが適している。

行動着として着るため、フィット感（着やすさ）、伸縮性（動きやすさ）、生地の強さ（保護性）なども重要な選択ポイントとなる。

素材と形式

上半身のミドルレイヤーは、生地一枚のものと、インサレーション（中綿）で保温するものがある。

【一枚生地】 素材としてはベースレイヤーと同じく、**化繊**（おもにポリエステル系）、ウール、ウール混紡の3種類がある。薄手から中厚手まで各種の保温性のものがあり、厳冬期なら中厚手1枚か、薄手+中厚手、薄手+薄手フリースというように重ねてもよい。自分用の重ね着を工夫しよう。フリースは薄手のものを着る人が多く、重ね着がやりにくい中厚手フリースはあまり見かけなくなった。

パンツは中厚手の化繊素材で、速乾性のものがよい。試着をして動きやすいものを選びたい。

【インサレーション】 軽量なダウン製品が代表的。メーカーが独自に開発した化繊の中綿製品もあり、保温力・コンパクト性ともダウンに迫る製品が登場している。ダウンは濡れに弱いため、汗をかくような状況で着ないことと、行動中は上にアウターを着るなど濡らさないことが大切だ。

【ウェアの形式】 上半身のウェアは、前開き部分のないクルーネック、襟元が途中まで開くジップアップ（プルオーバー）、前が全開になるボタンシャツ、ジャケットなどの形式がある。ボタンやファスナーの部分が少ないほどコンパクトで、保温力も高く、重ね着のしやすいウェアである。

いろいろなミッドレイヤー

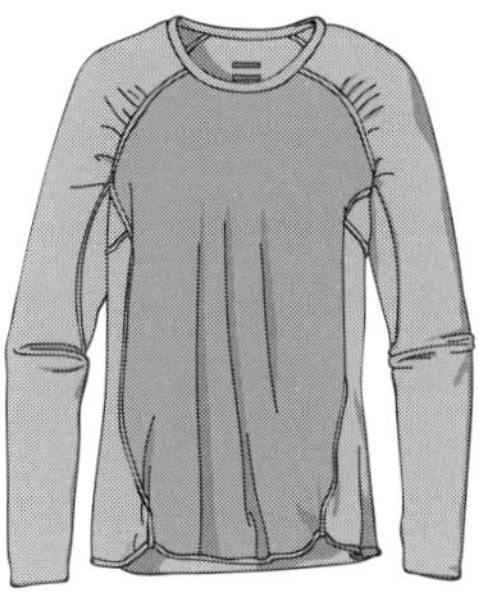

クルーネック
ベーシックな形式のシャツ。温度調節は外側のウェアによって行なう

ジップアップ
胸元のファスナーを開いて温度調節できる

ボタンシャツ
クラシックな形のシャツ。幅広い温度調節が可能

ライトダウンジャケット
薄手のダウンジャケット。寒いときにミッドレイヤーの上に着る

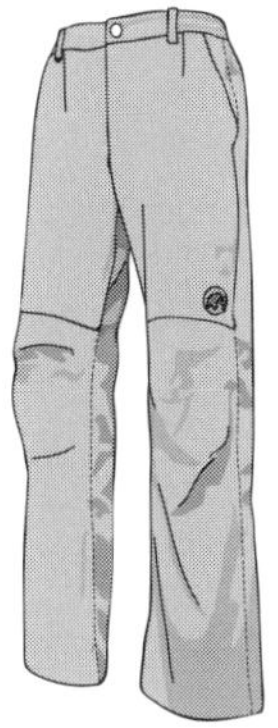

ストレッチパンツ
伸縮性の高い素材を使った軽快なパンツ。中厚地で保温性も高い

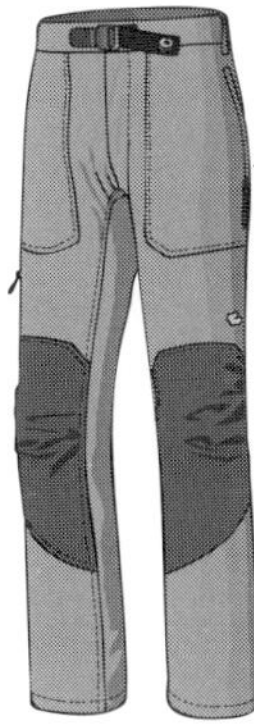

ソフトシェルパンツ
表面に撥水性の高い生地を使ったパンツ。好条件下ではアウターなしで行動できる

行動着にもなるインサレーションウェア

雪山で保温着として利用者が多いダウンは、濡れに弱いため行動着には使いにくい。行動終了後にテントや山小屋で着るのが常識だった。

最近の化繊性保温材の進化で、驚くほど薄手で暖かいインサレーションウェアが出てきているようだ。化繊は濡れにもある程度対応できるため、コンパクトで暖かい雪山用行動着として使える。体にフィットしたサイズで透湿性もある中間着タイプと、ゆったりと着られるアウタータイプの両方がある。

ウェア④アウターシェル

いちばん外側に着る3枚目のウェアがアウターシェルで、雪山用のヤッケ（化繊性ジャケット）とパンツが該当する。無雪期の山で使うレインウェアに似ているのだが、雪山の過酷な環境から体を守るため、防御の構造をもった高機能なウェアである。

機能

アウターは、ベースレイヤー、ミドルレイヤーのウェアとはまったく違う機能を受け持つ。つまり、防雪、防風、防水である。

防雪のために、ジャケットのフードは大きく、袖口は充分な長さまで届き、コードやベルクロで絞ると風雪をシャットアウトする。パンツの前立ては長く、雪中で転んでも腹から雪が入らない。このような密閉性の高いウェアの構造は、高い防風性にもつながる。雪山ではある程度の強風のなかを行動することは多く、風からしっかり体を守るウェアは必須だ。

防水性の面では、生地の中に透湿性防水素材を組み込むことで、完全防水を実現している。このタイプをハードシェルという。

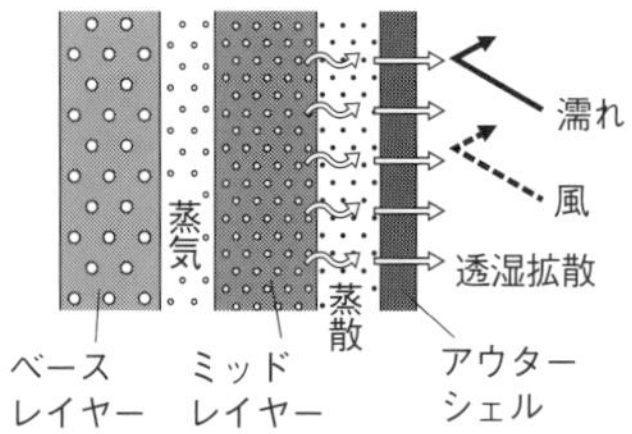

【透湿性防水素材の機能】透湿性防水素材のフィルムは、水分はシャットアウトし、水蒸気は通過するサイズの微細な孔があいている。このため、アウターシェルの生地によって、外部からの濡れは防止し、ウェアの繊維を通して拡散してきた水蒸気（蒸れ）は、外部に排出されていく。

素材

アウターシェルは化繊製だが、生地の中に透湿性防水素材が組み込まれているのが特徴だ。この素材によって、雨などの水分はシャットアウトされ、ウェアの内側にこもった蒸気（蒸れ）は外へ排出される。外部からも内側からも濡れを防ぐことで「サラッと乾いた快適な状態」を維持し、登山に集中することができる。

透湿性防水素材のフィルムは壊れやすいので、化繊生地を張り合わせたものを使っている。表地・裏地の間にフィルムを挟んだものが3レイヤー、表地だけ張り合わせたものが2レイヤーである。2レイヤーはコンパクトになるが、透湿性防水素材のフィルムが傷つきやすい。3レイヤーのほうが強く透湿性・防水性が長もちする。

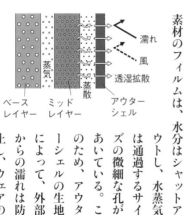

アウターシェルの機能

※ドローコードやファスナーは、オーバーグローブで操作できるように工夫されている。

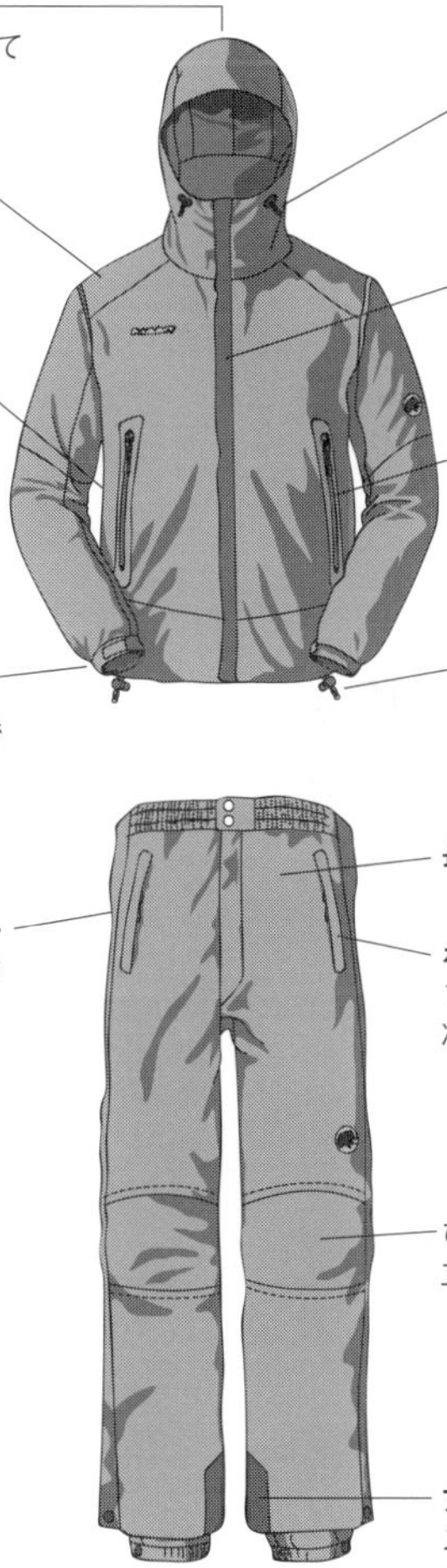
フード
メルメットをしてかぶれる大きさ
肩の部分など立体裁断
ベンチレーション
中の蒸れを強制的に排出できる
袖口
ゴムとベルクロで調整できる
ドローコード
フードの形を絞り込む
前立てファスナー
フラップ付きで保温力を高める
ポケット
フラップのない止水ファスナー
ドローコード
裾のばたつきを防ぐ
風や雪の浸入を防ぐ
サイドファスナー
大きく開き靴のままで着脱できる
長めの前立て
ポケット
フラップ付きで凍結を防ぐ
ひざの部分など立体裁断
アイゼンガード
スパッツの外に裾を出して使える

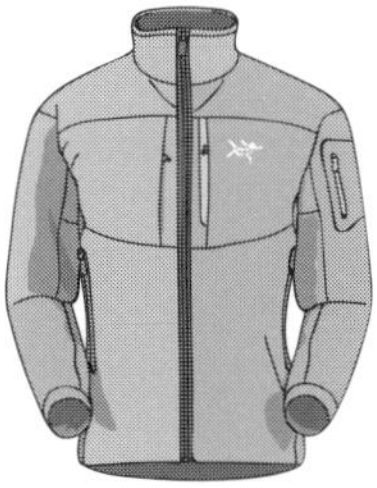

ソフトシェル
撥水加工を施した濡れにくい生地で作られたアウターシェル

ソフトシェル

完全防水のアウターシェルに対し、完全防水ではないが、撥水加工を施した濡れにくい生地で作られたアウターシェルは「ソフトシェル」と呼ばれる。生地はストレッチ性があって動きやすく、蒸れを逃がす透湿性が高い。その結果、着心地がよく、行動中ずっと着ていられるのが特徴。

雪山登山ではアウターとして行動中に着ることになるが、完全防水のアウターがほかに必要となるので悩ましい。それでも活用してみたいウェアである。

ウェア⑤ 手袋、ソックス、帽子、スパッツ

手足の指や顔面は、低温や湿気によって簡単に凍傷になってしまう。手袋、ソックスと帽子は、それらを保護して凍傷を防ぐ重要装備である。スパッツは靴の中に雪が入るのを防ぎ、やはり凍傷防止に関係が深い。

手袋

手袋はレイヤードの考え方を基本にして選ぶ。ベースレイヤーはインナーグローブ、ミッドレイヤーは中厚手〜厚手のグローブ、アウターはオーバーミトン（またはオーバーグローブ）。ただし、手はそれほど汗をかかないのでインナーは省略してもよい。

インナーとアウターが一体になったアルパイングローブは、高い保温性と雪山での作業しやすさを両立させている。安心感があって使いやすい。

ソックス

薄手、中厚手、厚手のタイプがある。雪山用登山靴には中厚手〜厚手のソックスを1枚はくのが標準的だ。薄いインナーソックスに中厚手ソックスを重ねてはく人もいる。

ソックスの素材はウール、化繊、または両者の混紡である。化繊は速乾性が高く、ウールは着用感がよい。登山専用のソックスは足底部分やかかと、つま先を厚地にしてクッション性を高めたり、部分的に編みの強さを変えて伸縮性に変化をもたせたりしている。

帽子

いろいろな帽子があるが、本格的な雪山登山にはバラクラバ（目出帽《めだしぼう》）が最も有利である。通常の帽子にネックウォーマーでも代用になるが、目の周囲をきちんとおおうことはできない。

バラクラバは薄手と中厚手があるが、ヘルメットやアウターのフードと合わせてかぶれることを確認すること。厚手のものはヘルメットがかぶれないことがある。そのほかの帽子は好みで選ぼう。稜線に出るまでは自由な帽子をかぶり、森林限界以上の標高になったらバラクラバにする人が多い。

スパッツ（ゲイター）

雪山用のスパッツは丈が長く丈夫なつくりだ。雪の浸入を防ぐと同時に、山でケガの多いひざ下部分を保護する役割もある。

開閉部ファスナーや、靴底のストラップ部分でいろいろな工夫がされていて、製品によって使いやすさにかなりの差がある。初級者は手袋をしても装着がしやすいような構造のものを選ぶのがいいかもしれない。

グローブ

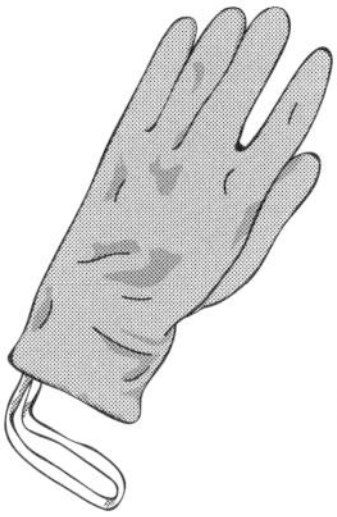

インナーグローブ
薄手の速乾性

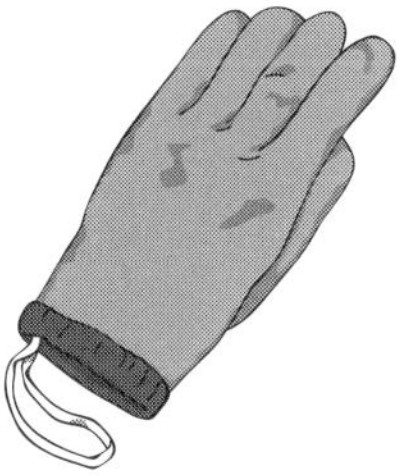

グローブ
中厚手〜厚手グローブ

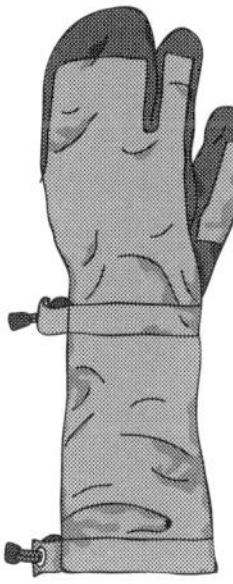

オーバーミトン
透湿性防水素材の
アウターシェル

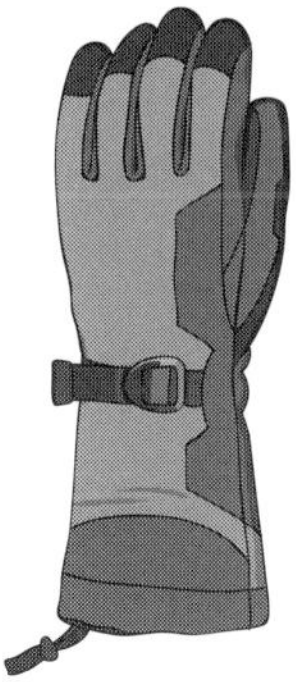

アルパイングローブ
インナーとシェルを組み
合わせた高機能グローブ

ソックス

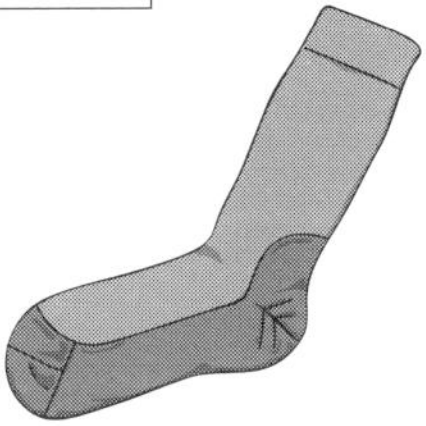

中厚手ソックス

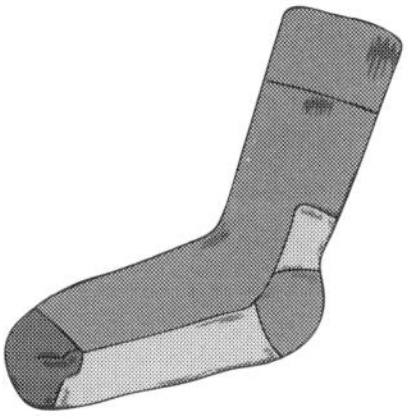

厚手ソックス

ドライレイヤーソックス
薄手の化繊製で速乾性の
高い製品。濡れを防ぐ

帽子

キャップ

ビーニー
(ニット帽)

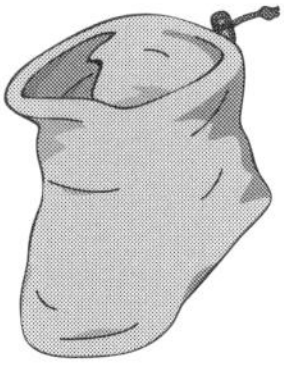

ネックウォーマー
バラクラバ以外と
組み合わせて使う

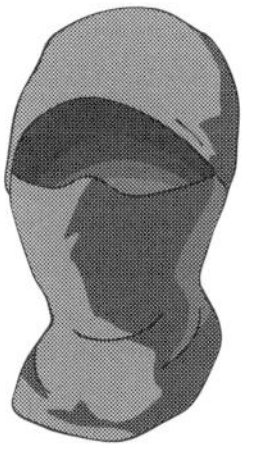

バラクラバ
頭から首までおおう
目出帽

スパッツ

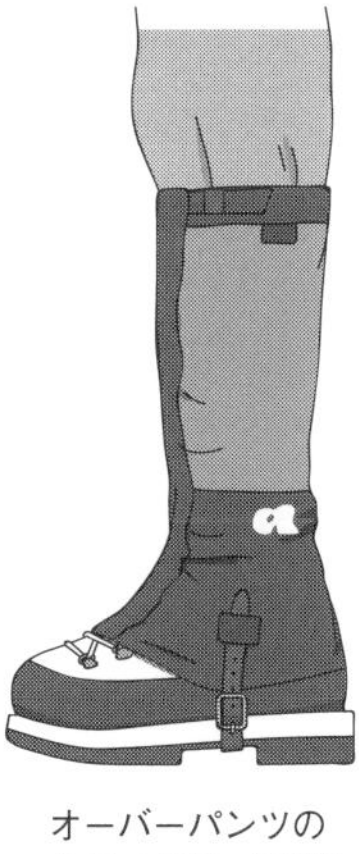

オーバーパンツの
外につける(標準)

オーバーパンツの
内側につける

クライミング用具

雪山はさまざまなレベルの楽しみ方ができるが、中級以上のレベルになれば、ロープを使用する場面が多くなる。初級者でも、確保してもらうためにクライミング用具が必要になる。いずれにしても、雪山登山はクライミングの知識と技術が欠かせない。

八ヶ岳や北アルプスのような本格的な雪山に自分の力で登りたいと考えている人は、無雪期のクライミングを練習して、基本的な登り方やロープワークの技術を身につける必要がある。それが基礎となって、雪上確保（P70～）などに進むことができるのだ。

以下に挙げた用具は、雪山の一般ルートで使うことが多いクライミング用具である。詳しい説明は省略しているので、クライミングの本を参照してほしい。

個人装備

雪山の一般ルートでは、ハーネス、ヘルメット、確保器（兼下降器）、カラビナ数個、スリング数本程度を用意すればよい。

【ハーネス】　腰まわりに装着し、ロープを結んで使う基本用具。無雪期用のハーネスはいろいろな面で使いにくい。雪山用に軽量タイプのハーネスがあれば便利だ。

【ヘルメット】　無雪期と同じものでよい。バラクラバの上にかぶれるように、またヘルメットの上にフードをかぶることができるように、サイズ調整を済ませておく。

【確保器・下降器】　無雪期と同じものでよい。ロック付きのカラビナと、2つの穴があいたチューブ型の器具をセットで使う。

【カラビナ】　ロック付きを含めて2～3枚。手袋で扱うので、大きめのものが使いやすい。

【スリング】　固定ロープ用、セルフビレイ用など、パーティで相談して具体的な内容を決める。通常は長短合わせて2～3本程度。

共同装備

メインロープとスノーアンカーなどを持つことが多い。

【ロープ】　少人数で一般ルートを登る場合、8㎜×20mか30mなど、通常よりも細く短めのロープを持って軽量化するケースが多い。

【スノーアンカー】　雪の中に刺したり埋め込んで確保支点にする。これらを打ち込むアイスハンマーも必要だ。

【プロテクション】　ロックピトン、アイスピトンなどで、岩や氷に打ち込むか、はさみ込んで確保支点にする。

雪山登山で使うクライミング用具

ハーネス

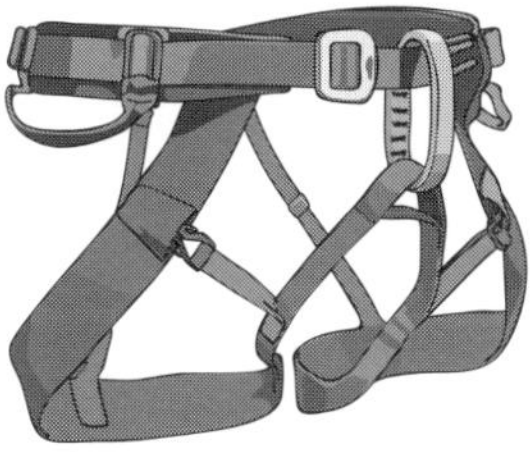

超軽量タイプ
（200g 台）

軽量タイプ
パッドがなく、レッグループがバックルで開放できる

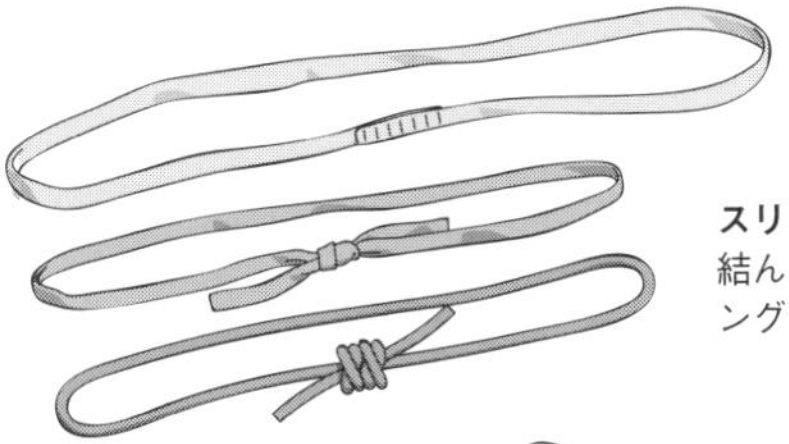

スリング
結んで作るスリングも役に立つ

ヘルメット
バラクラバの上にかぶれて、アウターのフードをその上にかぶせられるもの

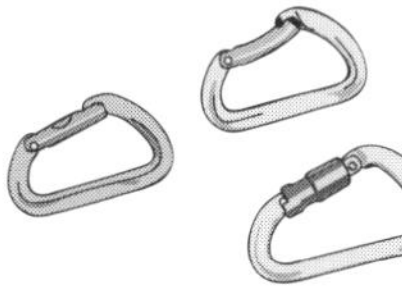

カラビナ

確保器／下降器

パーティで持つ装備

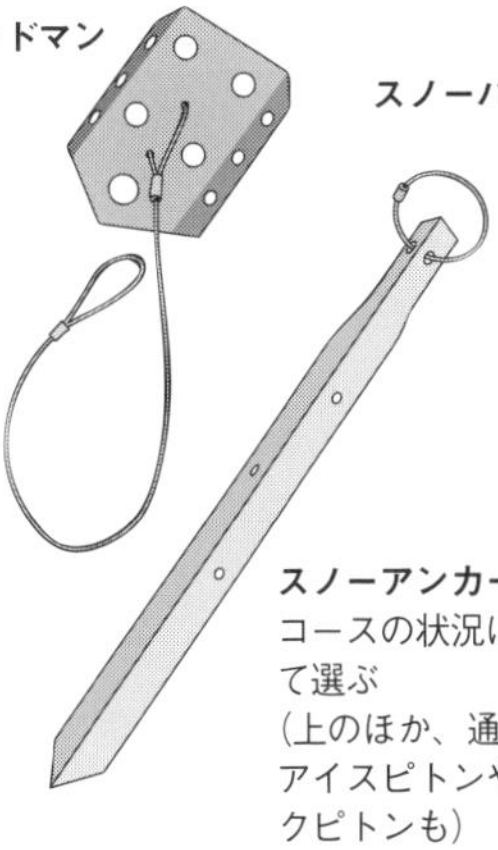

デッドマン

スノーバー

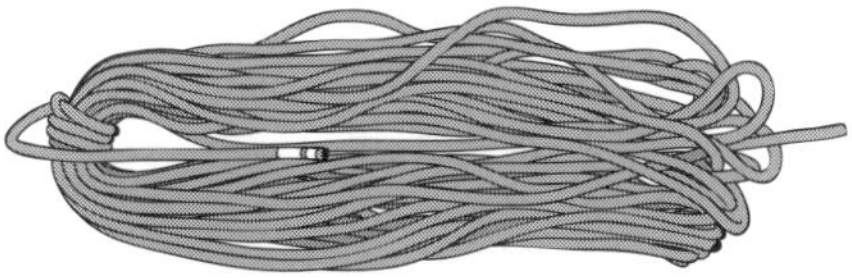

ロープ
7mm×20m
8mm×20m
8mm×30m
など、コースの状況によって決める

スノーアンカー
コースの状況によって選ぶ
（上のほか、通常のアイスピトンやロックピトンも）

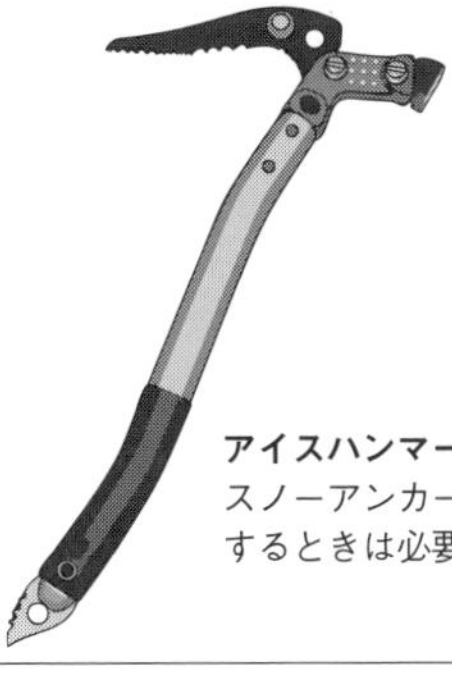

アイスハンマー
スノーアンカーを持参するときは必要

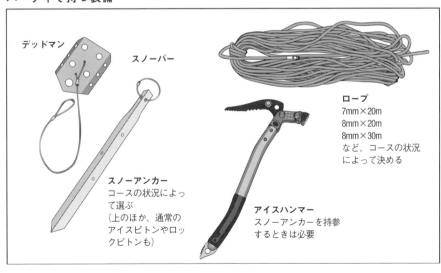

雪山ルートのアウトライン

雪山登山がどんなふうに進むのか、それぞれの問題点を考えながら、アウトラインをたどってみよう。

車道・林道のアプローチ

現代の登山事情は路線バスなどの公共交通機関は不便で、マイカー利用中心になってしまう。雪山登山ではその傾向がさらに強い。

交通機関利用の場合は運行状況を調べるのが必須になる。豪雪地域の山ではアプローチの車道・林道をタクシーでどこまで入れるかが最初の関門になる。入山前夜の天気によって条件はすぐに変わる。前日に雪が降るとタクシーは山奥へ入れなくなり、登山者は手前で降ろされて長い車道歩きをしなくてはならない。

マイカーはもっと事情が悪く、無理に奥まで入りすぎると、帰りには雪で車を出せなくなる危険がある。

見方を変えると、車道歩き、林道歩きは危険も少なく、雪山の風景を眺めながら、純粋に歩きを楽しめる区間でもある。ただ、地形によっては側壁や沢筋から雪崩が起こることも充分にあり得るので注意しなくてはならない。

樹林帯

登山口からしばらくの間は樹林帯を登ることになる。樹林帯は雪は多いが、強風の影響のない安全な場所である。コースを外さないように注意しながら、歩くことに専念できる。

太平洋側の山、1000m級の低山や、日本海側の山でも初冬期で積雪が少ないときは、基本的に無雪期の登山道（一般に「夏道」と呼ばれる）を忠実にたどる。夏道を一歩外すと、新雪で隠された灌木やヤブに乗って、ズボッと踏み抜いてしまう。こうなると、足を引き抜こうとしてまた踏み抜き、なかなか抜けられずに、わずか数歩で大きく消耗してしまう。

通行止めとなっている県道を歩いて下山（向白神岳）

積雪が多くなれば斜面のヤブや下草

は完全に雪に埋まり、踏み抜きはなくなり、どこを歩いても大差ないような状況になる。ここを突破してゆくのは、ラッセルを続ける体力次第になってくる。雪山技術として説明されることが少ないラッセルだが、積雪の深さはもちろん、雪質によっても状況はかなり異なる。ひざを少し超すぐらいなら、無雪期のコースタイムの1・2〜1・3倍で歩けるかもしれない。腰の深さになれば1・5〜2倍でも足りないだろう。無雪期に1日で歩いた行程が丸2日かかってしまうことも、厳冬期の雪山では特別なことではない。

トレースのある樹林帯を行くのは楽しい（日光白根山）

森林限界

樹林帯の長いラッセルを終え、森林限界直下まで来ると山の雰囲気は一変し、あらゆるものが凍りついて厳粛な氷雪の装いを見せている。

森林限界から上部に出る前に装備・ウェアを再確認し、バラクラバとフードをかぶり、アウター上下で防寒・防風を完全にする。アイゼンを装着し、基本的にピッケルに持ち替える。使用する場合はヘルメット、登攀用具もここで装着する。森林限界上でトレッキングポールを使い続ける人も多いが、ポールは滑落を止められない用具であることは指摘しておきたい。

森林限界からルートがどれだけ離れるかは重要だ。森林限界から短い距離で登頂できるルートならエスケープしやすいが、ずっと縦走を続けるルートはエスケープが困難であることを意識しておかなくてはならない。

稜線

森林限界より上部では、最も滑落の危険性が少ない場所である稜線上にルートが選ばれることが多い。

雪山ルート上では、稜線を交差する向きに強風が吹く。風上側の雪は飛ばされて風下側に吹き寄せられ、ところどころに深い吹き溜まりをつくっている。稜線の風上側は強風帯で、積雪は少なく氷化（クラスト）している。アイゼンはおおむねよく刺さるが、爪が立たないほどの硬い氷に出くわしたり、氷雪がほとんどなくガリガリと岩をかんで歩くこともある。氷雪上では滑落の危険があり、岩場ではアイゼンの爪を引っかけて転倒したり、足をくじいて負傷する危険もある。

風下側は危険の度合いがより大きい。非対称山稜の風下側はたいてい急ながけになっている。雪が吹き溜まって安定しているように見える場所でも、雪庇との位置関係や雪崩の発生を常に警戒しなくてはならない。

雪山の稜線ではおもに風上側に寄ったラインを歩き、時々風下側に回り込んでは、ふたたび風上側に戻るというルートのとり方をする。強風が吹いている稜線では、晴れていてもアウターを着込んで完全装備のウェアで臨む。そして、行動中に汗をかかないようなペースを維持しながら進む。風下側に回り込んで風が弱まれば休憩のチャンスだが、風上側での休憩は、体力を消耗するのでやめたほうがよい。

岩場

高山の稜線上では強風で雪が飛ばされているため、積雪はかなり少ない。薄い氷雪にガレが混じって凍結しているのが、稜線では一般的な状況で、アイゼンがよくきいて歩きやすい。そのなかで急峻な岩峰や岩壁が立ち塞がると、困難で危険な障害となる。

八方尾根最上部、最後に急な雪面をトラバースしている

アイゼンがよく刺さる氷雪は足元が安定し、最高のフットホールドといえる。岩場やガレ場でも一部分に安定した氷雪があるなら、アイゼンでそこを選んで歩くのが楽で安全だ。また、小さめの岩礫が斜面に溜まったガレは適度に凍りついているため、これもアイ

ゼンがよくきいて安定した足場になる。岩場でもこのような安定した場所にアイゼンをきかせて、ピッケルで支持しながら歩くとよい。

　傾斜が急な岩場になると雪の足場は得にくく、アイゼンで岩のホールド（小さな足場）に立って登り下りしなくてはならない。アイゼンは本来氷雪を歩く用具なので岩場は歩きにくいが、わずかに張り付いた氷雪でも滑落の危険があるため、雪が少なくてもアイゼンを外すわけにはいかない。

　アイゼンで岩に立つには、岩登りの基本フォームを守る。

上：雪庇の出た谷川岳の稜線。風上側（右側）にルートをとる
下：八ヶ岳・赤岳南面の岩場。ルンゼ内を登り下りするところ

①正対姿勢が基本
　壁に対して正面を向く「正対姿勢」が、登山靴で岩を登る基本である。
②前爪で立つか、靴底全体で立つ
　数センチ単位の小さいホールドには前爪2本を乗せ、靴底を水平にして立つ。ホールドが大きく靴底の広い面が乗る場合には、靴底で乗って真上から静かに荷重して立つ。
③岩の形を利用する
　上に突き出した岩角は、アイゼンの両側面の爪で挟み込むように立つことができる。岩に靴幅ほどの隙間があれば、そこへ靴全体を挟み込んで立てる場合もある。岩を見てすばやく判断を下し、安全な足場をどんどん選んでいくのが岩場の歩き方だ。

　難しい岩場では、初級者へのバックアップや、ロープを使い確保することも必要になる。P66～の雪上確保も参照のうえ、安全に岩場を歩ける技術を身につけてほしい。

雪上を登山靴で歩く

雪上を歩くバランス

登山靴で雪の上を歩くと、リラックスしたよい姿勢で歩ける人と、腰が引けて今にも転びそうな人がいる。単純に歩くだけだが、そこには技術の違いがある。

硬い雪は滑り、軟らかい雪は崩れるものだ。雪上を歩くときは、滑ったり崩れたりすることに注意しながら歩く。歩き方自体は無雪期と同じだが、足場が不安定なので丁寧に行なわれる必要がある。要点は次のとおり。

①歩幅を狭くして踏み出す。
②靴底全体が雪面につくようにして、雪面との摩擦力を生かす。
③踏み出した前足に、真上から体重を乗せて荷重する。
④荷重方向が前後左右にぶれないように、まっすぐ立ち上がる。
⑤そのとき後足で蹴り上げないようにし、前足だけで立ち上がる。

これは「静荷重・静移動」と呼ばれている山の歩き方である。この歩き方は滑りにくいと同時に、足場が崩れてグラッときたときでも、すぐにバランスを立て直してリカバリーしやすい。

このように雪上をバランスよく歩く方法は、技術としては説明しにくいが、何回となく雪を歩くことで感覚として身についてゆく。

雪上でスリップを防いで歩けることは、次のキックステップやアイゼン歩行の基礎として重要である。

キックステップ

緩やかな斜面では、靴底をフラット（斜面に対して平行）に置いて歩くことができる。この歩き方ができないほどの傾斜になったら、雪面に靴を食い込ませてステップを作りながら登下降する。これがキックステップである。

登りは、踏み出す前足の位置につま先を蹴り込んで、靴ひとつ分のステップを作る。そこに静荷重で乗り、静かに立ち上がる。

下りは、踏み出す前足の位置にかかとを蹴り下ろして、靴が乗るステップを作る。下りの場合は蹴り下ろしと同時に体重移動する。

トラバースは、山側の足を斜面に対して斜めに蹴り込んでステップを作る。谷側の足はかかとを蹴り下ろすかつま先を蹴り込むか、どちらかの方法でステップを作る。

キックステップは、登山靴での雪上歩行に、ステップを作る動作が加わったものだ。蹴り込みの動作がめだつが、雪上に脚一本でバランスよく立てることが、とても重要な技術である。。

キックステップ

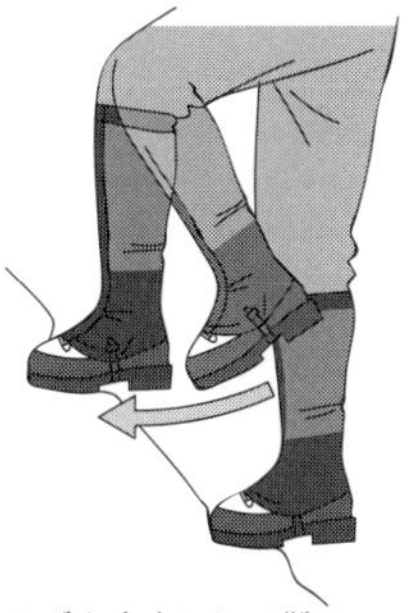

ひざを支点にして靴の
つま先を蹴り込む

登り

左足を蹴り込む。
その足に体重移動

右足を蹴り込む。
その足に体重移動

下り

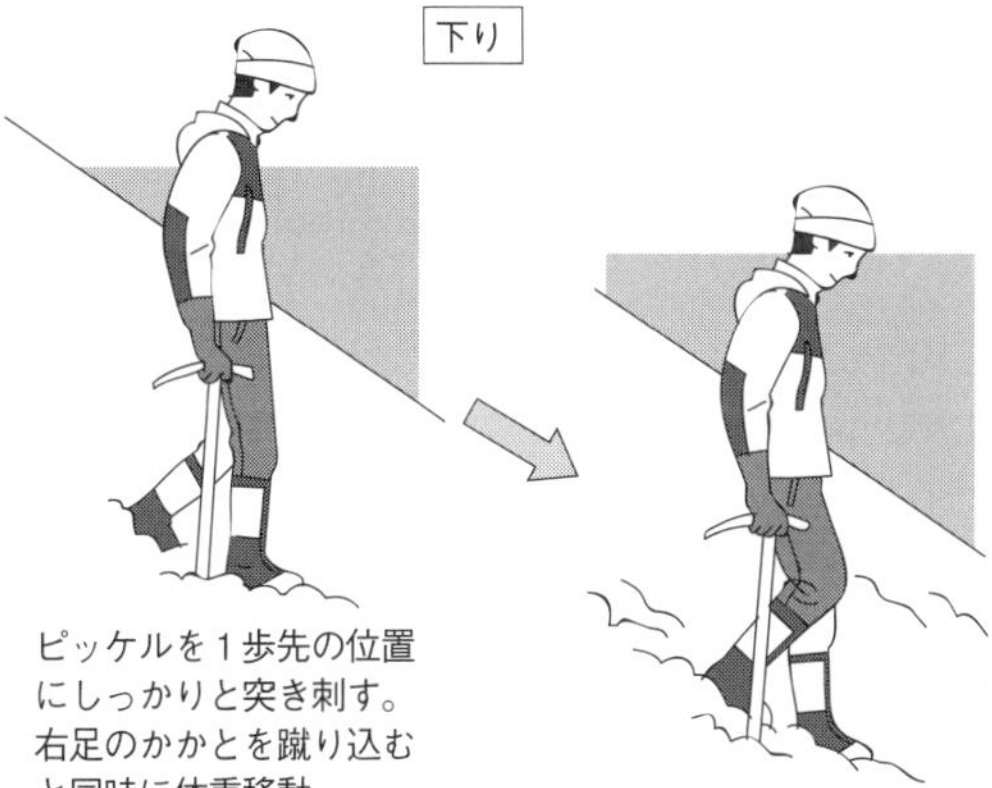

ピッケルを１歩先の位置
にしっかりと突き刺す。
右足のかかとを蹴り込む
と同時に体重移動

同様に左足のかかとを
蹴り込み、体重移動

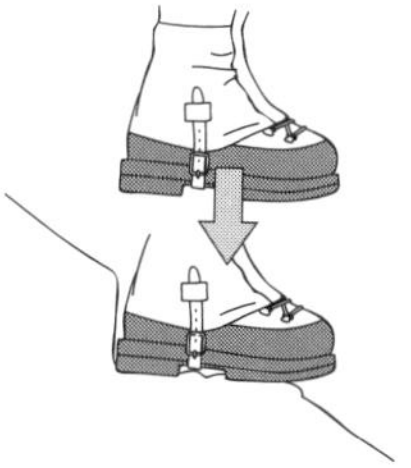

靴底をほぼ水平にして
かかとを蹴り込む

トラバース

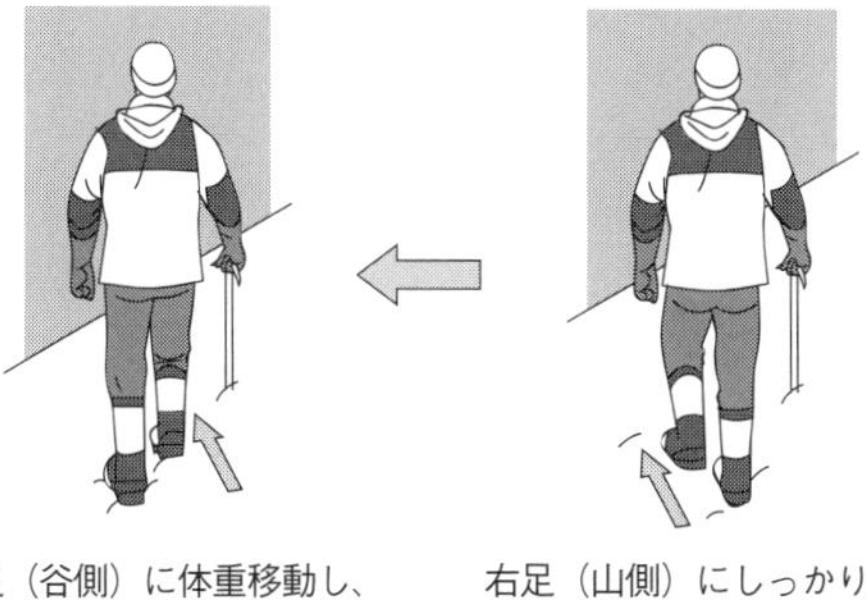

左足（谷側）に体重移動し、
右足（山側）のつま先を蹴
り込む

右足（山側）にしっかり立ち、
左足（谷側）のつま先〜側面
を蹴り込む

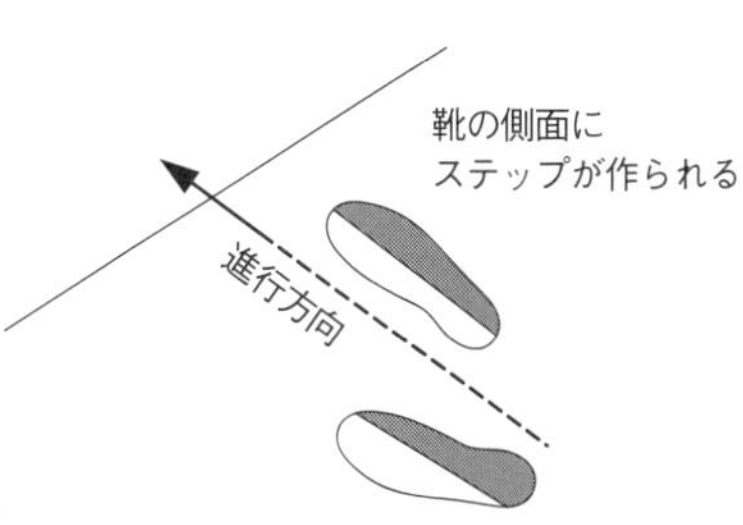

靴のつま先〜側面を
蹴り込む

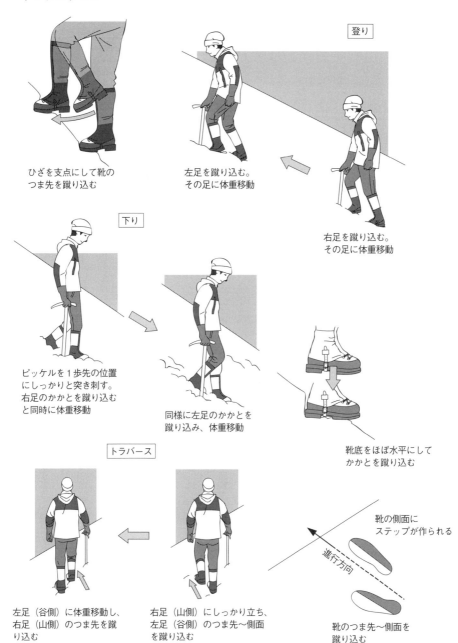

アイゼン歩行

ピッケルの持ち方

【ケインポジション】　ピッケルのヘッドを持って杖のように使う持ち方。ピックを前にするときは、ブレードの上面に手のひらをおき、シャフト上部の穴に親指を添える。中指・薬指・小指の3本でブレードを包んで軽く握り、人さし指は自然に伸ばす。これが最も基本的なピッケルの持ち方だ。

　ブレードを前にする持ち方もある。ヘッドの形から、ピックが前の持ち方よりも深く握り込む感じになる。この持ち方は滑落停止のフォームにすぐ入れるので、滑落の危険を感じる場面ではこれに替えるとよい。初級者は平地や登りではピック前、下りではブレード前の持ち方がいいだろう。

【クロスボディポジション】　一方の手（多くは利き手）でブレードを前にしてヘッドを持ち、さらに親指をブレードの下に回し入れてしっかり握る。他方の手はスパイクの少し上でシャフトを握り、胸～腰の高さに構える。これがクロスボディポジションだ。この持ち方は滑落停止でよく使うほか、急斜面で山側にスパイクを突いてバランスをとるときなどに使う。

アイゼンの装着

　アイゼンの装着自体は簡単にできる。オーバーミトンやグローブで装着できるように何度も練習しておきたい。

　実際の雪山では、まず雪を踏み広げてしっかりした足場を作り、安定した態勢でできるようにする。

　靴についた雪をよく落とし、それから雪の上にアイゼンを置いてベルト類を広げる。靴底を合わせ、ビンディングをセット、ナイロンバンドを締めて装着すればよい。バンドは締め方が甘くならないようにするが、足が締めつけられるほどきつくしないこと。

基本姿勢

　ピックを前にしたケインポジションでピッケルを持ち、体の横に自然に構える。平地か緩斜面で、無理のない狭い歩幅で歩いてみよう。そのとき、両足のかかとの間を約10cm（こぶし1個分）の距離をあけて歩く。これはふだんの歩き方とは大きく異なる点だが、しっかりと意識して行なう。

　アイゼンをつけた靴底は、雪面に対して平行（フラット）に置いて荷重するようにする。こうすると全部の爪が雪に刺さるので安全度が高く、ふくらはぎの疲労も少ない。このことをフラットフッティングといい、アイゼン歩行技術の最重要事項となっている。

アイゼン歩行①

アイゼンを装着する

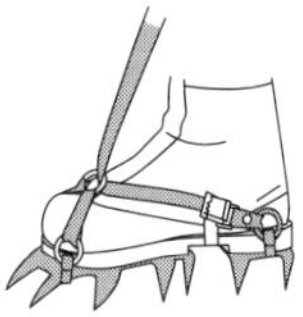

ベルト類はねじれやゆるみがないように

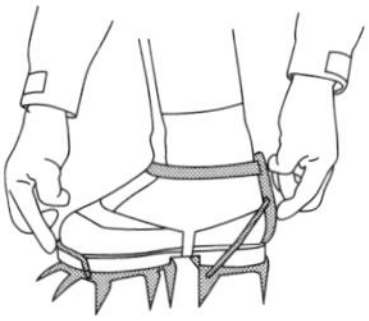

ビンディングは確実にはめ込む

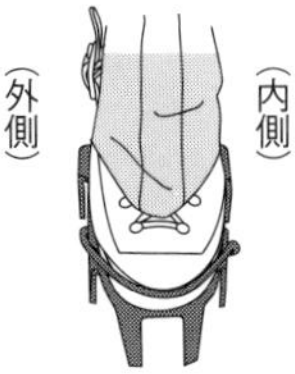

サイズが合っていない場合、出っ張り部分は外側に

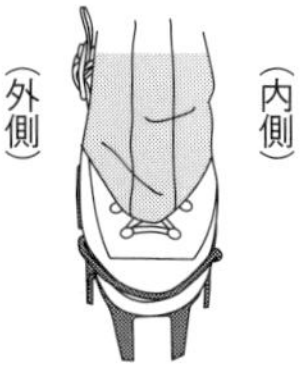

バックル類は外側に

ピッケルの持ち方

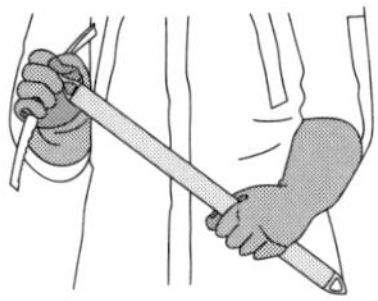

クロスボディ
滑落停止のときなどに

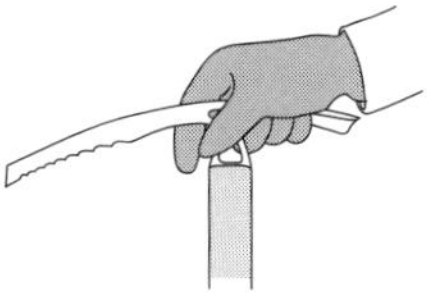

ピック前
登りで多く使う

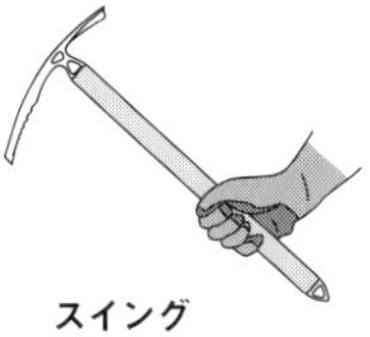

スイング
ピックを打ち込みたいときなどに

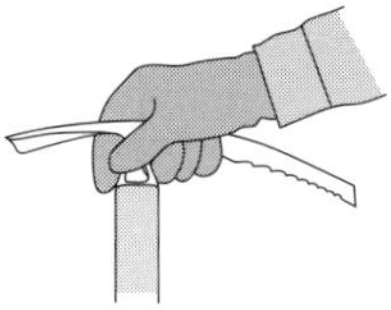

ブレード前
滑落の危険があるときなどに使う

フラットフッティング
ソールを斜面にフラットに置いて、前爪以外の全部の爪が雪面に刺さるようにする

両足（かかと）の間隔を10 cm ぐらいあけて足を運ぶようにする

まっすぐに登る(直登)

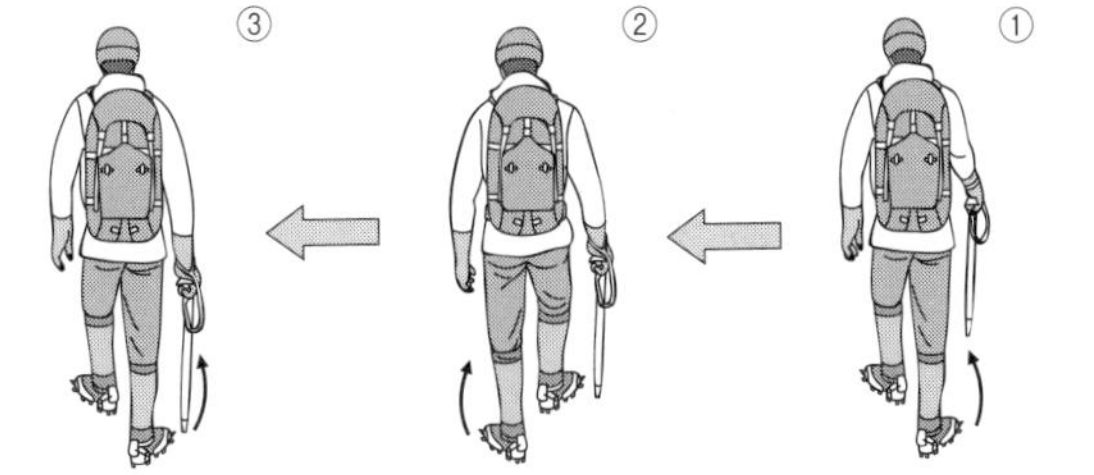

① ピッケルと反対側の足で支え、１歩前へ

② もう１歩前へ

③ ピッケルを突き替えて①へ戻る

まっすぐに下る(直下降)

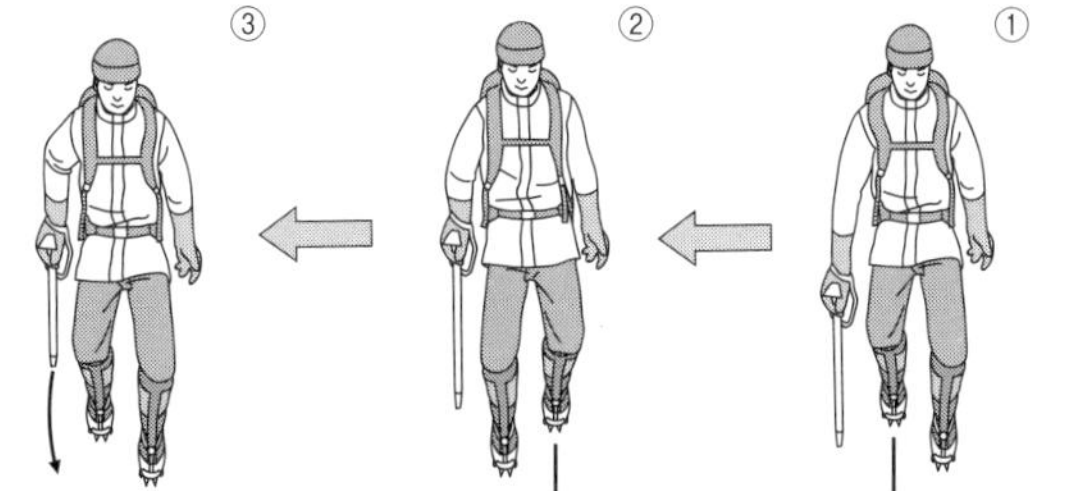

① ピッケルと反対側の足で支え、１歩前へ

② もう１歩前へ

③ ピッケルを突き替えて①へ戻る

基本のアイゼンワーク

ピッケルを手に持ち、フラットフッティングで登り下りする。斜面の形に応じてさまざまに体勢を変えていく。

【直登・直下降】 比較的緩やかな斜面では、両足のつま先を平行にそろえて登り下りする。傾斜が急になってきたら、斜度に応じてV字につま先を開き、靴底を雪面にフラットに置いて登る。つま先を開く角度が大きくても、安定して立っていられるなら問題ない。

　下りはつま先を正面前に向け、ピッケルを真下に突き刺せるように構え、両足の間隔を約10cmあけて下る。

【斜登高・斜下降】 斜登高・斜下降ではピッケルを山側の手に持つ。そして、山側の足のつま先を進行方向に向け、谷側の足は谷側へ少し開いたV字にする。靴底を雪面にフラットにおいて、10本の爪が雪に刺さるようにする。両足のかかとの間を約10cmあけて運ぶ。

一定距離を進むと方向転換とピッケルの持ち替えが必要になる。方向転換はとくに決まった方法はなく、安定した形でできればよい。方向転換のポイントで一時停止し、山側の真横にしっかりとピッケルを突き刺して、それを支点にしながら方向転換する。転換後は逆の手にピッケルを持ち替える。

【トラバース】 ピッケルはつねに山側の手に持つ。山側の足のつま先を進行方向に向け、谷側の足は谷側に少し開いたV字にする。フラットフッティングで全部の爪をきかせるようにし、両かかとの間を約10cmあけて運ぶ。

　トラバースのときは山側の足首が深く折り曲げられ、ステップが不安定で難しく感じるものである。急斜面のトラバースはとくに難しい。斜面の状況によっては山側の足のつま先も谷側へ向けると安定することがある。

【フロントポインティング】 60度以上の急斜面は、前爪を蹴り込むフロントポインティングで登ってもよい。斜面に正対して、キックステップの要領でつま先を蹴り込む。ステップができるか前爪が効いたら、乗り込んで立ち上がる。下降も同じ方法で行なう。

　あまり急でない斜面では、片方の足を横向きにして内側の爪を効かせて立つ方法も有効だ。片足ずつ休ませながら登れる。つま先が開く形から「スリーオクロック」と呼ばれている。

フロントポインティング
ピッケルはピックを刺してホールドにする

スリーオクロック
フロント＋横爪を使い、片足ずつ休めて登れる

アイゼン歩行②

斜めに登る(斜登高)

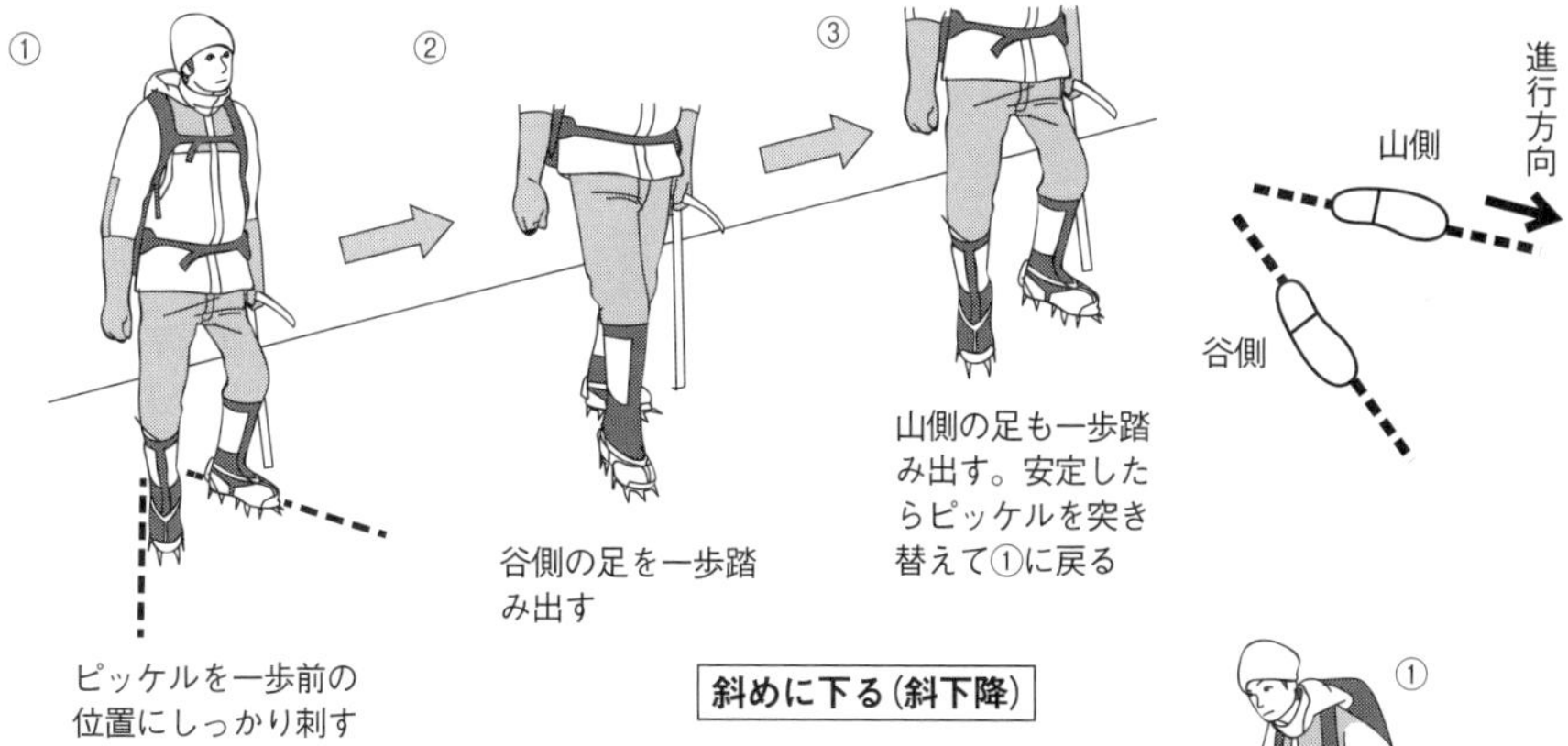
①
②
③
進行方向
山側
谷側
谷側の足を一歩踏み出す
山側の足も一歩踏み出す。安定したらピッケルを突き替えて①に戻る
ピッケルを一歩前の位置にしっかり刺す

斜めに下る(斜下降)

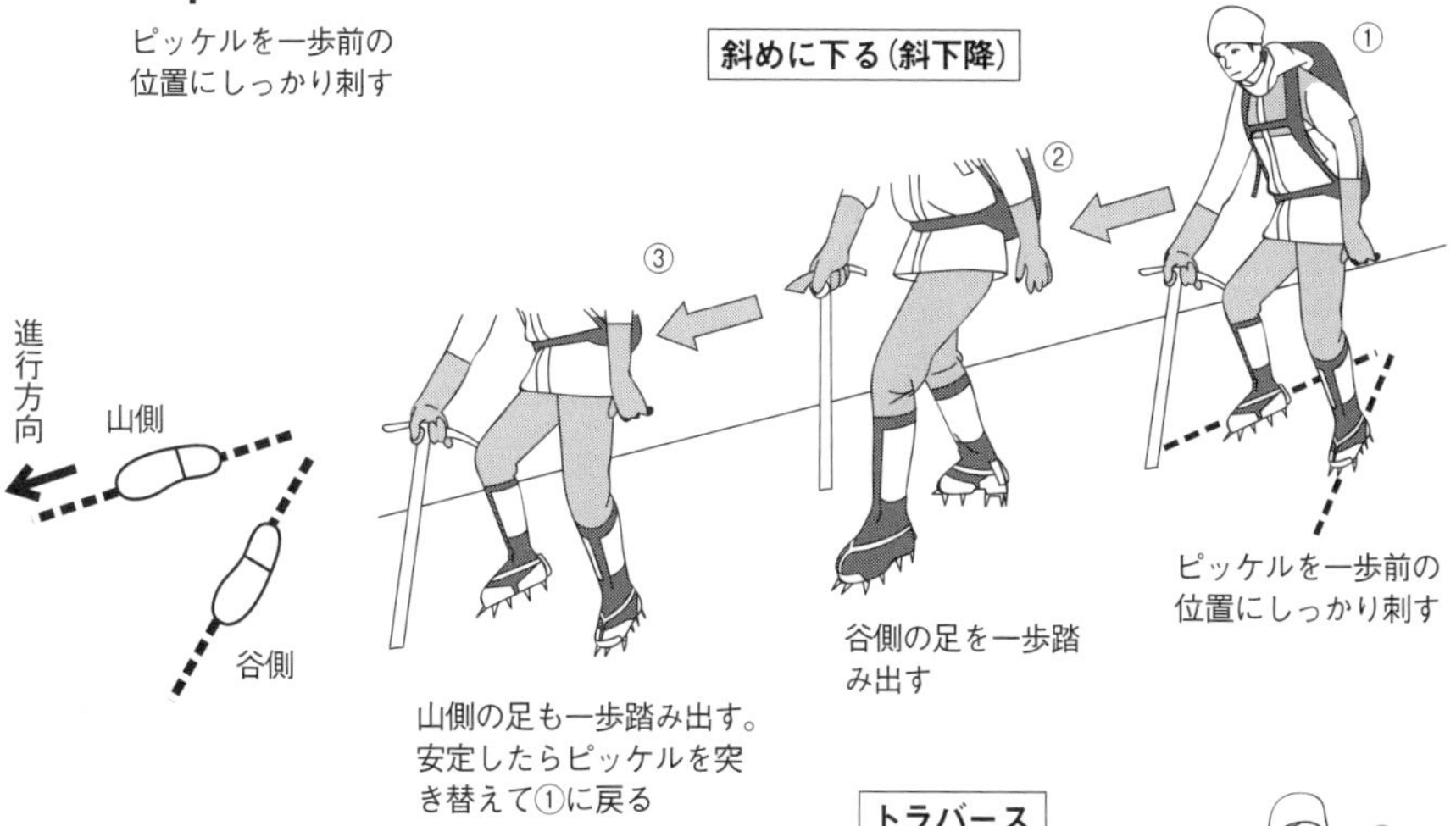
①
②
③
進行方向
山側
谷側
ピッケルを一歩前の位置にしっかり刺す
谷側の足を一歩踏み出す
山側の足も一歩踏み出す。安定したらピッケルを突き替えて①に戻る

トラバース

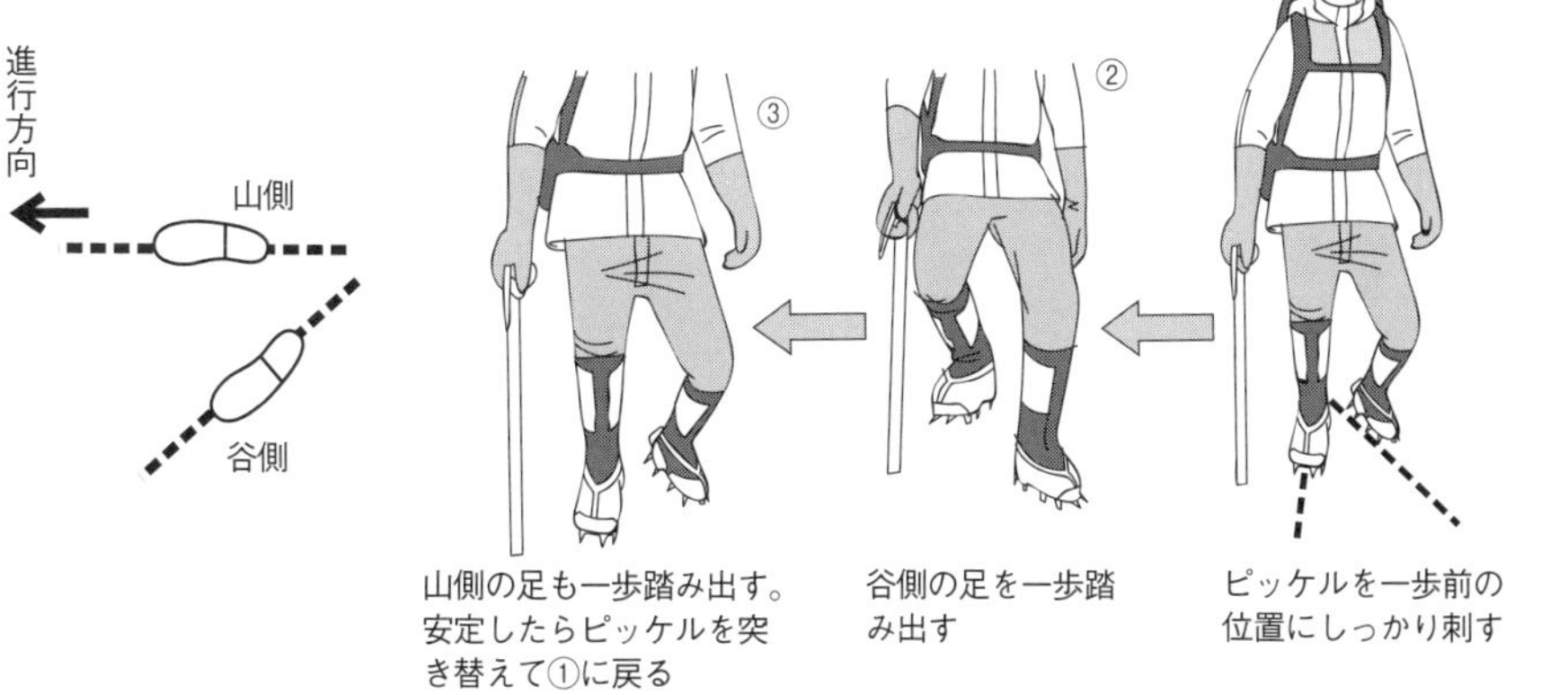
①
②
③
進行方向
山側
谷側
山側の足も一歩踏み出す。安定したらピッケルを突き替えて①に戻る
谷側の足を一歩踏み出す
ピッケルを一歩前の位置にしっかり刺す

滑落停止

ガイド登山で雪山へ行くと、少しでも滑落の危険がある場所ではロープで確保してもらえる。しかし、一般登山者の雪山登山では、よほど危険でないかぎりロープは出さず、各自がピッケル1本で自分自身を守りながら歩いている。そこで、万一転倒したときに、ピッケルで制動をかけて止める滑落停止技術を、かならず身につけておかなくてはならない。

ピッケルを使った滑落停止技術には、転倒した瞬間にピッケルを刺して止める初期制動と、雪面を流された状態からピックを打ち込んで止める肩制動または腰制動の方法がある。

実際の転倒には、まず初期制動で停止を試みる。初期制動で止まらずに流されたら肩制動・腰制動を行なうが、5m以上流されて加速がつくと、止めるのは困難といわれている。

初期制動

滑落停止で重要なことは、できるだけ早く止めることだ。転倒したら雪面に倒れる前にピッケルを構え、接地するのと同時にピックかシャフトを刺す。それが無理なら、転倒して滑りだす前に急いでピックかシャフトを刺す。何をやるかと迷うより前に、まずピッケルを雪に刺すことが大切だ。

［うつ伏せ制動］ 下降中に前向きに転倒したときの制動法。シャフトが入る軟らかい雪の場合は、落下するのと同時にシャフトを構え、スパイクを雪面に突き刺す。ヘッドをしっかりと握り、他方の手は頭部を保護するように雪面に当てる。ピッケルを持ちながらバランスをとると、体が回転して下向きになり停止する。

硬い雪の場合はピックを刺す。左ページの図では両手でピッケルを持っているが、片手でヘッドを持ち、他方の手を雪面につけて体を保護する形でもよい。ピックを体の中心線を外した位置に刺し、ピックが雪をかんで抵抗がかかると、体が回転してピッケルの下にくる。アイゼンを引っかけないように、ひざを曲げて停止する。

［背面制動］ 頭を下方向にして仰向けに転倒したときの制動法。ピッケルをクロスボディポジションに持ち、腕を伸ばしてピックを体の横の、できるだけ下方（腰〜脚の方向）に思い切って打ち込む。同時に脇を締めてピッケルに強くしがみつく。脚をすばやく下方に移動して反転し、腹ばいになる。これで止まらない場合はもう一度ピックを打ち込み、肩制動で停止する。

［尻もち制動］ 下降中に足が滑って腰から落ちた場合は、体の脇から真下に

滑落停止①（初期制動）

背面制動

ピッケルをなるべく
縦方向に持ち、ピッ
クを腰〜太ももの横
に思い切って刺す

横を向きながら足をそ
ろえて持ち上げ、尻を
突き出すようにする

足が下を向く。
止まらなかったら腰制
動か肩制動を行なう

うつ伏せ制動

ピックを体の中心か
ら外して雪面に刺す
（ヘッドは片手で持っ
てもよい）

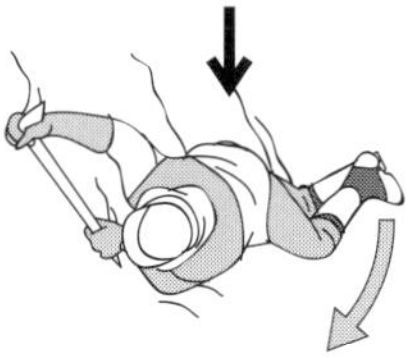

抵抗を受けると体は
自然に回転する

両手でしっかりとピ
ッケルを持つ。ひざ
を曲げてアイゼンが
雪面につかないよう
にする

軟雪で転倒したとき

転倒と同時にシャフ
トを雪面に刺し、片
手は雪面について体
を保護する

尻もちをついたとき

片手のピックを即座
に雪面に刺す。他方
の手は雪面について
バランスをとる

シャフトを打ち込んで、ヘッドをしっかりと握る。ふだんからピッケルを真下方向に構えていれば、転倒した瞬間にピッケルを刺すことができる。シャフトが入らない硬い雪の場合は、雪面に手をつくのと同時に、片手に持ったピックを雪面に刺す。ピックがうまく刺されば止まる。

肩制動と腰制動

滑落停止技術は、従来から腹ばいになってピックを雪に食い込ませる方法が練習されてきた。この方法は停止フォームに入るまでの時間が長く、ブレードに顔が近いため恐怖感がある。現在は、腹ばいになる手前の半身で停止する方法が行なわれている。

肩制動は次のようにする。

①ピッケルをクロスボディポジションで持ち、ブレードを利き手側の胸につけ、ピックを前方に向ける。仰向けの状態から滑りだす。

②上半身からヘッドを持つ手の側に回転する。足は少し持ち上げて雪に引っかからないようにする。

③利き手側の脇をやや開きながら回転し、ヘッドを持った手に上半身の体重を乗せていく。

④ピックが雪に食い込んだら、ピッケルにしっかり体重を乗せて制動する。足はひざを曲げて開き、持ち上げる。

腰制動の方法は、腰の位置にピッケルを持って、腰を中心に体重をピッケルに乗せて止める。この方法はピッケルが顔から遠くなるので恐怖感が少ないが、止めるのが難しい。

滑落停止の練習

滑落停止技術よりも、歩行技術を高めて転倒しないことが重要だという意見は根強くある。しかし、雪山で滑落事故は多く、やはり滑落停止技術は練習しておきたい。

アイゼンをつけた状態で滑落停止をやるのは危険なので、登山靴で練習するほうがよい。ピッケルを使わない素手での制動、ピッケルを使った初期制動の4つの形、そして肩制動・腰制動をやってみよう。動作の難しい技術もあるが、止められることが確信できるまで練習してみたい。

滑落停止に限らず雪上技術の実践練習は、万一転倒しても、滑落が自然に止まる場所で行なう。下部に雪を積み上げて場所を作ってもよい。ビレイ技術があればロープで確保しながら練習することもできる。

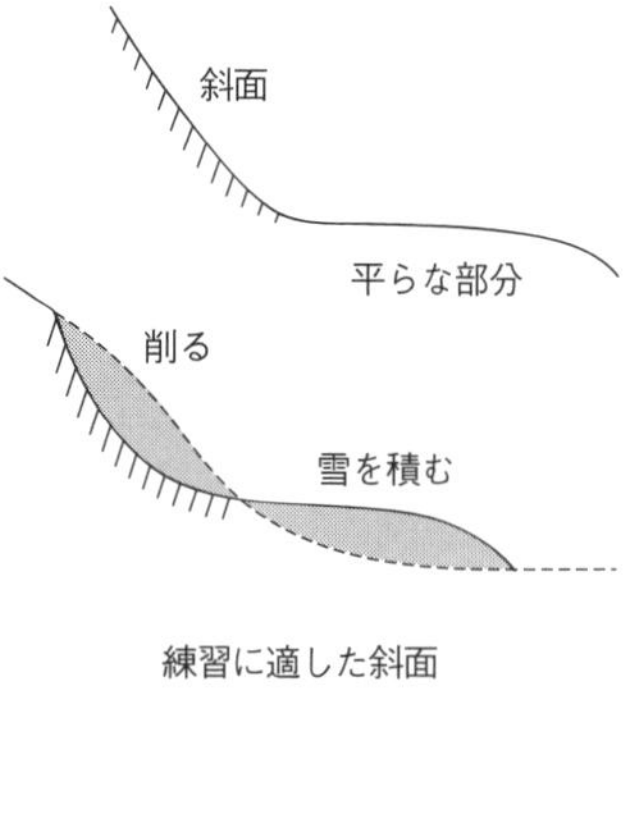

練習に適した斜面

滑落停止②（肩制動・腰制動）

肩制動

両ひざを少し持ち上げながら、ピッケルのヘッドを持った利き手側に上半身を回転させる

ピッケルを胸から離さないようにしながら回転していく

胸につけたブレードに上半身の体重を乗せ、ピックを雪面に食い込ませる。ひざを開いてバランスをとる

上半身の構え

ブレードを前にクロスボディで持つ。ブレードを胸につけてピックを前に出し、顔は横を向く

腰制動

半身になって腰の位置に持ったピッケルに腰の体重を乗せ、ピックを雪面に食い込ませる

手足による制動

ピッケルが刺せない軟雪の場合は、手足で制動をかけることができる。雪の斜面で転んだら、すばやく山側を向いて腹ばいになり、雪面に両手を突き、立ち上がって登山靴の先端で荷重して制動をかける。さらにうつ伏せになり、手のひらと腕で雪を抱え込むと制動は大きくなる。

手足の制動で止める

さらに雪を抱え込む

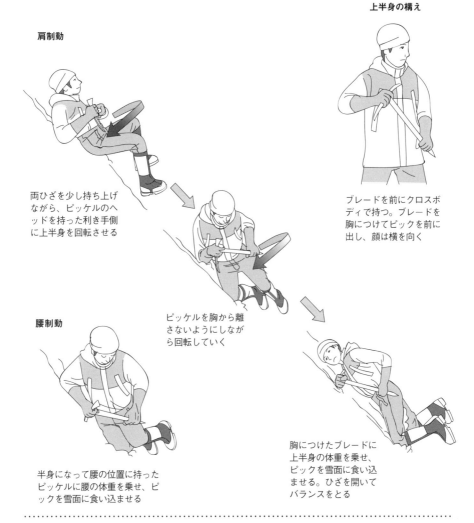

ラッセル、耐風姿勢

ラッセル

森林限界に至るまでの長い区間は、深くもぐる雪のなかを歩く。そこにトレースがない場合は、雪をかき分けて前進しなくてはならない。これがラッセルで、雪山では厳しくつらいことの代名詞のようにいわれている。

新雪の深さがひざ下の場合は、普通の歩き方と変わらない。ひざ上からがラッセルらしくなる。

［ひざ上のラッセル］　新雪がひざの高さを超えるぐらいになると、踏み込んだ足は意識的に持ち上げないと雪面の上に出せなくなる。しかし、特殊なテクニックがあるわけではなく、わかんの場合は足を後ろ寄りに引き抜き、外側に大きく振り出して、できるかぎり大股・ガニ股で前方へ振り下ろす。そして、強引にそこへ乗り込むだけだ。普通の登山では大きすぎる歩幅はよくないが、ラッセルは大股にする。一歩ごとの消耗度が大きいので、歩数を減らすほうが重要だからだ。

［腰上のラッセル］　雪の深さが股下を超えて腰ぐらいまであると、ラッセルは困難をきわめる。雪の上へ足を振り上げるのは不可能なので、2段階の作戦をとる。まず手に持ったポールやピッケルで前面の雪を手前にかき落とし、さらにひざを使って少し押し下げ、そこへワカンの足を乗せて踏み込む。この作業をくり返すだけである。

スノーシューを使う

スノーシューで雪上を歩く感覚はスキーに近い。本来は平坦地または緩やかな斜面、開けた地形などを歩くスノーハイクに適した用具だが、最近は登山用のスノーシューも多く、かなりの急斜面でも使えるものになってきた。

スノーシューを使うとラッセルの労力を大幅に軽減できる。コースの特性を考えて使用を検討するとよい。

耐風姿勢

ピッケルのもうひとつの役割が耐風姿勢だ。体が持っていかれそうな突風に吹かれたとき、耐風姿勢の正三角形を作って風が収まるのを待つ。

①両足をすばやく踏ん張れる広さに開いて踏みしめる。

②ピッケルをクロスボディに持ち、両足を底辺とした正三角形の頂点の位置にスパイクを刺す。

③シャフト上部に利き腕の肩をかぶせ、下部を逆の手でもって押さえる。

この姿勢で、突風が過ぎるまで耐えてやり過ごす。瞬時に耐風姿勢ができるように練習しよう。

ラッセル

ひざ上のラッセル

①前足に体重を乗せてしっかりと踏み込む

②後ろ足を外側に引き抜き、乗っている雪を払い落とす

③大きく前に振り出して真上から押しつけるように踏み込む

腰上のラッセル

①ポールやピッケルで体の前の雪を一段かき落とす

②ひざを使って踏み込み、ステップを作る

③そのスペースに前足を乗せて踏み込む

耐風姿勢

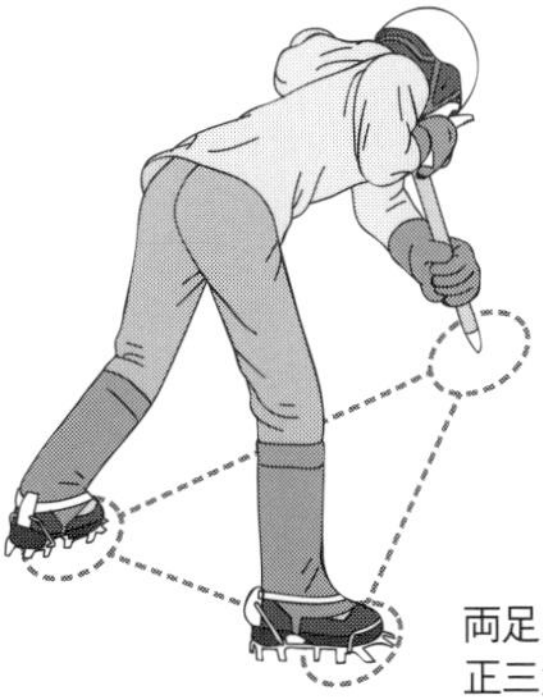

両足とピッケルで正三角形を作り体をかぶせた状態で耐える

ラッセルの交替

深いラッセルの場合、先頭は空身でラッセルし、2番手以下がトレースを踏み固める。5～10分など短時間で交替したほうが効率がよい

ルートファインディング

雪山登山をするにはルートファインディングの力が必要である。ルートファインディングとは地図を読むことではなく、既成の道が何もないところから、自分の判断でルートを見つけ出していくことを意味している。ルートファインディングをするには、その対象である山、岩、雪といったものへの深い理解が必要である。

樹林帯

トレースのない状態でラッセルしていくときに、ルートファインディングが必要になる。ルートは基本的に夏道に沿っていくだろう。夏道の上には灌木やヤブがないので、積雪はより安定している。とくに初冬期には夏道の上を歩くと踏み抜きが避けられる。

夏道の跡をたどるには、樹木や枝に残された人工的な形跡（切り口、鉈目など）、赤布の標識、樹林中の切り開きの形などが手がかりになる。雪面を観察すると、夏道または過去のトレース跡が、うっすらとくぼんでいることに気がつく。行動中は頻繁に地形図と照合して、目的のルートを外れていないか確認したほうがよい。

稜線

ルートのおおまかな位置は稜線によって示されている。通常は風上側斜面のクラスト地帯を、なるべくアイゼンで踏める氷雪を選びながら歩けばよい。なんらかの障害物が現われたとき、それをどう越えるかのルートファインディングが必要になる。その障害物とは、雪稜、雪庇、雪壁、岩場（岩峰、岩壁）などである。

雪稜は真上を踏んで通過するか、下

雪山のルートは稜線上をたどるものが多い。このルートはオープンな雪面の上を通る箇所で雪庇や雪崩への警戒が必要（場所＝向白神岳・3月）

部斜面を巻くこともできる。雪庇は、その上に乗らない箇所を確実に通過する。雪壁（雪の急斜面）は雪崩の危険性があればエスケープ、安全なら直上して突破する。斜上するラインは苦労することが多い。岩場もエスケープか突破（直登）するかを判断する。突破する場合は、岩場特有のルートファインディングが必要になる。

これらの障害物を巻いて通過するときは、できるだけ小さな迂回経路をとれれば、時間と労力のロスが少ない。ただ、自分自身で経路を見いだすよりも、コースサインや夏道の踏み跡などでルートが読める場合が多い。

岩場

岩場のルートファインディングは、登山ルートとはまったく異なる。岩場の場合、そこを登って突破できるような岩の弱点を見つけて、それを結んだラインにルートを見いだす。岩の弱点とは、簡単にいうと「ホールドがある場所」ということだ。階段状に重なった岩、手がかりになるような大きな岩角や突起、岩の割れ目（クラック）など、それらの岩の形を見て、登れるラインを予想するのである。

雪山一般ルートの岩場は、夏道が通じているものが大半である。さまざまな夏道上の形跡によって、容易にルートファインディングができる場合が多い。しかし、大雪の直後などで夏道の痕跡が隠れてしまうと、岩場のルートファインディングは非常に難しくなってしまう。ルートを間違えて一般ルートから外れると、進退きわまることもあり得る。岩場のコンディションは、気象や積雪状況によって大きく変わることを知っておこう。

ピークから下りのルート。崩れそうな小雪庇が多数出ているため稜線には寄れず、灌木につかまりながら急な雪面を下った（場所＝日高山脈・5月）

雪上確保①ビレイ技術の必要性

確保が必要な場面

本番の雪山登山で、どこでロープを出して確保を行なうかの判断は、なかなか難しい。

実際に確保が必要かどうかは、パーティの状態に即して考えると、次の2つの場面が考えられる。

①リーダーが「危険」と判断する。

②メンバーが「怖い」と感じる。

基本原則として、メンバーがひとりでも「滑落が怖い」と感じるような場所ではロープを出したほうがよい。そのサインを真っ先に出せるのは、メンバーのなかで経験が少ない初級者である。パーティのなかのリーダーまたは中・上級者は、初級者の状況を常に観察し、怖がっている兆候がはっきりと表われる前に確保に入れるようにしなくてはいけない。

これとは逆に、初級者が怖がっていなくても、実際にはかなり危険な状況であることも多い。こういう場面では、初級者がどう感じているかに関係なく、リーダーがその場の危険性を判断して確保手段をとらなくてはならない。

スタカットとコンティニュアス

実際に行なうビレイ方法は、無雪期でも雪山でも、スタカットとコンティニュアスの2つしかない。

スタカットクライミングは、1人がルートを登り（＝クライマー）、パートナーは確保だけを行なう（＝ビレイヤー）。安定したポイントに着いたらそこに確保支点を作って、今度はそれまで確保をしていたパートナーが登る。こうして1ピッチずつ、互いに確保されながら登るのがスタカットで、最近の新しい用語ではピッチクライミングとも呼ばれている。

コンティニュアスクライミングは、ロープを結び合った状態で同時に行動する。どちらかがバランスを崩して滑落したら、すばやく確保操作に入って停止させるのである。技術的には難しい方法だが、滑落のリスクがより少ない場合にスピードアップを意図して用いられる。新しい用語ではサイマルクライミングとも呼ばれている。

雪山での流れ

通常の雪山登山では樹林帯までは安全圏であり、森林限界よりも上部がピッケル、アイゼンの領域になる。

一般的な登山パーティでは、滑落の危険性が少なければロープを使わずに、個々がピッケルとアイゼンで登る。ピッケルは雪に刺し込んでアンカーにできる登攀用具だから、ピッケルを持って登下降することは、即座にセルフビレイの状態に入れることでもある。

緩やかな雪稜や強風帯などで危険な要素が出てきたら、コンティニュアスにすれば安全性は高くなる。急な岩稜、雪稜、不安定な雪壁などが出てきたら、スタカットでの確保を検討するところだ。弱いメンバーの実力を考え、本人のコンディションなどをみて判断しよう。不安要素があれば積極的にロープを使い、安全に通過していきたい。

一般ルートではスタカットが必要な悪場はそれほど出てこない。4〜5回もあれば多いほうだろう。難所が連続して出てくるような場合は、コンティニュアスで行動しながら、必要な場所でスタカットに切り替える。このような場所は雪の少ない岩場などで、コンティニュアスでは止めにくい場合が多い。コンティニュアスはつなぎで行なっていると考え、個々のメンバーは転倒しないように注意が必要である。

どこでロープを使うか

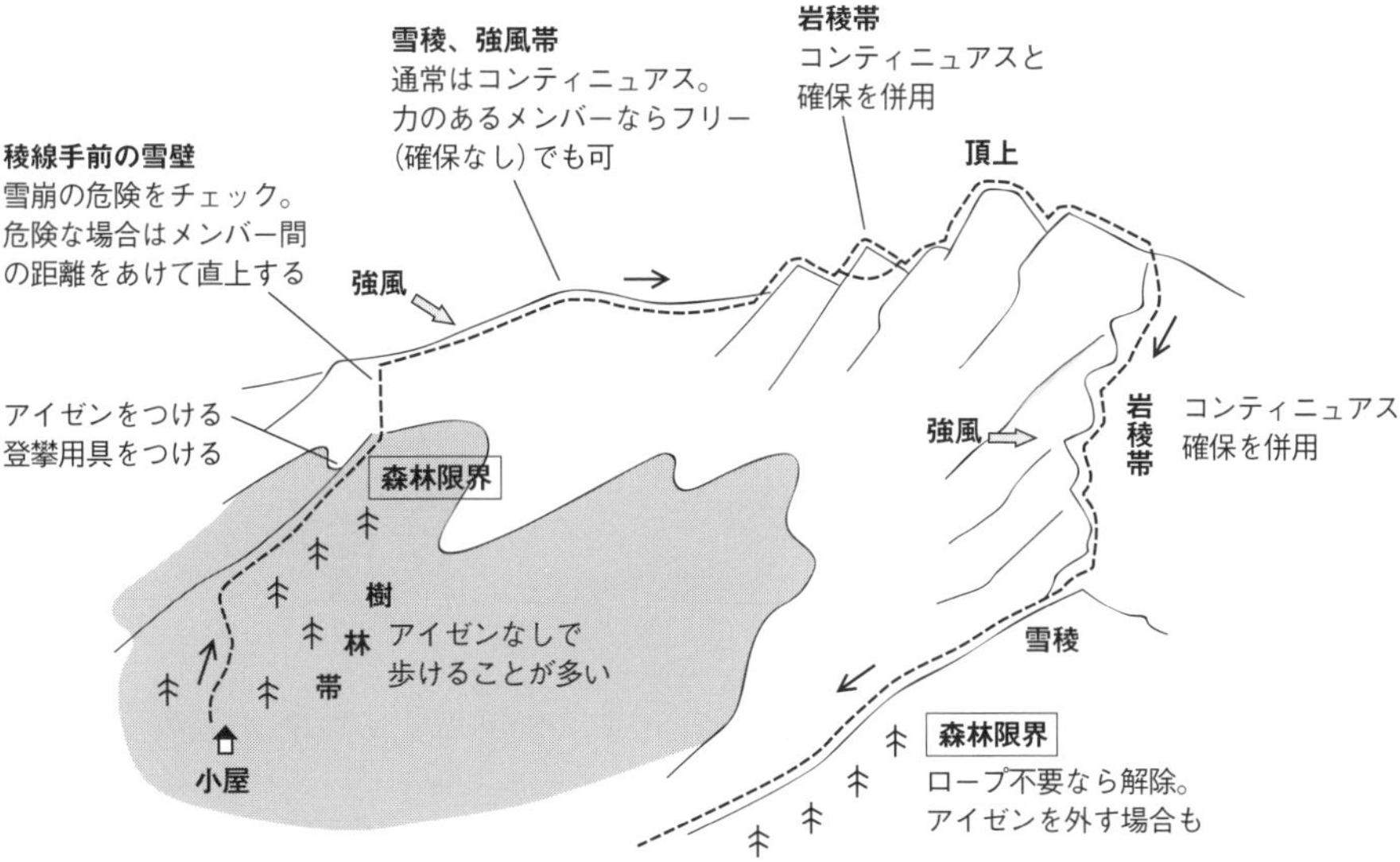

雪稜、強風帯
通常はコンティニュアス。
力のあるメンバーならフリー（確保なし）でも可
岩稜帯
コンティニュアスと確保を併用
頂上
稜線手前の雪壁
雪崩の危険をチェック。
危険な場合はメンバー間の距離をあけて直上する
強風
アイゼンをつける
登攀用具をつける
森林限界
強風
岩稜帯
コンティニュアスと確保を併用
樹林帯
アイゼンなしで歩けることが多い
雪稜
小屋
森林限界
ロープ不要なら解除。
アイゼンを外す場合も

練習の必要性

確保が必要かどうかを判断するには、メンバー同士が互いの技術・経験のレベルについてよく知っていることが重要である。また、初級者も含めて基礎技術をきちんと練習して、本番でロープを使う際にやるべき内容を全員が理解している必要がある。

スタカットは時間がかかるが、時間のロスを少なくすませられるように、日ごろから練習を怠らずやっておきたい。また、練習の時間を通じて、メンバー間の理解を深めておきたい。

雪上確保② ロープの結び方

ロープをハーネスに結ぶ

エイトノット（フィギュアエイト・フォロースルー）

ハーネスのタイイン

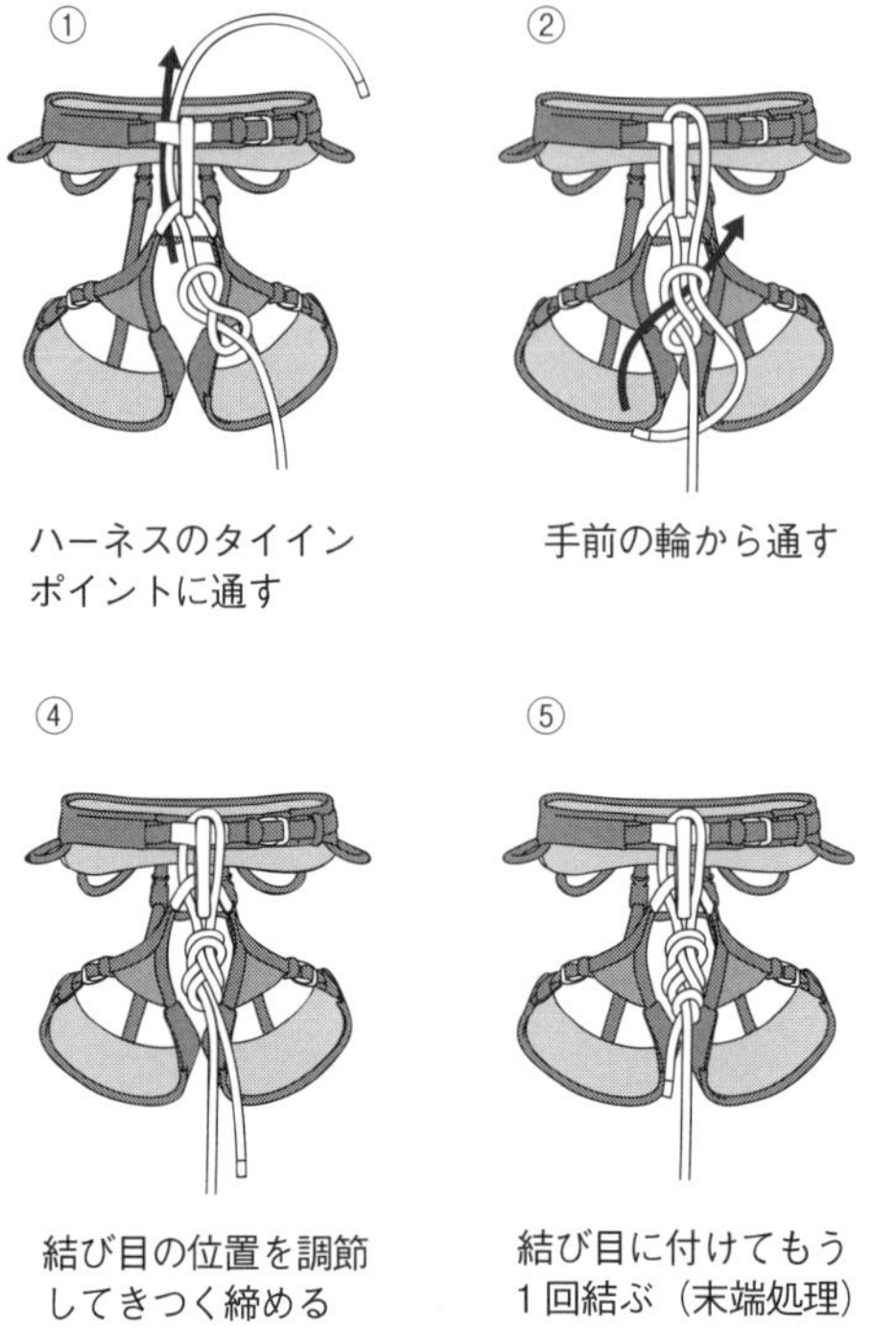
③
手前の輪から通す
結び目をなぞるよう
に通していく

結び目に付けてもう
1回結ぶ（末端処理）

末端処理
どちらの結び方でもよい。結び目のすぐ後ろに1～2巻きして結び、メインの結び目がゆるむのを防ぐ

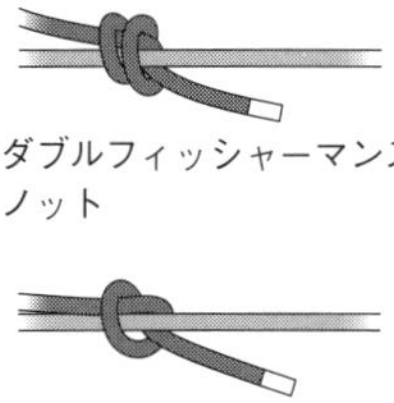
オーバーハンドノット

本格的に雪山登山に取り組んでいくなら、クライミングの専門知識・技術は必要である。その最初の一歩となるのがロープの結び方だ。

多くの結び方を覚える必要はない。しかし、生死にも関わることなので、必要な結び方は理想的に近い形でできるようにならなくてはいけない。

メインロープをハーネスに結ぶにはエイトノット（略称、以下同様）を使う。エイトノットは、ロープの末端を結ぶ方法と中間を結ぶ方法がある。

メインロープをアンカー（確保支点）に結ぶには、エイトノットのほかに、クローブヒッチ、ブーリンノットが必要だ。ブーリンノットは覚えづらいが、立ち木に直接ロープを結ぶには欠かせない。結び目がゆるみやすい欠点があり、末端処理の結び目を加えることが不可欠になっている。クローブヒッチはロープの中間をカラビナに結ぶ、代表的かつ簡便な方法だ。

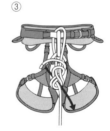

ロープをアンカーに結ぶ

エイトノット中間結び（フィギュアエイト・オン・ア・バイト）

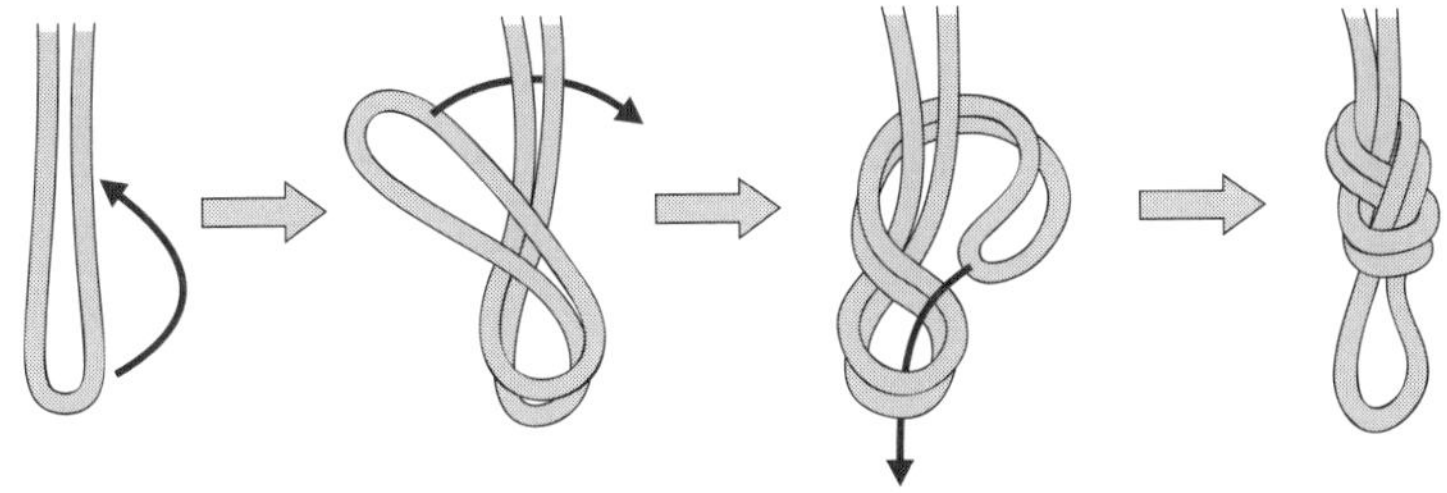

ロープを折り返した中間部

二重のロープで8の字を作る

8の字のループに先端を通す

結び目をきつく締め込む

クローブヒッチ

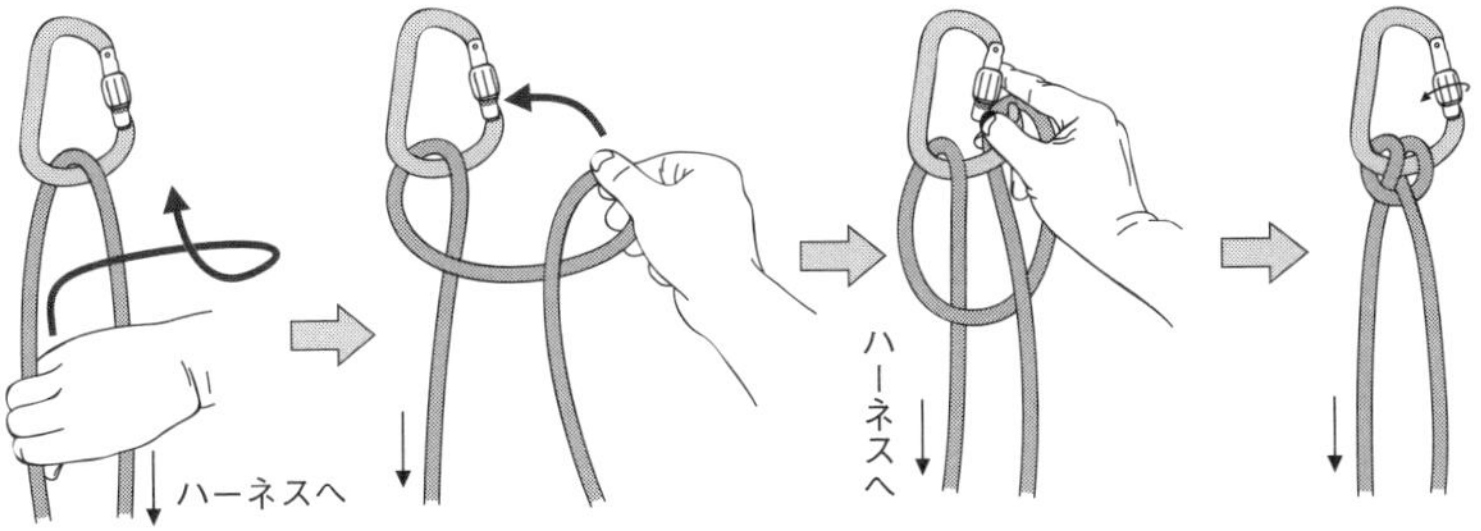

ハーネスと逆側のロープをとり1回ひねる

逆向きのループが2つできる

逆向きのループをカラビナにかける

両側のロープを引いて結び目を締め込む

メインロープはスリングとカラビナを介してアンカーに連結するほうが多い。輪になったスリングは、木枝などに巻き付ける3つの方法がある。

メインロープどうしを連結するには、ダブルフィッシャーマンズベンドがベーシックだ。長い名前だが、日常生活でも「テグス結び」として親しい。切り売りのロープを買って輪のスリングを作るのにもこの結び方を使う。

最後に、フリクションノットと総称される結び方がある。輪になったスリングをメインロープに巻き付けて、末端のループを引くとブレーキがかかって止まる。結び目自体を持つとスライドさせられる。この結び方は、フィックスロープなどで使われる。

以上10種類あまり。どれも1分以内でできるように練習してほしい。

なお、ここでは概要程度しか説明していない。詳しくはクライミングの技術書などを参照してほしい。

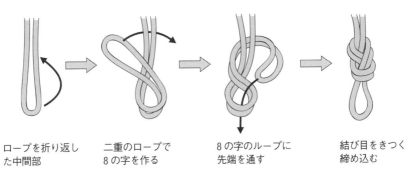

ロープを立ち木に結ぶ・巻く

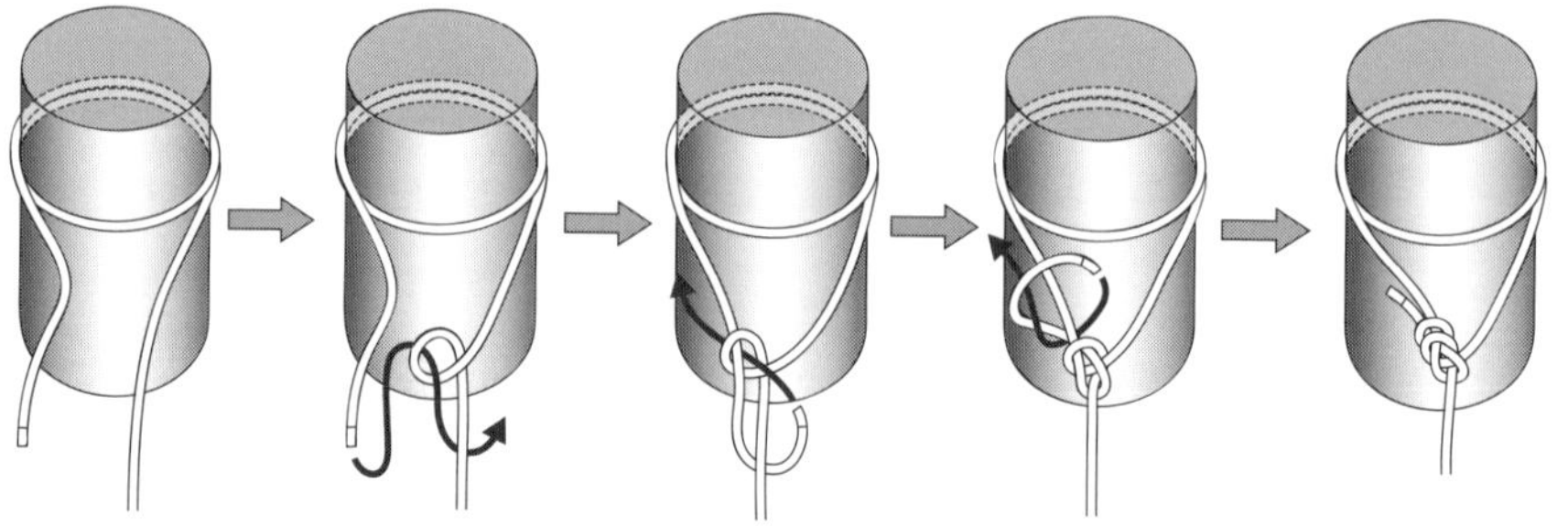

ロープ末端を木にラウンドターンさせる

ループを1つ作りそこに末端を通す

流れ側のロープの下を回してループに戻し通す

結び目の位置を調節して末端処理をする

完成

ブーリンノット（立ち木などにすばやく結ぶ方法）

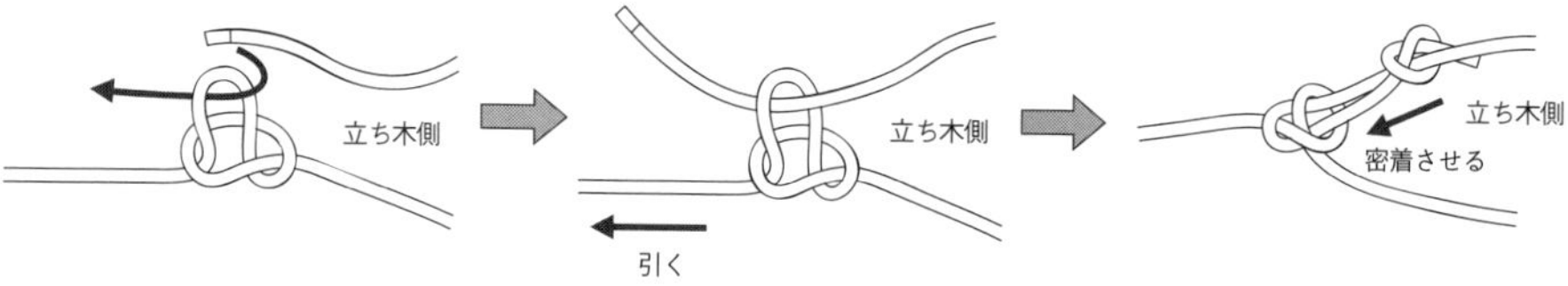

結び目の位置にループを1つ作り、すぐ下のロープを折り返してそのループに下からくぐらせると第2のループができる

第2のループにロープ末端を通して、反対側のロープを強く引き、ループを反転させる

ブーリンの結び目ができるので、結び目の位置を調節して末端処理をする。末端処理の結び目はメインの結び目に密着させる

スリングを立ち木や枝に結ぶ・巻く

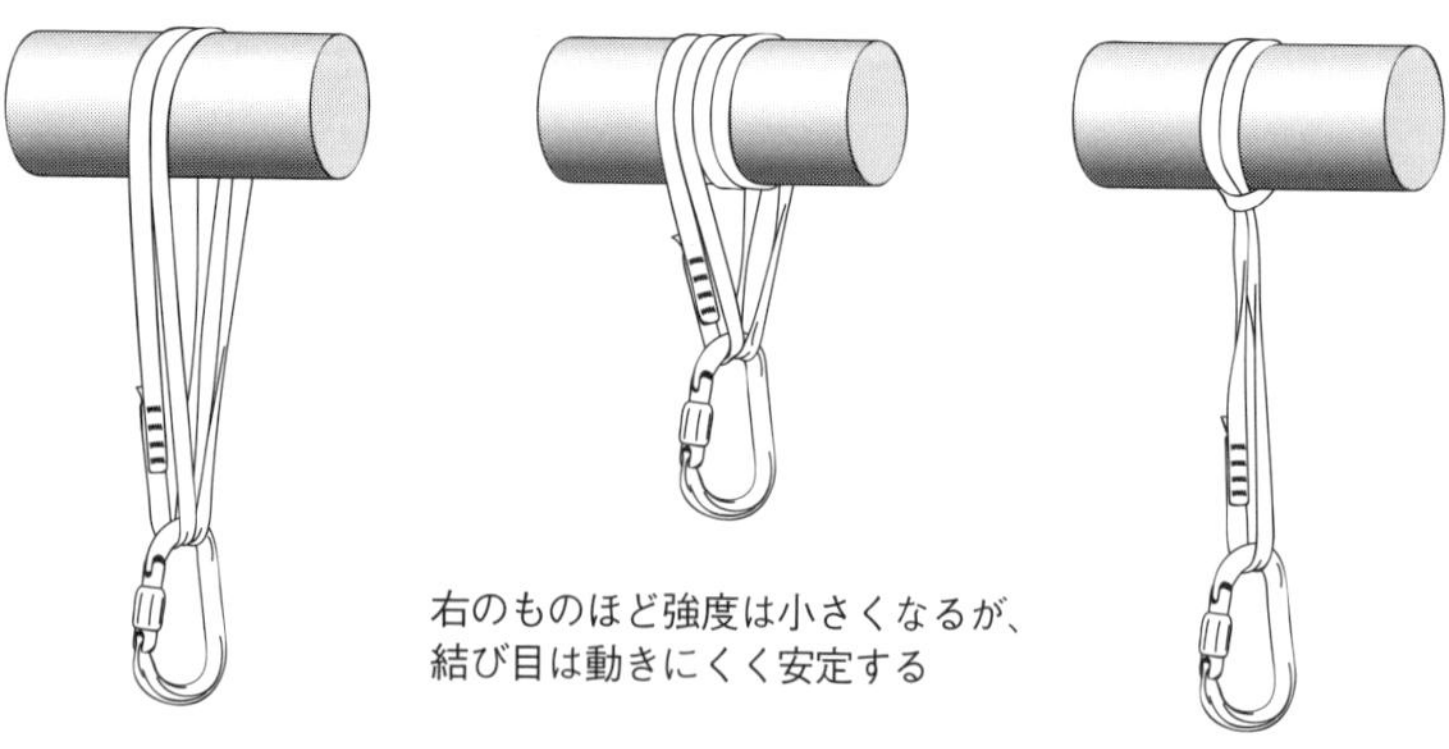

右のものほど強度は小さくなるが、結び目は動きにくく安定する

ラウンドターン（強度大）　ツーバイト（強度中）　ガースヒッチ（強度小）

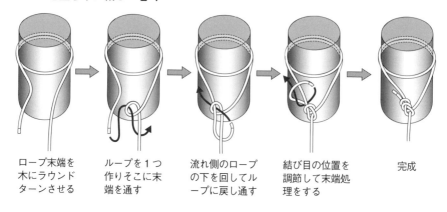

ロープとロープを結ぶ

ダブルフィッシャーマンズベンド

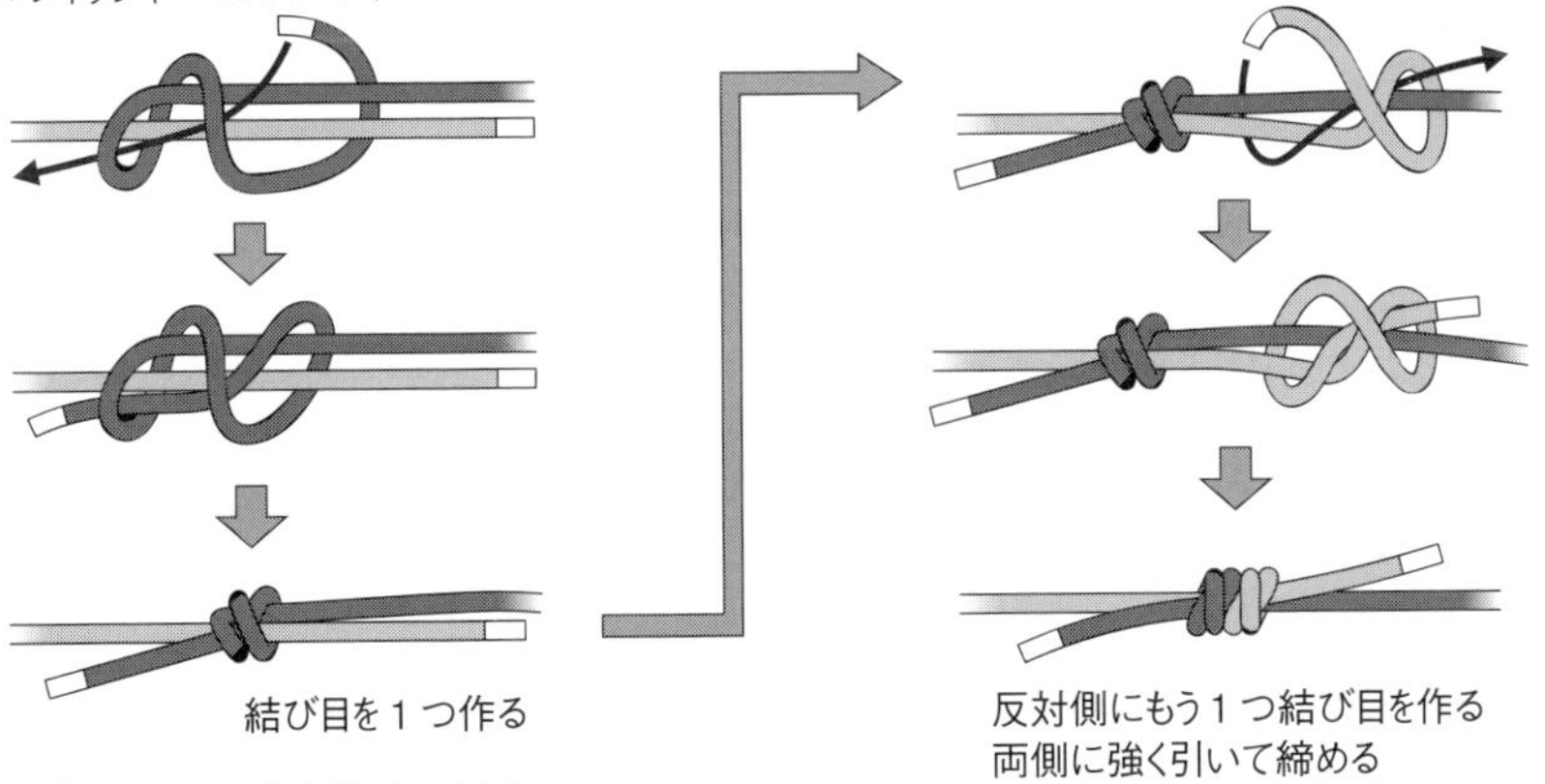
結び目を１つ作る
反対側にもう１つ結び目を作る
両側に強く引いて締める

ロープにスリングを巻く・結ぶ

オートブロック

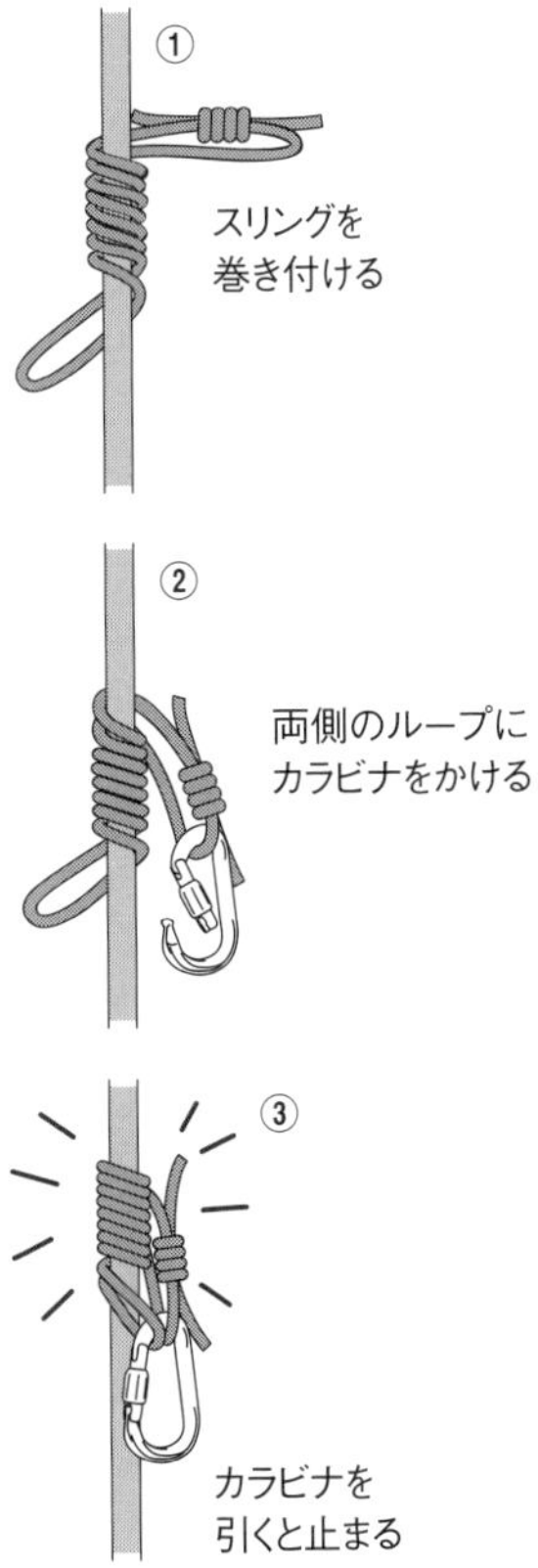
①
スリングを
巻き付ける
②
両側のループに
カラビナをかける
③
カラビナを
引くと止まる

クレムハイスト

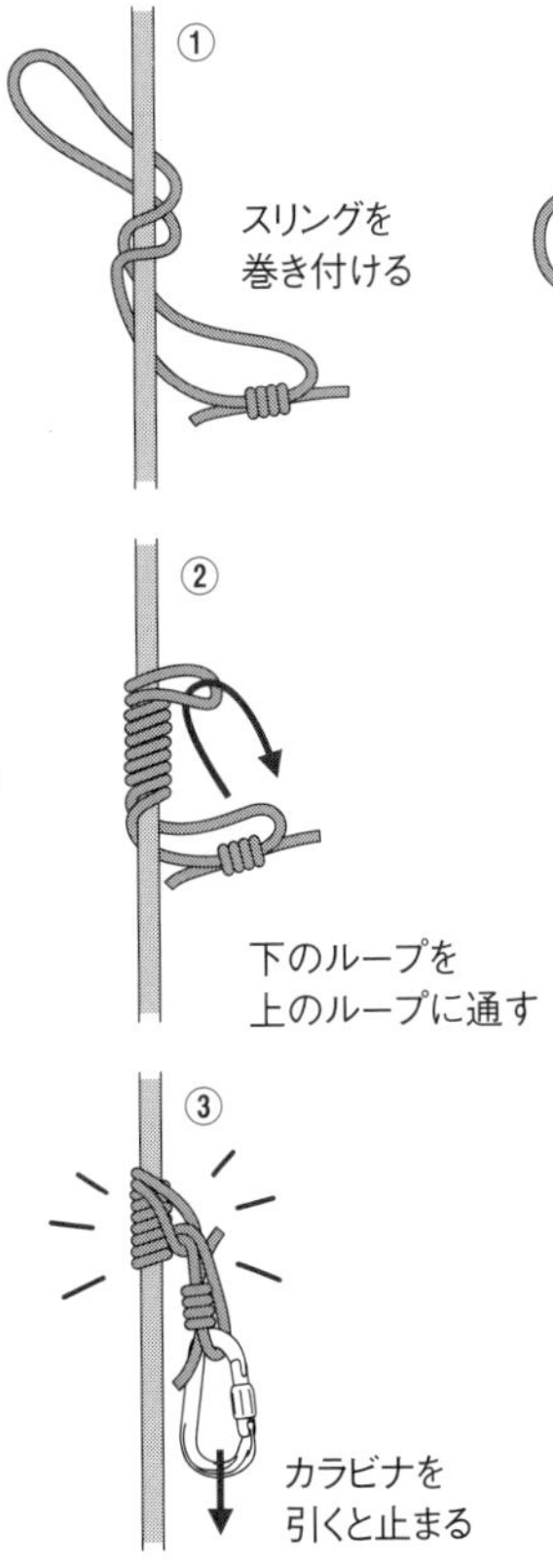
①
スリングを
巻き付ける
②
下のループを
上のループに通す
③
カラビナを
引くと止まる

プルージック

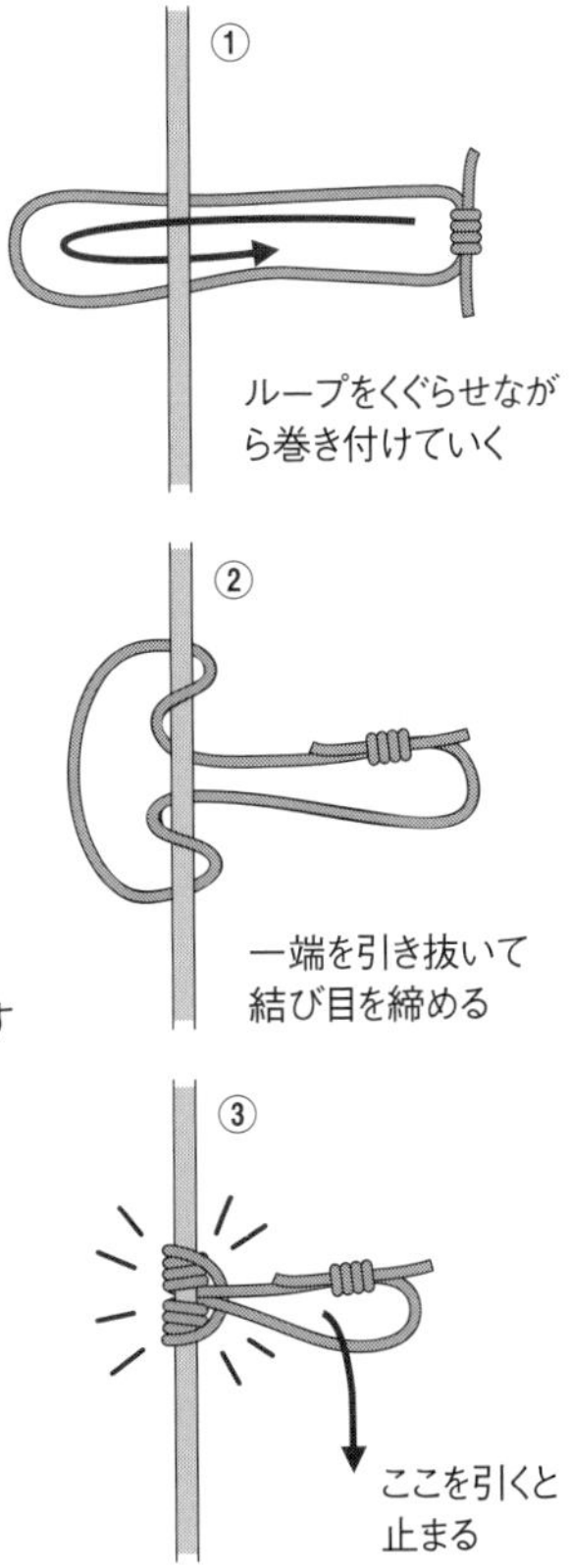
①
ループをくぐらせなが
ら巻き付けていく
②
一端を引き抜いて
結び目を締める
③
ここを引くと
止まる

雪上確保③ 雪上のアンカー

雪上確保をするには、原則として確保支点（アンカー）が必要である。雪山でロープを使う場面では、支点が何もないケースはざらにある。そのような場合は、確保者自身が支点を作らなければならない。

確保支点の知識は実に幅広い。多くの方法をマスターしておいて、状況に応じて最適な方法を選択できるようにしたい。

アックスによるアンカー

アックスとは、ピッケルとアイスハンマーのことである。アックス2本を使ったアンカーは、雪上確保支点の基本となる。

2本のアックスを雪面に9分目まで刺し込み、スリングで流動分散支点をセットし、さらにヘッドを踏んで雪に埋め込む。スリングが引かれる方向の出口に溝を掘って、アックスが上に引かれないようにする。

実際の確保では、雪の強度が足りないために、雪が崩れてアックスが抜ける失敗が多い。アックスを雪面に半分くらいまっすぐに刺し込み、それから足で踏んでやっと入るくらいの硬さなら、充分な強度があると判断できる。

雪が軟らかいときには、アックスを横にして雪に埋め込む方法を使う。雪面にT字型の溝を掘り、シャフトの中央に長いスリングを結んで埋め、スリングの一端は雪上に引き出す。同じ方法はスノーバーでもできる。

スノーアンカー

雪上確保の支点にするスノーアンカーは、スノーバーとスノーフルークがよく使われている。

スノーバーはある程度硬い雪で有効だ。L字の開いた面を荷重のかかる方向に向け、垂直方向から10～25度傾けて刺し込む。長いスリングをセットして、さらに雪中深く埋める。スリングはスノーバーが上に引かれない方向にして、一端が雪上に出るようにする。

硬い雪の場合はL字の山の部分を荷重方向に向けて、ハンマーで打ち込む。完全に入らない場合は、スリングを雪面近くにタイオフする（ガースヒッチで結ぶ）。

スノーフルーク（デッドマン）はある程度軟らかい雪でも使える。ワイヤーがついているものが多い。荷重がかかると雪に入っていく形になっているので、ワイヤーが下に引かれるように角度を調節して打ち込む。

スノーバーやスノーフルークは、アックスと併用することで、より確実な確保支点にできる。

アックス２本によるアンカー

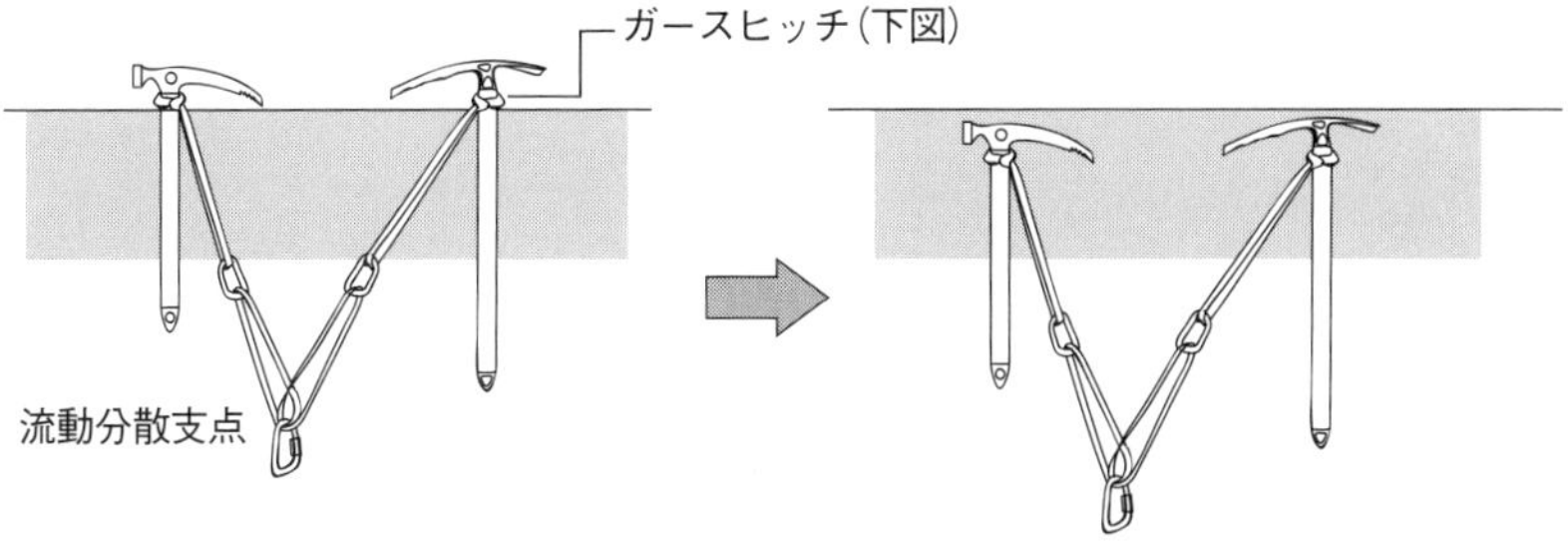

ヘッドを踏んで雪に埋め込む。スリングの溝を掘り、アンカーが上向きに引かれないようにする

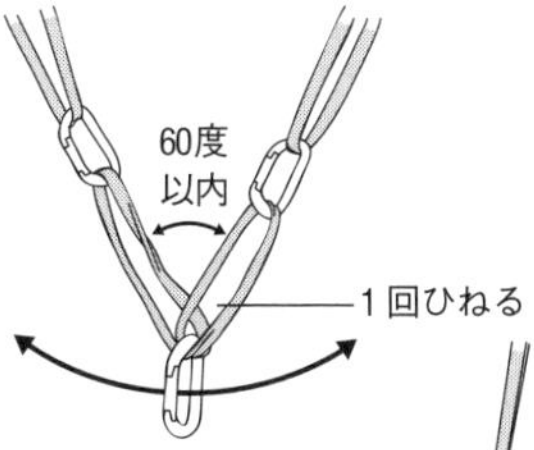

スリングが長い場合は途中にノット（結びこぶ）を作って落下距離を短くする

ピッケル・スノーバーの横埋め

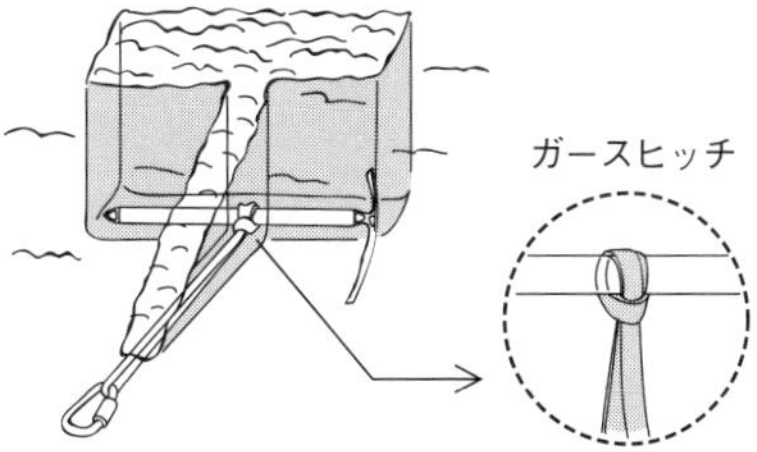

T字型に雪を掘りピッケルを横に埋めて長いスリングを引き出す。スノーバーでも同様にできる

スノーバー

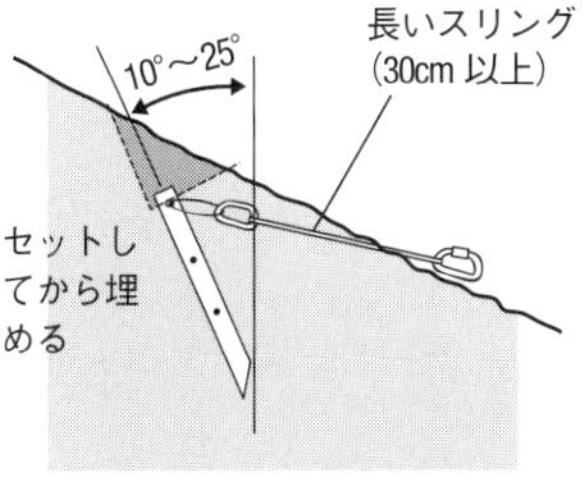

L字の開いた面を荷重方向に向け、10〜25度傾けて雪中深く刺し込む

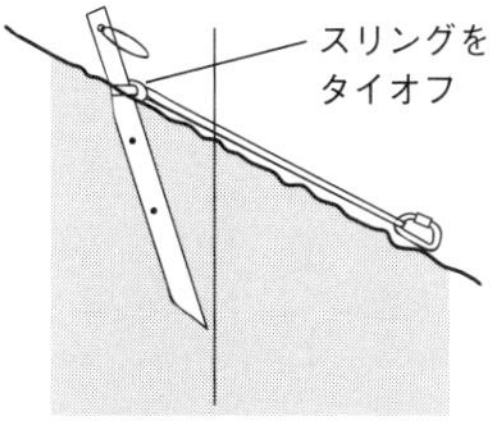

硬い雪の場合は、L字の角の部分を下に向ける。完全に打ち込めないときはスリングをタイオフする

スノーフルーク

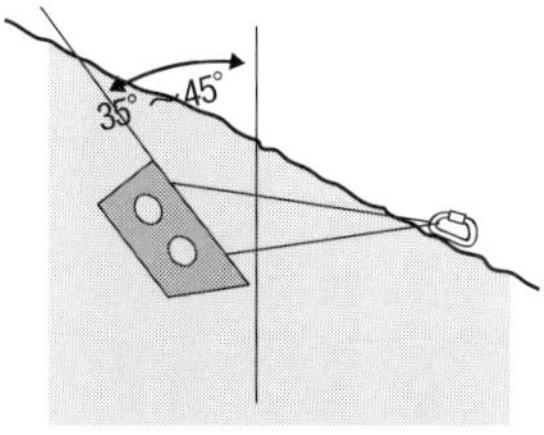

傾けて（角度は製品によって異なる）雪中にたたき込み、荷重したときに下に引かれるようにセットする

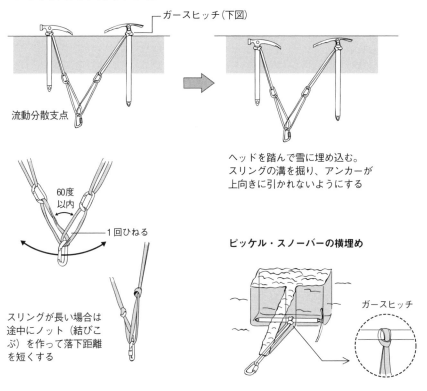

ここでは、無雪期にも共通で使われている確保支点の知識を、概要としてまとめておく。自然物や器具を使った支点は、雪を利用してアックスやスノーアンカーで作る支点よりも強度がある。使用上の専門知識が必要になるので、クライミングの専門書で研究したうえで、充分に練習してほしい。

自然物を利用した支点

太い立ち木は充分な強度があり、それだけで信頼できるアンカーになる。雪上に出たハイマツなどの灌木が利用できることも多い。地面に近い幹のように強度のある部分を使い、幹の形によっては動かない結び方（プルージックノットなど）にする。強度に不安があったらアックスの支点を加え、両者を連結して使えば安心だ。

突き出た岩角（ピナクル）などは、長いスリングを回して支点にできることがある。岩間や溝に挟まった大きめの岩（チョックストーン）も、スリングを回してセットすれば支点になる。これらの立ち木、灌木、岩の支点はスリングをセットするだけですばやく作れるので便利だ。

プロテクションを使う

プロテクションとは、岩や氷に設置して支点にする器具のこと。有名なのはピトン（ハーケン）だが、それ以外にも多種類の器具があり、セットするにはそれぞれ専門的な知識が必要だ。プロテクションの知識をもつと、確保できる範囲が大きく広がる。

【カム・ナッツ】 岩の割れ目であるクラックに挟み込んで使うプロテクション。カムは金属片を3〜4個組み合わせた器具で、レバーを引いてヘッドを狭くした状態でセットし、バネにより拡張の力がはたらいて固定される。

ナッツはワイヤーの先に台形の金属片がついており、これをクラックの中で下が狭まった部分にセットして使う。

【ロックピトン】 岩のクラックにハンマーで打ち込んで使うプロテクション。ブレードが曲がって岩に入っていく軟鉄製と、ブレードが曲がらずに入って固定されるクロモリ製がある。さらに、適合するクラックの幅に応じて各種のサイズがある。

【アイスピトン】 硬い氷に打ち込んで使う。凍った土や草付にもよく効くといわれている。セットするときはまっすぐに打ち込み、抜くときは穴にピックなどを入れて回転させると抜ける。

【アイススクリュー】 アイスクライミングで使われるプロテクション。最近のものはハンドルを手で回して簡単にセットできる。

以上のプロテクションは、1本では確保支点としては弱い。かならず2本以上セットして（種類は違ってもよい）、スリングやカラビナで連結して確保支点にする。

確保支点（アンカー）の知識

自然物の支点

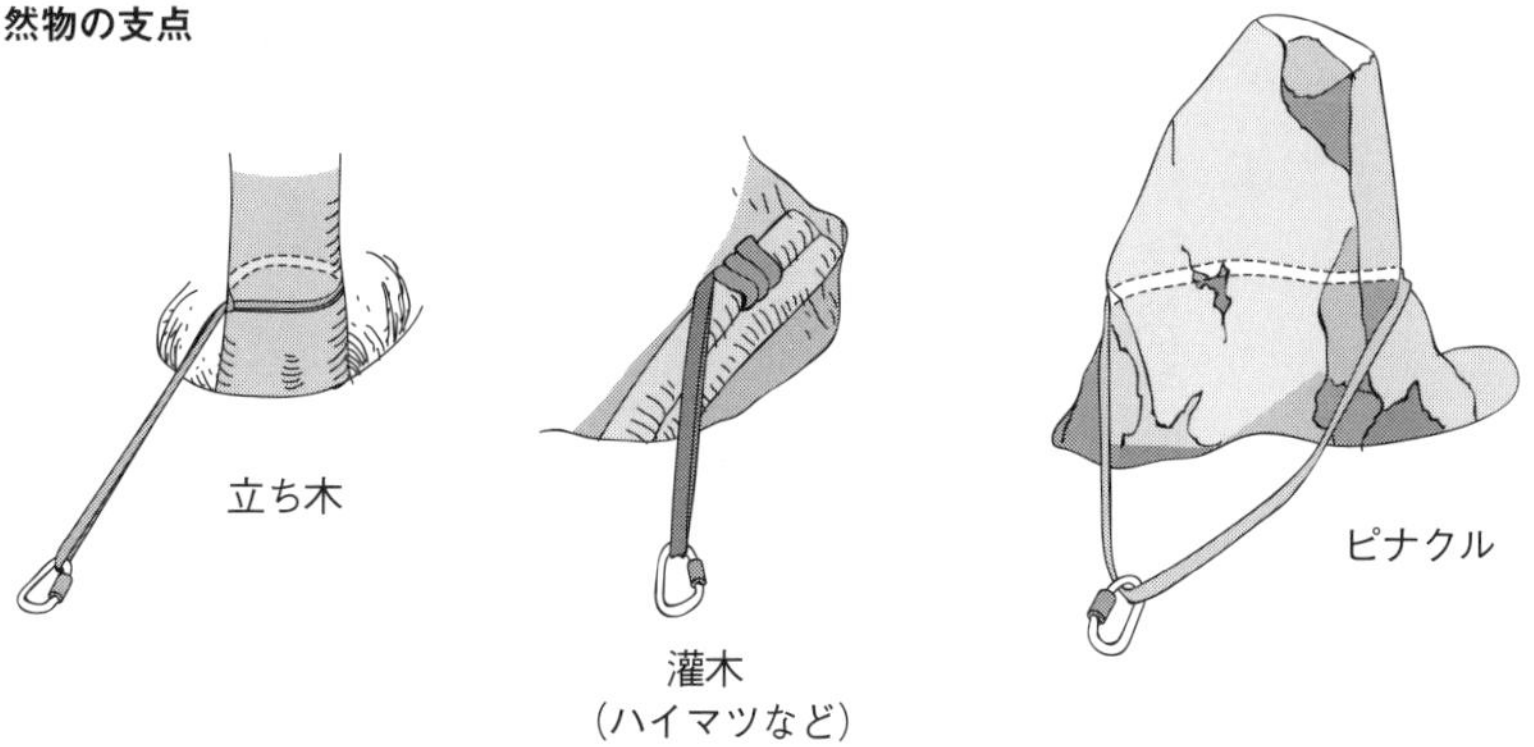

人工的な支点

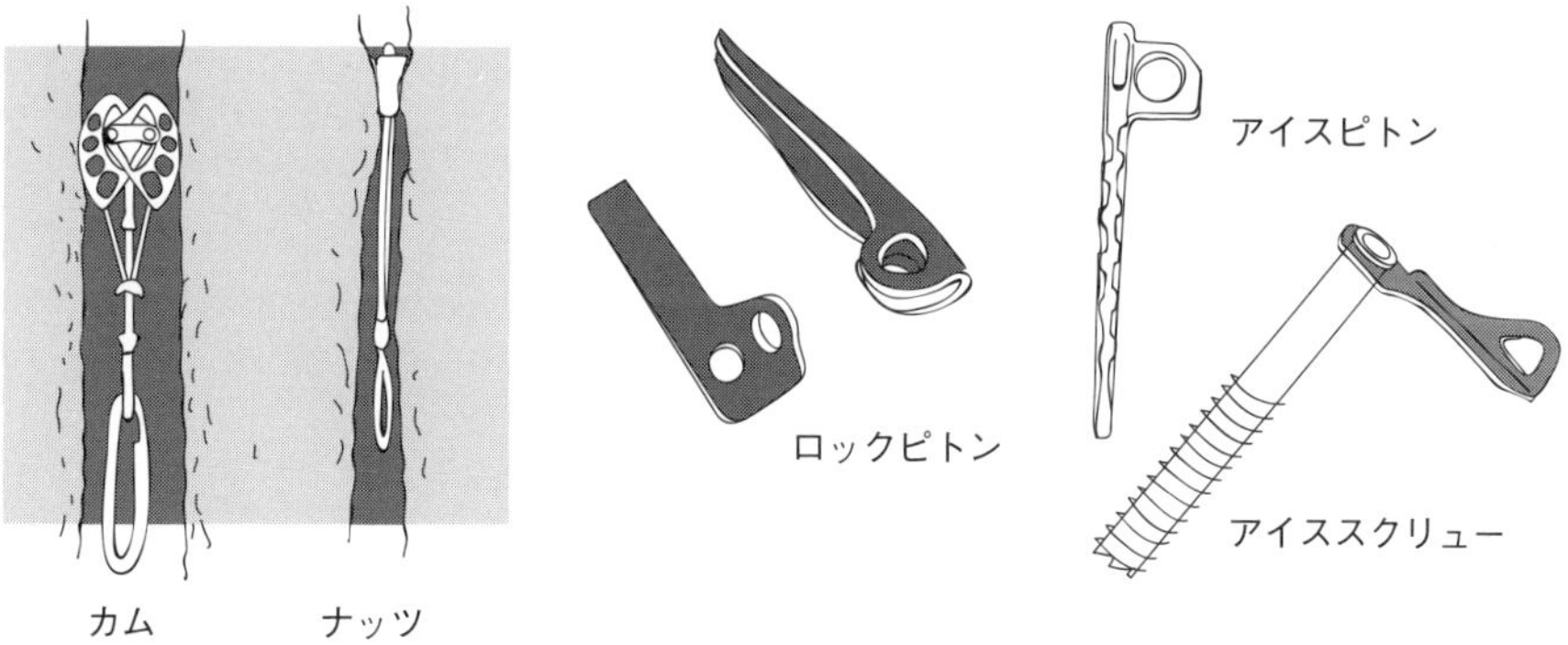

アイススクリューのセット

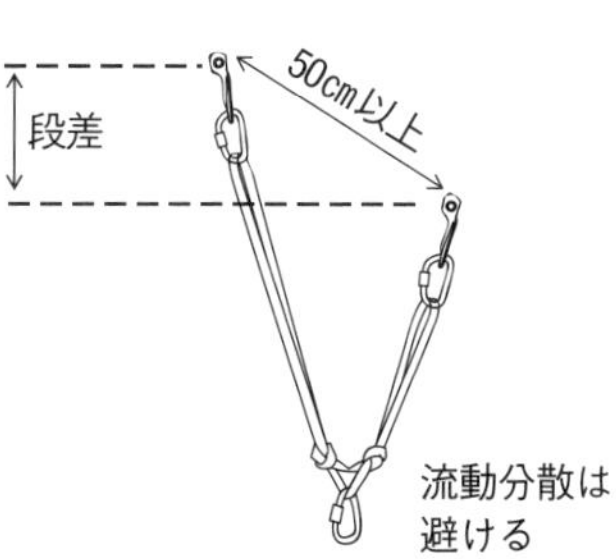

2本を連結する場合は
段差をつける

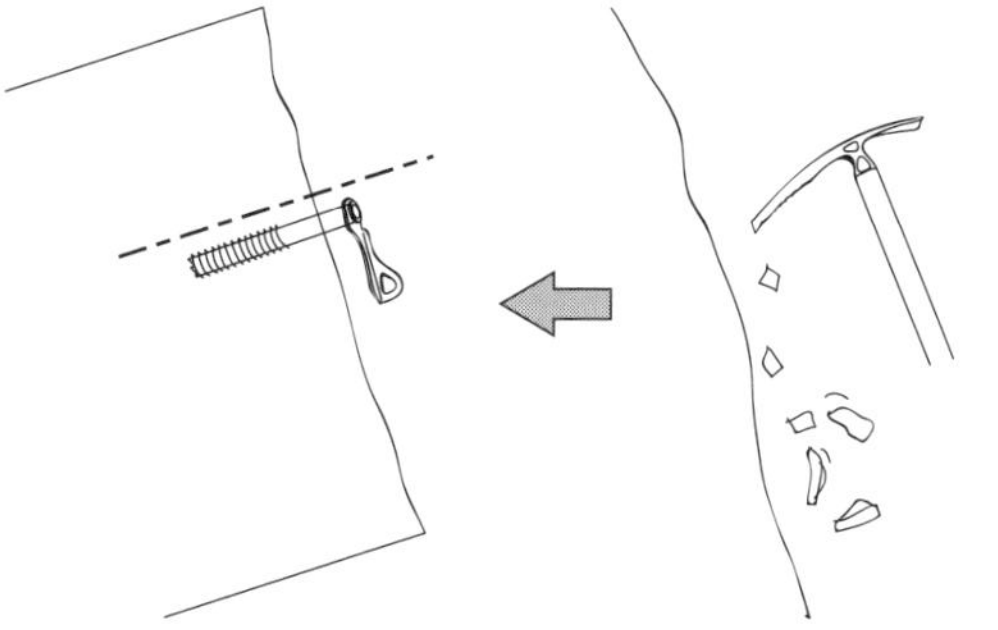

手で回してねじ込む。
氷面に対して約90度

設置する氷の表面を
きれいにする

雪上確保④ 雪上のビレイ

雪上では充分に強い確保支点が得られないことも多い。ここで説明する雪上確保の方法は、アックスやスノーアンカーによる支点しか得られない場合、または雪が軟らかくて効果的な支点が作れないときに行なう確保方法である。初級者向きではなく、中～上級者向きの技術と考えてほしい。

確保場所の作り方

確保する場所は、雪崩や落石がこないことが条件である。リードの確保の場合は、滑落したときの落下線からそれた場所にする。

ピッケルで手早く雪面を削り、両足で安定して立てるテラスを作る。斜面上方の雪を踏み固めてスノーバーやアイスハンマーでアンカーを作り、セルフビレイをセットする。さらに雪を踏み広げてザックをおき、スリングでザックをアンカーに連結しておく。

スタンディングアックスビレイ

ピッケルを使った代表的な確保方法である。ピッケルがヘッドの付け根まで刺し込める雪があれば場所を選ばずにできる。本来はピッケル1本だけで確保し、ほかに支点を設ける必要はない。しかし、安全のためにできるだけ別に支点を設けて、セルフビレイをセットしたほうがよい。

①ピッケルのヘッドの下に短いスリングをガースヒッチで取り付け、カラビナをセットする。スリングの出る長さは10～15㎝（靴幅ほど）で長すぎないように注意。

②ピッケルのヘッドを滑落したときの落下線に対して直角に向け、雪面に全体を刺し込む。荷重方向にスリングとカラビナを出す。

③カラビナにロープを通して、脇の下から反対側の肩へロープを回して握る。斜面に対して半身になり、踏ん張る側の足でスリング、またはスリングとヘッド両方を踏んで、まっすぐに立つ。

カラビナからくるロープを持つ手は添えているだけで、肩に回したロープを握る手がロープの制動をコントロールする制動側の手となる。ロープに滑落の荷重がかかると、カラビナで鉛直下向きの力に変えられ、ピッケルを押さえる力がはたらく。

スタンディングアックスビレイでは制動確保が重要になる。衝撃を受けて直立した姿勢が崩れると失敗する。滑落の荷重がかかったときに、ほんの一瞬、ロープを流すままにして、それから徐々にロープを握り込み制動をかけて停止する。体を傾けたり、腰折れたりしないように注意する。

スタンディングアックスビレイ

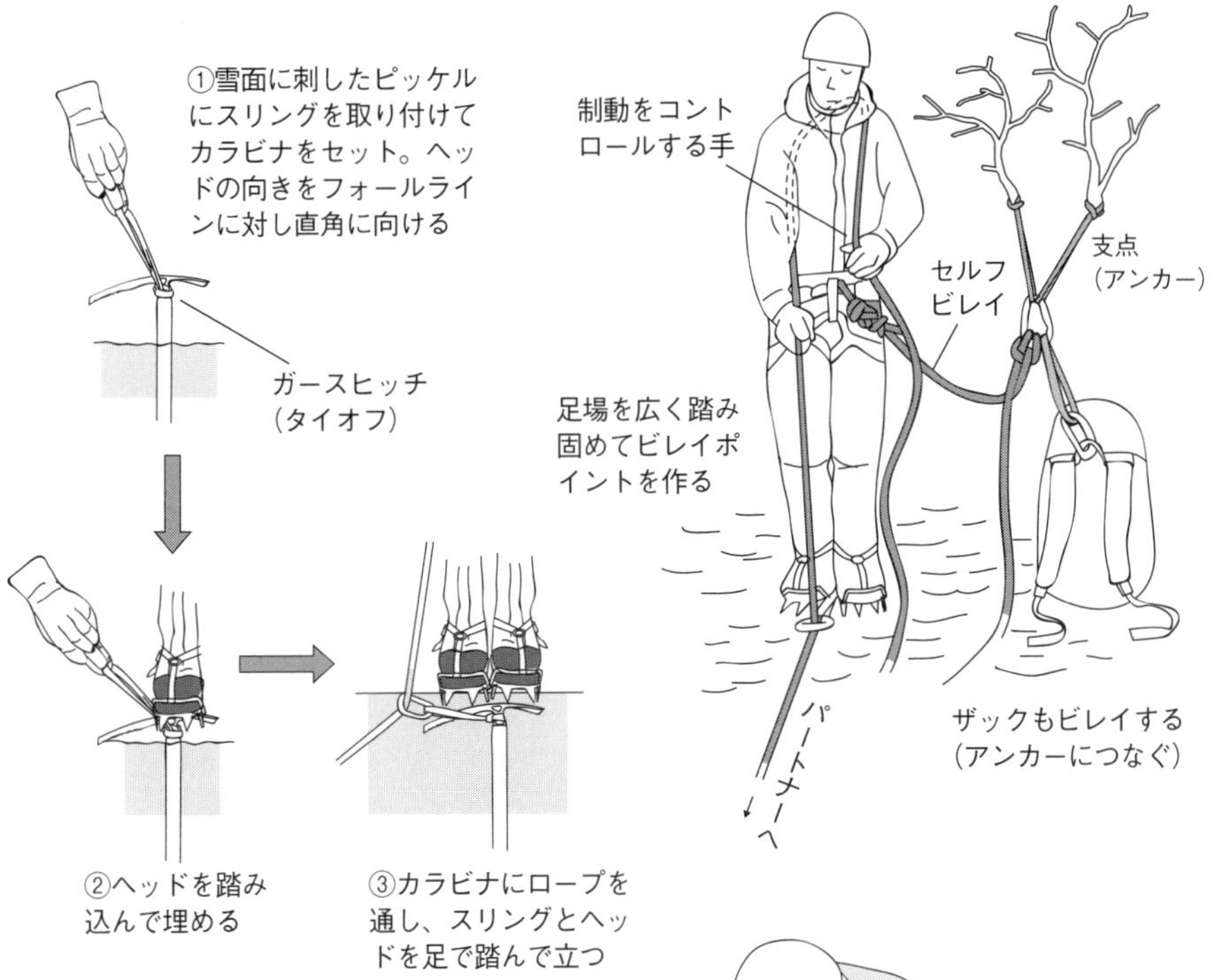

ブーツアックスビレイ

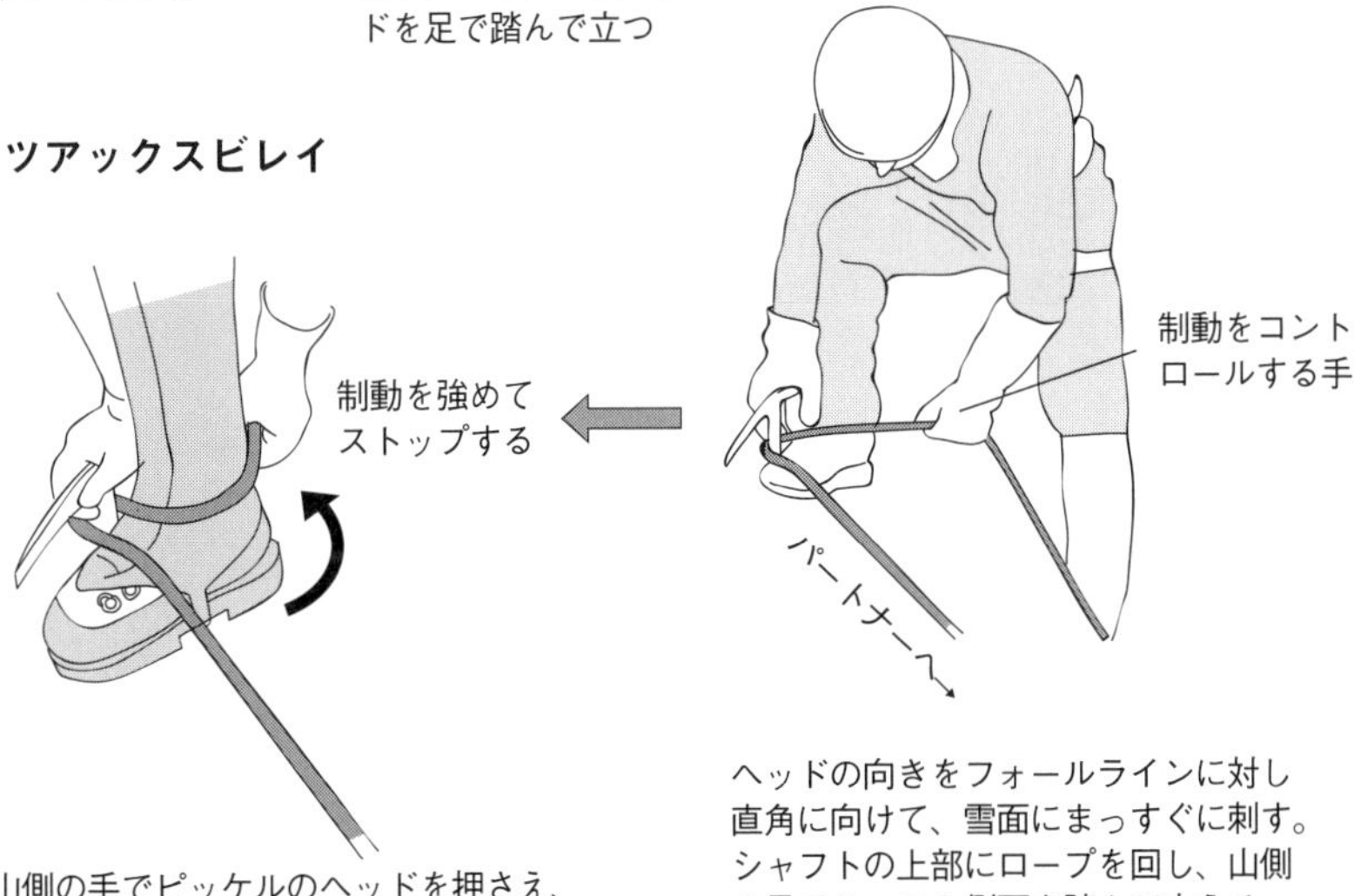

山側の手でピッケルのヘッドを押さえ、谷側の手で制動側のロープを持つ。ロープの回し方によって制動をコントロールする

ヘッドの向きをフォールラインに対し直角に向けて、雪面にまっすぐに刺す。シャフトの上部にロープを回し、山側の足でシャフト側面を踏んで支える

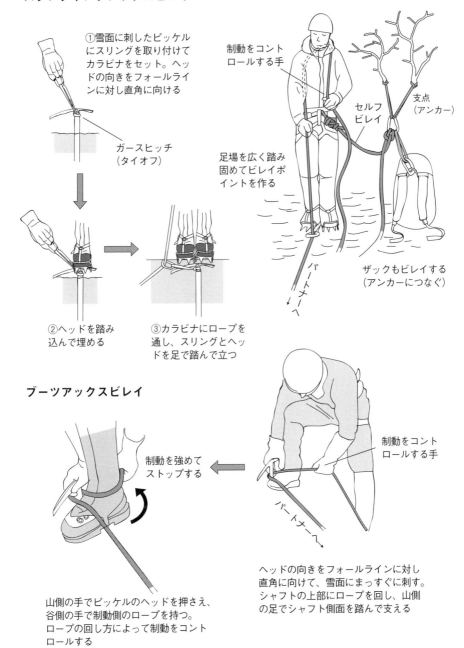

ブーツアックスビレイ

ピッケル1本だけで確保する簡易的な方法で、短時間ですばやく確保に入ることができる。

P77下図のように、支点にしたピッケルのヘッドを手で押さえ、ピッケルの下側に置いた靴の摩擦を利用して制動をかける。靴の足首に回したロープをかかとのほうへ回していくほど制動が強まり、前に持ってくると制動が弱まる。確保の形からリードの確保には向いていない。

この方法はスタンディングアックスビレイよりも難しいが、あとで説明するコンティニュアスよりは安心感がある。本格的な確保はいらないが、コンティニュアスでは不安だという場合に使える。

腰がらみ確保

確保者の体を使って制動をかける確保法を体確保（ボディビレイ）といい、腰がらみと肩がらみが代表的な方法だ。無雪期にはほとんど行なわれなくなった確保法だが、確保支点の不確実な雪山では利用価値が高い。

腰がらみはお尻の後ろ、骨盤の上あたりにロープを回して、ロープと腰の摩擦力で制動をかける。雪穴に腰かけて両足を踏ん張れるような形に雪を掘り固めて、腰と両足の踏ん張りで止めると、効果的な確保ができる。かならずアンカーを設けてセルフビレイをセットするが、アンカーに衝撃荷重がかからないようにして、あくまでも体だけで止める。

リードの確保で大きな衝撃荷重がかかったら、ロープを流して制動確保を行なう。コントロールに失敗して強い荷重を受けると、足場の雪が崩れたり、腰かけから体が飛び出して失敗する。後続者（フォロワー）の確保は大きな荷重がかかることは少なく、ロープを握るだけで止められることが多い。

ビレイ器具を使った確保

雪山での確保であっても、木や岩角（ピナクル）、岩に打たれたボルトやピトンなどで強度の充分な確保支点が得られるなら、無雪期と同じ方法で確保するのがよい。

ロープを引いてトップで登るリードクライマーへの確保は、通常はビレイヤーのハーネスに確保器をセットして行なう。ビレイヤーはクライマーの動きを注視して、つねに滑落距離が最短になるようにロープを操作する。

リードを終えたクライマーが上から行なうフォロワーの確保は、通常はアンカーに確保器を直接セットして、支点確保を行なう。しかし、雪上に構築したアンカーの強度が不確実な場合には、ブーツアックスや腰がらみで、アンカーに衝撃がかかりにくい制動確保のほうがリスクが低いといえる。

腰がらみ確保
（シッティングヒップビレイ）

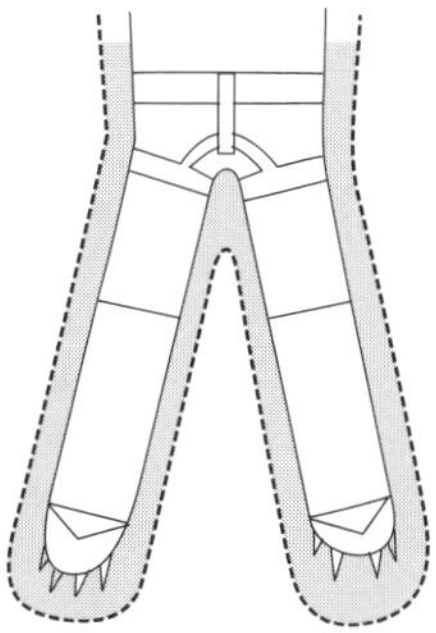
踏ん張る足の形に
雪穴を掘って固める

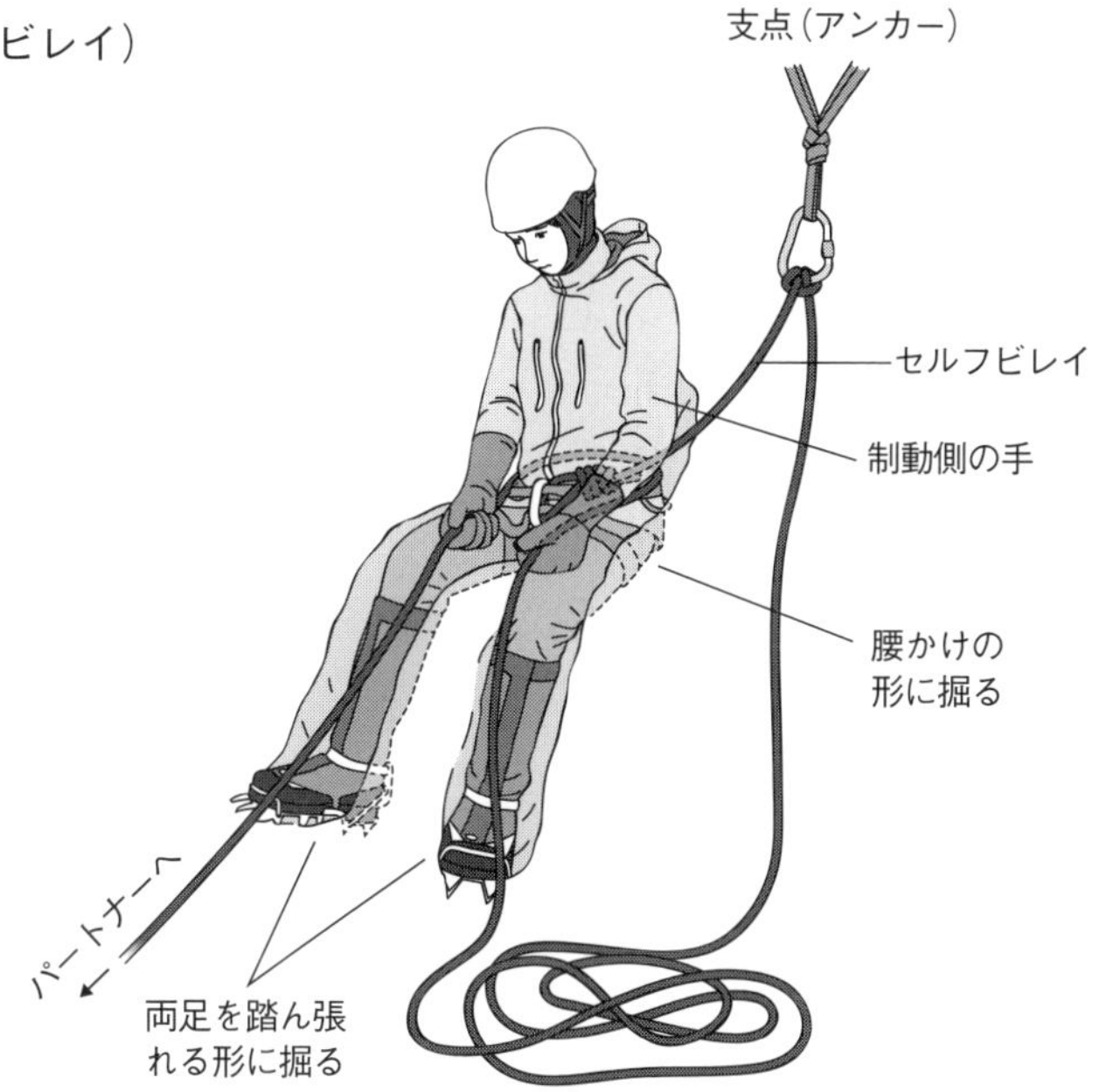

ビレイ器具を使った確保
（無雪期と同じ確保）

確実な支点が得られたときは
無雪期と同じ確保法を行う
（クライミング技術書を参照）

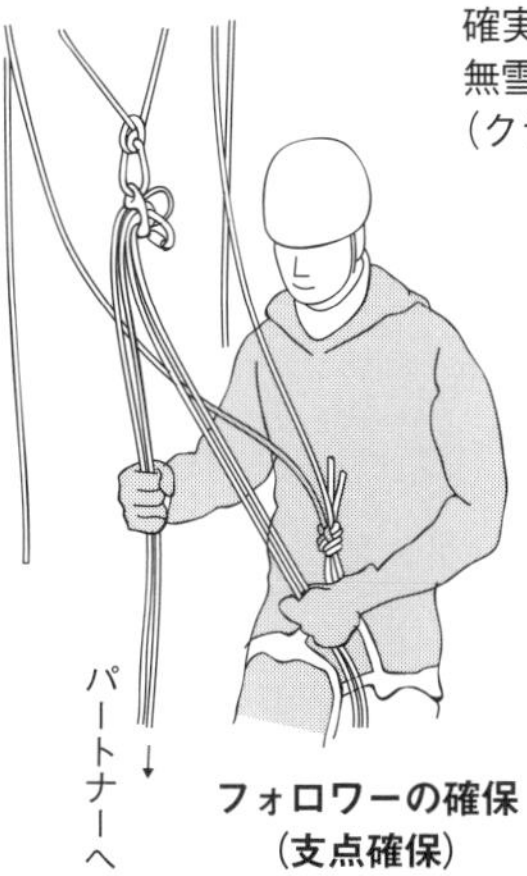

フォロワーの確保
（支点確保）

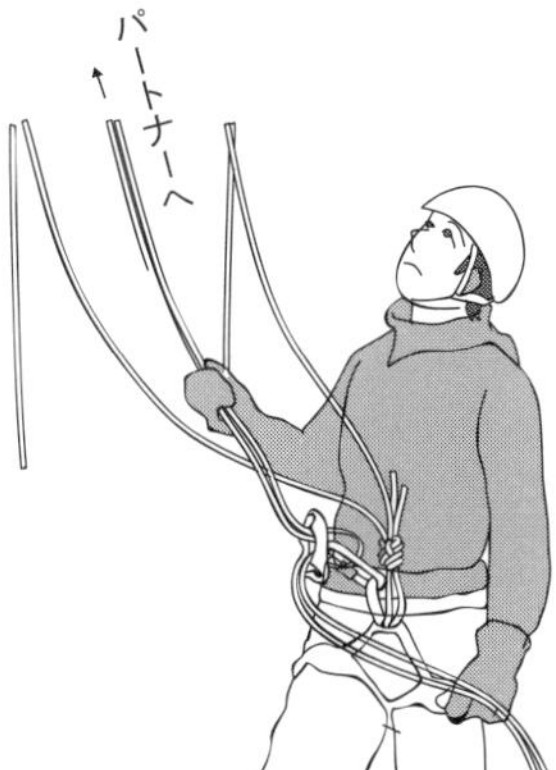

リードクライマーの確保
（ハーネス確保）

雪上確保⑤ その他のビレイ

アンカーを設置して、ひとりが確保を行ない、他方が確保されて登る方法はスタカットクライミング（日本語訳は「隔時登攀」、以下スタカット）という。これに対してアンカーを設けずに、ロープを結び合って同時に行動するのがコンティニュアスクライミング（日本語訳は「同時登攀」、以下コンティニュアス）である。

滑落の危険性が高い場所ではスタカットにするが、メンバーがひとりずつ順に登るため時間が多くかかる。そこで、あまり危険性の高くない場所はコンティニュアスにして、スピードを上げて行動するのが普通である。

ロープをまとめる

コンティニュアスはロープ全長の一部しか使わない。不要なロープ部分はまとめて肩にかけるか、ザックにしまってもよい。2人の場合ならロープの長さを6～7mにして、残りのロープは巻いて収納し、あとは手に持つループでロープの距離を調整すればよい。

ロープのまとめ方はいくつかの方法があるが、図に挙げたのは日本のガイドがよく行なっている方法である。ループをまとめる部分をハーネスのビレイループに通しているため、荷重をハーネスでも受け止めることができる。また、スピーディにロープを解いてスタカットに移行することができる。

ショートロープ

プロのガイドが日常的に行なう方法で、ガイドと顧客のように、一方が絶対に滑落しないことが前提になっている。確保操作はリーダーだけが行ない、確保される側は何もしなくてよい。

リーダーは約30㎝のループを4～5巻き持ち、もうひと巻きを手のひらの中でクロスさせる独特の持ち方をする。これによって、ロープに荷重がかかってもループで手が締めつけられるのを防ぐ。被確保者との間隔は1m前後とかなり短く、場合によっては手が届くほどである。このシステムで行動し、被確保者がバランスを崩したら、すぐにロープを引いて止める。被確保者は転倒に至る前に、ピンと張ったロープに引かれてバランスを修正される。

ショートロープは高度で難しい技術である。使いこなすには相当な修練と、強い体力・精神力が必要だろう。実際に体験してみると、初級者と常にロープでつながって全責任をひとりで負うことは、たいへんな緊張をともなう。

ここでは参考として紹介したが、ガイドでない一般登山者が行なうことは慎重になってほしい。

ロープのまとめ方

①手で長さをそろえながら
ロープを巻いていく

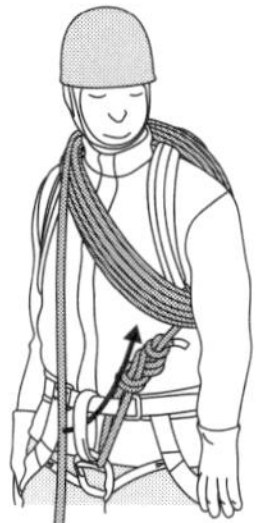

②必要量を巻いたら
肩にかける

③中間からループを引き出し
ハーネスのビレイループに通
す。ロープの束に 3 回巻く

④ビレイ側ロープにオーバー
ハンドノットで結び固定する

⑤ビレイ側ロープで約 30cm
のループを 4 ～ 5 巻き持つ

ショートロープ（ガイドコンテ）

約30cmのループを4
～ 5 巻き持ち、パー
トナーとの間隔を短
くして、ロープを張
った状態を保つ

パートナーがバランス
を崩すとロープが後ろ
に引かれる

ロープを軽く引き戻す
だけでバランスが修正
される

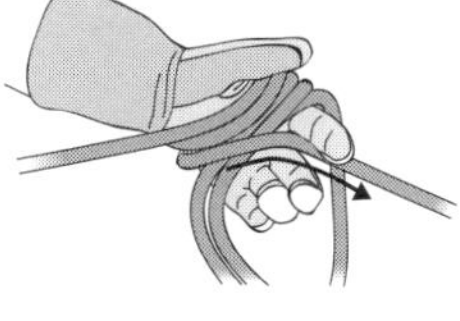

ロープの流れを止める持ち方

4 ～ 5 巻きのループの上にもう
1 巻きをクロスさせて人差し指
と中指の間からロープを出す

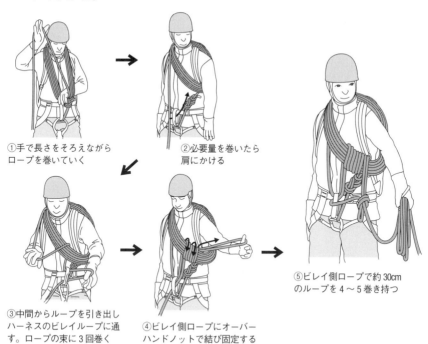

タイトロープ

ショートロープは、ヨーロッパで主流であるタイトロープという技術のひとつである。日本ではガイドコンテとも呼ばれている。

そのほかのタイトロープは、短い間隔にロープを結んで同時行動するものや、長い間隔にロープを結んで、中間支点をセットしながら行動する方法がある。短いタイトロープは滑落の危険性が少ない雪の斜面などで、長いタイトロープは高低差の少ない稜線などで使えそうな方法である。

[長いタイトロープ]　2人の間の距離を5~10mにとって同時行動する。リーダーは滑落に備えて中間支点を設けながら進み、フォロワーはそれを回収しながら後続する。万一滑落しても、長いロープと中間支点で衝撃が吸収されるため、巻き込まれるリスクを低くすることができる。

[短いタイトロープ]　2人の間の距離を1・5~2mに短くとり、リーダーはフォロワーの真上の位置を保ち、ハンドコイルを手に持って間隔を調整しながら進む。ショートロープとほぼ同じ形だが、積極的なビレイ操作は行なわれないため、移動時の一時的なシステムと考えたほうがよい。技術的にやさしく安定した場所でのみ使う。

コンティニュアスの危険

3人でロープを結ぶコンティニュアスを考えると、前後に経験者がいて、中間に初心者というオーダーがよく行なわれているだろう。この場合、初心者が滑落したときは有効だが、トップまたはラストのメンバーが滑落すると、初心者も引きずられて滑落する可能性が高い。残ったひとりが止めなくてはならないが、失敗すれば全滅になる。

このオーダーでは、初心者のメンバーもコンティニュアスの基本的な講習を受けて、滑落を止める方法を知っていることが重要である。

ロープを結ぶとそれだけで安全なイメージがあるが、技術の不充分なメンバーがいると、パーティ全体が危険にさらされることがある。コンティニュアスのいちばん怖い点だ。

フィックスロープ

人数が多く、スタカットを行なうと時間のロスが大きい場合、フィックスロープにすれば時間短縮できる。ただし、終了点に確実な支点が得られることが条件である。とくに雪で一部が埋まった鎖場などで有効だ。

リードの人がロープを引いて登り、終了点のアンカーにロープの一端を固定する。セカンドは途中の中間支点を回収したり、設定しなおしたりして、ロープをフィックスする。3番手以降は、スリングでロープに自己確保をとりながら通過する。

その他のタイトロープ

短いタイトロープ

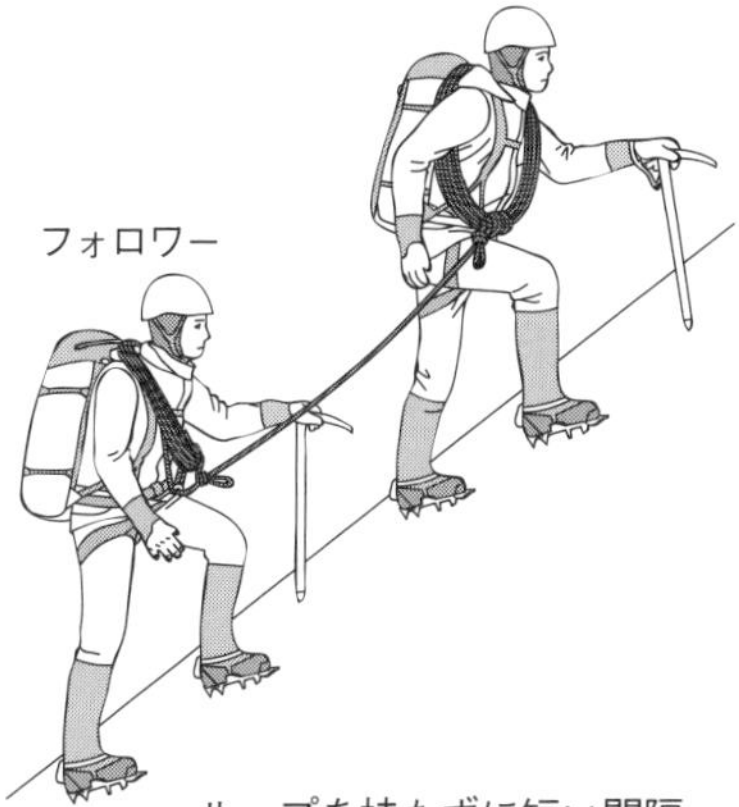

ループを持たずに短い間隔でロープを結んで登る。リーダーはフォロワーの上の位置を保つ

稜線でのタイトロープ

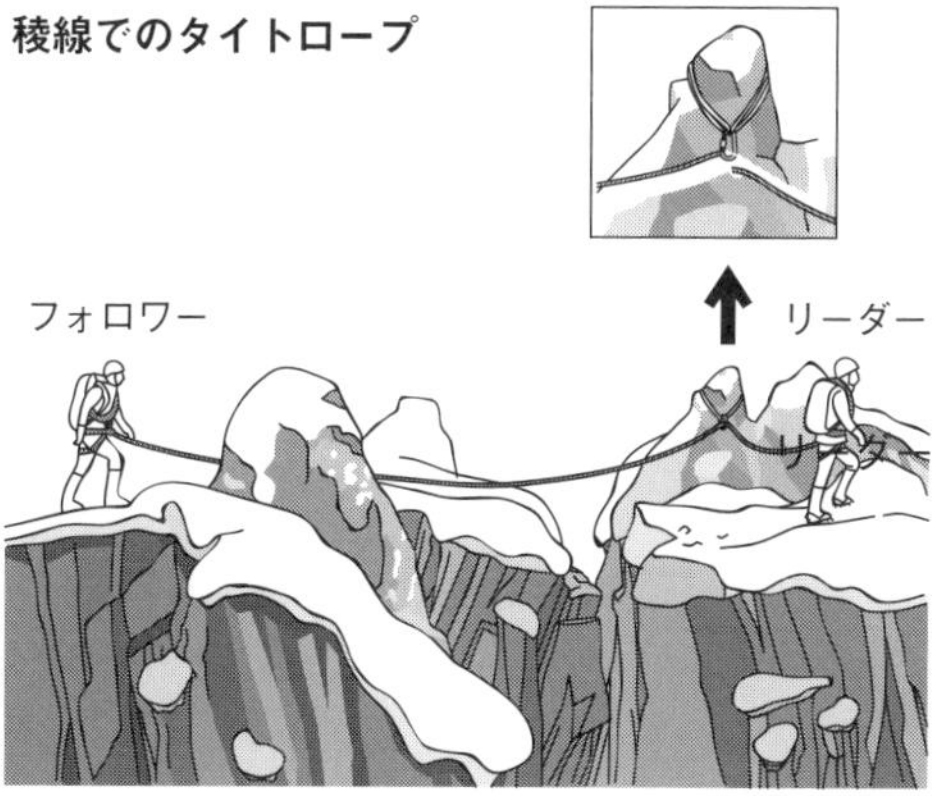

長い間隔でロープを結び、リーダーは中間支点をセットしながら先行する

3人でのコンテの結び方

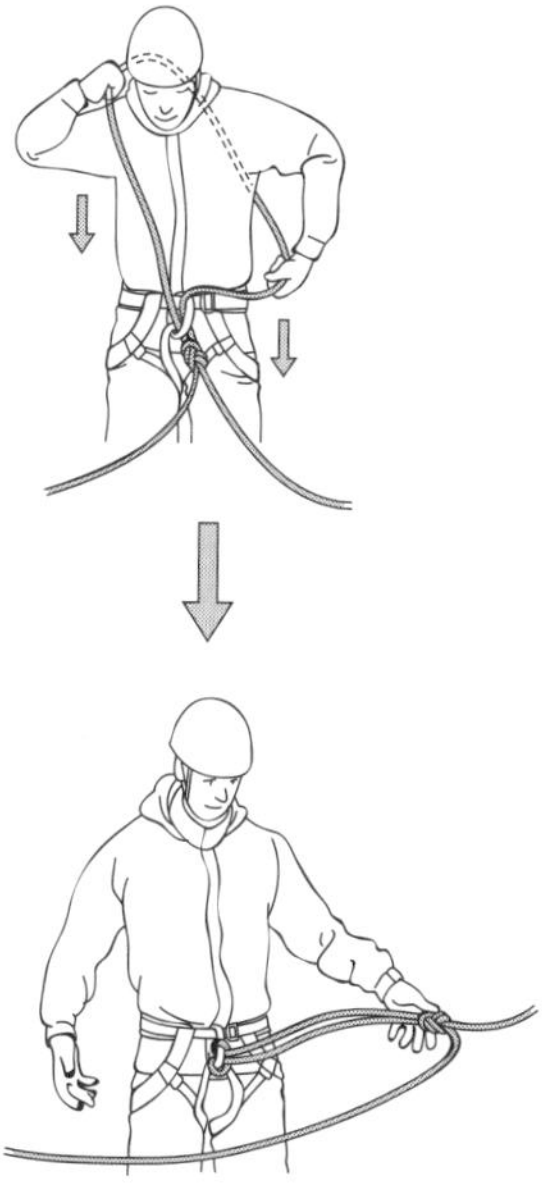

ガースヒッチ（中間者）

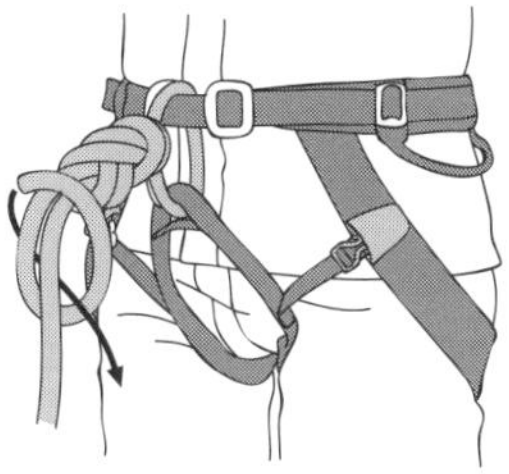

エイトノット
（最終者）

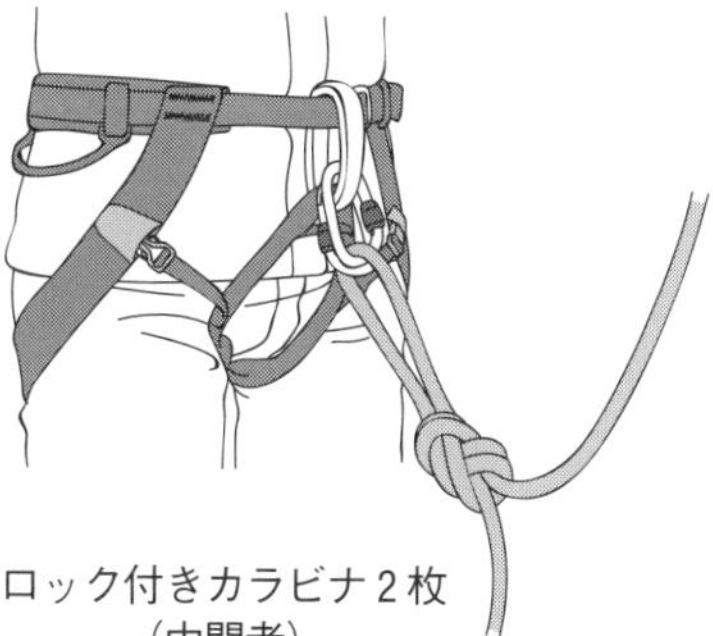

ロック付きカラビナ2枚
（中間者）

コンテの結び方

ラストはハーネスに直接ロープを結ぶか、エイトノット（オン・ア・バイト）のループを作り、ロック付きカラビナ2枚で連結する。中間者はエイトノットで20㎝以上の長いループを作り、ロック付きカラビナ2枚で連結する。カラビナを使わずに、長いループをくぐって結ぶ方法もある。

山小屋に泊まる

12月から3月までの期間に営業している山小屋は少なく、雪山では貴重な存在だ。小屋を利用した雪山登山は、テントに比べると天国のように快適で、初級者や体力的に弱い人にも、すばらしい雪山の世界を体験させてくれる。

積雪期の営業状況

雪山で山小屋が営業しているケースは、全国的にみれば非常に少ない。現在のところ通年営業の小屋が多くある代表的な山域は、北八ヶ岳、霧ヶ峰、大菩薩、丹沢、鈴鹿山脈南部である。

奥秩父や南八ヶ岳、北アルプスでは、一部の山小屋だけが営業している。南八ヶ岳は通年営業の赤岳鉱泉と赤岳天望荘があることで、西面の主要ルートに小屋泊まりで登ることができる。

奥秩父の雲取山周辺では雲取山荘と三条ノ湯、金峰山では金峰山小屋、南アルプスの甲斐駒ヶ岳では駒ヶ岳七丈小屋が営業している。管理者の考え方や使命感によって維持されている部分も大きいだろう。

北アルプスで通年営業の小屋は、八方池山荘と西穂山荘だけである。それぞれ初級コースである八方尾根や西穂独標への起点となる位置にあって、雪山初級者には大きなメリットだ。中央アルプスのホテル千畳敷、乗鞍岳の位ヶ原山荘も、3000m級雪山への安全性をより高くしてくれる。

4月末の大型連休になると、その年の営業を再開する小屋も多い。このころは山麓のバス路線も開通して、山小屋利用で多くの雪山に登れるようになる。ビギナーにとっては最も雪山に登りやすいシーズンとなる。

営業小屋に泊まる

山小屋の利用の仕方は基本的に無雪期と変わらない。雪山での注意点をいくつか説明しよう。

小屋に入る前に、外でピッケル、アイゼン、わかん、スノーシューを外して、雪をよく落としておく。小屋に出入りする際は1回ごとに扉を確実に締める。雪がすぐに入り込むからだ。

翌朝の出発が早い場合は受付のときに申し出る。朝食は弁当に替えられることが多い。ピッケル、アイゼン、ポール、スノーシューなどは置き場が決まっている。装備類は乾燥できることが多いが、小屋の決まりに従おう。

消灯時間は早めで、夜中に寝具から出るとかなり寒い。帽子、手袋、カイロやポットを近くに置いて眠るとよい。

朝の出発時刻は人によりさまざま。出発の準備は、騒音が迷惑にならない場所を考えて行なうようにしよう。

雪山で営業している山小屋・宿泊施設

①12～3月に営業している宿泊施設を掲載した。△印は年末年始のみ営業、「素」は素泊まりのみ。
②原則として登山口にあるものは除いたが、重要と考えられるものは「登山口」と注記して掲載した。
③通年営業でも、週末・祝日のみ営業や、予約時営業、不定期休業などを含む。
出所＝『山と溪谷』2023年1月号付録「山の便利帳」（山行前に最新の情報を確認のこと）

山域	宿泊施設
南東北	県営くろがね小屋
信越	芳ヶ平ヒュッテ
奥多摩	御嶽山の宿坊・民宿・旅館（8軒）
	七ツ石小屋（素）
奥秩父	雲取山荘
	三条ノ湯
	将監小屋△
	笠取小屋△（素）
	金峰山小屋
	瑞牆山荘［登山口］
	金山山荘（素）［登山口］
大菩薩	丸川荘
	福ちゃん荘
	ロッヂ長兵衛
	介山荘
丹沢	見晴茶屋
	駒止茶屋
	堀山の家
	花立山荘
	尊仏山荘
	鍋割山荘△
	木ノ又小屋
	戸沢山荘（予約のみ営業）
	神ノ川ヒュッテ
	みやま山荘
	蛭ヶ岳山荘
	青ヶ岳山荘
富士山	佐藤小屋［不定期］
三ツ峠	三ツ峠山荘
	四季楽園
南アルプス	甲斐駒ヶ岳七丈小屋
	北沢峠こもれび山荘△
	南アルプス市長衛小屋△
	薬師岳小屋△
	南御室小屋△
	山彦荘（入笠山）
	ヒュッテ入笠（入笠山）
南八ヶ岳	美濃戸山荘△［登山口］
	赤岳山荘［登山口］
	赤岳鉱泉
	赤岳天望荘
	夏沢鉱泉
北八ヶ岳	根石岳山荘
	湯元本沢温泉
	しらびそ小屋
	黒百合ヒュッテ
	高見石小屋
	青苔荘
	白駒荘
	麦草ヒュッテ
	縞枯山荘
	北横岳ヒュッテ
	双子池ヒュッテ△
霧ヶ峰	高原ロッヂ旅人木
	鷲が峰ひゅって
	ヒュッテ・ジャヴェル
	ヒュッテみさやま
	ころぼっくるひゅって
美ヶ原・高ボッチ	王ヶ頭ホテル
	山本小屋［登山口］
	鉢伏山荘
北アルプス	村営八方池山荘
	燕山荘△
	西穂山荘
	位ヶ原山荘
中央アルプス	宝剣山荘△
	ホテル千畳敷［登山口］
鈴鹿	一の谷山荘（素）
	日向小屋
	藤内小屋
	宮妻峡ヒュッテ（素）
大峰	前鬼宿坊・小仲坊
	和佐又ヒュッテ［登山口］
四国	白石旅館［登山口］
	丸山荘
	銅山峰ヒュッテ
	星ふるヴィレッジTENGU［登山口］
	剣神社簡易宿泊所［登山口］
九州	県営金泉寺山小屋（素）（多良岳）
	法華院温泉山荘
	あせび小屋（素）［会員制］
	やまびこ宿（素）［登山口］
	傾山登山簡易宿泊所（素）［登山口］
	傾山簡易宿泊所（素）［登山口］

無人小屋に泊まる

各地の山に無人小屋が設置され、登山者の自己責任のもとで使用できるようになっている。また、山小屋の建物の一部が、冬季小屋として開放されている場合がある。これらは営業的に割が合うことではなく、山小屋側の使命感によって行なわれている。

無人小屋（冬季小屋）は、マナーを守って大切に利用したい。以下の点に注意してほしい。

［利用の可否を確かめる］　無人小屋が利用可能かどうか、事前に最新の情報で確認しよう。無人小屋は本来、危機に陥った登山者が緊急避難するためのものである。「緊急時のみ利用可」の小屋は使ってはいけない。また、事前申し込み、利用料支払いなど、決まりに従う。

［出入口の扱い方］　積雪のため、2階の窓のように特殊な場所から出入りすることも多い。ピッケル、アイゼン、わかん、スノーシューは外でぬぐ。スパッツを外して凍りついた雪をよく落とし、体についた雪も払い落とす。風雪が吹き込まないように、出入口の戸は通るつどきちんと閉める。

［テントを張らない］　無人小屋はかなり寒いので、室内にテントを張る人が多い。しかし低体温症の危険がないなら、できるだけテントを張らないように。テントは大きな場所を占め、あとから来る人が入れなくなる。

［防寒対策］　室内では防水シートを敷き、個人マットも敷いて下からの冷気を遮断し、その上に座ったり寝たりする。つまり、無人小屋泊はテントとほぼ同じ装備が必要である（テントも持ったほうが安全だ）。

夜はかなり寒い。厚着をしてシュラフに入り、ツエルトをかけるなど防寒を工夫しよう。靴はビニール袋に入れて抱いて寝るとよい。

［火気に注意］　無人小屋でいちばん恐いのは火事である。ほとんどの小屋で暖房器具を置かず、「火気厳禁」となっている。ストーブやローソクの扱いには充分注意しよう。

［トイレの配慮］　小屋内のトイレは凍って使えないこともある。その場合は室外で済ませて紙は持ち帰る。場所は小屋から充分に離れたところで、樹林帯の中なら分解されやすく理想的だ。小屋で落ち着く前にトイレの場所を決め、トレースを踏んでおくとよい。

［掃除と戸締まり］　立ち去る前に、備え付けのほうきで室内を掃除しよう。そして、自分の持ち込んだゴミが残っていないか点検する。戸締まりはていねいに行ない、風で扉が開いて雪が吹き込んだりしないように注意する。

左上：白神岳避難小屋（3月下旬）。屋根の一部しか雪上に出ていない
右：雪を掘り下げて2階の窓を開ける
左：日高・札内川ヒュッテの室内

無人小屋の利用

雪山用テント

ただでさえ体力が必要な雪山に、テントを担いで行くとなると、それだけで初級のレベルを超えてしまう。

しかし、山小屋に泊まって雪山に登れるエリアは限られる。全国のいろいろな雪山へ行くためには、テントを担ぐ体力と、テント生活の知識・技術がカギになってくる。

雪山用テントの構造

テントは用途によってサマー用、スリーシーズン用（三季用）、オールシーズン用（四季用）の種類がある。雪山ではオールシーズン用のテントを使う。そして、オプションである外張り、内張り、フライシートなどを組み合わせて、テントの機能を補強する。

テント本体は無雪期に使うものと変わらない。左ページの図は外張りをセットした状態である。外張りはテントの上からすっぽりかぶせるシートで、ベンチレーターと張り綱の位置が本体と共通になっている。

外張りをつけると、テントの壁は二重になるので保温力が増す。吹き流し式の出入口は雪が入り込みにくく、強風や低温下でもファスナーのように壊れることはない。裾は大きめのスカートになっており、ここに雪をのせて埋めると風が入らなくなり、テントの強度と耐風性が増す。

このように、外張りによってテントは雪山用に機能アップするのだが、欠点は大きく重いことだ。フライシートの1・5倍程度重く、小型テントほどのボリュームがある。外張りの重さを嫌って、雪山でもフライシートで済ませている人はけっこう多い。

そのほかの組み合わせ

雪山用テントでフライシートを併用するケースもある。フライシートは風には大変弱い。本体に雪がつくのを軽減することと、直接風が当たらないぶん、保温アップにもなるだろう。しかし、樹林帯までの使用にとどめたい。

内張りはテントの内側にセットするカーテン状シートで、おもに保温力アップのために使う。内壁について落ちてくる霜を受け止める効果もある。しかし、内張りはテントの補強にはならず、テント内が狭くなる欠点もある。

透湿性防水素材で作られたシングルウォールテントは、単独で使えるため、かなり軽量化ができる。居住性という点では劣るが、雪山ではブロックなどで耐風・耐雪性を補うことも可能だ。最近はこのタイプを使う人がけっこう多く、オプションの外張りも販売されるようになってきた。

雪山用テント

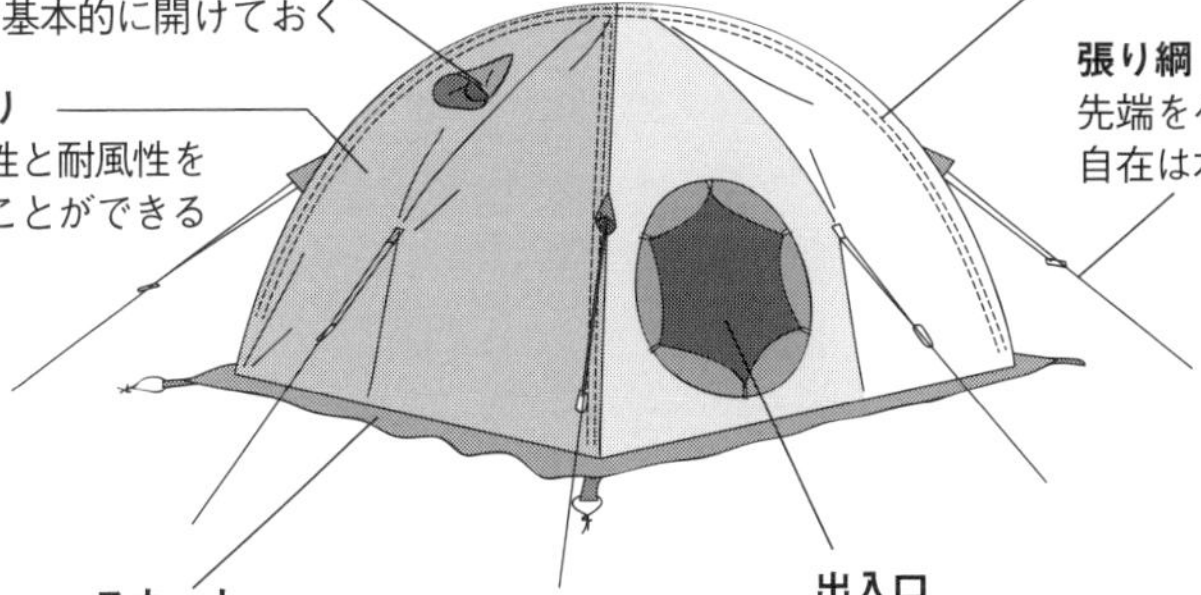
ベンチレーター
寒気のために
フレーム
張り綱をきちんと張ることで強度が出る
外張り
保温性と耐風性を
増すことができる
先端をペグに結んで雪に埋める。
自在は本体側に取り付ける
スカート
外張りの裾は大きく
雪に埋めて設置する
出入口
吹流し式のほうが雪が入り込みにくい。
ファスナーのように故障することもない

雪山用テントのバリエーション

フライシート

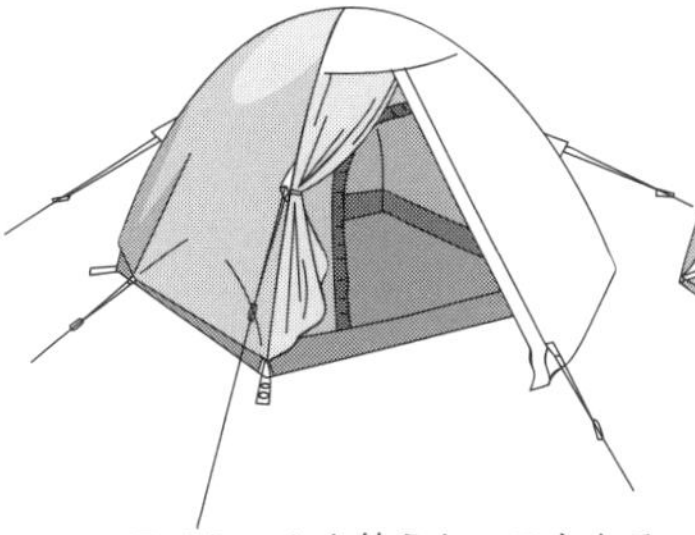

フライシートを使うケースもある（気温の高い季節など）。風に弱いので注意が必要

内張り

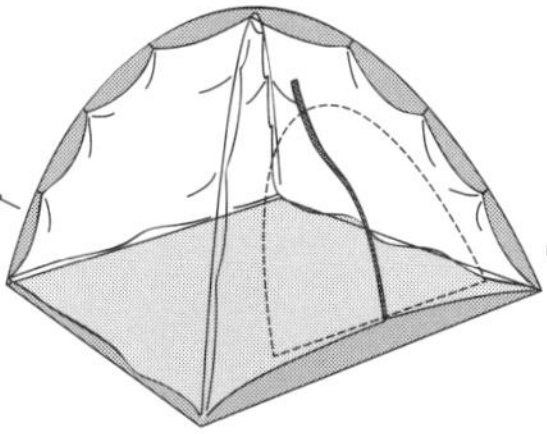

内張りを使用すると保温性を高められる。通常、外張りは併用しない

シングルウォールテント

本体が透湿性防水素材でできたテント。軽量化できるが居住性は劣る

ペグと張り綱のセット

プラスチックペグ

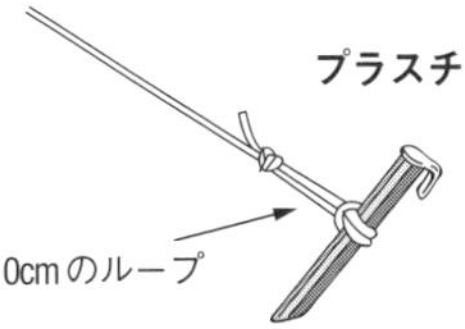
約10cmのループ

張り綱の末端を輪にしておき、カウヒッチで結ぶ

竹ペグ（十字ペグ）

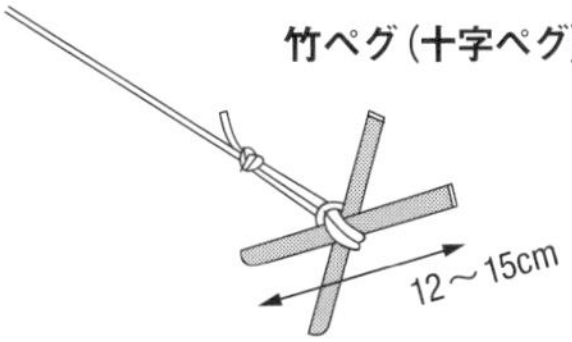

十字にした部分に末端を簡単に結ぶ

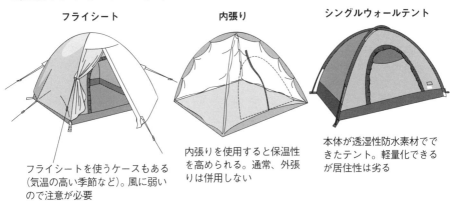

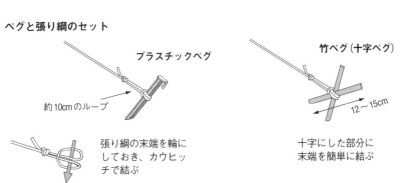

テント泊の装備

テント泊の共同装備

テント泊の登山をするようになると、共同装備、個人装備という分け方が必要になってくる。共同装備はパーティにひとつあればよい装備で、テント用品のほかストーブ、燃料、クッカー、テント内照明具などがある。

［ストーブ］　基本的に無雪期と同じ用具でよい。ガスストーブは使いやすいが、寒さに比較的弱いため、カートリッジを保温して使う工夫がほしい。バーナーとカートリッジが離れたタイプは安定性がよく、多人数でのテント泊には便利だ。手間をかけた調理もやりやすく、テント生活を楽しめる。

ガソリンストーブは低温に強く、燃料がかさばらない点がメリット。長期山行や大人数の登山ではとくに有利だ。ガソリンは取り扱いに細心の注意が必要なので、テント内では習熟した人だけが操作するようにしたい。

少人数の場合は、ストーブとクッカーが一体型のタイプも選択肢になる。このタイプを使い、フリーズドライなどのシンプルな食事計画にすれば、相当な軽量化ができるだろう。

［クッカーと炊事用具］　これも無雪期と同じ用具でよい。2～3人用、3～4人用など、人数に応じたものを用意する。雪山では水作りをするため、水とお湯だけに使うナベを確保しておきたい。大か中の一つを水・お湯用、小をお茶用などと決めておくとよい。

小物の炊事用具で用意したいのはまな板だ。メニューによっては不要かもしれないが、食材を切るのにまな板がないと実にやりにくい。紙パック容器を切り開いたものを一枚持っていけばよい。ナイフは各自のものを使う。

［テント内の照明］　共同で使う照明具があれば、各自のヘッドランプの電池を温存できる。テントではローソクかランタンを使うとよい。

［テント関連用具］　テントの床全体に敷くシートとして、薄いアルミ蒸着シートを使う。「テントマット」の商品名で売られている。厚さ1㎜のコンパクトタイプがよい。

スノーソーとショベル（スコップ）は、テント場を整地したり、ブロックを切り出すのに使う。スノーソーは柄付きのものと、ポールに装着するコンパクトタイプがある。ショベルは雪崩レスキュー用のコンパクトなものを、個人装備として用意する。

ほかに、靴や装備に凍り付いた氷雪を落とすための柄付きタワシ、水作り用の雪を入れる大きなビニール袋が必要である。

テント泊の共同装備

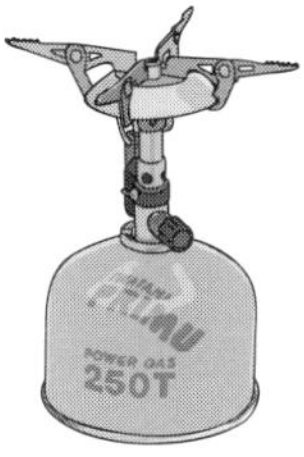

ガスストーブ
使用法が簡単で使いやすい。寒さには比較的弱い。一体型とセパレート型がある。最近はクッカーが一体になったタイプも使われている

一体型

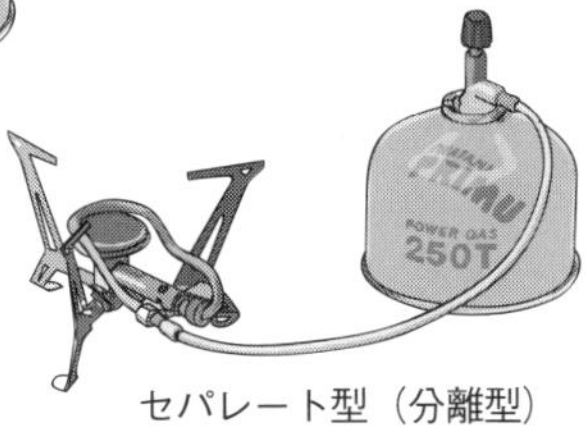

セパレート型（分離型）

ガソリンストーブ
低温下でも充分な火力を発揮する。燃料もかさばらない。取り扱いは注意を要する。

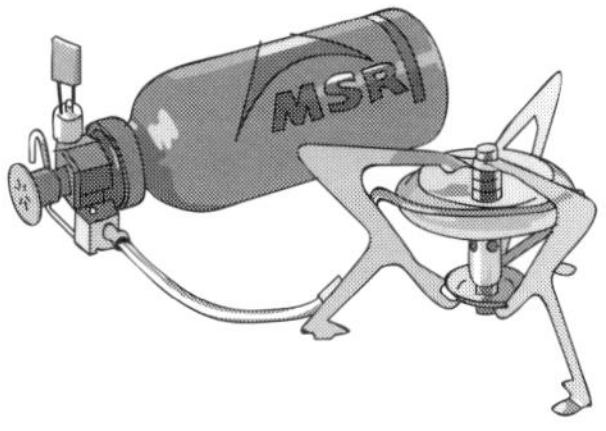

照明器具

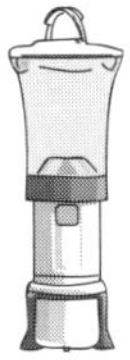

LEDランタン

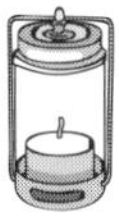

ランタン

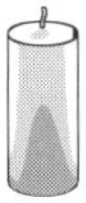

ローソク

クッカー
人数に応じて用意する

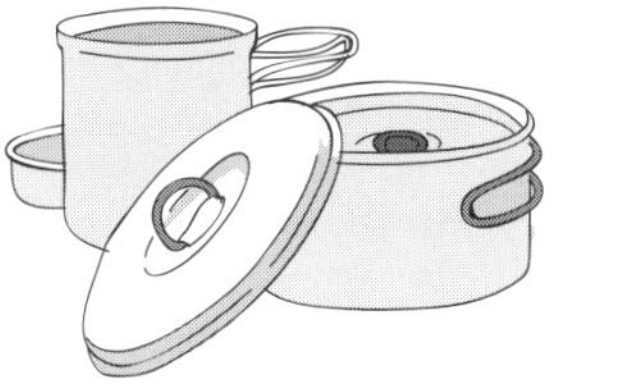

雪用タワシ
必携ではないがあると便利

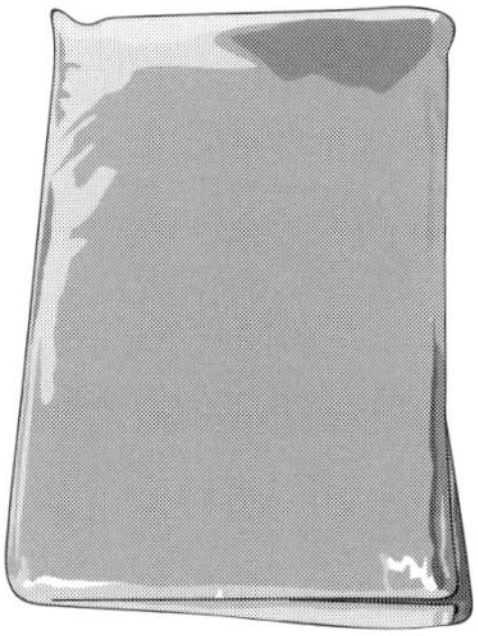

テントマット
テントの床全体をおおう薄手のシート

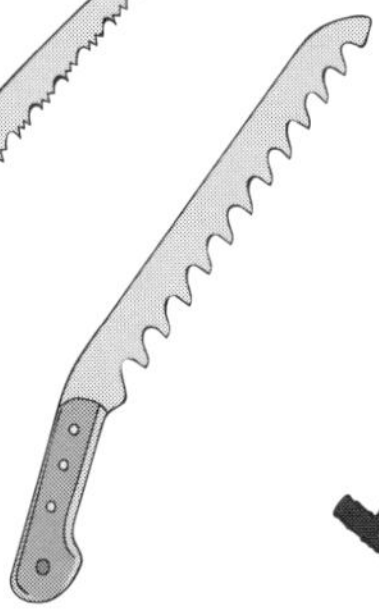

スノーソー
柄付きのものと、ポールに装着するコンパクトタイプがある。ブロックを切り出すために準必携品

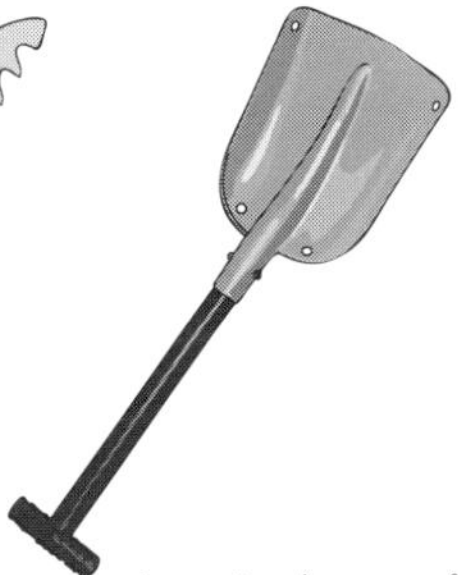

ショベル（スコップ）
個人装備として持つ。コンパクトなものを選ぶ

テント泊の個人装備

テントで泊まるのに必要な個人装備は、睡眠のためのシュラフ、シュラフカバー、マット、そのほかに個人用の食器がある。寝具類は高い買い物だが、長く使えるよい製品を選びたい。

【シュラフ】 中綿の素材によって、ダウンシュラフと化繊シュラフの2タイプがある。雪山用としては、コンパクトで保温力が高いダウンのほうが断然有利である。モンベル製品のラインナップで比較すると、同じ保温力のダウン（800フィルパワー）と化繊とでは、重さにして1・6〜2・0倍もの差になっていて、ダウンシュラフのコンパクトさが際立っている。

化繊シュラフのよい点は、速乾性で水濡れに強いこと、メンテナンスが楽なこと（丸洗いできる）、価格が安いことである。しかし、ダウンシュラフでもメンテナンスをきちんとやれば10年以上も使えるのだから、できるだけダウンを購入したいものだ。

適合温度については、メーカーのラインナップで「国内の2000m級の冬山で使用可能」（上級モデル）、「国内の3000m級で使用可能」（最上級モデル）などと区分されているのでわかりやすい。八ヶ岳や奥秩父あたりで使うなら2000m級対応製品でもよいが、北アルプスをめざすなら3000m級対応製品になるだろう。

【シュラフカバー】 濡れに弱いダウンシュラフは、シュラフカバーとセットで使うのが安心だ。透湿性防水素材で、薄めでコンパクトなものがよい。シュラフを圧迫しないように、大きめのサイズにする。

【個人用マット】 シュラフの下に敷く個人用マットは、厚さ1〜2㎝のマットレスか、空気を注入するエアマットが使われる。マットレスはロール収納式やアコーディオン収納式がある。アコーディオン式は収納が簡単で速い。

エアマットは穴があくと使えなくなるのが欠点だが、最近は軽量でコンパクトな製品が増えており、雪山でも使う人が多くなってきた。エアマットの中にスポンジが入った「自動膨張式」と呼ばれる製品は、穴があいて故障しても最低限のマットとして使える。

雪山のテントでは、床面全体に保温性のあるテントマットを敷く。個人用マットに半身用（製品サイズでは長さ120㎝前後）を使って、寝るときには足元にザックを敷くようにすると、装備を軽量化できる。

【テントシューズ】 必携装備ではないが、膝丈まで（40㎝程度）のテントシューズがあると便利。透湿性防水素材の生地に、ダウンなどの中綿が入ったものと、中綿なしのものがある。テントの外に出るとき、テントシューズならそのまま出られる。テント内では足まわりが保温されて快適である。

テント泊の個人装備

シュラフ

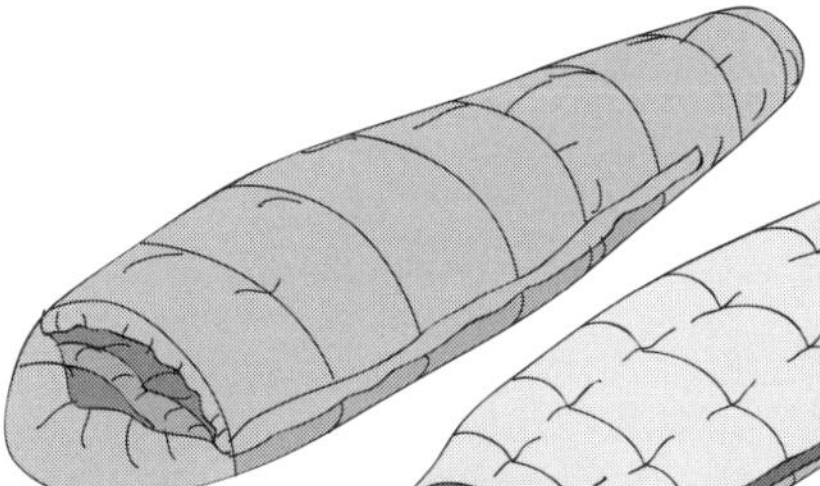

ダウンシュラフ
コンパクトで保温力が高い。
雪山では定番装備といえる

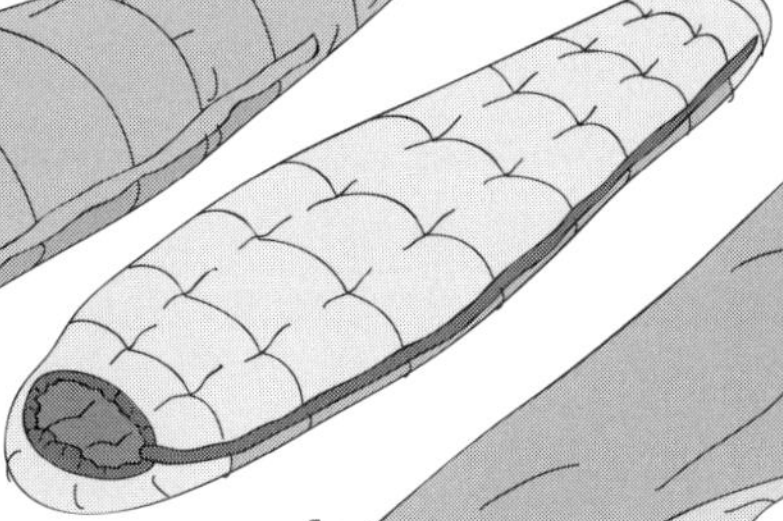

化繊シュラフ
濡れに強く扱いやすい。
低価格なのも利点

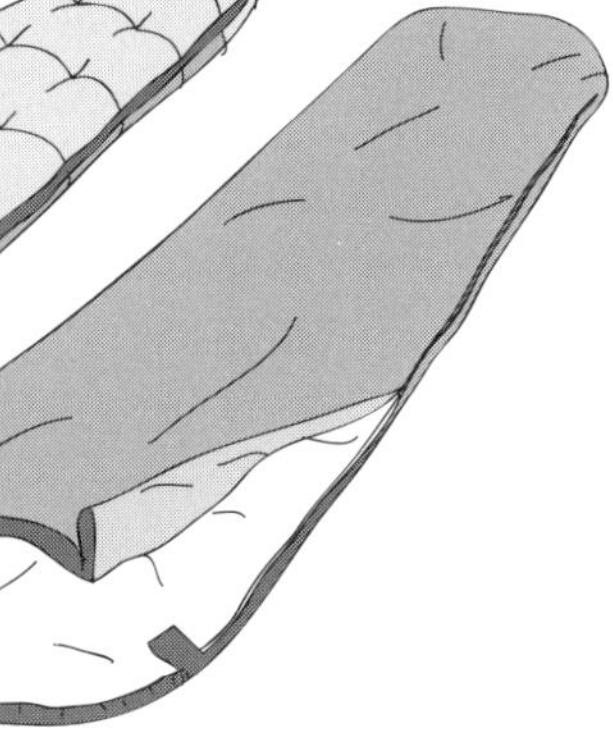

シュラフカバー
ダウンシュラフとセットで使う。
透湿性防水素材のものがよい。

マット

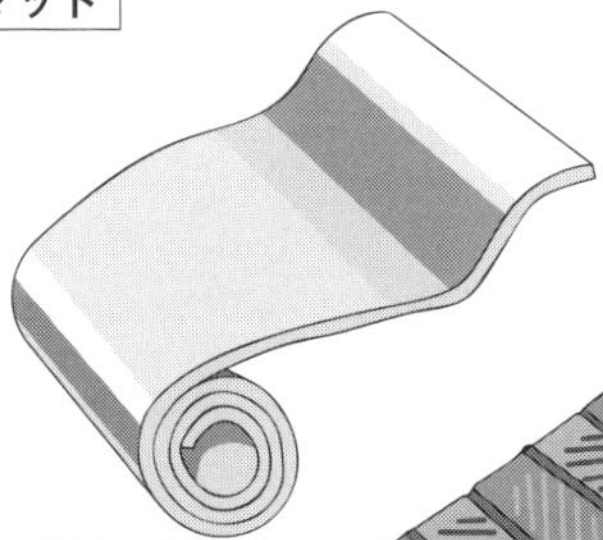

ロールマット
故障することがなく、
取り扱いが簡単

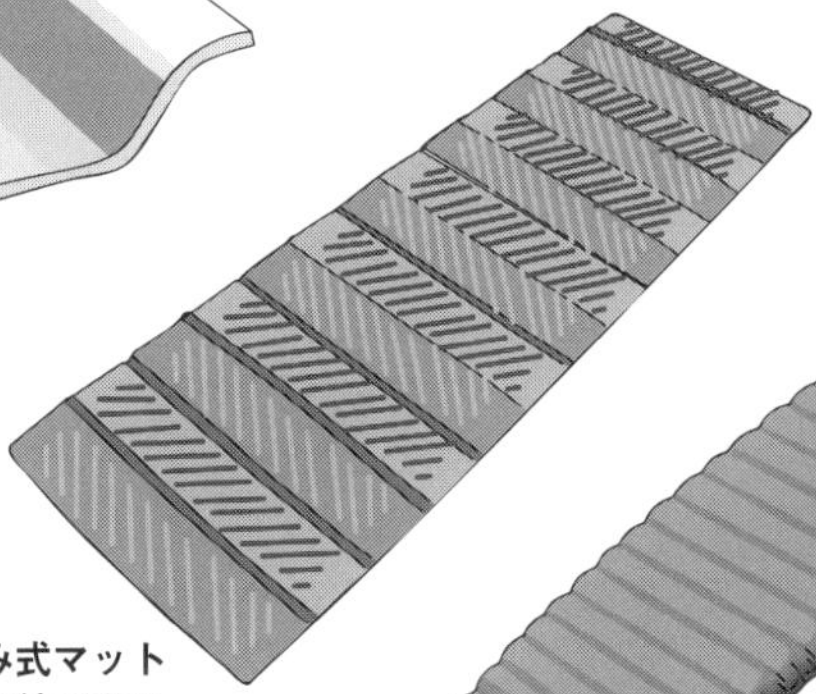

折りたたみ式マット
すばやく収納できる。
ロールマットよりも
少しコンパクト

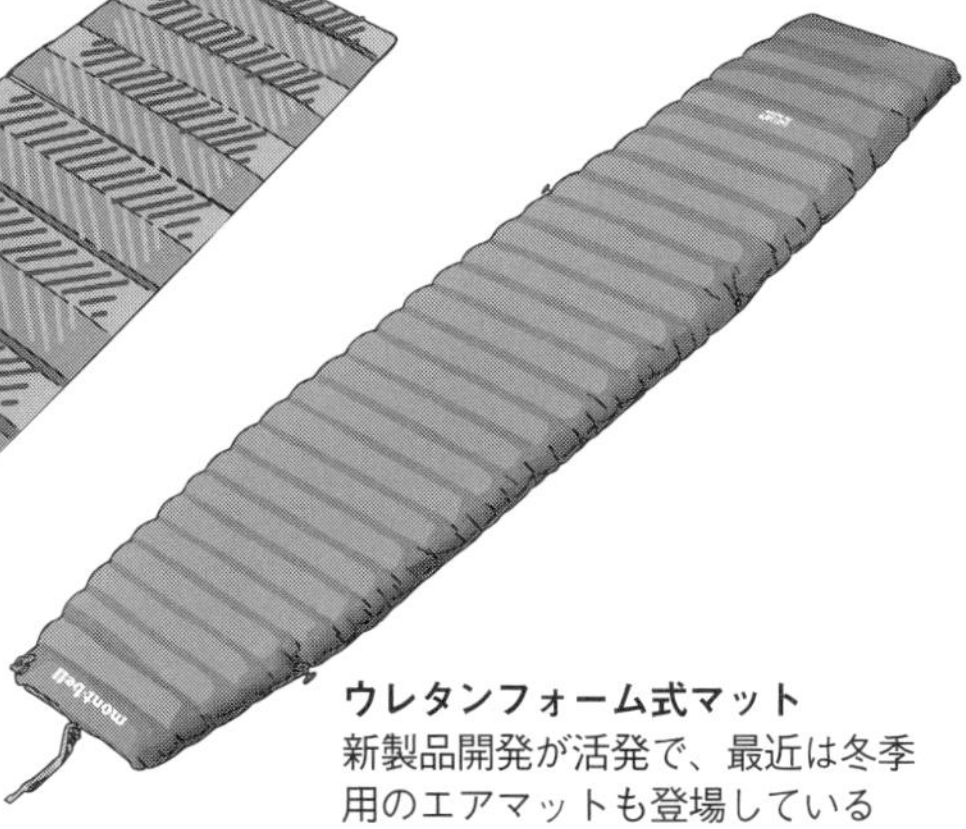

ウレタンフォーム式マット
新製品開発が活発で、最近は冬季用のエアマットも登場している

保温ポット

食器類

カップ

食器と保温ポット

テントの食事で使う個人装備は、食器2個ほど、お茶用カップ、スプーン、フォーク、はしがあればよい。保温ポットは日帰り登山と同様、500cc前後のものを1個持つことが多い。

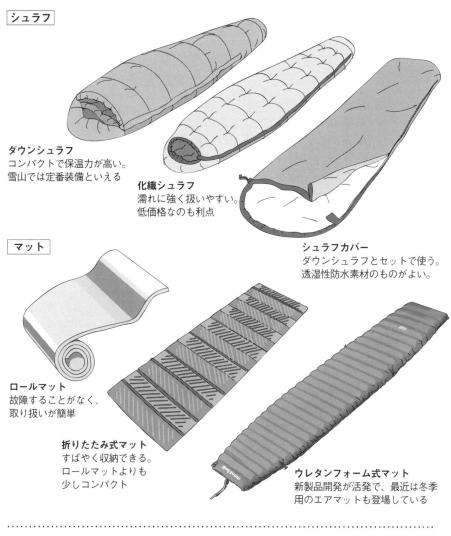

テントで泊まる

テント生活は全員が手順を理解し、作業を分担して行なう。リーダーはてきぱきと指示を出し、メンバーは疲れていても、がんばって作業を担当しよう。テント生活を効率よく快適にこなすことは疲労回復につながり、翌日からの行動に大きく影響する。

場所を決める

その日の行動を終える時刻が近づいたら、テント場を物色しながら歩く。テント場の条件は第一に安全であることだ。斜面途中や沢筋の吹き溜まりは、雪崩の危険があるので避ける。強風帯はブロックを積めば不可能ではないが、できるだけ避ける。稜線の風下側で風の弱まるところ、平坦または緩やかな尾根、樹林帯の中などが適している。ただし、対岸の沢から発生した雪崩が尾根を越えて襲いかかることもある。周辺に長い大きな沢がないか、雪庇の上に乗っていないかにも注意する。

安全な場所で、テント底面の広さプラス周囲1m以上の平地がとれる場所をテント場に決める。

テント設営

ザックを下ろし、アイゼンを外してテントの設営をする。

まず、テント場を平らに踏み固めて整地する。わかんやスノーシューを履いてやると効率がよい。傾斜地の場合は、スコップで山側の雪を削って平らにする。ブロックを積むことも考えて、広めに整地するとよい。

次に、中央にテント本体を広げ、その上にフレームを出してつなぐ。このとき、パイプ内に雪が入らないように

テントを張るのによい場所
(○適地 ×危険)

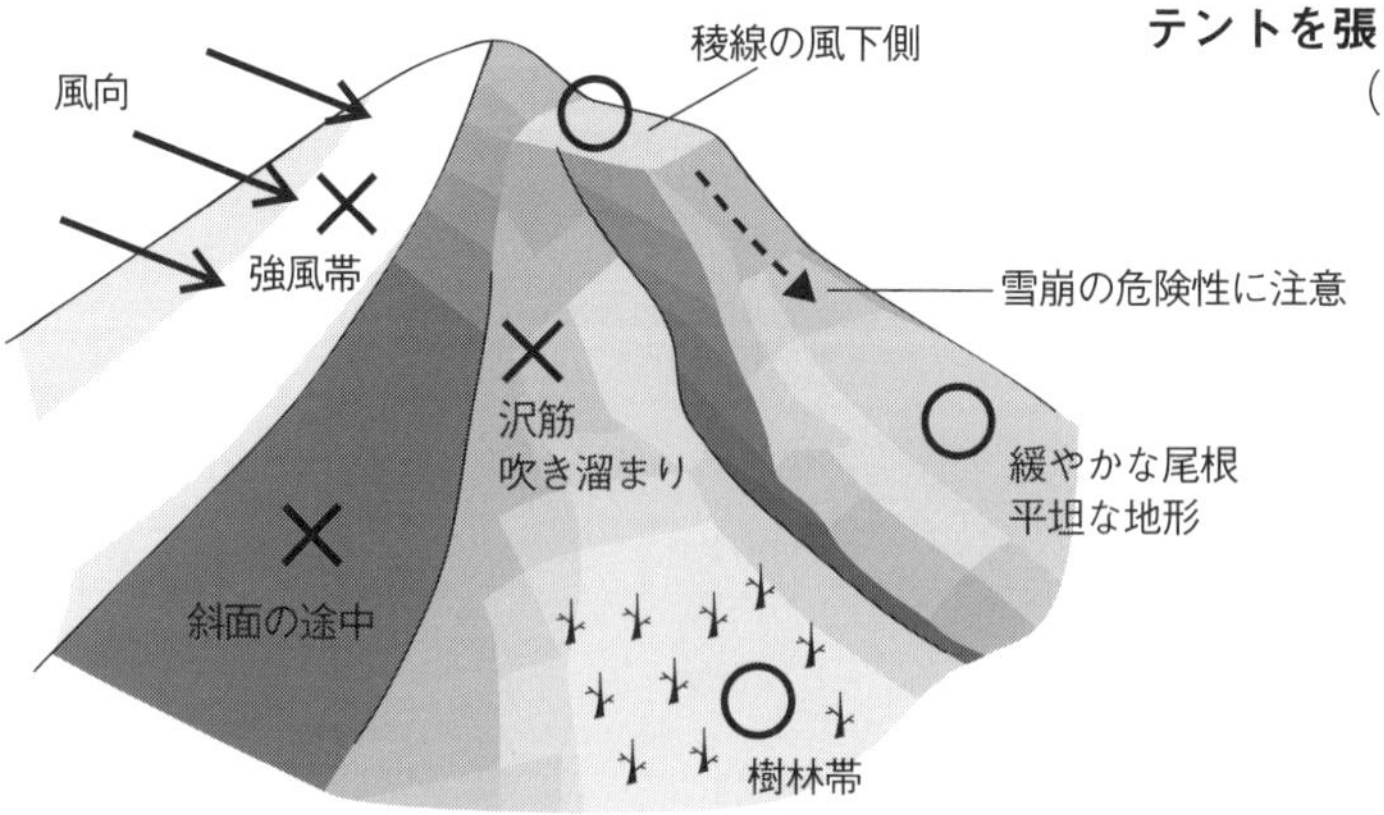

テント設営の手順

①テントを張る場所を広めに踏み固め、スコップで平らに整地する

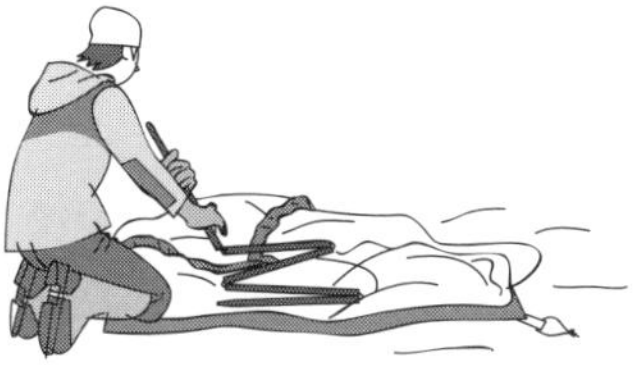

②本体を広げ、その上にフレームを出す（パイプ内に雪を入れないように）。フレームをつなぐ

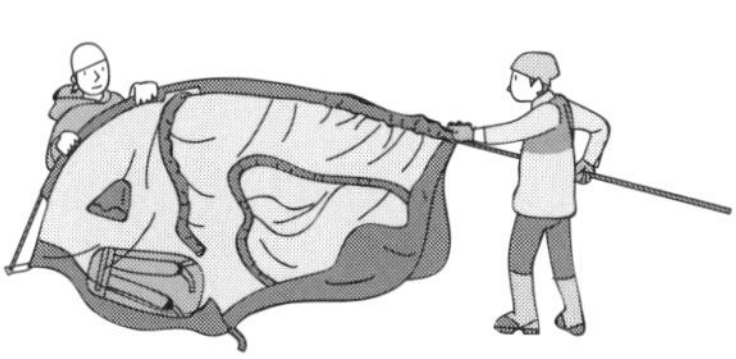

③本体にフレームを通す。風で飛ばされないように押さえるか、中にザックを入れておく

④外張りをセットする（先にペグをセットする製品もある）

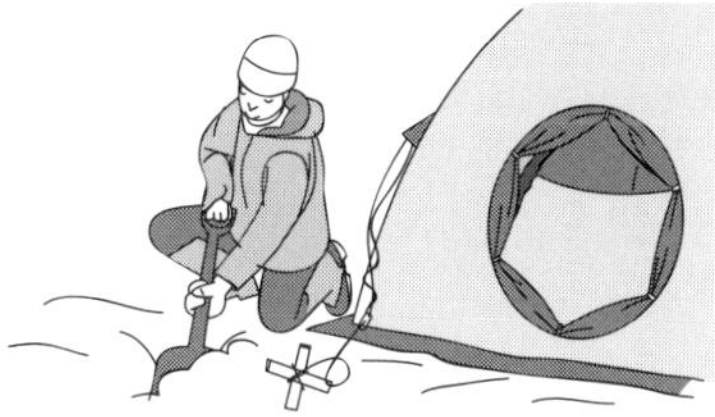

⑤竹ペグなどを雪に埋め込んで固定する。回収しやすいようにほどほどの深さにする

⑥ブロックを積む。地形と風向を考慮して積み方を決める

⑦テント周辺の整備をする。トイレの場所、雪取りの場所を決める

⑧ザックに付いた雪をきれいに落としてテント内に入れる。この次にテント内部の整理をする

注意したい（雪が入るとフレームが凍結する）。フレームを本体にセットしていくが、風で飛ばされないようにひとりが押さえるか、中にザックを一時的に入れておくとよい。外張りをセットし、ペグを雪に埋めて固定する。ペグは思いのほか強力に凍結するので、解けやすい結び方で、あまり深く埋めないようにする。

テント本体以外にもやることは多い。風当たりが強い場合はテントの入口を風下側にし、反対の風上側にブロックを積む。高さは1mもあればよく、本体の頭が上にのぞくくらいにする。また、テントからある程度（30cm以上）距離をあけたほうがよい。テント入口は深さ30cm、幅50〜60cmほど掘り下げておくとよい。こうすると、テント内に雪が入り込みにくい。

最後に、大きめのポリ袋にスコップできれいな雪を集めて入れておく。これは溶かして水を作る雪だ。

テント内の整理

靴を履いて行なう作業が完了したら、ザックについた雪をタワシでよく落として、テント内に運び入れる。以後はひとりずつ中に入って、テント内で荷物の整理作業をする。

整理の方法は、パーティによりいろいろと工夫されている。基本的には、中央にスペースをあけてメンバーが周囲に座る。食事中に必要なものだけを出し、使わないものはザックに入れておき、横にして隅に置く。凍らせたくないものはすべてテント内に置く。靴は雪を落として中に入れ、スパッツやオーバーグローブはビニール袋に入れて、これもテント内の隅に置く。

水作り

全員がテントに入って荷物の整理を終えたら、お茶を入れてひと休み。それから次にやる作業が水作りだ。手順は図のとおりだが、技術と根気のいる作業である。たとえば4ℓの水を作るには30分程度かかる。また、雪から水を作るには、同量の水を沸騰させるくらいの燃料を消費する。

炊事と食事

必要な量の水ができたら、夕食の炊事を始める。メニューはお好み次第だが、簡単にできて豪華な感じがするのはやはり鍋物だろうか。キムチ鍋、石狩鍋（焼き鮭入り粕汁）、ポトフ、豚汁などが代表的だ。鍋をつつきながら団らんして、最後にご飯やうどんを投入すればよい。もちろん、軽い食材で簡単に済ませたいなら、フリーズドライを中心にしてもよい。

ガスストーブは不安定だから、炊事中に鍋をひっくり返す失敗がかならず起こる。炊事担当者とは別に、だれかが鍋を押さえるようにしたい。くつろぎながらも全員が注意をはらおう。

テント内の整理

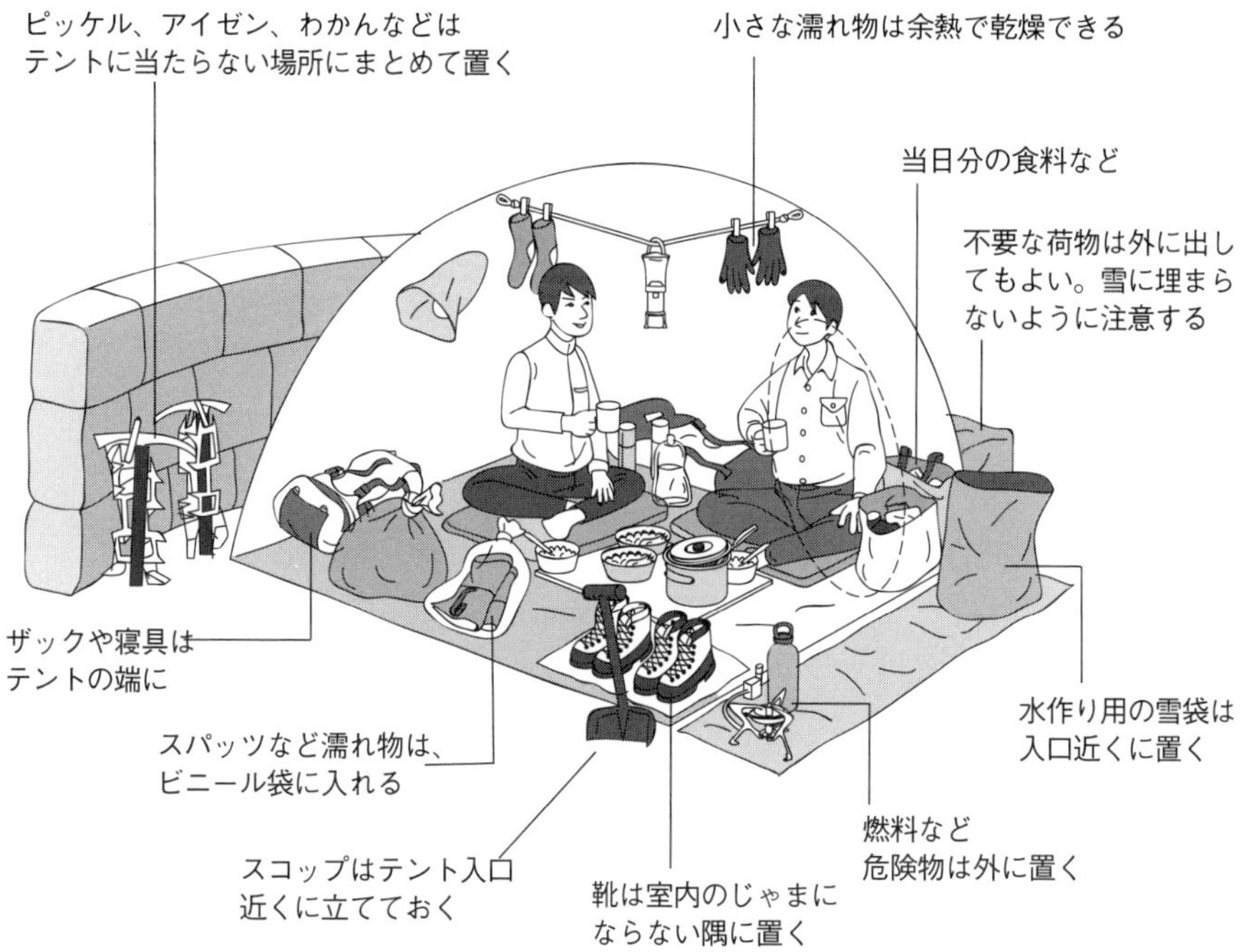
ピッケル、アイゼン、わかんなどは
テントに当たらない場所にまとめて置く
小さな濡れ物は余熱で乾燥できる
当日分の食料など
不要な荷物は外に出してもよい。雪に埋まらないように注意する
ザックや寝具はテントの端に
水作り用の雪袋は入口近くに置く
スパッツなど濡れ物は、ビニール袋に入れる
燃料など危険物は外に置く
スコップはテント入口近くに立てておく
靴は室内のじゃまにならない隅に置く

水の作り方

①呼び水を入れる。火にかけてある程度水温を上げる

②雪を入れる。スプーンなどで砕きながらどんどんつぎ足してゆく

③雪がいっぱいになったら止めて、雪を砕き続ける。かさが減ったら雪を足す

④ナベ底に水滴がついてきたら、火からはずして雑巾で拭き取る

⑤全体がシャーベット状になったら加熱を止める

⑥水を食器で汲み水筒に移す。少し水を残して①を繰り返す

寝る時刻になったら、各自の食器を拭き掃除をしてかたづけ、就寝のための室内整理を手早く行なう。

なお、室内でのコンロ使用については、メーカー側からは厳禁という取り扱いになっている。しかし、厳寒と風雪の屋外で炊事をするのは現実的でなく、充分に注意を払いつつ、テント内で炊事しているのが現実だ。

就寝

頭と足を交互にして寝ることが多い。凍結を防ぐために靴はシュラフの間に、水筒もシュラフの間に置く。手袋や靴下は乾いたものに替え、湿った手袋や靴下はアウターのポケットに入れるか、シュラフ内に入れておけば朝までに乾く。枕にするものをきちんと作り、枕元の近くにポットとペーパーを置いておこう。

夜中に強風でテントがつぶされたり、ドカ雪や雪崩に埋まることまで考えると、ナイフとヘッドランプは寝たままでも取り出せる場所に置くべきだ。

寝ている間に除雪が必要になる場合がある。テントの壁が押される様子から判断し、雪が30㎝ほどの高さになったら出よう。外に出るのはつらいが、10分程度も作業すれば終わる。周囲の除雪をし、張り綱がゆるんだり外れていないか、ブロックが崩れていないか確認して戻る。次の除雪は別の人が交替するように気を配ろう。

起床から出発まで

朝は忙しい。起きてまずシュラフをたたみ、マットの空気を少し抜いて半折りにして座る。

朝食を済ませ、食後のお茶を飲みながら、不足していたら水を作る。お湯を沸かして、全員にその日必要なお湯と水を配分する。

食器のあとかたづけに続いてパッキングにとりかかる。テント内でアウターを着て雪山の服装になり、靴を履き、スパッツもつける。できた人から外に出て撤収作業をどんどん進めていく。

起床から出発まで1時間でできたら達人の域だ。一般的には1時間30分から2時間ぐらいかかるかもしれない。トイレ跡を雪で埋め、ゴミなど置き忘れてないことを確認して、テント場を出発する。

風雪の一夜を過ごしたテント

テント内の整理（就寝時）

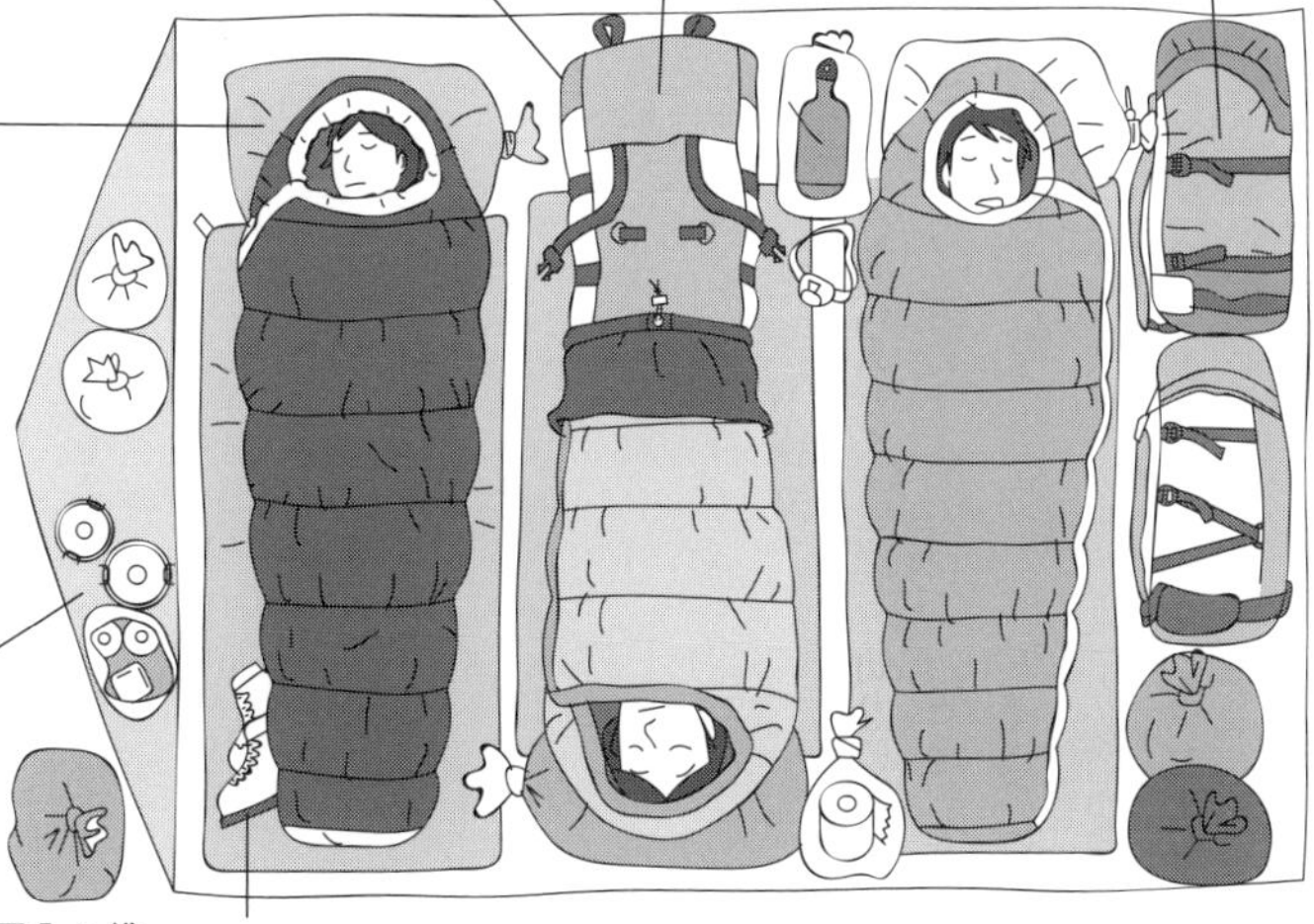
ザックは空にして
敷いてもよい
インナーシューズ
は履いたままか
シュラフの中に
不要な荷物は決まった
場所に集めておく
枕はきちんと
作ることが重要
コンロ、食器など
は入口近くのスペ
ースに
雪入れ袋
革靴はシュラフ
の間か中に
ペーパー、ヘッドランプ、保温
ポットは取り出しやすい近くに

起床から撤収まで

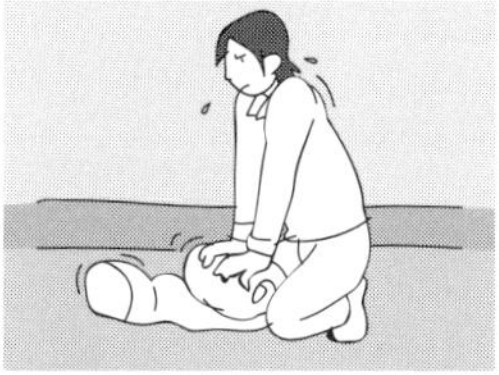

①**起床**　すぐにシュラフをたたむ。マットは空気を少し抜いて半分に折る

②**食事**　手早く済ませる。水とお湯を作る

③**水の配分**　保温ポットにお湯を、水筒に水を分けて入れる

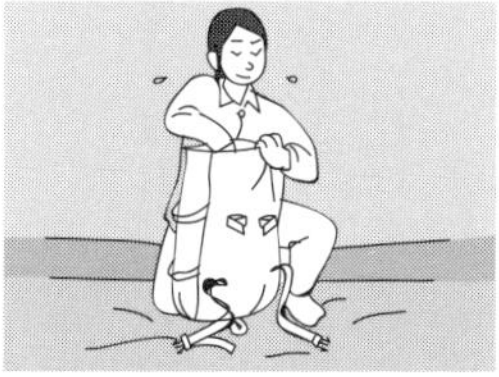

④**パッキング**　テント内で9割方までパッキングを済ませる

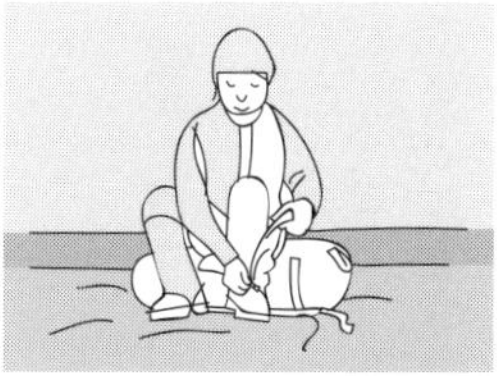

⑤**靴を履く**　テント内で靴を履く。アウターを着てスパッツもつける

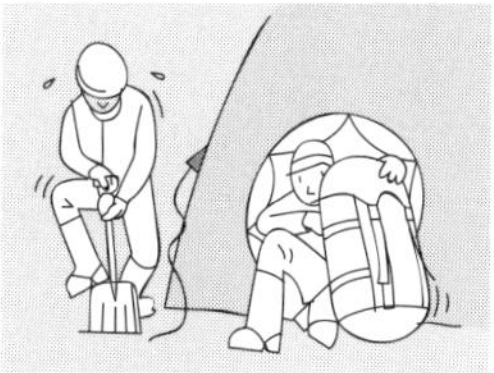

⑥**テント撤収**　靴が履けた人から外に出て撤収作業を進めてゆく

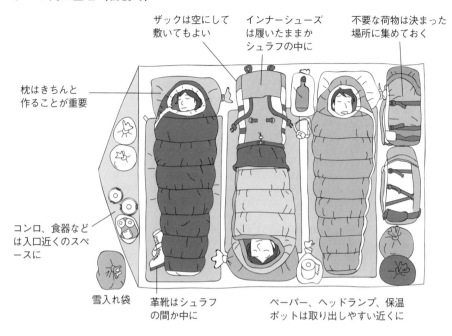

テント生活の工夫

なにかと不便な雪山テント生活だが、数々の工夫をしながら乗りきっていく、その手作り感覚がテント生活の楽しさかもしれない。さまざまな小ワザ、裏ワザが語り伝えられる世界でもある。これまでの説明と重複する部分もあるが、その一端を紹介しよう。

ジョウゴを使う

水作りで、できた水を水筒に入れるときにこぼしやすい。とくにソフトパックの水筒は、口が小さいうえ本体が自立しないので、水を入れにくくて大変だ。このようなときはジョウゴを使いたい。ゼリー飲料の空き容器の底を切ったものが便利なジョウゴになる。シリコン樹脂のジョウゴは100円ショップでも買えるが、小物のわりにちょっと重い。

吹きこぼれをペーパーで拭くとゴミがふえる。雑巾を用意したい

水作りのときジョウゴがあると便利。ゼリー飲料の容器が使える

水滴管理

鍋からのふきこぼれなどは避けたいが、こぼしてしまったらすぐに拭き取る。ペーパーを使うとゴミが増えるので、雑巾かそれに代わるものを用意したい。鍋をひっくり返すミスは絶対に避けたいので、専門の見張り役を決めるとよい。

スポンジ、吸水クロス

雑巾に使える小物の例。台所用の薄手のスポンジは、水分を拭き取ったらテントの外へ手を出してギュッと絞り、そのまま繰り返して使える。マイクロファイバーの吸水クロスも水の吸い取りがよく、スポンジと同様に使える。どちらも火気に弱い点は注意が必要。

食器の拭き掃除

メイン料理を作った大鍋を掃除するのは大変だ。ペーパーでていねいに拭

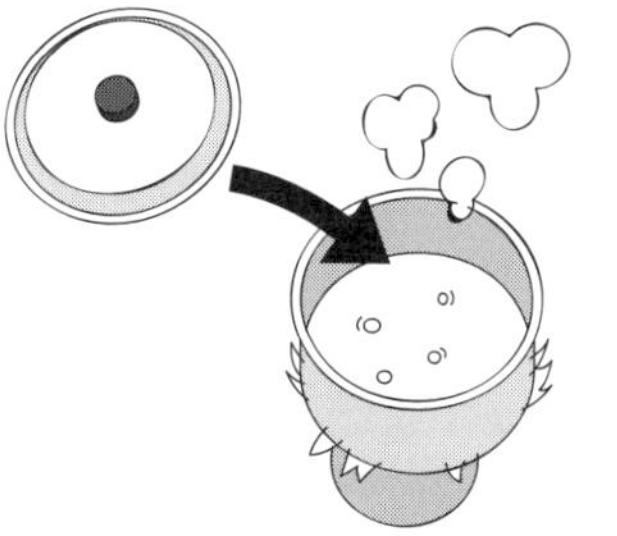

ナベから出る蒸気は衣類を湿らせる。こまめにフタをするように

食器の汚れは、パンで拭き取って食べてしまうのがいちばんだ

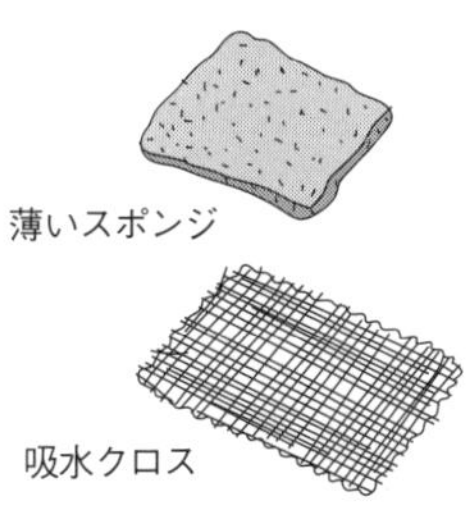

ギュッと絞って繰り返し使えるテント用の雑巾があれば便利だ

いたら、大量のゴミが出てしまう。拭き取るものは残ったソースなどだから、フランスパンなどで拭き取って食べるとよい。または、最後にスープを作って飲んでもよい。あらかじめ食料計画にそのように組み込んでおく。食器掃除のことを考えた食料計画は、けっこう重要である。

蒸気を出さない

調理のとき、鍋のふたを開けっぱなしにするのは極力避けたい。少しの間でもふたをして、できるだけ蒸気を出さないようにする。また、必要以上に加熱したり沸騰させたりしない。

鍋から出た蒸気は、温度差の関係で前室からテント内に流れ込み、テントの壁について湿気や霜になる。また、人間の呼気から出た蒸気も湿気や霜になる。それらは下に落ちて溶けるか、テントの壁で溶けて水滴になり、ウェアや装備を濡らす原因になってしまう。

換気に注意

狭い空間に多人数が入るため、テント室内は空気が悪くなりがちだ。また、ローソクやランタンの火も空気を悪くする。雪が降っていると、テントの壁に雪が積もって通気性を悪くするので、テント内は酸欠状態になりやすく、最悪の場合は一酸化炭素中毒を起こしてしまう。テント内は常に換気に注意をはらおう。ベンチレーターは原則としてあけておく。雪が吹き込まないなら、入口も少しあけて換気をするとよい。

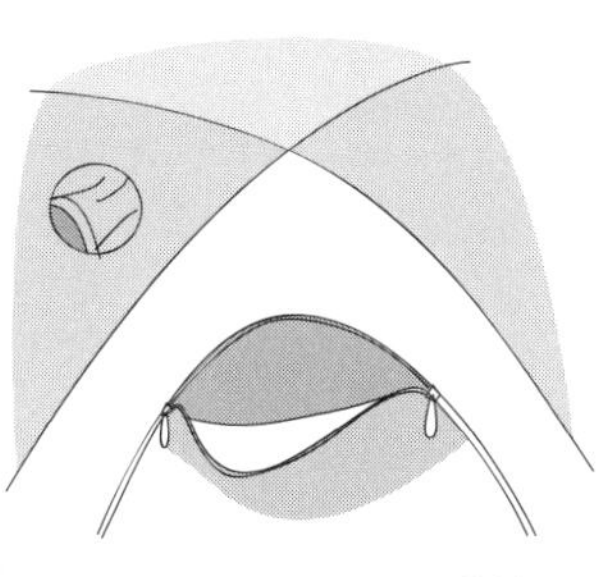

つねにベンチレーターの状態に注意しよう。空気が悪いときは入口もあけて換気をする

雪洞に泊まる

最新の技術を集めたテントでも、雪山の暴風雪が本気で荒れ狂ったならとても太刀打ちできない。しかし、雪洞ならどんな風雪にも耐えられる。条件の厳しい雪山をめざしたいなら、ぜひ雪洞技術を身につけたい。

横穴式雪洞の作り方

雪洞には縦穴式と横穴式がある。縦穴式雪洞はビバークに近く、P105を参照してほしい。ここでは横穴式雪洞について簡単に説明する。

雪洞を作ることができる条件は、積雪が2m以上あり、雪質がある程度締まっていることだ。フカフカの新雪が2mでは無理である。そして安全な場所であること。雪崩危険地帯、雪庇、吹き溜まり、強風帯などは避ける。この点はテントと同じだ。

掘り始める前に、できあがりのイメージを作る。床面積は1人当たり2m×50cmと考えればよい。つまり3〜4人なら2m四方となる。天井は半球のドーム型とする。

上下アウターを着て掘り始める。雪洞掘りは雪だらけになり濡れやすい。雪洞を掘る手順は左ページ図のとおり。最終的にドーム型の天井をなめらかに仕上げることがポイントだ。床は途中でボコボコになっても、最後に水平にすればよい。そして、入口の床を20cmほど低くすること。これは外から寒気が流入を防ぐためである。

雪洞が掘れたら、天井を踏み抜かれないように真上の4隅に標識を立てておく。スコップやピッケルは雪洞の中においておく。

入口をツエルトなどで塞ぐかどうかは各種の考え方がある。入口があいていると寒気が入ってくるが、換気を維持するために、入口はある程度あけておいたほうがいいように思う。

雪洞の生活

テントと同じように中央のスペースをあけて、周囲に個人マットを敷いて座る。入口側はあけておき、4人の場合は奥側に2人座るのがいいだろう。壁には小物をおく棚を作り、ローソクの置き場も作る。酸欠の目印のためローソクはかならずつけよう。

雪は音を吸収するので、雪洞内はとても静かで快適だ。外で風雪が荒れ狂っていてもわからない。また、雪は湿気も吸収するので、濡れた衣類などは体熱や炊事の熱で乾いていく。

雪洞で注意が必要なのは酸欠だが、これは入口が雪で埋まったときに起こる。定期的に外へ出て、入口付近の雪かきをするとよい。

横穴式雪洞

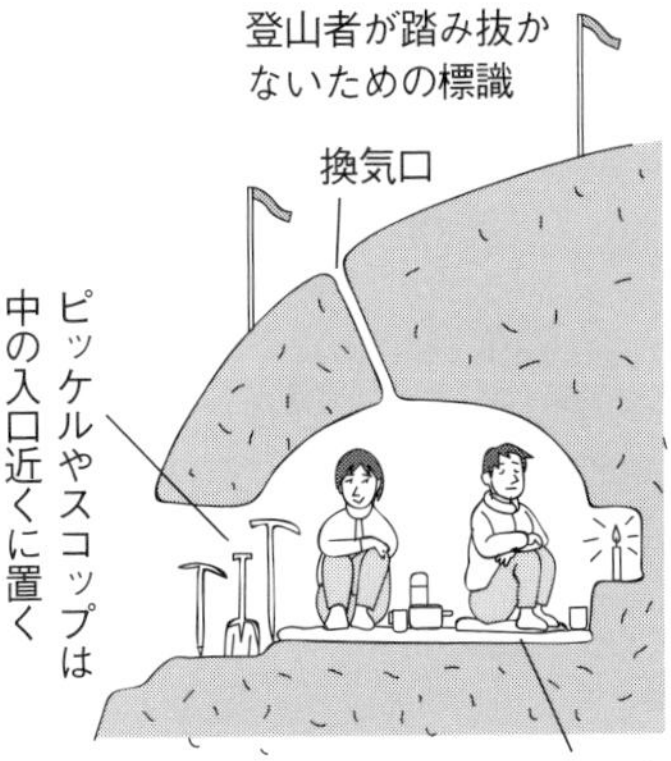

横から見た図

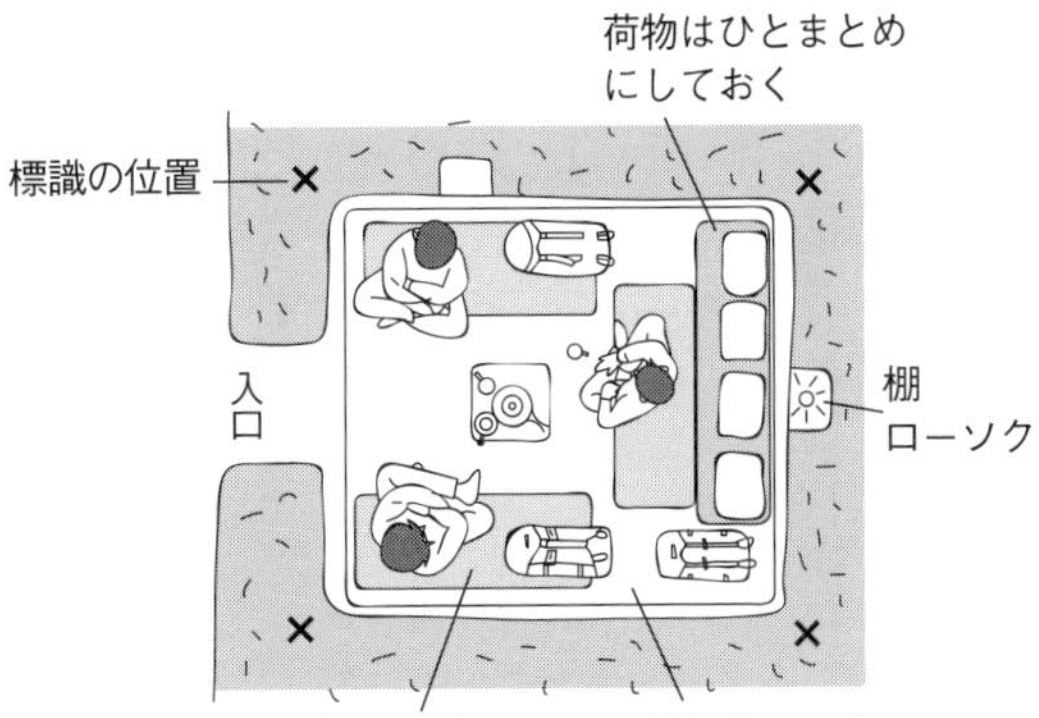

上から見た図

雪洞の作り方

破線は完成したときのイメージを示している。

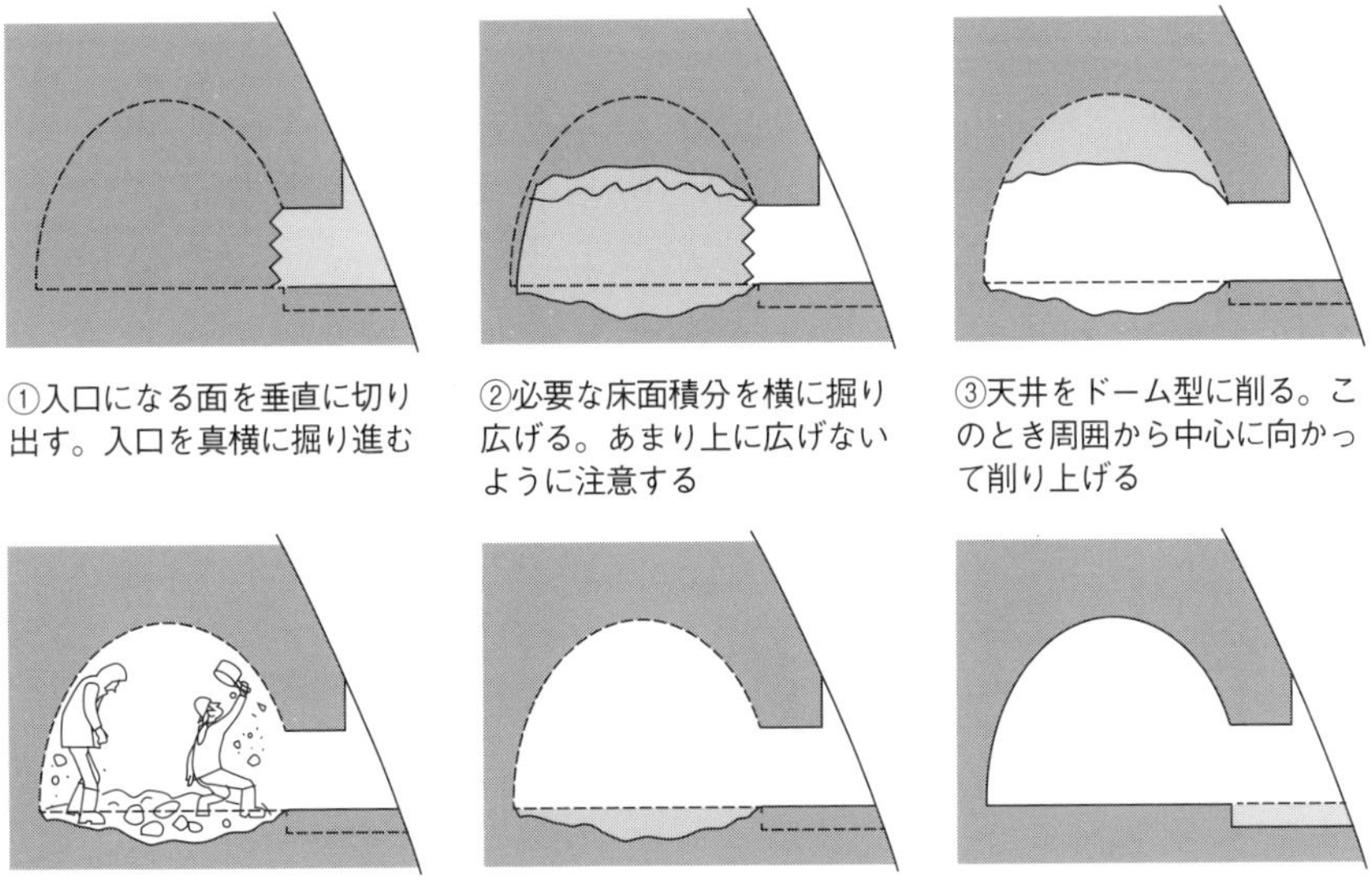

①入口になる面を垂直に切り出す。入口を真横に掘り進む

②必要な床面積分を横に掘り広げる。あまり上に広げないように注意する

③天井をドーム型に削る。このとき周囲から中心に向かって削り上げる

④ドームの面をヤッケを着た背中やコッヘルの底でならして、なめらかに仕上げる

⑤天井を削って落とした雪は運び出さずに、床面を埋めて高くする

⑥入口の床を掘り下げて20cm程度低くする。こうすると冷気が流入しない

ビバーク

ビバークか救助要請か

雪山の一般ルートでは、ビバークすることはめったにない。あるとすれば、コースミスや、メンバーの負傷または体調不良などのトラブルが理由で大幅に時間がかかり、途中で日が暮れたというケースだ。

現代の登山者は、このような場合に携帯電話で110番通報する人が少なからずいるだろう。しかし、ビバークできる知識と装備があれば、通報も救助要請も必要ない。ビバークはなにも危険なことではないので、雪山登山技術として身につけてほしい。

まず、ツエルトを持つことが最低条件だ。ツエルト本体だけでもいいが、張り綱2本はツエルトの袋に入れておきたい。また、スノーショベルやトレッキングポールがあれば、よい条件のビバークができる。

ビバークの方法

早く決断して少しでも快適な場所を確保することが、ビバークを成功させるコツである。ビバークする場所は、風が当たらない安全な場所ならどこでもよい。かなり狭くてもいいので、テント場よりも見つけやすい。

風が当たらない場所は稜線の風下側、岩陰、樹林帯などだが、一定量の積雪があれば、風を避ける雪穴を掘ってもよい。安全な場所とは、雪崩の危険がなく、雪庇、吹き溜まり、強風帯でない場所である。風の弱い場所を探して稜線から風下側に下りるとき、雪庇や吹き溜まり、雪崩の危険箇所を通ることがあるので注意が必要だ。

ビバークの方法は、まずツエルトはできるだけ張って、空間を広くすると快適だ。ポールを支柱にできるならテントのように張る。立ち木にロープを張り渡して、ツエルトを吊るすこともできる。木のまわりを掘り下げて風を避けられるようにし、ツエルトの一端を枝に結びつけて、中にもぐり込めば、すばやくビバークサイトができあがる。また、ショベルがあれば、簡単な半雪洞や縦穴式雪洞を掘ることができる（左ページ参照）。

ビバークサイトができたら、マットかザックを敷いて座る。濡れたウェアは危険なので、寒くてもがんばって着替える。着られるだけのものを着て保温に努め、温かいものを飲み、行動食か非常食を口にする。体力を回復するためにやるだけのことをやり、リラックスして朝を待とう。雪山のなかでビバークすることは、力強く大きな体験になるだろう。

雪山でのビバーク

ポールを使ってツエルトを張る

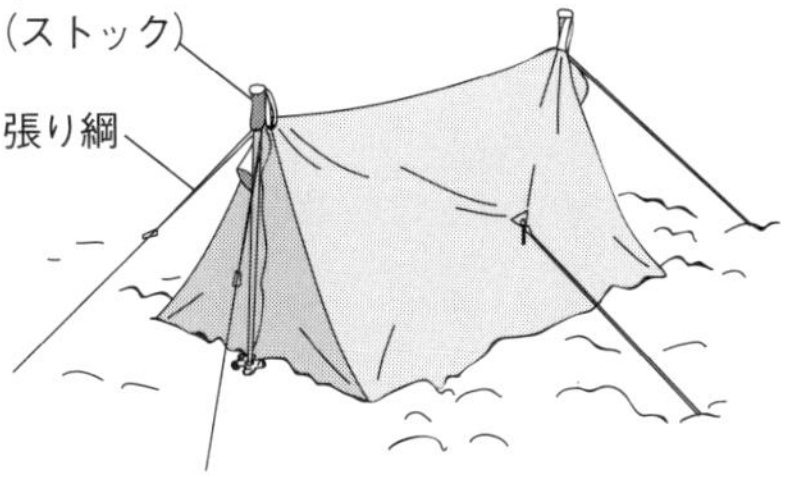

立ち木にツェルトを吊るす

木のまわりの穴

半雪洞でのビバーク

斜面に横穴を掘り、入口にブロックを積んで風や冷気を防ぐ。シートやマットを敷きツエルトをかぶる

縦穴式雪洞でのビバーク

斜面でなくても、雪が少なくても雪洞が作れる。屋根にする木などを集めるのが難しい。大雪だとつぶされるおそれがある

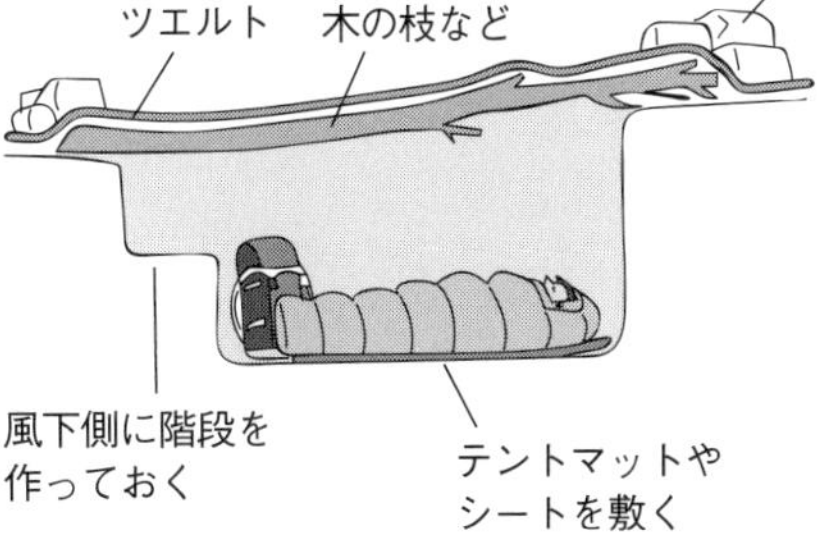

雪山の危険

夏山に比べて雪山の危険ははるかに大きい。どこに、どのような危険があるかの知識・情報をもつことによって、危険を回避できる可能性が高まる。

遭難統計にみられる危険

遭難統計をみると、どのような危険によって登山者が遭難したかが客観的にわかる。長野県の統計によると、遭難者全体では下図（左）のとおりさまざまな理由で遭難しているが、遭難死亡者に絞ってみると下図（右）のとおり、①転落・滑落、②病気、③雪崩、④疲労凍死傷で遭難死亡する人が多い。雪崩は雪山でだけ起こり、疲労凍死傷（低体温症）は雪山と関係が深い。

　このデータでもはっきりわかるが、登山での遭難事故原因で最大のものは転落・滑落である。季節を問わずにトップだが、ルートが氷雪でおおわれる雪山のほうが滑落リスクが高いのは明らかだ。それ以外に、雪山の地形的要因から発生する危険として、雪崩、雪庇が挙げられる。

　また、雪山の気象的要因から生じる危険として、風雪（悪天候）、強風、大雪（ドカ雪）、ホワイトアウトがある。低温による障害として低体温症、凍傷が、紫外線による障害として雪盲がある。雪崩、風雪、ホワイトアウト、低体温症、凍傷については後述するが、ここではそれ以外の危険について簡単に説明しておく。

雪山のさまざまな危険

【転落・滑落】 雪山では一定程度以上の傾斜があれば、すべて転落・滑落の危険がある。雪の多い雪稜なら足場の

遭難者全体の態様別比率
（長野県、2022年）

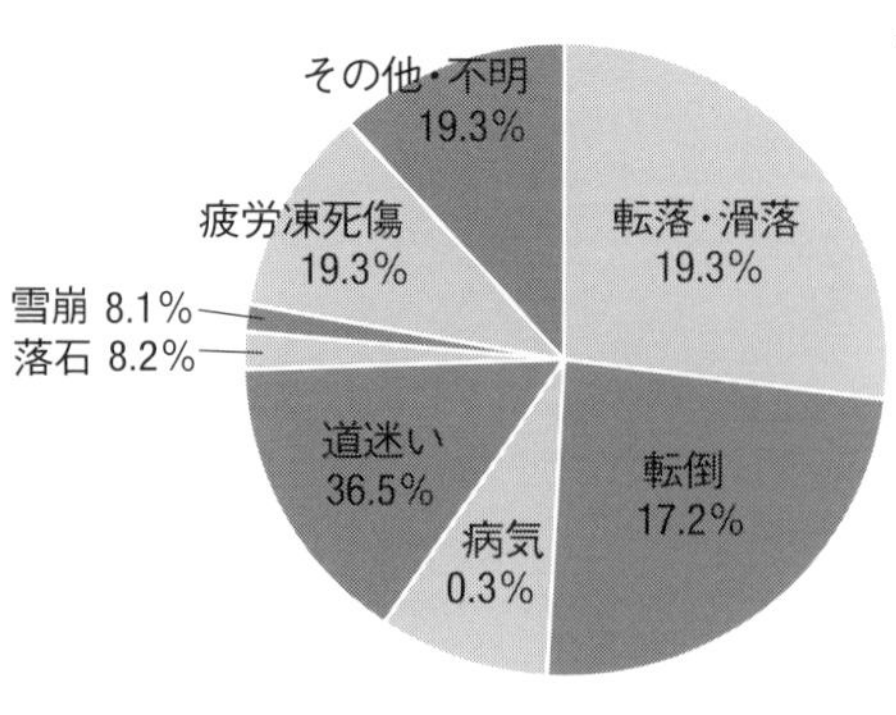

遭難死亡者の態様別比率
（長野県、2022年）

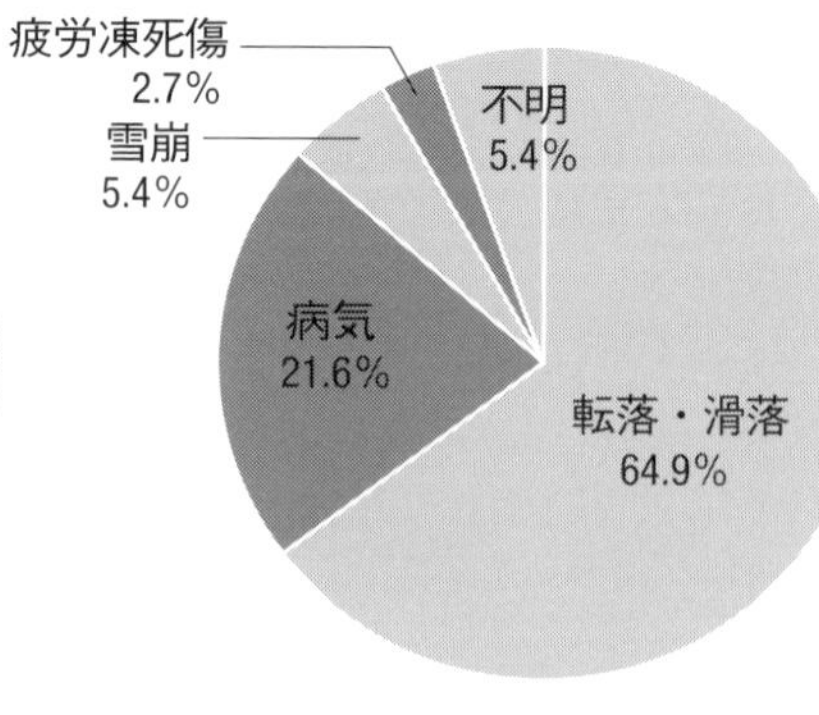

雪が崩れることによる転落・滑落があるかもしれない。雪の少ない岩場は足場がスリップしての転落・滑落が怖い。目の前の地形を見て、転落・滑落の危険がどの程度かを判断しながら、より安全性の高いルートを決めていくルートファインディング能力が必要だ。

小規模な雪庇の出た稜線（向白神岳）

しかし、転落・滑落事故は困難で危険な場面よりも、さほどでもない場所で、油断や気のゆるみによって起こりやすいことも知っておきたい。

【雪庇】　積雪が強風によって運ばれて、風下側に庇のように張り出す。豪雪地の大きいものは数十メートルにも達するという。雪の稜線を歩いていると、小規模な雪庇はよく目にする。崩落の危険があるので、基本的にはその上には乗らないで、風上側に寄ったラインを歩くようにする。ホワイトアウトなどで雪庇を確認できないまま、その上を歩いてしまうのが怖い。

【強風】　雪山では極端な強風が吹くことがある。低気圧の発達や、強力な冬型気圧配置のときが多い。地形も関係し、あまり急でない傾斜で、沢筋から風が集まるような場所で、稜線の鞍部を越える風が特に強まるようだ。冬の富士山の強風は有名だが、那須の峰ノ茶屋、八ヶ岳の大ダルミなども、雪山登山者が強風の洗礼を受ける。本格的な強風は対応不可能なので、行動を中止して避難することだ。

【大雪（ドカ雪）】　多雪地方で1日に100cm以上の雪が降ることは珍しくない。このような雪が降り続いているとき、雪山登山はラッセルに終始して、行程は遅々として進まなくなる。さらに雪崩の危険も増している。最近は精度のよい気象情報がすぐに見られ、悪天候は事前にわかるので、昔のような気象遭難は起こりにくくなった。

【雪盲（雪目）】　目の黒い部分が日焼けして炎症になる障害で、厳冬期よりも3～5月の春山で起こる。気づかないうちに紫外線を受けてしまい、夜から痛みが出て目をあけられなくなる。すでに下山していればよいが、登山を続けるのは困難だ。晴れたらサングラスかゴーグルをすれば雪盲は防げる。曇り空でも、空や雪が明るいと感じたらサングラスをしたほうがよい。

雪崩リスクの予測

雪崩は雪山で最大の脅威である。雪崩による遭難事故は、多数が埋没して死亡する大量遭難になることが多い。

雪崩の種類と要素

雪崩は雪質によって乾雪雪崩と湿雪雪崩、発生の形によって点発生雪崩と面発生雪崩、滑り落ちる雪層によって表層雪崩と全層雪崩に分けられる。これらを組み合わせると全部で8種類になるが、実際に発生することが多い危険なものだけ知っていればよい。

【面発生表層雪崩】 最も多い典型的な表層雪崩で、乾雪、湿雪どちらでも発生する。左ページの図はこの雪崩の仕組みを表わしている。

雪は気温の変動や風の影響を受けて、一定の積雪層ごとに固まって積み重なる。表層に乗った板状の雪塊（スラブ）が、下の積雪層の上で滑り落ちると面発生表層雪崩になる。この表層雪崩が起こるときには、下層の雪の表面に壊れやすく薄い雪の層が形成されていることがわかっており、この層を弱層という。弱層が形成される気象変化を読むことにより、雪崩の危険性をある程度正確に予測できる。

【点発生表層雪崩】 まだスラブが形成されない、結合の弱い雪が山の斜面を落ちてゆく。乾雪、湿雪どちらでも発生し、比較的小規模なことが多い。

【雪庇崩落による雪崩】 雪庇が崩壊するとその雪塊が雪崩になり、同時に下の雪面から表層雪崩を誘発することもある。やや特殊な雪崩だが、雪山登山では関係が深いので覚えておきたい。

【湿雪全層雪崩】 日本では春先に起こり、積雪全体が滑り落ちる底雪崩になることが多い。見るからに落ちそうな雪で危険を予測しやすいためか、全層雪崩による事故例は比較的少ない。

雪崩が危険な地形

雪崩を避けるためには、雪崩の危険な地形を見きわめ、そこに入り込まないことが重要である。雪崩の危険な地形は、常識的にも理解しやすい。

①30〜45度の傾斜で発生しやすく、とくに35〜40度が最も危険。

②稜線の風下側で雪が吹き溜まる斜面。支尾根の風下側にも吹き溜まりがあり雪崩の危険がある。

③雪崩の抵抗になる樹木や岩峰などのないオープンな斜面。

現在地だけでなく、上部の地形にも注意が必要だ。大規模な新雪雪崩は、はるか上方から長距離を時速数百キロのスピードで流れて襲う。このような雪崩は現地では予想できず、計画時点での地形のチェックが必要である。

雪崩の構成要素

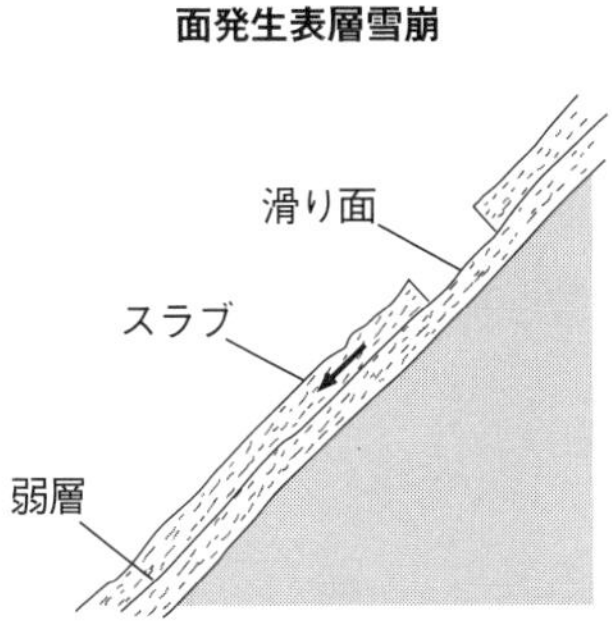

積雪の表層のスラブが、弱層を破壊しながら滑り面に沿って滑り落ちる

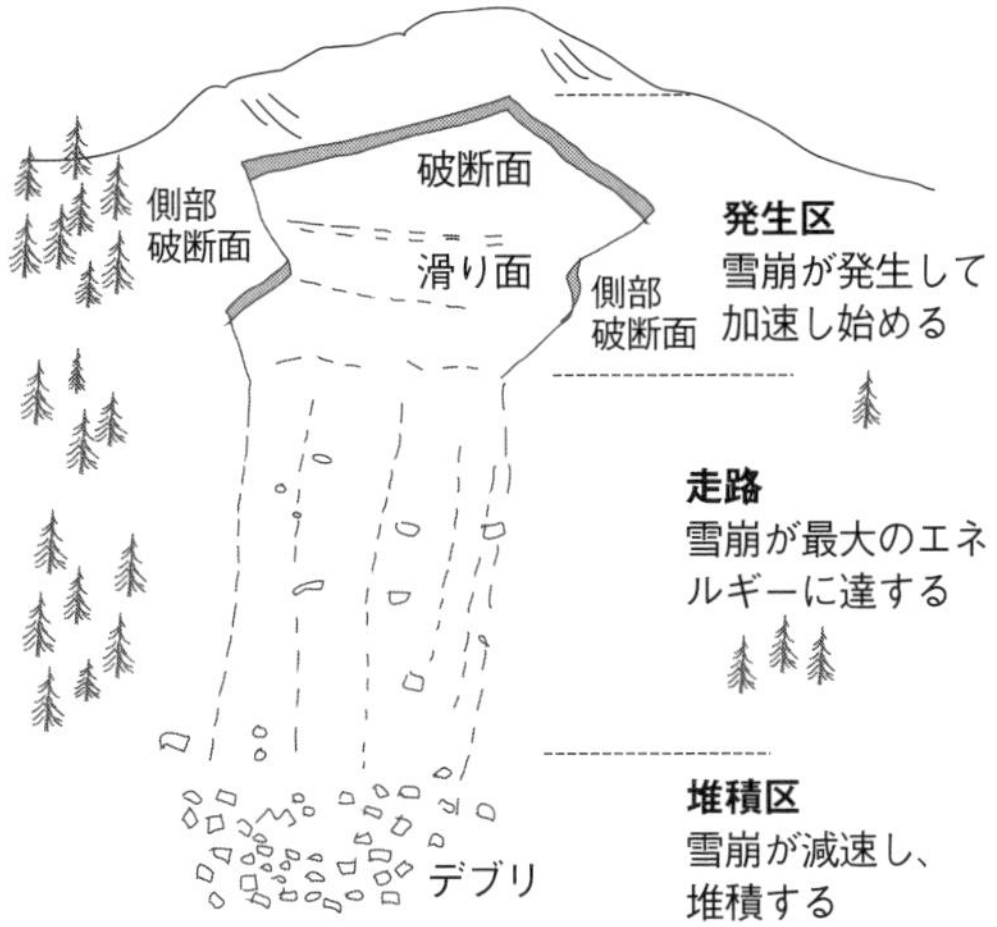

雪崩の通った跡は発生区、走路、堆積区の3つに分けられる

雪崩の起こりやすい場所

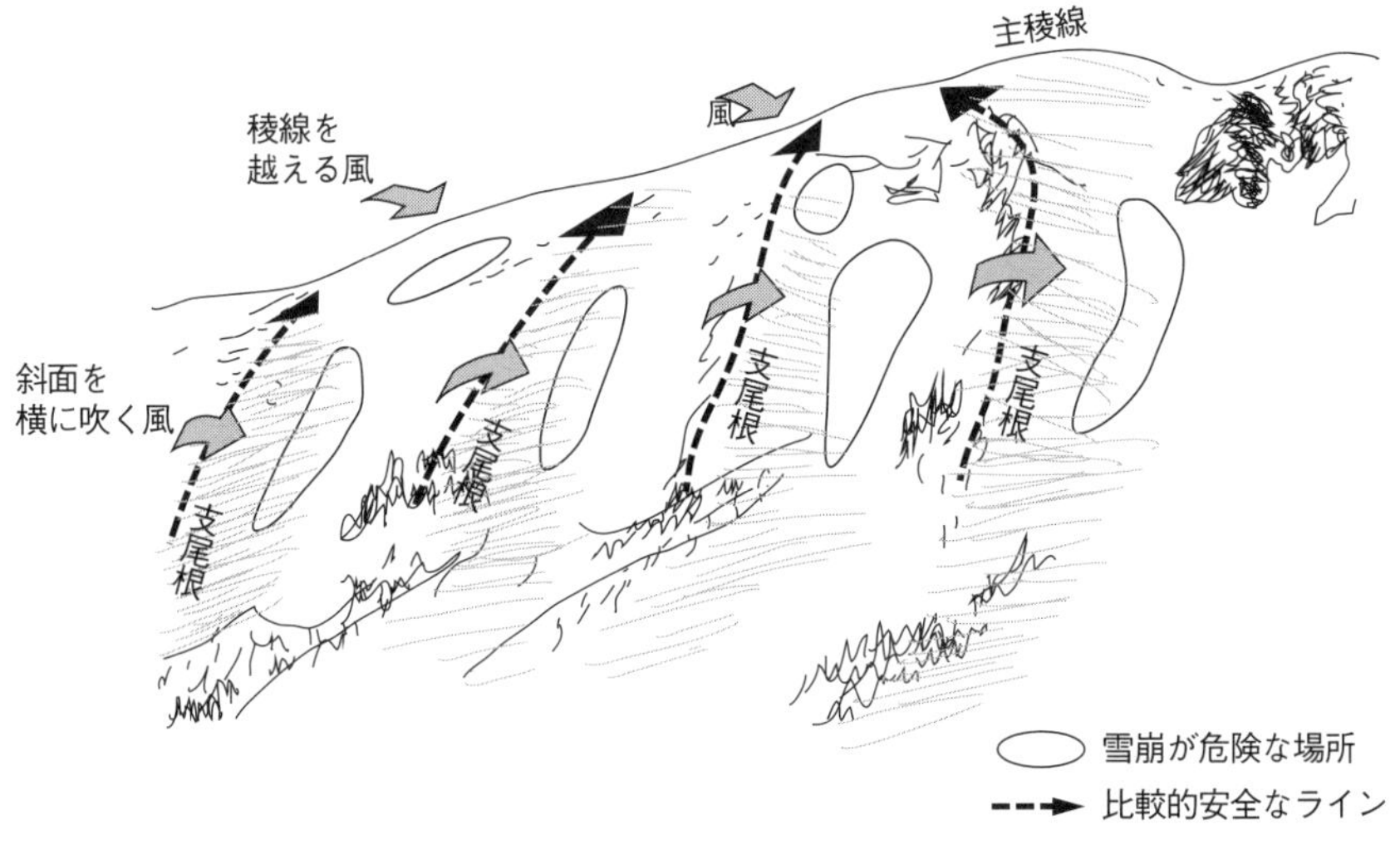

気象と雪崩と弱層形成

気象と雪崩の関係は複雑でわかりにくい。弱層となる積雪層がどういう気象条件のときに形成されるかに注目して考えてみるとよい。

弱層を形成する雪は、こしもざらめ雪・しもざらめ雪、表面霜、雲粒のない降雪結晶、あられ、濡れざらめ雪の5種類である。このうち日本で起こった雪崩事故では、こしもざらめ雪・しもざらめ雪の事例が最も多く、次に降雪結晶が多いという。

（注）雲粒とは、雲の中にある0℃以下の過冷却水滴のこと。雲の中で降雪結晶に衝突して凍り付くことがある。

①新雪が降ったあとに晴れると、日中に新雪層の内部で日射により昇温が起こり、夜間には放射冷却で積雪表面の温度が下がる。新雪内部の温度勾配が大きくなって、こしもざらめ雪への昇華蒸発・凝結が起こる。さらに変移が進むとしもざらめ雪が発達する。

②低気圧が通過するときに雲粒なし結晶の雪が積もることがある。温暖前線または同じ構造の層状雲からの降雪が代表的で、弱風ないし無風のときにこの雪が積もって弱層となる。

どちらも積雪期には普通に見られる気象パターンである。①は降雪後に晴れたときに、②は層状雲からの降雪そのもので弱層が形成される。その後、まとまった降雪などで上載積雪層が形成されれば、表層雪崩が発生する危険性が高くなる。数日前からの気象情報を調べて、該当する気象パターンがあったら警戒する必要がある。

代表的な例を挙げたが、その他については別書を参照してほしい。

雪崩リスクの判断

それまでの気象変化から弱層の存在を推定し、入山後は雪崩の危険な地形を避けてルートを選ぶ。そして、最終的には現地の状況を見て雪崩リスクを判断することになる。

①積雪観察

斜面にピットを掘り（写真参照）、積雪の断面観察を行なう。積雪の層構造や弱層を直接見て確認できる。

②不安定要素

積雪から直接的な情報が得られる。雪崩の痕跡、シューティングクラック（雪面にできる割れ目）、ワッフ音（弱層が破壊されるときに発する音）、積雪テストの結果など。

③積雪テスト

弱層テストともいう。さまざまな方法があるが、コンプレッションテスト（左図）が代表的だ。慣れた人は、ピットを掘り、積雪観察を行ない、コンプレッションテスト2回実施まで、合わせて30分程度でできるようだ。

ポールを雪に深く差し込む、スノーシューで雪面を踏み崩してみるなども、簡単な積雪テストといえる。

雪斜面のピット
垂直面をショベルで滑らかに仕上げ、正面と側面の直角をきれいに出す。側面で積雪断面観察を行ない、正面の壁は雪柱を作って積雪テストを行なう

コンプレッションテスト（CT）

30cmの四角柱を作り、背面にスノーソーで切れ込みを入れて独立させる。ショベルのブレードを四角柱に乗せ、徐々に強度を上げてたたく。破断が出たら、たたいた強度・回数、破断の位置と特徴、破断面の雪質を記録する。テストは最低2回行なう

コンプレッションテストの結果区分

記号	用語	意味
CTV	Very easy	雪柱を切り出している間に破壊する
CTE	Easy	手首を支点に1～10回たたくと破壊する
CTM	Moderate	肘を支点に1～10回たたくと破壊する
CTH	Hard	肩を支点に1～10回たたくと破壊する
CTN	No failure	破壊が起こらない

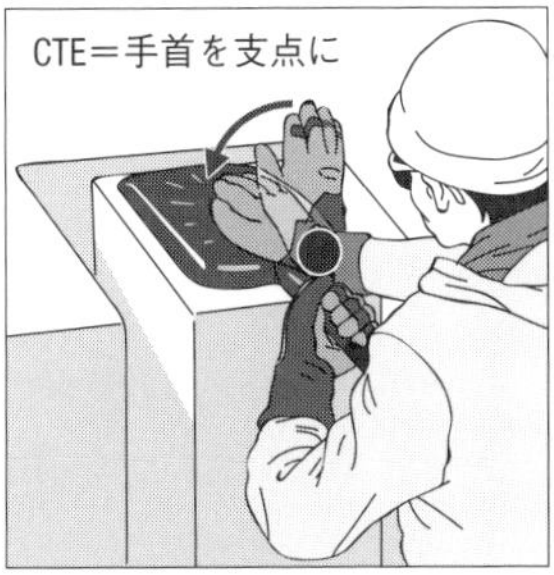

ブレードと柄の境を握り、そこに手首を乗せて、手首を支点にしてたたく［CTE］

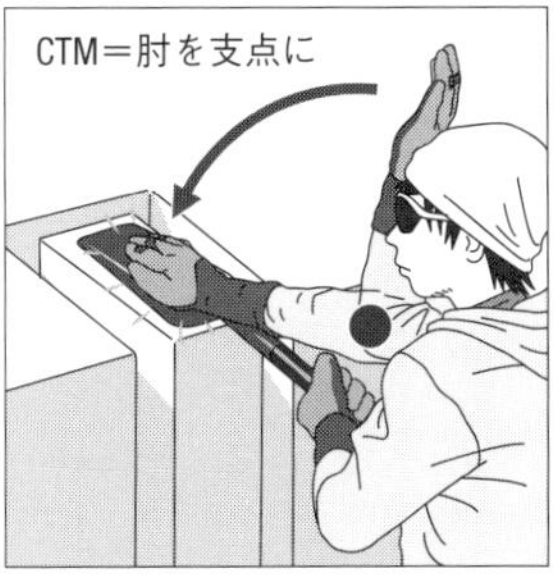

柄の中間を握り、そこに肘を当てて、肘を支点にしてたたく［CTM］

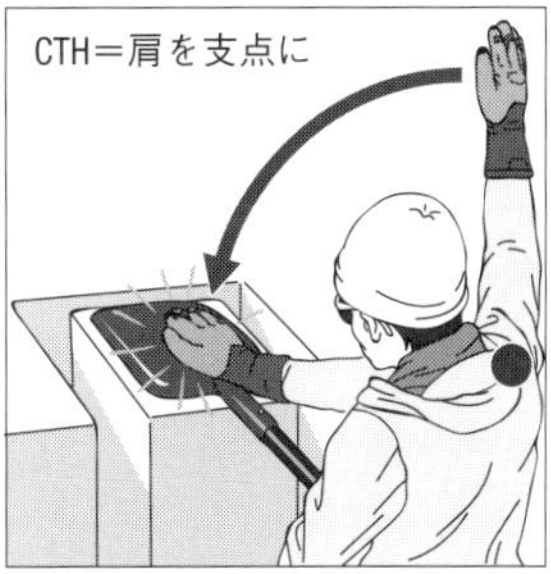

肩を支点にして、腕を伸ばしてたたく［CTH］

雪崩レスキュー

雪崩が発生して登山者が埋没すると、そこからは時間との戦いになる。完全埋没した場合、18分以内に救助（呼吸を回復）しなければ生存率は10％以下である。18分以内に救助するには、同行者などが救助活動をするコンパニオンレスキューが不可欠である。

［雪崩の発生直後］

①埋没者の位置（消失点）、人数、特徴を確認する。

②サーチが必要な範囲を確定する。

③2次雪崩の危険がないか確認する。

［シグナルサーチ］　埋没者の雪崩ビーコンの発信信号がまだとらえられていない状態である。消失点が確認できていない場合は、捜索者が1人なら、斜面幅いっぱいにジグザグに下って捜索する。捜索者が複数の場合は、一定間隔に並んで斜面を真下に捜索する。

消失点が確認できている場合は、雪崩の流れの方向に従い、消失点の場所へ直行する。

信号音を聴くのが目的なので、ビーコンを耳の近くに持ち、目で現場全体を見渡す。遺失物など手がかりを発見したらメンバーに知らせる。

［コースサーチ］　雪崩ビーコンの発信音をとらえたら、チームにそのことと、可能なら距離、方向も知らせる。

ここからコースサーチに入り、粗い捜索をする段階になる。腕を伸ばして、雪崩ビーコンを水平に構えて持ち、示されている距離、方向へ進む。

「10」の表示が出たとき「テン」と声を出し、速度をやや落とす。

「3・0」の表示が出たとき「スリー・ゼロ」と声を出し、ファインサーチに移行する。

［ファインサーチ］　精度を高く捜索する段階である。雪崩ビーコンを膝またはそれ以下に低く構え、位置を変えずに固定し、距離表示が最小になる地点を見つける。最小地点が見つかったら、そこから直交する方向に動いて、さらに最小地点を絞り込む。

ファインサーチはスキルの高い捜索者が1人で行なうのがよく、ほかのメンバーはショベルを組み立てて掘り出しの準備を始めるとよい。

［プロービング］（ピンポインティング）

埋没位置を絞り込んだら、その位置から図のように25㎝間隔でプローブを挿し込み、スパイラルプロービングをする。ヒットしたらプローブをそのまま立てておく。プロービングと並行して、ほかのメンバーは斜面の下側から掘り出しを開始するとよい。

以上は、埋没者が1人の場合の手順である。埋没者が複数の場合も含め、詳しい内容は別書で学んでほしい。

ビーコンによる捜索

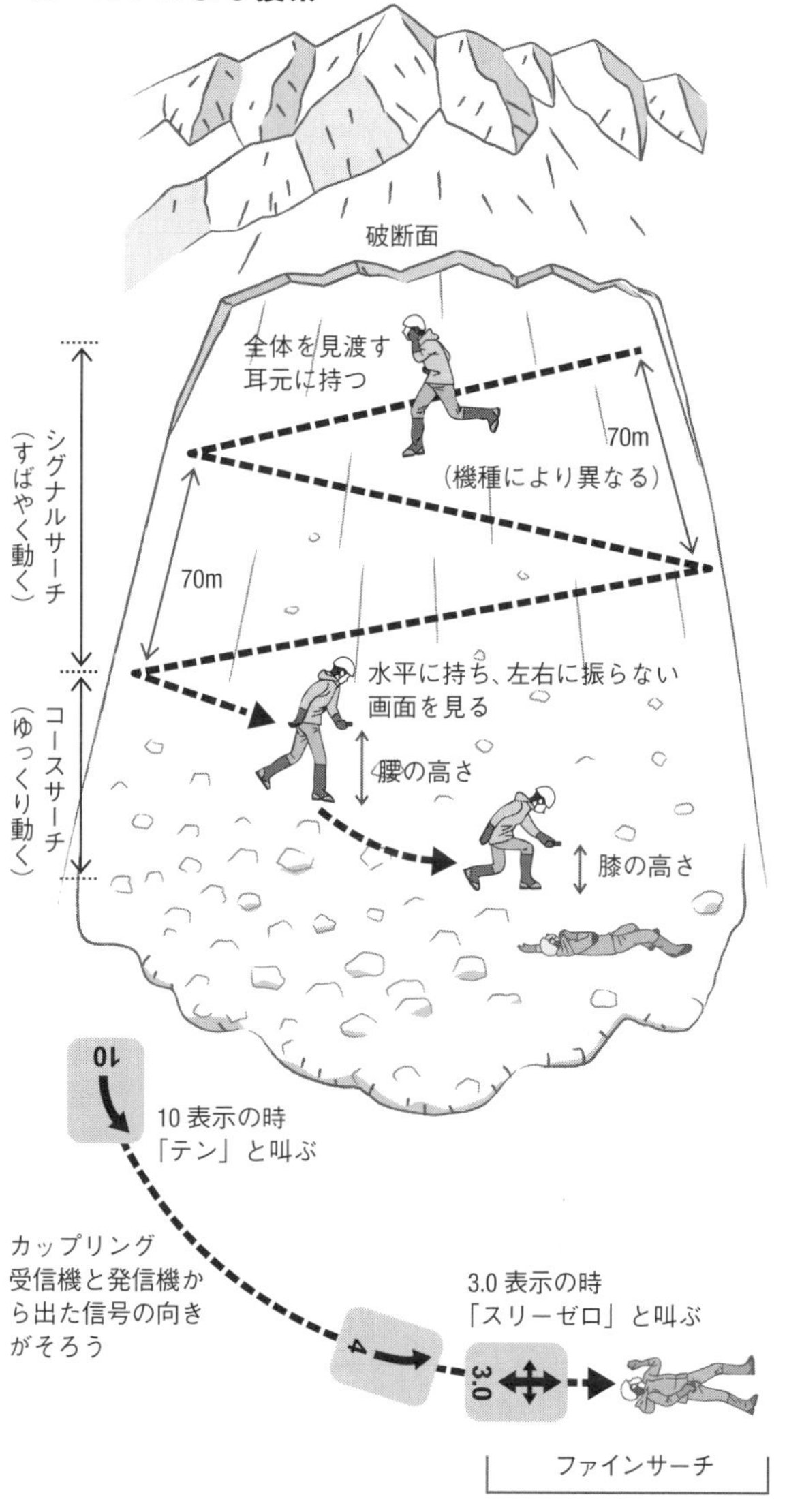

雪崩ビーコンの装着

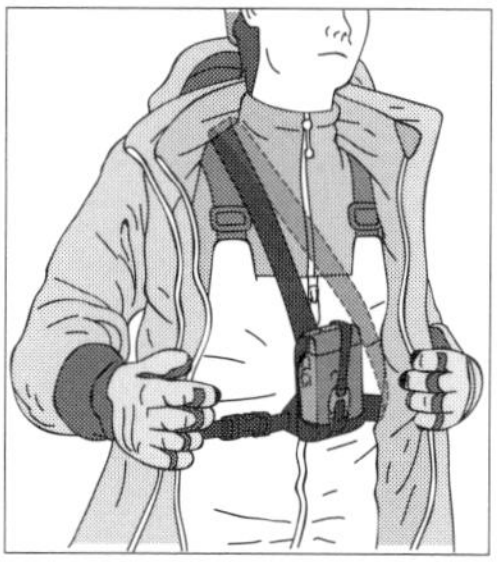

肩ベルトとウェストベルトがついた専用ハーネスで固定する。アウターレイヤーの内側に装着するのが基本だが、ウェアのもっと内側でもよい。

ピンポイントサーチ(プロービング)

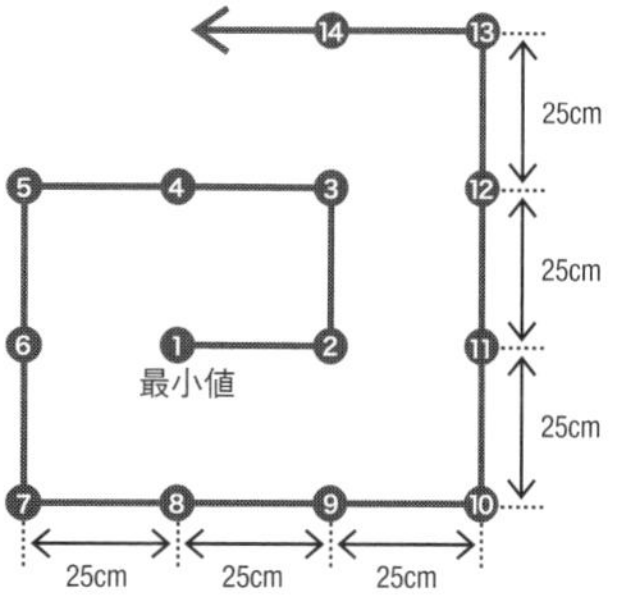

最小値の場所から25cm間隔でプロービングを開始しらせん状に捜索していく

ファインサーチ

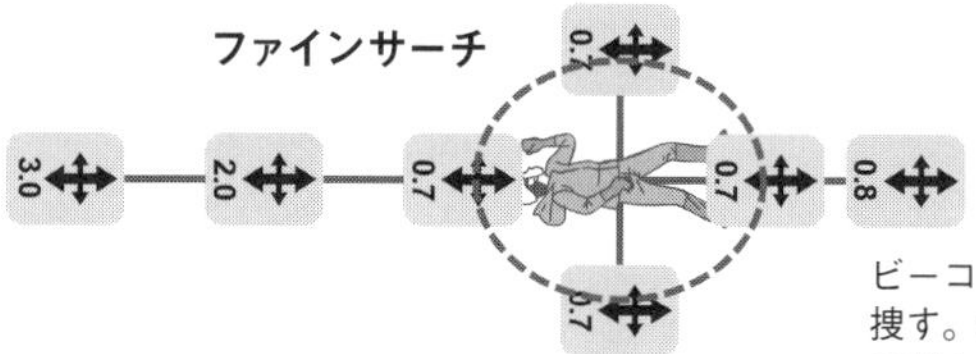

ビーコンの指す方向に進んで最小値の場所を捜す。最小値の場所から直角方向に切り替えて最小値の場所を絞り込む

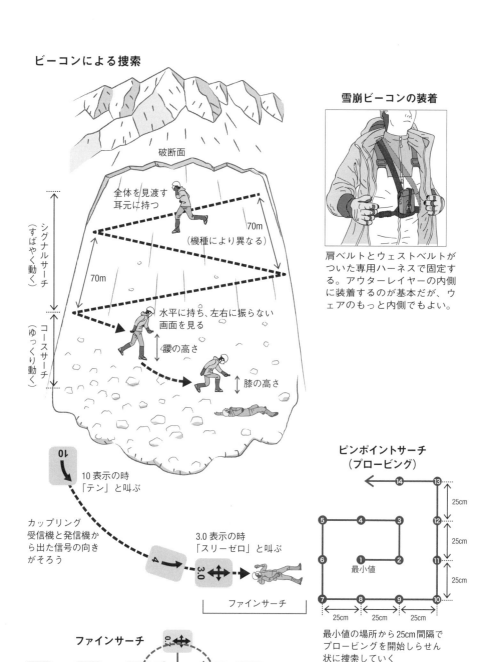

風雪とホワイトアウト

風雪

　雪山で風雪という状況は多い。晴れたときだけ行動するのでは、登頂の可能性はとても小さくなってしまう。特別に危険でなくて、普通に雪が降っている程度の状況なら行動するパーティも多いだろう。

　稜線では吹雪いていても、稜線の風下側に入ったり、少し高度を下げると風が弱まり、単に雪が舞っているだけということもよく経験する。雨とは違って、ウェアで防御できていれば雪で体が濡れることはない。つまり、雪山では雪が降っていても、ある程度までは行動可能である。どこまでが行動可能で、どこからが危険かの判断は、登山者やパーティによって異なるので、個別に判断するしかない。

赤布の標識も役立つ（森吉山）

　風雪が本当に危険だと感じるのは、雪よりも極端な強風によることのほうが多い。強風で前を向けない、足が前に出せないような状況は、雪山でよく経験する。

　体を起こして歩けないほどの強風・風雪だったら、転倒・滑落の危険が大きいので、急いで避難したほうがいい。山の地形がわかっていれば、稜線の風下側に回れる場所、支尾根から樹林帯へ下れる場所など、どこへ避難すれば安全か判断できる。安全な場所へ簡単に移動できなければ気象遭難のリスクが高くなってしまう。

　風雪を怖がって余裕がなくなると、自分の体への注意が行き届かなくなって、手足の指が凍傷になったり、低体温症に陥るミスも犯しやすい。ひとりが凍傷や低体温症になれば、パーティ全体が危機的状況になる。風雪でもあえて行動する場合には、初級者など弱いメンバーに対して充分な注意とサポートが必要である。

ホワイトアウト

　雪面いっぱいに立ち込めたガス（濃霧）のために、空中と雪面の境もわからず、自分の足元さえ見えない、極端に視界の悪い状態になるのがホワイトアウトである。やや気温が高くなった春先になるとよく出現する。

　これとはまったく別の現象だが、風雪のために視界が悪くなった状態もホワイトアウトといわれている。こちらは厳冬期でも起こる。

　ホワイトアウトになると白い霧しか見えないために、非常に不安定な心理状態になる。歩いているとなにか危険なところに踏み込んで墜落しそうな感じがして怖い。実際、ホワイトアウトでは雪庇があってもまったくわからない。また、雪崩の危険に対しても判断不可能になる。近くに雪庇や雪崩の危険があるときは、行動を中止して待機したほうがよい。

　雪庇と雪崩以外には切迫した危険はないので、ホワイトアウトで行動を続ける人もいる。その場合は、地形図とコンパスやGPSで進路を決めていくコンパスナビゲーションの方法で進む。しかし、危険を冒してまで先を急ぐ必要がないなら、ガスが晴れるまで安全な場所で待っていればよい。

風雪・ホワイトアウトのなかでの下山（上州武尊山）

リングワンデリング

　栗駒山の遭難者に取材したとき、頂上から下山しようとして、リングワンデリングで2回頂上に戻り、3回目に沢に滑落して道に迷い、遭難したという話を聞いた。雪山でツエルトも寝具もなしにビバークして低体温症になったが、幸いにも翌日救助された。

　視界がないとき、人間は一定の角度で曲がって進んでしまう習性があるらしい。栗駒山のような平坦な山だと、大きな円を描いて歩き続けてしまうのだろう。こういうリングワンデリング（環状彷徨）の話はけっこうよく聞く。疲労して判断力が衰えてくると起こるものだと思う。

　自分の感覚や根拠のない自信にこだわらずに、コンパスやGPSの機器を使って判断していくことが重要だ。

低体温症

低体温症の症状

低体温症は以前は「疲労凍死」といわれ、雪山での代表的な死亡遭難原因のひとつだった。しかし、無雪期の登山でも低体温症で死亡することが広く知られ、現在は低体温症といいなおすようになっている。

人間の体温は36～37度で、体の中心部では37度以上である。その深部体温がわずか2度低下すると低体温症になる。体温を低下させる3大要因は、低温、濡れ、風といわれているが、それ以外にも、疲労、脱水、体力不足などが低体温症を助長する。

低体温症になっても、はじめはだるい感じがするだけで、単なるバテと区別がつかない。しかし、とくに周囲の人が低体温症を疑い、早期に発見することが重要だ。

低体温症が疑われる初期症状は、震えが激しく止められないほどになる、列からすぐに遅れてついていけない、岩場がうまく歩けない、ゆっくりと間延びしたしゃべり方をする、ぶつぶつと不平を言い協力しなくなる、物事に無関心になる、などである。

患者に意識がある間はまだ軽症で、休ませて保温すれば対処できる可能性が高い。しかし、このとき対処できずに体温32度以下まで進行すると、患者は震えがなくなり意識混濁に陥って歩けなくなる。こうなるとパーティ全体が遭難状態に直面することになる。

低体温症を防ぐ

低体温症による遭難は非常に多いことが、現在ではわかっている。低体温症の体験者が口をそろえて言うのは、「これほど簡単に低体温症になるとは思っていなかった」である。

低体温症を防ぐには、まず、低温、濡れ、風の影響をシャットアウトすることである。寒かったら着る、濡れたら着替える、アウターを着るという、雪山の基本的なレイヤリングが重要なことはいうまでもない。それとともに、行動中にはきちんと食べて、定時的に水分補給を行ない、体力と体調を維持することも大切だ。

気象情報を把握して、悪天候下での無謀な行動は避けるべきだが、行動中に天候が急変した場合は、強引に突っ切るのでなく、避難することも考えよう。そして、メンバーのなかで体力的・精神的に弱い者への注意を怠らず、低体温症の兆候が疑われたら、すぐに対処することだ。くり返すが、1人でも重い低体温症になったら、パーティ全体が危機に陥ってしまうからだ。

低体温症への対応

安全な場所へ避難させる。
動けない場合はテントを張る

温かい砂糖湯を与える。
むせる場合は無理に飲ませない

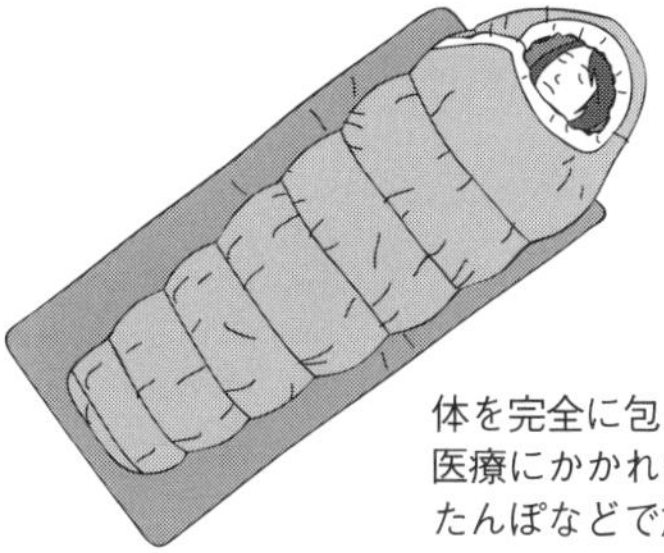

体を完全に包んで保温する。
医療にかかれない場合は湯たんぽなどで加温する

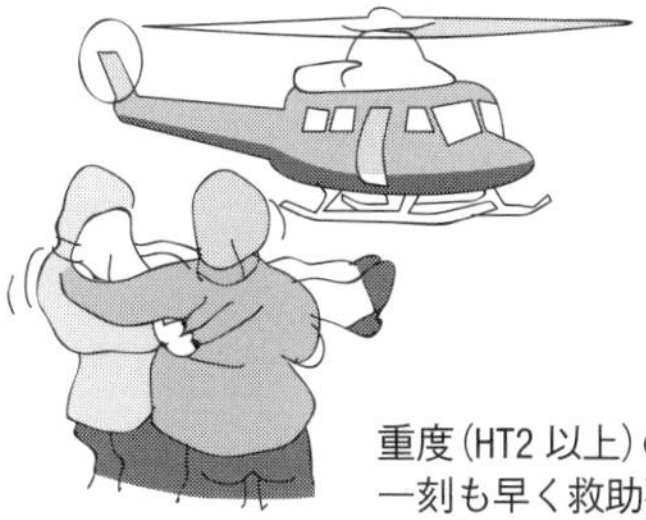

重度(HT2 以上)の場合は一刻も早く救助要請して医療機関に搬送する

低体温症の重症度分類

HT1	軽　症	35～32℃	震えていてる。意識は正常
HT2	中等度	32～28℃	震えていない。意識障害あり。痛みには反応する
HT3	重　症	28～24℃	意識がない。痛みに反応しない。生命兆候あり
HT4	〃	24～15℃	呼吸をしておらず、脈拍を触れない。生命兆候なし
HT5	死	15℃未満	不可逆的な低体温による死

(注)船木上総『凍る体』(ヤマケイ文庫)で紹介されているスイス救助隊による分類

低体温症への対処

対策は隔離・保温・加温が基本となる。

風、雪、低温を避けられる場所へ避難する。テントがあれば張り、コンロがあったら温める。患者が濡れたウェアを着ていたら着替えさせる。マットを敷いた上で、シュラフ、レスキューシート、ツエルト、ビニールなどで体を包んで保温する。体を完全にパックすることで放熱を防止できる。飲み込めるなら温かい飲み物を与える。ソフトパックの水筒などにお湯を入れて温めてもよい。

凍傷

凍傷の症状

雪山で寒さの厳しい朝に歩き始めると、手足の指先が痛いくらいに冷たいものである。指を動かしたりこすり合わせたり、息を吹きかけたりしながら、感覚が戻るのを待つ。歩き続けて体が温まるとともに、手足の感覚も正常になっていることが多い。

凍傷もこれと同じで、最初のサインは手足の極度の冷たさと、痛みやしびれの感覚から始まる。このときに注意して手足を動かし、感覚が戻るかどうか、かならず確認することが大切だ。冷たく無感覚なままだと、やがて患部は白く固くなってゆく。しかし、逆に痛みはなくなるため行動中は気がつかず、テントや小屋に入ってはじめて発見することが多い。

凍傷の症状は3段階に分類され、患部がろうのように白く固くなった状態は2度である。この時点では蘇生可能とされている。さらに深い部分まで進むと3度の深部凍傷といい、患部が壊死してしまい切断の危険性が高くなる。

実際の雪山の状況を考えると、通常の行動中に不注意で凍傷になるのは2度までのことが多い。切断を要するような重い凍傷になるのは、悪条件下でビバークしたり、遭難して救助を待っていたケースなどである。重い凍傷にならないためには、遭難のような事態を避けることが第一である。

凍傷を防ぐ

雪山では、油断するとすぐに軽い凍傷になってしまう。手足の指や顔が「冷たい、痛い」と感じたらもう凍傷のサインである。そのままにせずに、凍傷対策の知恵をもって対処するようにしたい。

稜線では常に一方向から風が吹きつけるため、ピッケルを持った手の指が凍傷になりやすい。手が冷たくなったらがまんせずに、持ち手を替えたり、握りこぶしを動かしたり、片手ずつポケットに入れるなど、温めるために何でもやってみるとよい。また、素手で金属に絶対に触れてはならない。寒さが厳しいときは薄手のインナーでの作業も危ない。雪山では手袋をしたまま、すべての作業をするのが基本だ。

足は靴下が濡れていないかぎり、行動中は凍傷になりにくい。靴ひもとアイゼンバンドの締めすぎが最も危険なので、出発前から注意すること。行動中には足指をときどき動かして確認し、感覚がにぶいと思ったら、ためらわず安全な場所に移動して、靴ひもをゆるめるなど対処する。

凍傷への注意

風雪が強いときや寒さが厳しいときは顔面をしっかりガード

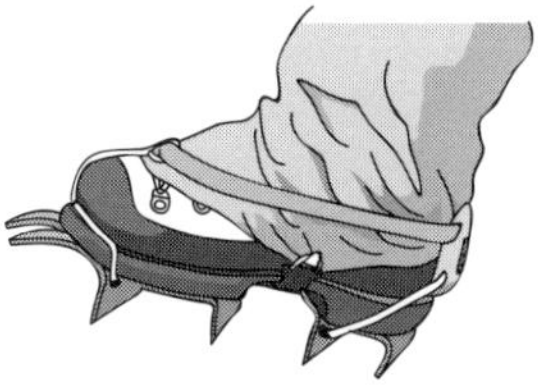

アイゼンバンドや靴ひもをきつく締めすぎない

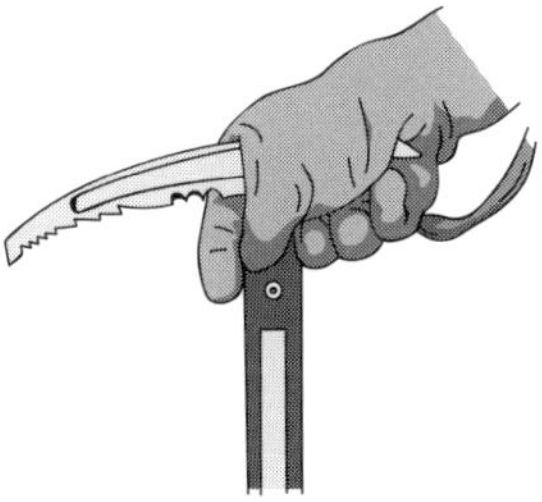

素手やインナーで金属類に触れない。ピッケルは持ち手をときどき替える

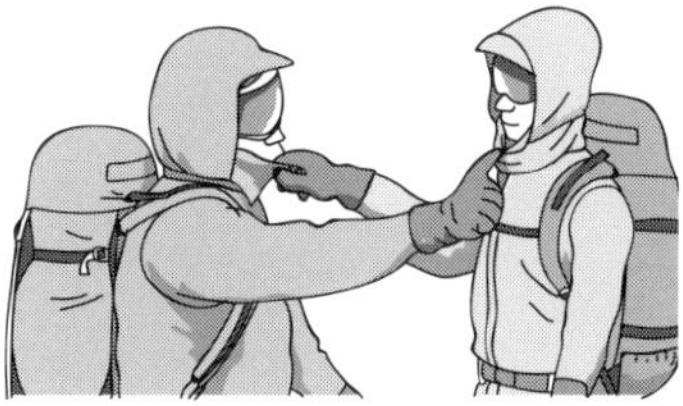

ペアになってお互いに凍傷になっていないか注意し合う

凍傷の分類

1 度	表皮	発赤、腫脹	表在性凍傷
2 度	真皮まで	水疱形成	
3 度	皮膚全層	壊死、潰瘍	深部凍傷

＊凍瘡（しもやけ）
足の指先や耳、鼻などが赤くなり、腫れたり、かゆくなったりする。組織の凍結は起こらず、凍傷とは異なる。

顔も簡単に凍傷になる。なりやすい部分は鼻とほおである。雪が降っていなくても、風が強いときはバラクラバをかぶって鼻とほおを露出しないようにする。自分では見えないので、メンバーが互いの顔を見て注意し、危ないと思ったらバラクラバやフードをかぶるように言ってあげよう。

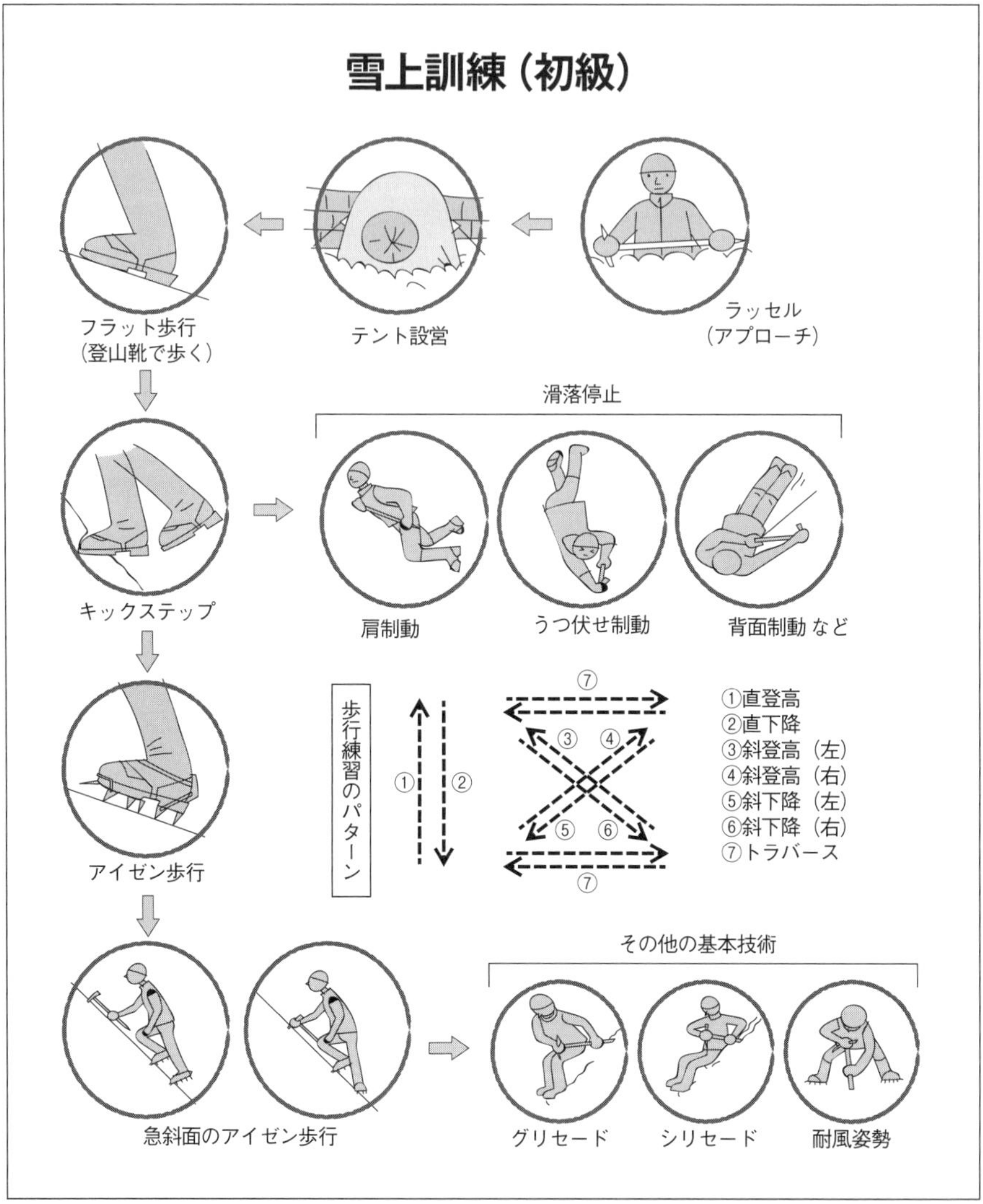

しっかりした山岳会では、11月下旬から12月に雪上訓練を実施していた。これは現代の雪山登山者にも受け継がれたほうがよい。

上記はおもに初級者対象のフルコースの内容である。初級者にとっては技術を教えてもらえる機会、中級者以上にとっては、新しい山仲間に教えながら、自分でも雪山技術を総復習する場になる。テントで1泊2日でやれば、テント技術のほうも実施できる。

メインは歩行技術において、フラット歩行、キックステップ、アイゼン歩行と、滑落停止を重点的にやるとよいだろう。

これとは別に、雪崩レスキュー技術を練習する機会を1度は設けてほしい。

各種の講習会も行なわれている。正しく雪山技術をマスターして、思いどおりの雪山登山ができることをめざしたい。

第2部
雪山ルートガイド

雪山ルートガイド 凡例

[難易度] 体力グレード5段階、技術グレード5段階で表わした。5月連休など時期を限ったガイドの場合は、その時期でのグレードを示した。テント泊やラッセルの可能性が高い場合は、その条件も考慮して総合的に判断した。

★（入門）
体力＝日帰りで5時間以下。
技術＝初めて雪山へ行く人でも登れる。

★★（初級）
体力＝日帰り・小屋泊で5時間超〜8時間以内。
技術＝何回か雪山を経験した人が登れる。短い区間でピッケル、アイゼンを使う。

★★★（中級）
体力＝宿泊形態を問わず1泊2日までで、最長の日の行動時間が8時間超〜10時間以内。
技術＝ピッケル、アイゼンを駆使して登る。

★★★★（中〜上級）
体力＝宿泊形態を問わず1泊2日までで、最長の日の行動時間が10時間を超える。
技術＝部分的にロープを使用することがある。

★★★★★（上級）
体力＝2泊3日以上のロングルートで、最長の日の行動時間が10時間を超える。
技術＝ひんぱんにロープを使用する。

[適期] ガイドの対象となっているおおよその期間を示した。晴天率が低いなど極端に困難な時期は除いている。

[日程] 本ガイドで基準とした日程を示した。これより短い日程も可能だが慎重に。遠方から訪れた場合は前日泊が必要なこともある。

[アクセス] 公共交通機関を利用した代表的なアクセス方法を挙げた。

[マイカー情報] 登山口までの経路を簡単に示した。駐車場の有無と、必要な場合には雪道対策にもふれている。

[参考タイム] トレースがある状態での参考所要時間を示した。ラッセルがある場合は、所要時間を上乗せして考える必要がある。5月連休など時期を限ったガイドの場合は、その条件のもとでの参考時間である。

[アドバイス] 雪山技術やマナー、プランニングなどについてのアドバイスを挙げた。

[問合せ先] 紙面の都合で必要最少限の問合せ先を簡略に紹介している。必要に応じて各自で調べていただきたい。

[追加情報] 関連する別ルートの情報や、周辺での有益と思われる情報を紹介した。

地図中で使用している記号

- ‐‐‐ ガイドしたルート
- ---- そのほかのルート
- △ 山頂
- ○ 小ピーク
- ● 標高点
- ▲ テント場
- 冬季営業の小屋（年末年始・GWのみ営業は除く）
- 冬季休業（年末年始・GWのみ営業も含む）または無人小屋
- WC トイレ（雪山では少ない）
- P 駐車場または駐車が認められた場所
- バス停
- ♨ 温泉

（注1）地図はすべて上が北（真北）である。
（注2）冬季開放小屋も含めて、宿泊施設利用に際しては事前に利用状況を確認し、予約が必要な施設では予約のうえ利用していただきたい。
（注3）年末年始や5月連休が対象期間のガイドでは、該当期間に営業する小屋を⌂で表わしている。その場合は地図中に注記した。

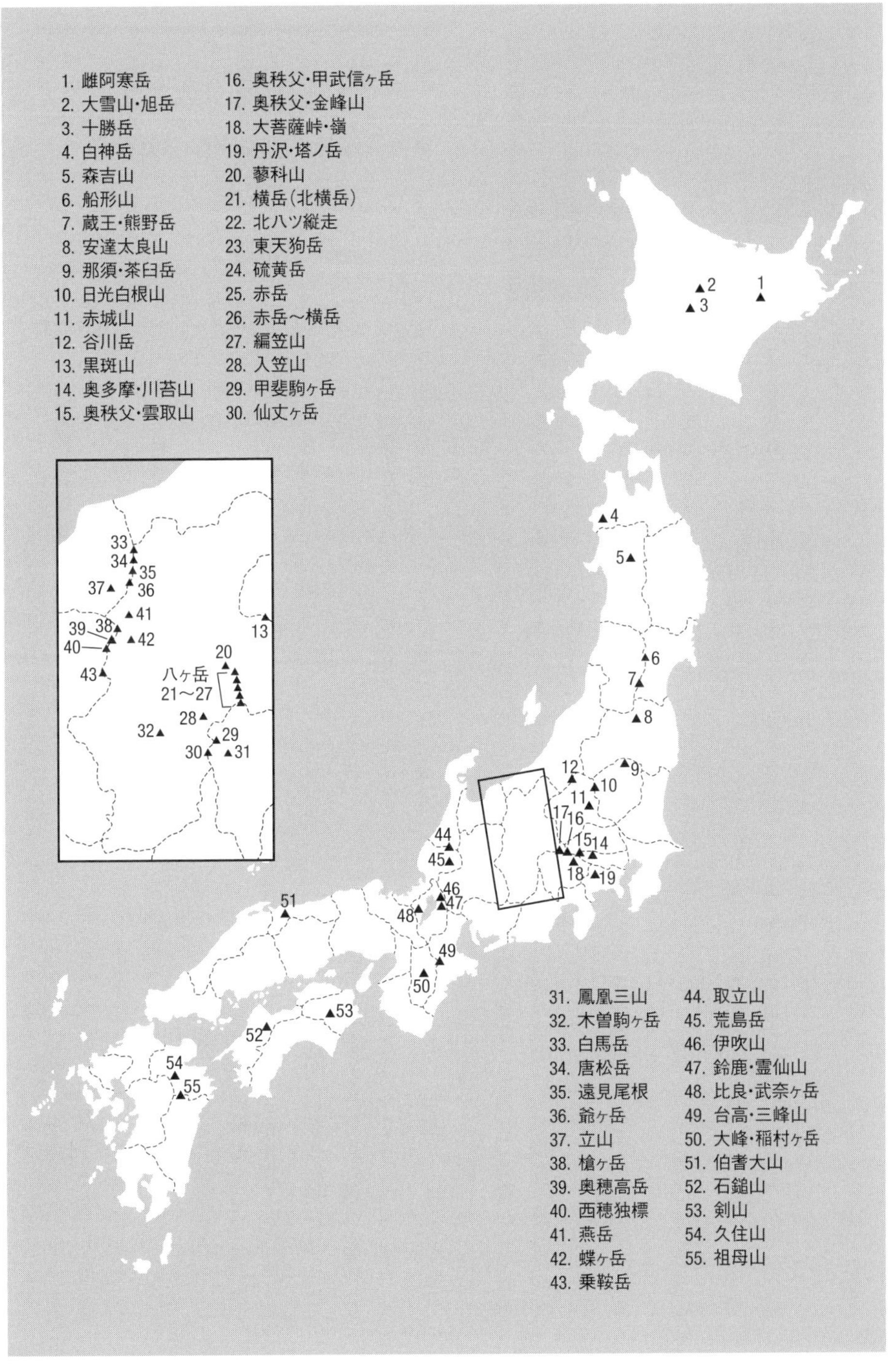
1. 雌阿寒岳
2. 大雪山・旭岳
3. 十勝岳
4. 白神岳
5. 森吉山
6. 船形山
7. 蔵王・熊野岳
8. 安達太良山
9. 那須・茶臼岳
10. 日光白根山
11. 赤城山
12. 谷川岳
13. 黒斑山
14. 奥多摩・川苔山
15. 奥秩父・雲取山
16. 奥秩父・甲武信ヶ岳
17. 奥秩父・金峰山
18. 大菩薩峠・嶺
19. 丹沢・塔ノ岳
20. 蓼科山
21. 横岳(北横岳)
22. 北八ツ縦走
23. 東天狗岳
24. 硫黄岳
25. 赤岳
26. 赤岳〜横岳
27. 編笠山
28. 入笠山
29. 甲斐駒ヶ岳
30. 仙丈ヶ岳
八ヶ岳
21〜27
31. 鳳凰三山
32. 木曽駒ヶ岳
33. 白馬岳
34. 唐松岳
35. 遠見尾根
36. 爺ヶ岳
37. 立山
38. 槍ヶ岳
39. 奥穂高岳
40. 西穂独標
41. 燕岳
42. 蝶ヶ岳
43. 乗鞍岳
44. 取立山
45. 荒島岳
46. 伊吹山
47. 鈴鹿・霊仙山
48. 比良・武奈ヶ岳
49. 台高・三峰山
50. 大峰・稲村ヶ岳
51. 伯耆大山
52. 石鎚山
53. 剣山
54. 久住山
55. 祖母山

樹林帯出口から火口方向。雪が少ないとハイマツが顔を出す。踏み抜き注意

北海道 雌阿寒岳

雌阿寒温泉 ≫ 雌阿寒岳（往復）

難易度	体力★★／技術★★
適期	1月中旬～4月
日程	日帰り／約6時間

針葉樹林帯から噴煙と氷雪の山頂へ

雌阿寒《めあかん》・雄阿寒《おあかん》・阿寒富士の三山で阿寒岳と称されることもしばしばだが、ここでは雌阿寒岳をガイドすることにする。

駐車場より少し戻ったところが登山口となり、登山ポストが設置してあるので、そこから樹林帯へと踏み込んでいく。ほぼ夏道通りに三合目あたりまでエゾアカマツの樹林帯の中をゆるゆると登り、のんびりと標高をかせぐ。シーズン初めや降雪後は足元が不安定でラッセルに難儀することもあるが、おおむね歩きやすい状態だ。

小1時間の樹林帯歩きを経て視界が開けてくると、そこは空まで続いていそうな大雪原となるのだが、活火山の常で目標物がほとんどない。デポ旗を設置しながら左手の沢地形の向こう尾根を目指しトラバース気味に登ろう。後ろを振り返ると真っ白な裾野にひときわ白くオンネトーが見えるだろう。このあたりから勾配がきつくなるので、キックステップが効かないようならアイゼンを装着したほうが無難だ。

足元に気をとられながら急登していると、まわりは巨岩帯へと変化している。その向こうに山頂への稜線がかぶさるように見えてくると登りも終了に近い。

時折吹く強風に煽られないように外輪へ取り付くと、目の前の山頂のほか噴煙と火口、そして阿寒富士の絶景が飛び込んでくる。景色に気をとられて火口側へ滑落しないように登頂を果たしてほしい。

天気に恵まれて、時間的にも余裕がある場合は阿寒富士山頂を2時間程度で往復してくるのも楽しいものだ。外輪から南東方向へ迷い込みやすいので確実に鞍部を目指して歩くこと。また、阿寒富士の登り返しは思いのほか傾斜がきついのであせらず確実に登っていこう。

下りは同じルートをトレースするが、外輪での踏みぬき、九合目～巨岩帯での滑落、そして四合目あたりからのトラバースの見落としには充分注意していただきたい。

（写真・文＝荒田 康仁）

山頂から雄阿寒岳方面。右手前に剣ヶ峰と噴煙、左側に氷結する阿寒湖

アクセス　JR釧路駅からバス約2時間で阿寒湖温泉へ。阿寒湖畔からオンネトーへ阿寒バスが運行されているが季節運行なので要確認。タクシー利用の場合、阿寒湖～雌阿寒温泉間約60km・約7500円。［往復とも同じ］なお、駐車場の雌阿寒温泉公衆トイレは通年で使用できる。

マイカー情報　国道241号から雌阿寒温泉・オンネトーへ標識どおり。国道から雌阿寒温泉（野中温泉）をめざして脇道に入るとほどなく温泉宿が見えてくる。駐車場はここを使用させてもらうのだが、一声かけておきたい。

参考タイム　雌阿寒温泉（1時間30分）三合目（1時間30分）雌阿寒岳（2時間50分）雌阿寒温泉　【計5時間50分】　雌阿寒岳山頂から阿寒富士往復は約2時間。

アドバイス　雌阿寒から阿寒富士までは外輪の稜線を外さないように半周し、鞍部を経て阿寒富士に取り付く。視界不良時は無理をせずに、樹林帯散策を楽しんでいただきたい。また、設置したデポ旗は要回収で！

問合せ先　あしょろ観光協会☎0156-25-6131、阿寒バス☎0154-37-2221、阿寒ハイヤー☎0154-67-3311、雌阿寒温泉国民宿舎野中温泉別館☎01562-9-7321

2万5000分ノ1地形図　雌阿寒岳、オンネトー

追加情報　特別な技術は必要ない比較的簡単な山ではあるが、単純な地形であるがゆえの道迷いがわりと多い。ルートファインディングは確実に行なってほしい。

　下山後余裕があれば、オンネトー手前の錦沼まで雪の樹林帯歩きを楽しむのもいいかもしれない。道道949号オンネトー線は例年12月から4月上旬まで通行止めになり、オンネトーは徒歩でしか行けなくなる。冬季は散策路に沿ってスノーシューツアーがよく行なわれている。

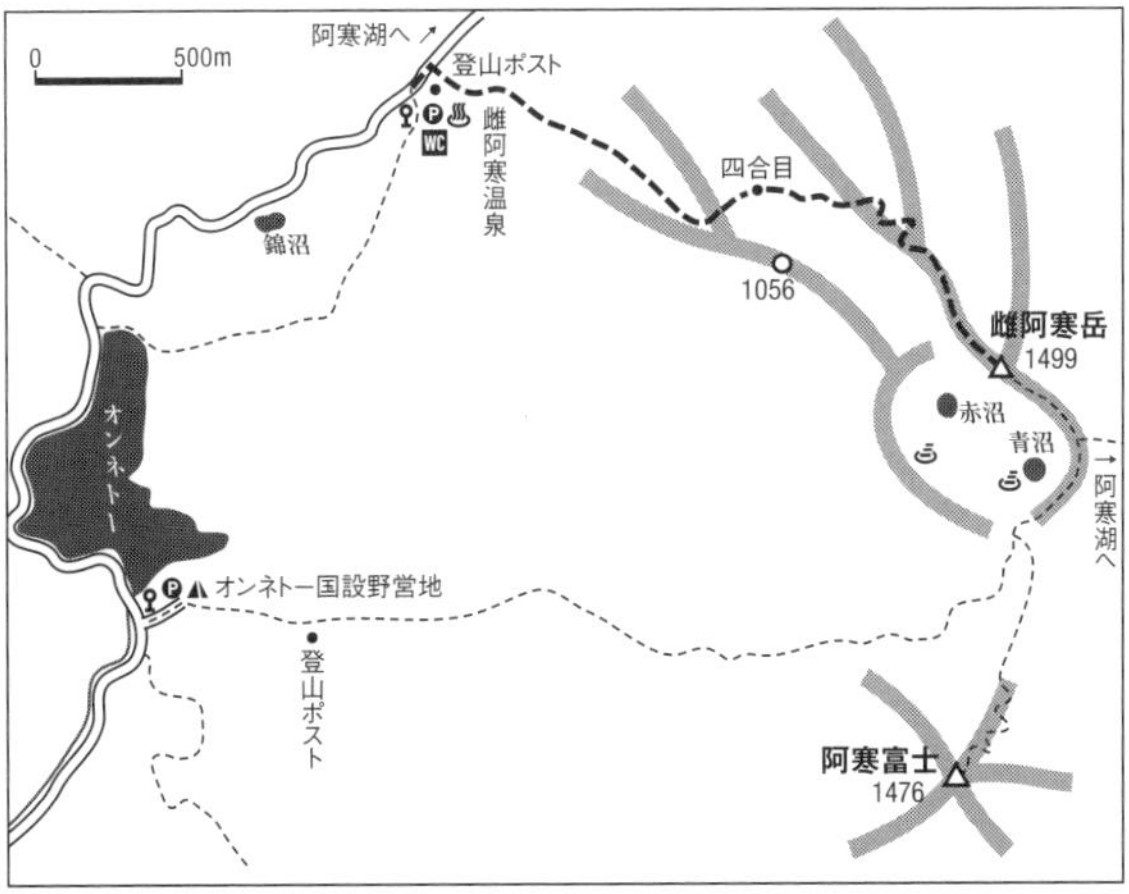

旭岳山頂にて、よい笑顔になった

北海道 大雪山・旭岳

ロープウェイ姿見駅舎 » 旭岳（往復）

難易度	体力★★／技術★★
適期	3月中旬～5月
日程	日帰り／約5.5時間

厳寒の雪原を踏み北海道最高峰へ

ロープウェイを利用して、四合目姿見《すがたみ》駅から登り始める。天気がよいとピークまでの全貌を見ることができるが、ガスや吹雪のことも多く、視界不良のときは充分注意していただきたい。

駅舎を出ると正面に噴煙と姿見ノ石室が見えるので、まずはそこをめざすことになるが、日本一の雪質は侮れない。スノーシューの装着が必要だろう。30分ほどで石室へ到着するが、右手に見ながら、そのまま七合目まで履いていくことにしよう。

斜面がきつくなり始める七合目あたりからアイゼンに切り替え、左手に地獄谷の切れ込みを見失わないようにジグを切って標高をかせぐ。このあたりから大雪の南側の展望がよくなり、遠くトムラウシの山頂や十勝《とかち》連峰が広がりを見せるようになる。

尾根が一気に細くなるので、景色に気をとられて地獄谷側の雪庇を踏み抜かないように注意が必要だ。また、風も強くなってくるので、慎重に、かつ一気に抜けてしまいたい。右手にニセ金庫岩が見えるので、小休止はここで。正面に山頂が見えているがロストには注意しよう。

無事山頂に立ち、３６０度のパノラマを堪能したらあとは下山となるのだが、ここからが問題。天気がよいと姿見ノ石室もロープウェイの駅舎もよく見えているが、視界不良のときは金庫岩とニセ金庫岩の位置関係を把握し、南斜面へ下ってしまわないように注意。また、一帯はクラストした急斜面なので、滑落しないように足元を確認しながら安全に標高を下げていこう。右手に地獄谷を見失わないような位置をキープしつつグリセードやシリセードを活用すると、あっという間に姿見の石室だ。

姿見到着後、時間に余裕がある場合は、無積雪期には近づくことのできない、噴煙を上げる噴気孔を覗きに行ってみるのも楽しいだろう。雪原を適当にスノーハイクして姿見駅に戻ることができる。

（写真・文＝荒田　康仁）

旭岳全景。天候に恵まれて青い空に雪の白さがまぶしい

アクセス　JR旭川駅からバス1時間48分で旭岳バス停下車。またはタクシーの利用が可能。定額運賃制タクシーもあり1万3000円ほど（要予約）。ロープウェイは約10分で姿見駅へ。［往復とも同じ］ロープウェイは最終便の時間確認が必要。
マイカー情報　JR旭川駅から約1時間30分、旭川空港から約1時間。ロープウェイ駐車場は無料。時間帯により除雪が不充分なこともある。
参考タイム　旭岳ロープウェイ姿見駅（30分）旭岳石室（1時間30分）馬の背（1時間30分）旭岳（1時間30分）旭岳石室（30分）旭岳ロープウェイ姿見駅
アドバイス　毎年遭難が発生しているので、視界不良時は南東斜面への迷い込みに注意！　最近はGPSも発達していて使い勝手もよいが、デポ旗の準備はあったほうがよい。視界不良時に引き返す技量も必要。一部を除いて雪崩の心配はないが、ピットチェックは毎回行いたい。
問合せ先　東川町☎0166-82-2111、旭川電気軌道☎0166-23-3355、大雪山旭岳ロープウェイ☎0166-68-9111、旭岳ビジターセンター☎0166-97-2153、旭川中央交通☎0166-33-3131
2万5000分ノ1地形図　旭岳
追加情報　山頂到着時に時間に余裕がある場合や物足りない場合は黒岳までの縦走も可能だが、エスケープルートがないので、よほどの自信がなければオススメはできない。

ルートファインディングが確実にできるのであれば裏旭野営地まで下り、熊ヶ岳横の熊ノ沢から裾合平を経由してトラバース気味に姿見ノ池に戻ってくる旭岳一周のルートは楽しめるかもしれない。その際、目標物のまったくない大雪原を歩くため、特に視界不良時の下りすぎには充分注意してほしい。

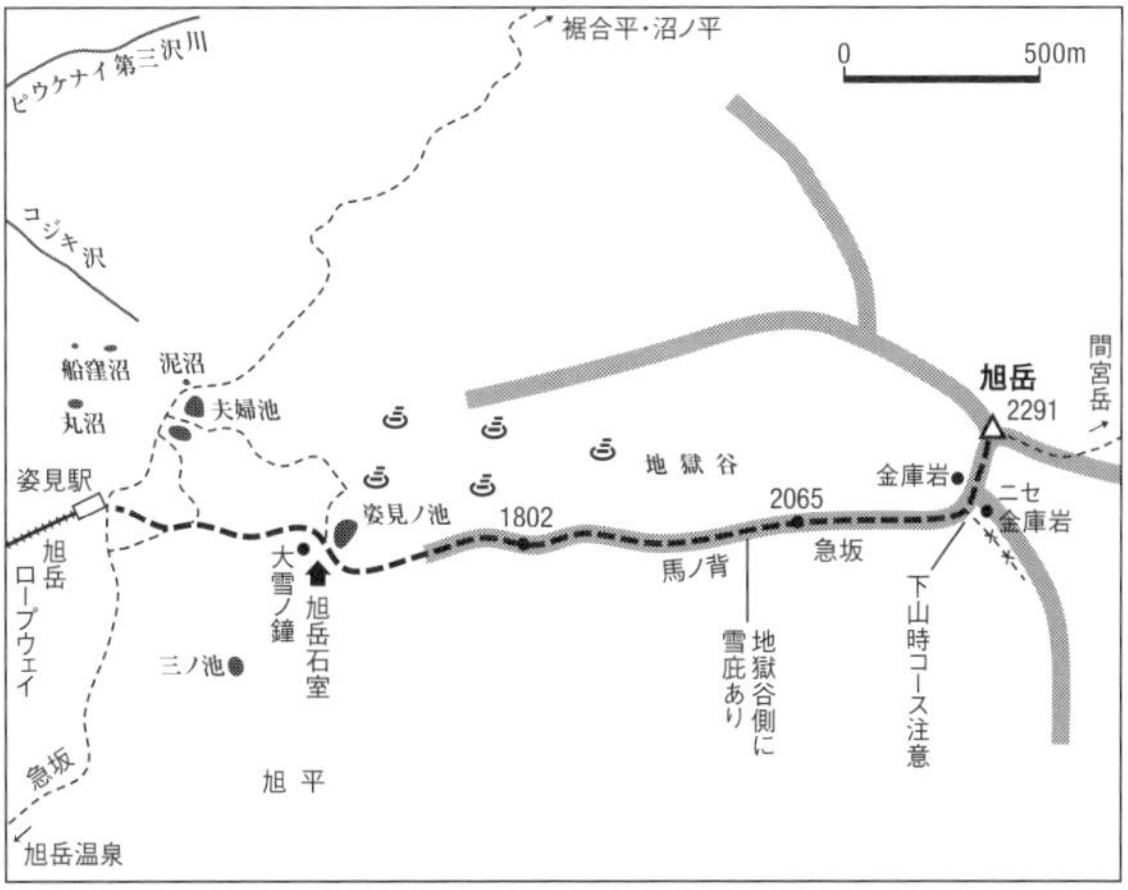

中央の鋭鋒が十勝岳。奥に美瑛岳が見える

北海道 十勝岳

白銀荘≫カバワラ尾根≫十勝岳避難小屋≫十勝岳（往復）

難易度	体力★★★／技術★★★
適期	3月上旬～5月
日程	日帰り／約8時間

十勝連峰主峰をめざすロングルート

白銀荘《はくぎんそう》から望岳台《ぼうがくだい》方向へ夏道どおりのスタートとなる。40分ほどで樹林帯を抜け低い尾根を越えると富良野《ふらの》川へぶつかるが、水量があるため渡れる場所は限定される。スノーブリッジの安全性はしっかりと確認してほしいところだ。

川を渡るとカバワラ尾根取付で、右手にある泥流センサーを目印に、明瞭な東西向きの沢地形沿いを避難小屋めざして歩く。避難小屋からは夏道の尾根には登らず、すぐ横の沢地形をつめていくことになるが、左手にあった崖地形がなくなるころに夏道上に合流する。

右手に噴煙をもうもうと上げる大正火口と62－Ⅱ火口を横に見る位置まで標高をかせぐと十勝《とかち》岳の山頂とご対面である。天気に恵まれると、目に痛いほどの景色をここから見ることができる。しばらくは傾斜のほとんどない平地歩きになるが、視界不良時は現在地の把握に苦労することになる。また、風向きによって火山性ガスの流れ込みにも神経を使うことになるだろう。

正面に急斜面が見えてくると、山頂まではあとわずかだ。この斜面はたいがいクラストしているので、アイゼンを装着して、滑落には充分注意して行く必要がある。

十勝岳の肩の雪田は思いのほか広く、見晴らしがよい。天気に恵まれると南西に上ホロカメットク山、富良野岳、遠く芦別《あしべつ》岳や夕張《ゆうばり》岳も一望することができる。至福のひとときだ。ここからは山頂も目の前に見えるので、あせらずにつめていこう。

山頂からは同じルートを戻るのだが、西側の縦走路方向に道迷いしないよう、方向確認を徹底していただきたい。また急傾斜が多いので滑落と雪崩には注意しよう。設置してきたデポ旗の回収も忘れずに！

避難小屋からは斜面を下りすぎないように西に折れ、富良野川の徒渉点めざして歩こう。そのころには、左の大斜面に山スキーのシュプールがきれいに描かれているかもしれない。

（写真・文＝荒田 康仁）

夏道との合流点あたり。正面が十勝岳山頂で、右には大正火口からの噴煙が見える

アクセス　JR上富良野駅から上富良野町営バス（十勝岳温泉行き）32分で白銀荘下車。またはタクシーで約30分・約8000円。[往復とも同じ]
マイカー情報　白銀荘前駐車場が利用可能（ただし、建物前は温泉利用者専用）。
参考タイム　白銀荘（40分）カバワラ尾根（1時間）十勝岳避難小屋（1時間40分）1830m急登取付（1時間）十勝岳（2時間）十勝岳避難小屋（1時間30分）白銀荘　【計7時間50分】
アドバイス　スタート地点から正面に向かって三段山へのトレースも残るので、間違えずに東方向への樹林帯に入ること。全体的に目標物の少ない雪原歩きとなるので、デポ旗は確実に設置していきたい。上部は強風にたたかれているためクラストやシュカブラが多くなるので滑落に注意。またトレースは短時間でなくなることが多い。下山時のトレースはあてにしないこと。
問合せ先　上富良野町（商工観光班）☎0167-45-6983、上富良野町営バス☎0167-45-6985、上富良野ハイヤー☎0167-45-3145、吹上温泉白銀荘☎0167-45-4126
2万5000分ノ1地形図　白金温泉、十勝岳
追加情報　山頂近くで時間的に下山が困難な場合や、逆に余裕があって1泊する予定の場合、経験者向きではあるが、十勝岳肩の雪田から南側の緩い斜面で雪洞泊も可能だ。テント泊の場合は風と寒さ対策は万全にしよう。

シュプールを描くスキーヤーたち

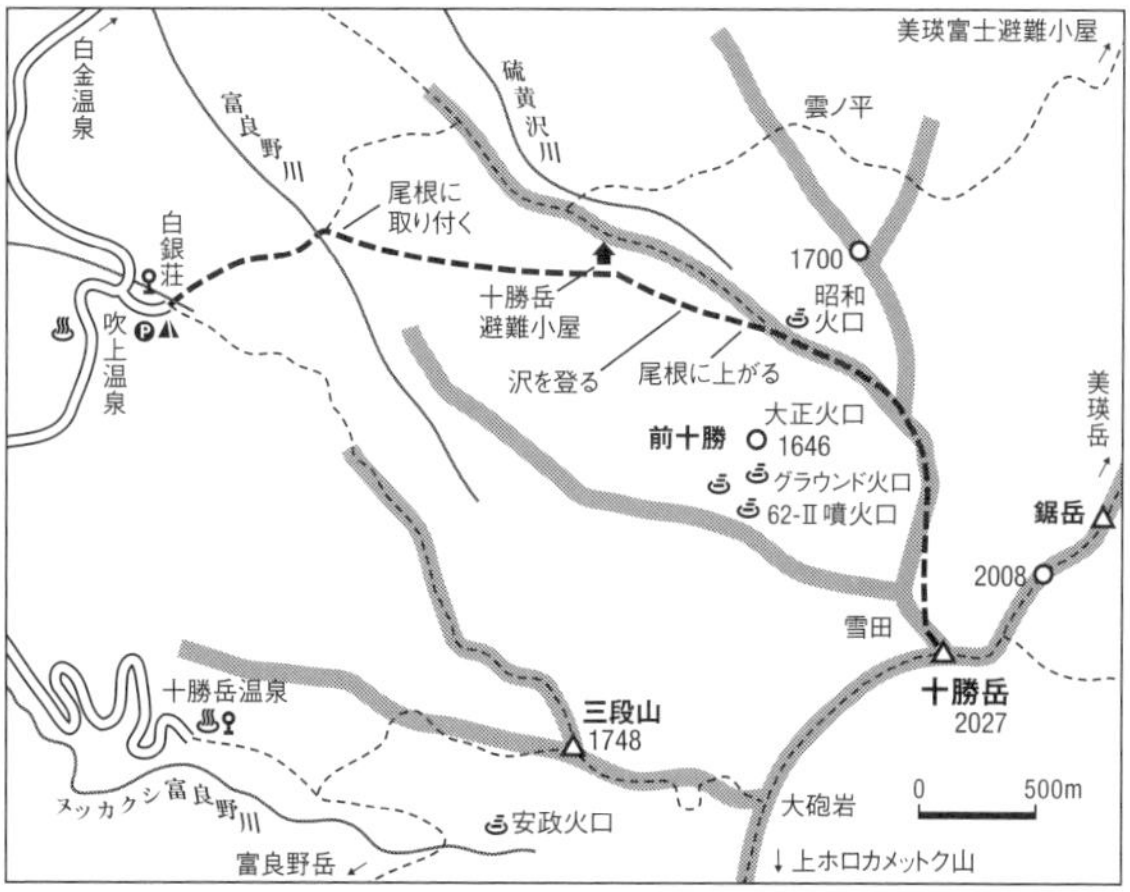

山頂からブナ林地帯を見下ろす

東北　白神岳

白神岳登山口 ≫ 冬季ルート分岐 ≫ 蟶山稜線 ≫ 白神岳（往復）

難易度	体力★★／技術★★
適期	3月〜5月
日程	テント泊2日／約10.5時間

日本海とブナ原生林地帯を見下ろす

第1日　白神《しらかみ》岳登山口駅から、車が入れない時期には歩きになる。駅から林道終点の大駐車場まで、ひざ下のラッセルなら1〜2時間だろう。大駐車場の広場から車道を約500m歩くと登山道入口だ。

山道は323mピークの左側を巻いて、尾根を右側に乗り越えて蟶《まて》山の南斜面に入る。冬ルートはこの付近から左側の尾根に取り付くが、雪が少なければ夏道を行くほうが効率がよい。二股コース分岐や途中の水場は、雪で隠されて見えないこともある。地形図と雪上の状況を見ながら、夏道に沿ったルートを決めていく。

稜線が近づいたら、トラバースから直登に切り替えて稜線をめざす。読図が正しければ蟶山の少し上方に出られるだろう。

蟶山尾根はブナ林に包まれて気持ちがよい。晴れていれば樹間から光る海面が見えてくる。静かなブナの山旅に、はるばると白神を訪れた幸せをかみしめられる。

ラッセルがなければ、1時間少々で森林限界（標高980m付近）の樹相になる。この付近に泊まれば、悪天候になったときエスケープしやすい。

第2日　すばらしい展望のなか、白神岳をめざして登る。1000m級とはとても思えない本格的な雪山である。急斜面をつめて頂上の一角へ出ると、十二湖《じゅうに》方面からの大きな尾根が合流する。ここは迷いやすいところなので標識を立てておきたい。

右折して少し下るとトイレの大きな建物があり、避難小屋の頭が出ているかもしれない。トイレはもちろん使えない。避難小屋を過ぎて数十メートル進んだところの高まりが頂上である。西方に日本海が輝き、反対側には薄墨色に霞んだブナ原生林地帯の山並みが広がって、遠く八甲田《はっこうだ》方面まで見はるかすことができる。

大展望を楽しんだらテントへ戻ろう。視界が悪いと蟶山尾根の下り口がわかりにくい。十二湖方面へ迷い込んだ遭難事故も起こっているので充分に注意してほしい。

白神岳から向白神岳へ続く稜線。右奥に岩木山が見える

アクセス　首都圏からだと飛行機か夜行バスが便利。JR能代駅から五能線で八森駅、白神岳登山口駅へ。［往復とも同じ］積雪が少なく林道終点まで車で入れるなら、八森駅周辺のタクシーを頼むとよい。約35分・約9000円。
マイカー情報　日野林道の終点手前に大駐車場がある。50台以上駐車可能。
参考タイム　第1日：林道終点（1時間10分）二股コース分岐（2時間20分）蟶山稜線（1時間30分）森林限界付近／幕営地　▸**第2日**：幕営地（1時間）十二湖コース分岐（20分）白神岳（1時間50分）蟶山稜線下降点（2時間30分）林道終点【計10時間40分】
アドバイス　積雪が多いときや雪質が不安定なときは、蟶山南斜面は雪崩の危険がある。その場合、二股分岐の周辺から尾根伝いに冬季ルートを登ること。下山のとき頂上稜線から蟶山尾根への下降点と、蟶山からの下降点がわかりにくい。竹竿、赤布などの目印を設置しておけば安心だ（帰りに回収すること）。
問合せ先　二ツ井観光タクシー八森営業所☎0185-77-3456、白神ガイドハウス白神山荘☎0173-77-3160（11～3月）・☎0173-78-2080（4月以降）　※白神山荘は11月下旬～3月冬季休業中。
2万5000分ノ1地形図　白神岳、十二湖
追加情報　白神岳～向白神岳は行き帰りとも各2時間ほど。縦走する場合は向白神岳から県道白神ラインの一ツ森峠へ4～5時間、峠から陸奥岩崎駅へ車道歩き4～5時間。3月下旬以降は稜線の雪庇が崩壊期となり要注意。

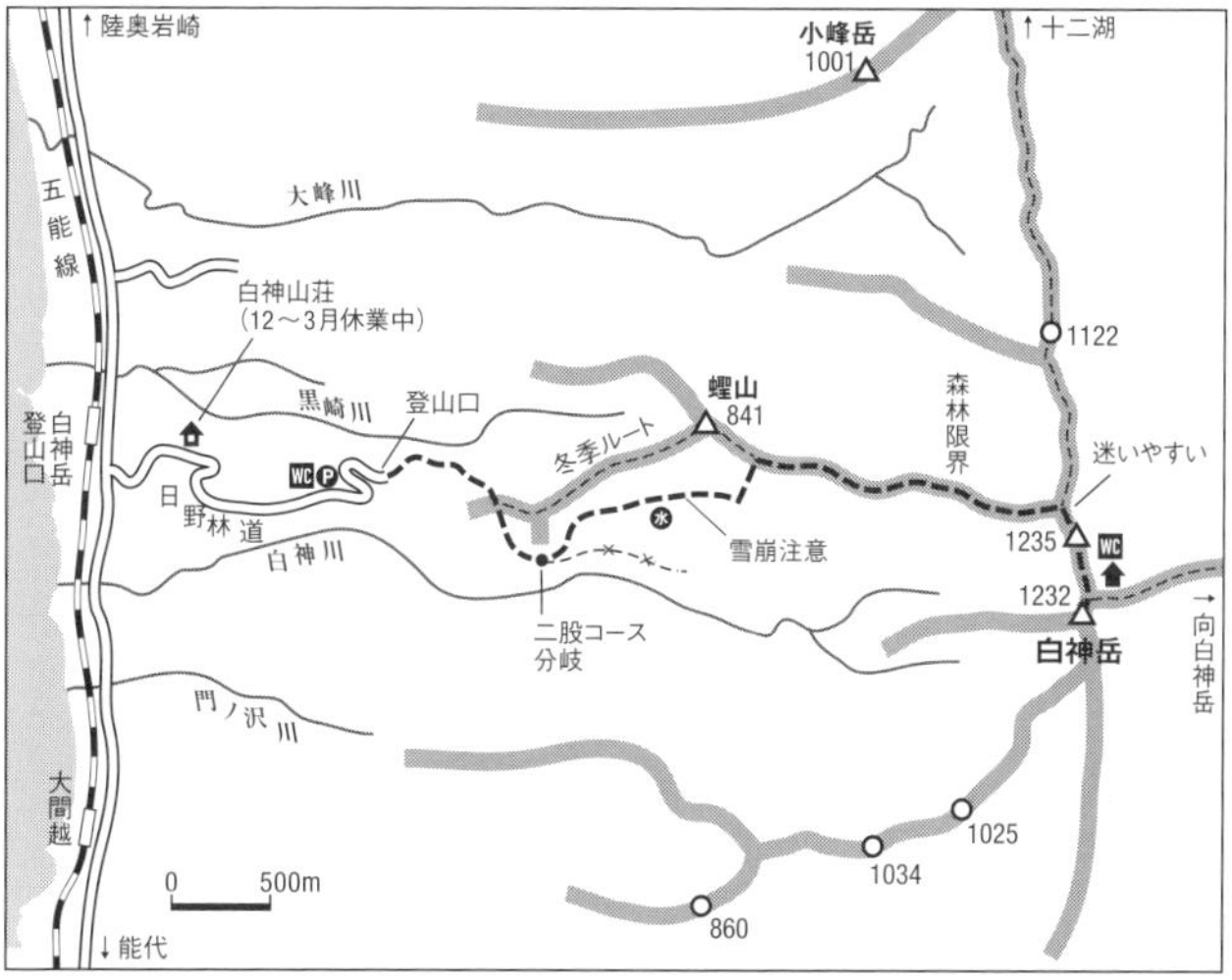

阿仁避難小屋と森吉山

東北 森吉山

ゴンドラ山頂駅 ≫ 石森 ≫ 阿仁避難小屋 ≫ 森吉山・向岳（往復）

難易度	体力★／技術★★
適期	1月〜5月上旬
日程	日帰り／約4時間

ゴンドラ利用で東北の奥深い雪山へ

スキー場のゴンドラを利用して短時間で登れる初級ルート。3月上旬ごろまでは樹氷に飾られてとても美しい。ピッケル、アイゼンは不要で、トレッキングポールとスノーシューかわかんで歩くのが基本だ。

阿仁《あに》ゴンドラ駅舎の外に出て樹氷鑑賞ルートを歩き、途中から登山ルートに入る。

最初から幅の広い尾根で、どこが稜線上なのか判然としない。稜線上と思われる場所に当たりをつけながら、自分でルートを決めて進む。30〜40分がんばれば、フカフカの雪が少し締まって歩きやすくなる。風が強い場所に出たためで、風上の左側は雪が浅い。右に寄りすぎると雪庇から落ちるので注意。まもなく行く手に小さな盛り上がりが見え、登りつめると前方に斜面が落ち込んで、森吉《もりよし》山外輪に出たことがわかる。ここが石森《いしもり》で、山頂と森吉神社方面へ分岐する重要ポイントである。

ここから阿仁避難小屋までの間は地形的な目印になるものがない。浅い尾根状を左にからんで南東へ５００ｍほど下ると平らな雪原になる。東南東に方向を変化させ２００ｍほど進むと斜面が立ちはだかる。ここを登ると避難小屋があるので、小屋の位置をしっかり確認すること。

小屋から稜線の高い部分を２００ｍもたどると、山頂への大きな斜面が立ち上がっている。ここから方角としては東北東へ約５００ｍ、東へ約１５０ｍで山頂に着く。もし山頂に着く前に下るようになったら、ルートをまちがえていることになる。

20〜30分登り続けるとウインドクラストで靴がほとんどもぐらなくなる。徐々にルートは右寄りに変わる。その先に見えてくる頂上の標柱は、巨大な氷雪の塊になっているかもしれない。

帰りは晴れていればトレースを追うだけだが、風雪になると数十分でトレースは消えてしまう。道迷い遭難は下りで悪天候につかまったときに起こりやすい。天候の急変にはくれぐれも注意してほしい。

早春の森吉山。山頂直下までモロビ（オオシラビソ）におおわれ樹氷のもとになる

アクセス　秋田内陸線阿仁合駅からタクシーまたは乗合タクシー25分で森吉山阿仁スキー場へ。森吉山阿仁ゴンドラ20分で山頂駅下車。[往復とも同じ] JR鷹巣駅・大館能代空港〜スキー場間、または阿仁合駅〜スキー場間を往復する乗合タクシーがあり通常のタクシーよりも運賃が安い。30分前までに要予約。

マイカー情報　秋田自動車道鷹巣ICから約1時間10分で阿仁スキー場。無料駐車場あり。

参考タイム　ゴンドラ山頂駅（40分）石森（30分）阿仁避難小屋（1時間10分）森吉山（1時間40分）ゴンドラ山頂駅　**【計4時間】**

アドバイス　1月中旬〜2月の厳冬期には樹氷が見ごろになるが、天候は風雪やホワイトアウトのことが多く登頂のチャンスは少ない。天気が悪いときは登山を中止するか、深入りせず引き返すようにしよう。初級者や積雪期の森吉山が初めての人はガイド利用をすすめる。3月に入ると天候や積雪が安定して登頂しやすくなるが、気温の高い日があると樹氷が落ちてしまうことがある。

問合せ先　北秋田市観光案内所☎0186-62-1851、森吉山阿仁スキー場（ゴンドラ運行状況）☎0186-82-3311、阿仁タクシー☎0186-82-3115

2万5000分ノ1地形図　森吉山

追加情報　本ルートでは2016年冬に3件の道迷い遭難が起こり、1人は死亡した。3人とも冬季の森吉山が初めてだった。ルート上に竹竿が立てられることもあるが確実ではない。短いルートだが悪天候時には困難な山に変わるので、甘く考えてはいけない。

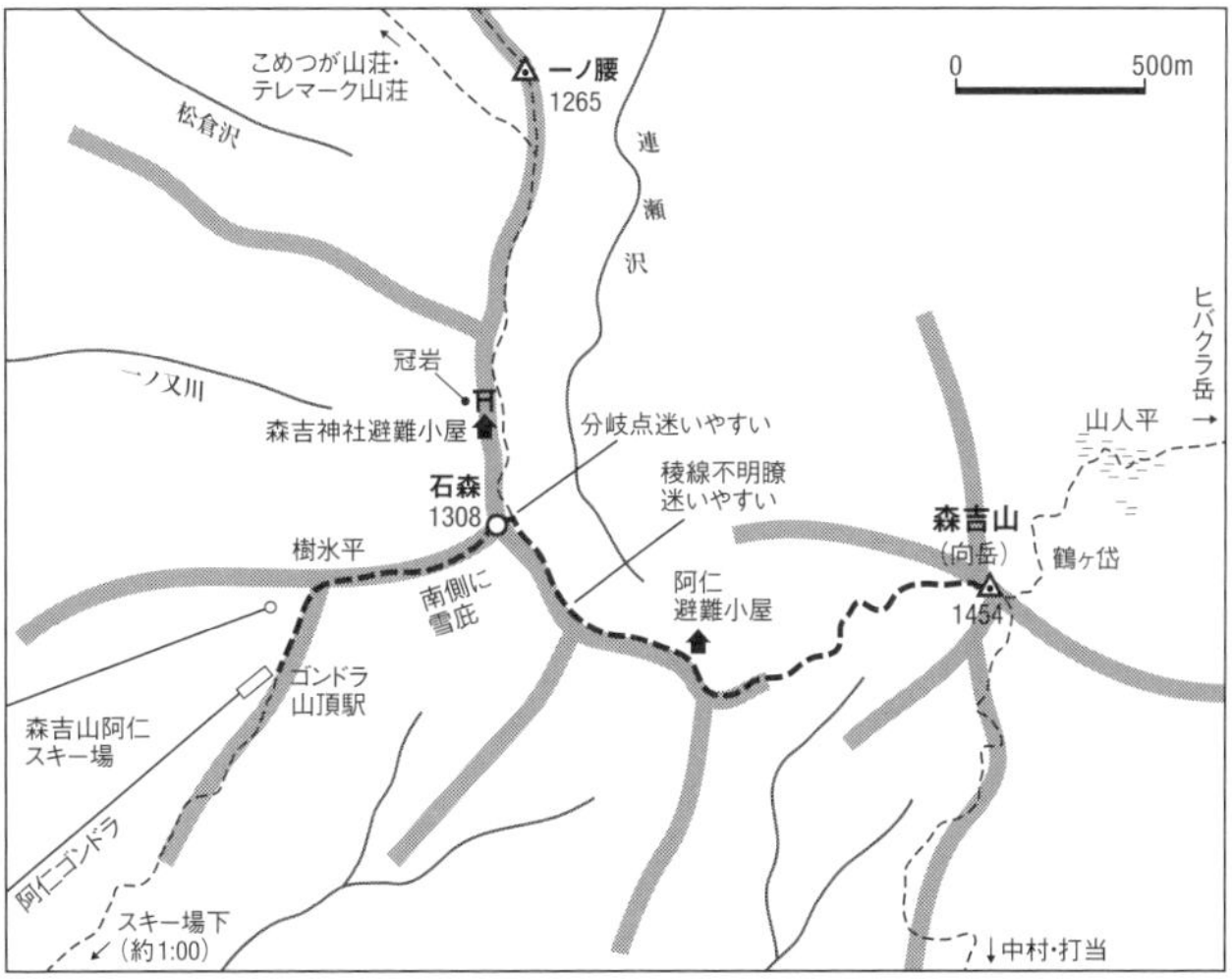

仙台湾方面を遠望（5月）

東北　船形山

旗坂キャンプ場 » 三光ノ宮 » 升沢小屋 » 船形山（往復）

難易度	体力★★／技術★★
適期	12月下旬～3月
日程	小屋泊2日／約9時間

美しいブナの森からたおやかな山稜へ

このコースは地形が複雑なので、ルートファインディングに全神経を集中させる必要がある。トレースが常時残るほどの入山者は期待できず、厳冬期には多かれ少なかれラッセルを強いられるだろう。3月を過ぎると雪が締まって歩きやすくなる。

第1日　旗坂《はたさか》キャンプ場か水産試験場周辺のスペースに車を停めて歩き始める。登山口から右側山腹の山道に入る。ここには30番の赤いナンバープレートがあり、以後、頂上の1番まで続いている。頂上までの距離は約７・２㎞なので、約２５０ｍ平均でプレートが見つかる計算になる。

登山口から1～1・5時間の登りで旗坂平に出ると、尾根が広がって不明瞭になる。コンパスや高度計を使い現在地を確認しながら、ナンバープレートを探しつつ登ろう。要所に赤布の目印を結びつけてもよい。標高１０００ｍラインまでは右の小荒沢を越えることはない。９５０ｍを過ぎたら南西方向をめざし、北丸松保沢の急斜面の縁に寄って三光《さんこう》ノ宮《みや》に近づいていく。

三光ノ宮から地形はさらに複雑になり、１２００ｍから斜上し、１２３０ｍラインを西～西北西にトラバースして升沢《ますざわ》小屋に達する。尾根筋は蛇《じゃ》ヶ岳に続いているから、注意していないと上がりすぎてしまうだろう。早めに小屋に入り体を休めよう。

第2日　小屋前の沢のすぐ下流で合流する小沢をつめるか、雪の状態がよければ左岸の斜面を直登する。登るにつれて風当たりも強まってくる。1時間ほどのがんばりで山頂に続く稜線に出る。晴れていれば目の前に広がるパノラマに感激するところだ。

山頂から蛇ヶ岳を周遊するコースは展望がよく楽しめる。蛇ヶ岳からは北東方向へ尾根を下れば前日のコースに戻れる。自信がなかったら往路を引き返そう。

地図とナンバープレートを確認しながら下る。旗坂平のブナ林まで来るとゴールは近い。2日間、ブナの雪山を歩いた充実感に満たされていることだろう。

山頂から蛇ヶ岳方面へのたおやかな山稜（「ブナの沢旅」＝写真）

アクセス　仙台市地下鉄泉中央駅から吉岡行バス約40分、終点下車。吉岡からタクシーで旗坂キャンプ場へ約40分。［往復とも同じ］仙台へ各地から長距離夜行バスがある。
マイカー情報　東北自動車道大和ICから県道9号・147号で内水面水産試験場へ約1時間。水産試験場先の旗坂キャンプ場まで除雪されていることが多く、駐車スペースは数台可能。3月以降は駐車スペースの除雪が少しずつ広げられるようだ。
参考タイム　▶**第1日**：旗坂キャンプ場（2時間30分）三光ノ宮（1時間30分）升沢小屋
▶**第2日**：升沢小屋（1時間）稜線（30分）船形山（1時間）升沢小屋（1時間）三光ノ宮（1時間30分）旗坂キャンプ場　【計9時間】
アドバイス　ナンバーやトレースの形跡に注意し、地形図の読図を厳密に行なうこと。スマホのGPSだけにたよるのは危険で、かならず印刷地図も用意していきたい。升沢小屋〜山頂間は要所に赤布の標識がほしい。
問合せ先　大和町商工観光課☎022-345-1184、ミヤコーバス吉岡営業所☎022-345-2141、吉岡タクシー☎022-345-2361
2万5000分ノ1地形図　升沢、船形山

快適に泊まれる升沢小屋

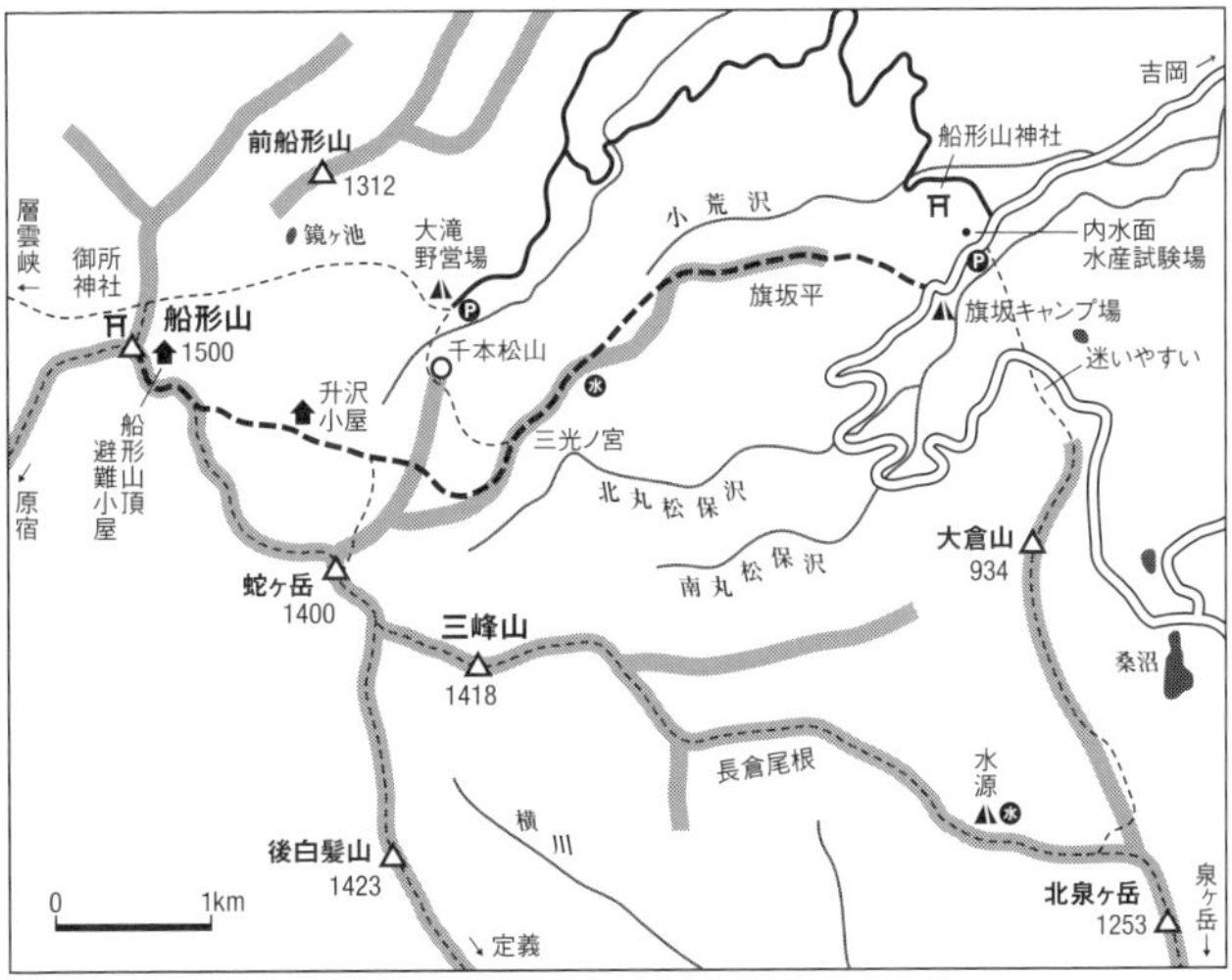

熊野岳山頂の熊野岳神社祠

東北 蔵王・熊野岳

ロープウェイ地蔵山頂駅 ≫ 地蔵山 ≫ 熊野岳 ≫ 刈田岳（往復）

難易度	体力★／技術★
適期	12月下旬〜3月中旬
日程	日帰り／約4.5時間

ロープウェイで極上の雪山ワールドへ

蔵王《ざおう》山はロープウェイを利用すれば一気に山上まで上がれ、本格的な雪山ワールドにふれられる。有名な山形蔵王の樹氷は1月中旬～2月下旬が最盛期だが、その時期は冬型で、吹雪やガスの悪天候となることが多い。気象情報に注意して、晴天のチャンスをとらえて登りたい。

ロープウェイ地蔵《じぞう》山頂駅で下車すると、寒気で身が引き締まる。駅舎を出た広場は樹氷見物の観光客でにぎわっている。地蔵山までは観光客で登る人もいる。山頂からは山形盆地の向こうに月山《がっさん》や朝日連峰の山なみが浮かんでいる。

熊野《くまの》岳に向かうと尾根はすぐに判然としなくなり、ほとんど平坦な雪原を行く。突端まで来ると、目の前に熊野岳の大きな斜面が広がり、スノーハイカーの列がふた手に分かれて見える。左手に向かうと避難小屋へ行き、こちらには目印の木の杭が短い間隔で並んでいる。その途中から熊野岳の山頂へ直接登ることもできる。

直登ルートへ入ると木の杭がなくなり、視界の悪いときは不安になる。広い尾根の中心付近と思えるラインを登り続けて、しばらくすると熊野岳頂上に着く。標識に付着した雪は取り除かれて熊野岳の文字が見える。神社の石祠に大量の雪が付着して、巨大な雪塊になっている。その周辺に寄ると少し強風を避けることができる。

道標で方角を確認して馬ノ背へ向かう。馬ノ背にも10m間隔ぐらいで木の杭が立ち、強風で雪面に広くシュカブラ（雪の風紋）が描かれている。左右に東北の名峰を眺めながら平坦な雪原を南下し、やがて右手に雪におおわれたレストハウスの建物を過ぎると刈田《かった》岳山頂に着く。刈田嶺《かったみね》神社の鳥居が巨大な雪塊になり、南蔵王方面の広大な樹氷原が美しく眺められる。

展望を満喫したら往路を引き返す。戻らなくてよい場合はライザスキー場、または宮城県側のすみかわスノーパークへ、各2時間程度で下ることもできる。

強風とガスが湧き天候悪化する熊野岳。左の人影は熊野岳避難小屋への列

アクセス　JR山形駅からバス約40分で蔵王温泉バスターミナル下車。横倉ゲレンデ方向へ約10分歩き、蔵王ロープウェイ山麓駅からロープウェイ2本（計約17分）を乗り継いで地蔵山頂駅下車。［往復とも同じ］

マイカー情報　山形自動車道山形上山ICから国道13号を約20分で蔵王温泉へ。蔵王ロープウェイ前の駐車場（200台）は平日無料、土日祝日は有料。250m離れているが、横倉国設駐車場は無料。

参考タイム　蔵王ロープウェイ地蔵山頂駅（25分）地蔵山（1時間）熊野岳（1時間）刈田岳（1時間10分）熊野岳避難小屋（40分）地蔵山（15分）地蔵山頂駅　【計4時間30分】

アドバイス　ラッセルのときはスノーシューかワカン、クラストのときはアイゼン（軽アイゼンでもよい）が必要になるので両方を用意する。急な天候悪化に備えて地形図とGPS機器を用意し、防寒・防風ウェアも万全に。晴れれば楽しいルートだが、悪天候時には対処可能な範囲を越えるので早々に撤退しよう。

問合せ先　蔵王温泉観光協会☎023-694-9328、山形市観光協会☎023-647-2266、山交バス案内センター☎023-632-7272、蔵王ロープウェイ☎023-694-9518

2万5000分ノ1地形図　蔵王山

追加情報　樹氷シーズンの週末はロープウェイが混み合うので、始発時刻の30分前に行って並んだほうがよい。スタート地点に戻らなくてよい場合は、刈田岳からすみかわスノーパークに下山することもできる。スキー場からタクシーを呼んで遠刈田温泉へ行き、路線バスに乗り換えてJR白石駅に出る。

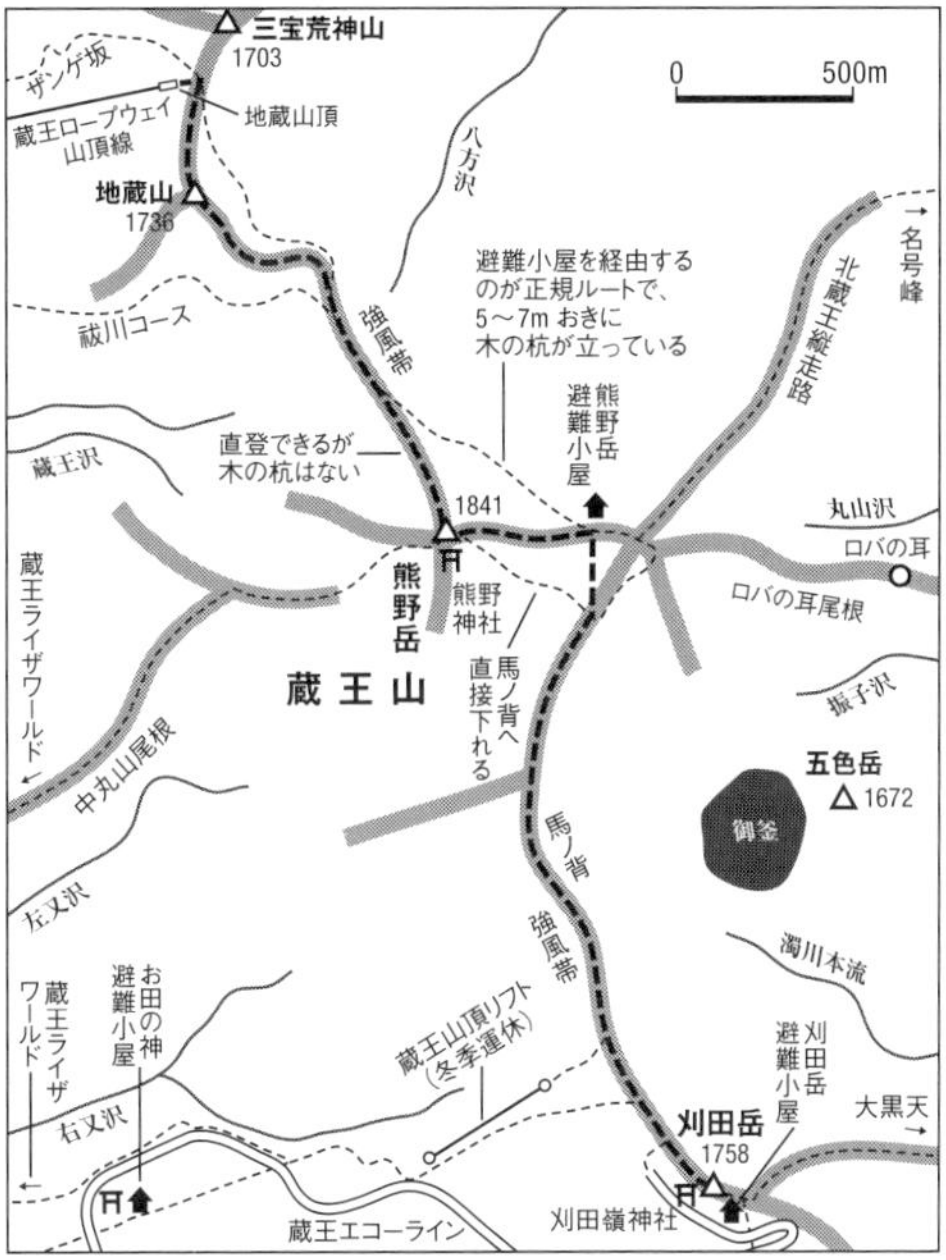

建て替えられるくろがね小屋

東北 安達太良山

あだたら高原スキー場 » くろがね小屋 » 安達太良山 » あだたら高原スキー場

難易度	体力★★／技術★★
適期	1月〜3月上旬
日程	日帰り／約6.5時間

各要素が体験できる初級雪山コース

短い行程のなかに多くの要素を体験できる、雪山入門向きの山である。積雪は少ないが、冬季の強風は第一級だ。

スキー場のパトロールセンター横に登山者カード入れがある。ホテルなどの前を通って、雪で埋まった林道を上部へ向かう。五葉松《ごようまつ》平への登山道を正面に分け、右折して烏《からす》川を渡ると、山腹を急登する山道になる。標高差にして約２００ｍ、40〜50分も登ると傾斜は緩んで、勢至《せいし》平の一角に導かれる。遠くに平坦な山稜がのどかに望まれ、東北の山らしいほのぼのとした感じがする。雪原の上に安達太良《あだたら》山と鉄山《てつざん》が顔を出している。

勢至平から山頂に至るコースが左に分かれ、湯川右岸の山腹の道に入ると、くろがね小屋が上に見えてくる。湯川は岳《だけ》温泉の源泉が出ている沢で、くろがね小屋はその源泉に入れる宿だ。23年時点では休業中だが、25年からの再開が楽しみである。

小屋から上部は強風帯となり、頂上まで風を避けられる場所はない。小屋の前付近でアイゼンを装着するとよい。

道標に従って小屋の前の斜面を直登し、上に出たら小尾根沿いに登る。尾根が判然としなくなったらほぼ南方向に進む。しだいに右手の斜面が高くなり、小さな沢状地形をひとつ渡る。前方の高みへとまっすぐ登りきると峰ノ辻の導標が立っている。ここは勢至平〜牛ノ背のコースが合流する十字路である。もう一度山腹のトラバースに入り、ほぼ南方向につめ上げていくと、山頂岩峰の基部に出る。１０ｍほど岩場を慎重に登って待望の山頂だ。

視界が悪いときは、ここからの下りが最大のポイントとなる。指導標、標識のポール、地形図、ＧＰＳなど総動員して、五葉松平への方向を決めて進もう。1時間余り下るとゴンドラリフト山頂駅（冬季休業中）がある薬師岳の肩に出られる。ここから左手のゆるやかな斜面を下り、ゲレンデ上部に出たらゲレンデ内の端を下る。

峰ノ辻を過ぎて山頂をめざす

アクセス　JR二本松駅からあだたら高原スキー場へタクシー約30分。[往復とも同じ]積雪期は岳温泉～奥岳間のバスは運行されていない。

マイカー情報　東北自動車道二本松ICからあだたら高原スキー場へ約20分。スキー場の大駐車場が利用できる。

参考タイム　あだたら高原スキー場（1時間50分）勢至平分岐（40分）くろがね小屋（1時間）峰ノ辻（30分）安達太良山（1時間20分）薬師岳肩（1時間）あだたら高原スキー場【計6時間20分】

アドバイス　くろがね小屋が休業中なので日帰りのプランにしたが、営業再開後は小屋泊まりにすると、温泉付きでゆっくりと雪山の楽しさを堪能できる。本コースは滑落などの危険も少なく、一番の注意点は下山時のコースミスである。初級向きのよいコースなので、しっかりしたリーダーがいる場合には、少しぐらい悪天候でも頂上をめざしてみるとよい。

問合せ先　福島県観光交流課☎024-521-7286、福島県自然保護課（鉄山避難小屋）☎024-521-8726、岳温泉観光協会☎0243-24-2310、福島交通二本松営業所☎0243-23-0123、昭和タクシー☎0243-22-1155

2万5000分ノ1地形図　安達太良山

追加情報　実力のあるパーティは、小屋から沢をつめて馬ノ背から安達太良山へ縦走してもよい。沼尻温泉への横断コースや、野地温泉への縦走も1泊2日で可能。
※くろがね山荘は建替え工事のため休業中（問い合わせも休止）。2025年度完成予定。

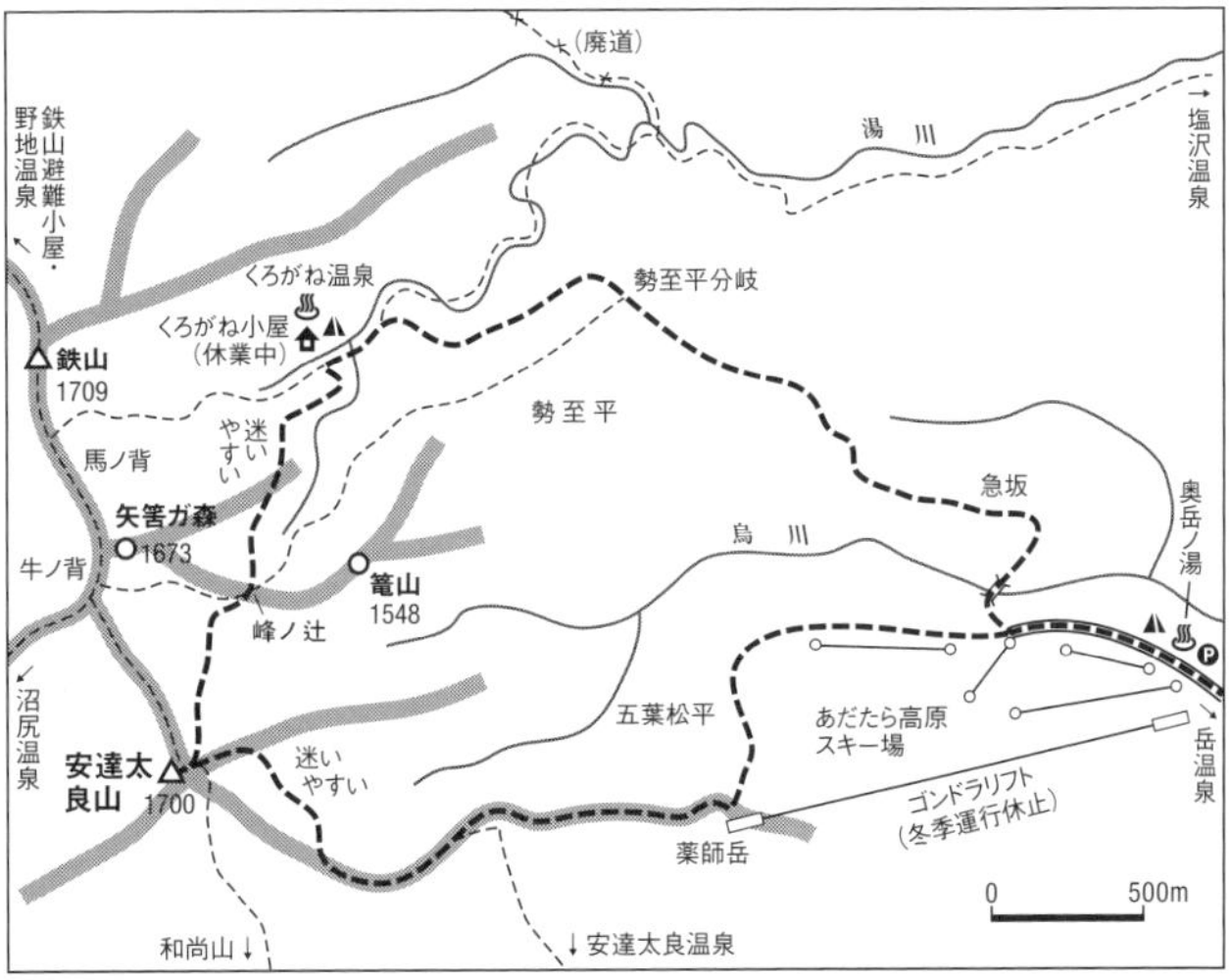

山頂から火口原と三本槍岳方面

北関東 那須・茶臼岳

大丸温泉》峰ノ茶屋跡避難小屋》茶臼岳（往復）

難易度	体力★／技術★★
適期	12月中旬〜4月上旬
日程	日帰り／約4.5時間

強風と高山的景観の雪山第一歩

那須《なす》連峰の主峰・茶臼《ちゃうす》岳は、積雪が少ないため冬でも登りやすい。路線バスが登山口まで入っているため、公共交通機関で登れる貴重な初級雪山だ。ただし、冬型が強まった日は強風がすさまじく、立って歩くこともできないほどになる。移動性高気圧で晴天の日をねらって登りたい。

冬季のバスは大丸《おおまる》温泉止まりで、ここから歩き始める。駐車場の北側にある公衆トイレの右側の山道を登っていく。車道を2回横断すると休業中の那須ロープウェイ駅に出る。駅舎と車道の間にある手すり沿いに進み、灌木帯に入って緩やかに登り、もう一度車道に出ると少し先に峠ノ茶屋（冬季休業）が、その先に登山指導所（無人）がある。4月に車道が開通するとここまで車で入れる。

指導所の先で雪に半分以上埋まった鳥居を過ぎ、山腹に取り付いて一段上がったところから雪原を行く。このあたりは低い灌木帯に雪が積もり、トレースがないとルートがわかりにくい。右手に朝日岳が大きく見え始めると灌木もなくなり、早くも森林限界のような荒涼とした風景になる。ここから先は雪が風で飛ばされ少雪地帯だ。登山道は茶臼岳の中腹を巻くように、峰ノ茶屋跡の鞍部まで続いている。

峰ノ茶屋跡の避難小屋から左に向かい、道標を確認して、火山ガスを噴出している茶臼岳をめざす。茶臼岳の北斜面と外輪山の間を行くと、東斜面を回り込むようになる。稜線直下が急峻な雪面だ。稜線に上がり、旧火口のお鉢（窪地）の周囲を時計回りに行き、鳥居をくぐると小さな祠がある山頂に出る。360度の展望で、遠く日光の山々や飯豊《いいで》連峰まで望める。

祠の左側から下り、お鉢を時計回りに巡る。半周ほどしたところで往路に出合い、ここから往路を戻って下山する。

なお、那須ロープウェイは3月下旬には運行を開始し、それ以後は山頂駅から1時間で茶臼岳に登れるようになる。

峰ノ茶屋跡への登山道がある茶臼岳北面

アクセス　JR那須塩原駅から大丸温泉行きバス1時間10分、終点下車。[往復とも同じ] 那須岳山麓行きバスは、12月1日～3月31日（除雪状況により変わる）は大丸温泉止まり。

マイカー情報　東北自動車道那須ICから那須湯本温泉を経て大丸温泉へ（無料大駐車場あり）。その先の道路は例年4月1日に開通（除雪状況により遅れることもある）、以後は峠ノ茶屋前まで行ける。

参考タイム　大丸温泉（40分）峠ノ茶屋（1時間15分）峰ノ茶屋跡避難小屋（50分）茶臼岳（40分）峰ノ茶屋跡避難小屋（45分）峠ノ茶屋（30分）大丸温泉【計4時間40分】

アドバイス　峰ノ茶屋跡から山頂までは凍結している箇所があるので8本爪以上のアイゼンが必要。ピッケル使用が望ましい。

問合せ先　那須町観光協会☎0287-76-2619、関東自動車那須塩原営業所☎0287-74-2911、那須ロープウェイ☎0287-76-2449、那須合同自動車新那須営業所（那須湯本）☎0287-76-3166、黒磯観光タクシー（那須塩原駅、黒磯駅）☎0287-62-1526

2万5000分ノ1地形図　那須岳

追加情報　峰ノ茶屋跡から朝日岳へ登る人も多いが、鎖場や岩稜があるため雪山技術の確実な人でないと危険だ。積雪が多いときは雪崩の危険があるため、稜線通しに剣ヶ峰を越える（夏道はない）。次の鞍部からの長い鎖場は、雪で鎖が埋まっていることが多い。初級者には難しいのでロープ使用を検討しよう。峰ノ茶屋跡（1時間10分）朝日岳（40分）峰ノ茶屋跡

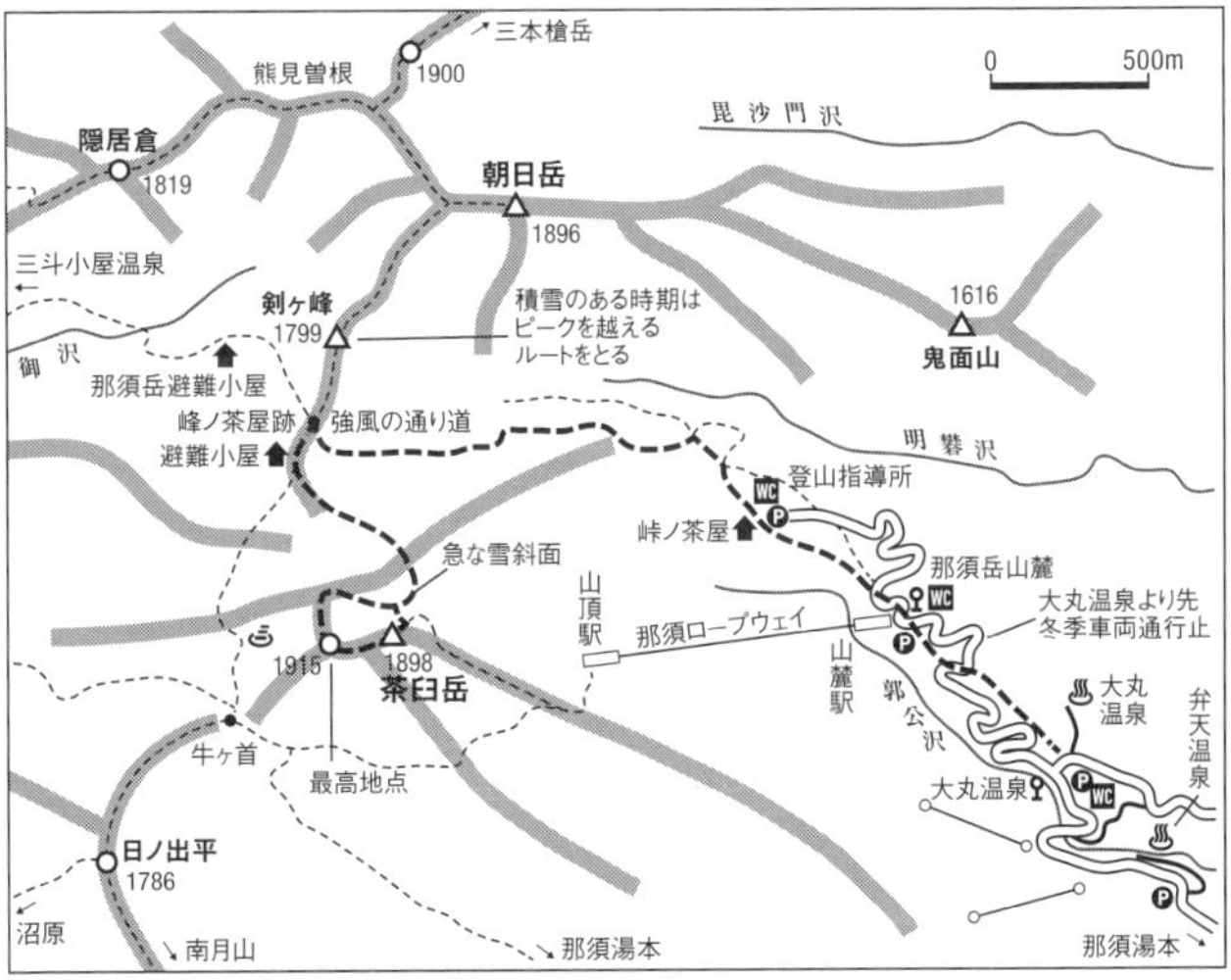

森林限界から浅い雪のルンゼをめざす

北関東　日光白根山

丸沼高原スキー場 ≫ 七色平分岐 ≫ 日光白根山（往復）

難易度	体力★★／技術★★
適期	12月上旬〜4月下旬
日程	日帰り／約6時間

比較的楽に登れる日光連山の主峰

日光《にっこう》山群の山々は技術的な難しさはそれほどでもないが、スケールが大きく、雪山を歩きこなす体力が求められる。そのなかで最高峰の日光白根《しらね》山は、山麓にスキー場があるためアプローチ条件が最もよい。

丸沼《まるぬま》高原スキー場で、できるだけ早い時刻のロープウェイに乗る。ロープウェイは標高差６００ｍをわずか15分で運び、標高２０００ｍからのスタートになる。山頂までの標高差は６００ｍ弱だ。

山頂駅の建物を出ると、正面に日光白根山が大きい。左手に進んでシラビソの森に入り、しばらくは平坦な雪道を進む。このあたりはスノーシューハイクをする人が多く、不動岩まではトレースがあるだろう。血ノ池地獄分岐から短く急な登りとなり、まもなく七色平《なないろだいら》分岐に出る。左に行くと避難小屋があり、山頂へは右の切り開きを進む。しだいに雪が深くなり、山腹を巻きながら高度を上げていく。体力レベルによって大幅に時間の変わるところだ。

シラビソとダケカンバの丈が低く疎林になってきたら森林限界は近い。風が強くなる前に休憩してアイゼンを装着しよう。防寒・防風の完全装備にして、トレッキングポールはピッケルに持ち替える。

森林限界を超えると山の雰囲気は一変し、足尾、上信越方面の展望が広がる。強風のため雪は飛ばされて少なく、岩礫と氷雪が混じった斜面にアイゼンを効かせて登る。上部斜面の中央に見える雪のつまった浅いルンゼをめざし、そこを登りきると頂上稜線の一角に出る。左にわずかで祠のある南峰、北側の窪地に下りて数メートル登り返すと山頂である。３６０度さえぎるもののない展望が広がっている。

下山は往路を戻るが、同じルートでも視界が悪いときは迷いやすい。樹林帯に入るまでは地形図とコンパスで方角を確認しながら下る。頂上から北面へ下って周回することもできるが、この場合、ルートファインディングは数段難しくなる。

山頂から五色沼と表日光連山。左から太郎山、女峰山、大真名子山

アクセス　JR上毛高原駅からバス1時間50分、またはJR沼田駅からバス1時間20分で丸沼高原スキー場。日光白根山ロープウェイ約15分で山頂駅下車。[往復とも同じ]現地近くに前泊しないと、時間的に日帰りは難しい。

マイカー情報　関越自動車道沼田ICから国道120号を約50分。数カ所の駐車場（有料・無料）がある。

参考タイム　ロープウェイ山頂駅（1時間）七色平分岐（1時間30分）森林限界（1時間）日光白根山（40分）森林限界（2時間）ロープウェイ山頂駅　【計6時間10分】

アドバイス　参考タイムはラッセルがないときのもの。ラッセルになった場合は、その程度によって所要時間は大幅に変わり、日帰りでは登頂できないケースもある。より確実に登頂をめざすなら、前日午後に入山して七色平避難小屋付近にテントで泊まるとよい。

（注）スキー場からの入山者は登山届とココヘリ携行が義務付けられており、入山前にインフォメーションで手続きをする。詳細は確認のこと。

問合せ先　片品村観光協会☎0278-58-3222、丸沼高原総合案内☎0278-58-2211、関越交通沼田営業所☎0278-23-1111、片品観光タクシー（鎌田）☎0278-58-2041

2万5000分ノ1地形図　丸沼、男体山

追加情報　山頂北面への下降は、日光白根山（1時間10分）七色平分岐（50分）賽ノ磧。ここから南側の斜面を登り返して山頂駅へ約25分。なお、北面の山頂直下は急な岩場で滑落注意。積雪が多い場合は雪崩の危険も考えられる。

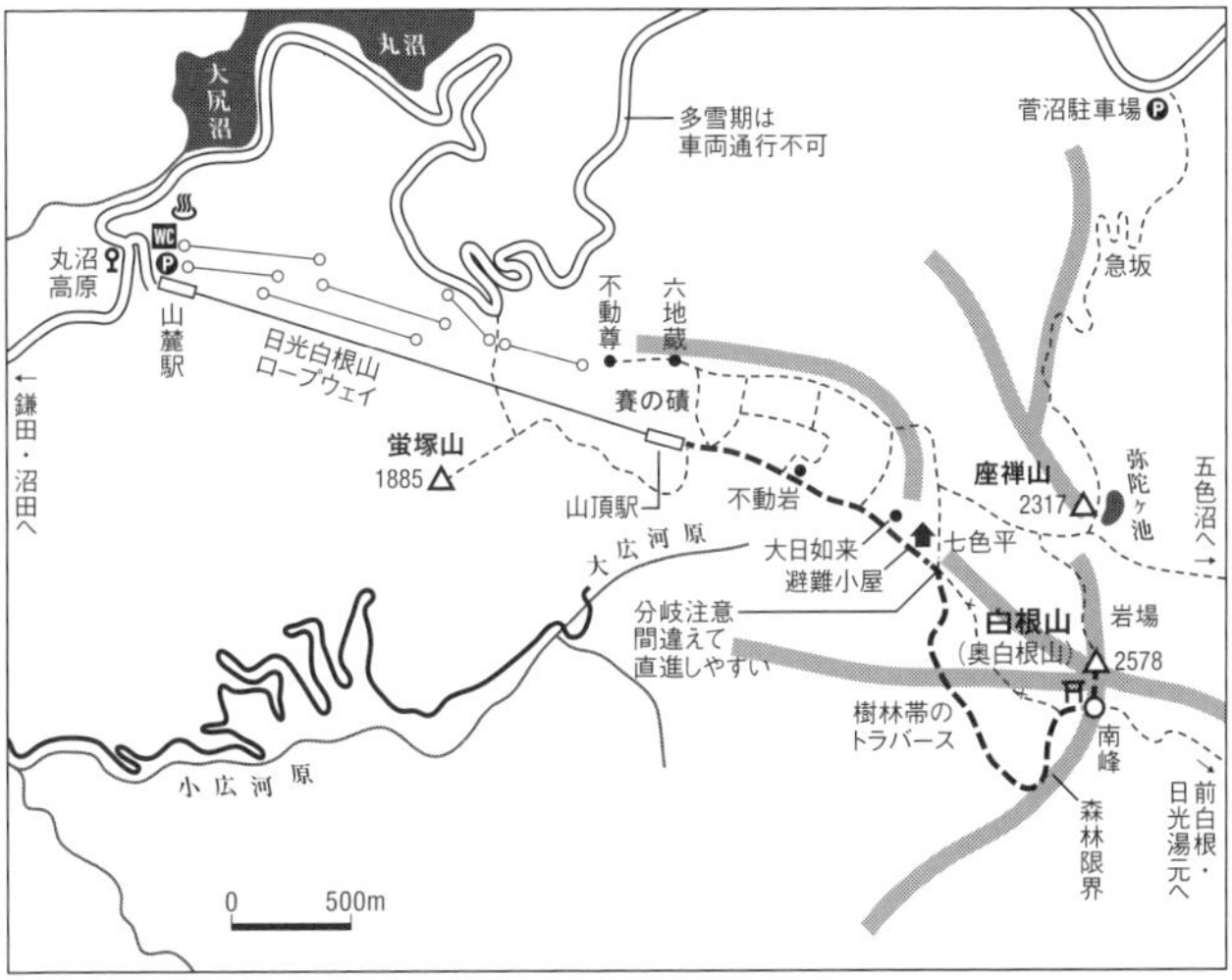

猫岩から大沼と赤城神社、地蔵岳

北関東 赤城山

あかぎ広場前≫黒檜山登山口≫黒檜山≫駒ヶ岳≫駒ヶ岳登山口

難易度	体力★／技術★★
適期	1月中旬〜3月
日程	日帰り／約4.5時間

霧氷で飾られた雪景色を楽しむ

関東を代表する名山・赤城山《あかぎ》は、北〜西側が豪雪地帯の山々に囲まれているために、冬季の積雪量は比較的少ない。初級者でも取り付きやすい貴重な雪山である。

あかぎ広場前バス停から、大沼《おの》湖畔の車道を赤城神社方向に歩く。雪が強風で飛ばされ、路面が凍っていて歩きにくいが、ここはアイゼンをつけるほどでもない。

黒檜《くろび》山登山口に着くと、ほとんどの人はアイゼンを装着する。多数の登山者がトレースをガチガチに踏み固めてしまうため、滑って歩きづらいからだ。登山口から右へ樹林中をひとしきり急登して猫岩に出る。大沼をとり囲む山群が一幅の絵のように見渡せる。ここから一本調子の登りが稜線まで続くので、ペースオーバーにならないようにゆっくり登るとよい。

意外に早く稜線上のＴ字路に突き当たり、左に行けばすぐ黒檜山の頂上で、東側に足《あし》尾《お》・日光《にっこう》あたりの山々が見える。ここは小休止で通り過ぎ、２００ｍほど先の展望台でゆっくりするとよい。浅間《あさま》山、谷川《たにがわ》連峰、奥利根《おくとね》から尾瀬、奥日光、武尊《ほたか》山までずばらしい眺めが広がっている。

黒檜山に戻って、そのまま直進すると南峰で、大きな鳥居と石碑、石祠などがある。西側に大沼方面を見下ろす眺めがよい。

ここからは少し本格的な雪上ルートになり、南方向に稜線を約１５０ｍ急下降する。少し登り返して、もう一度下降したところが最低点の大ダルミである。

ゆるやかに登り返すと駒ヶ岳に着く。狭い頂上だが東〜南側が開けて、関東平野の広がりの先に筑波《つくば》山や富士山まで望める。ここから先のヤセ尾根は、東側に雪庇が出ていることがあるので注意しよう。

気持ちのよい稜線を歩くこと５００ｍほどで下降点になる。道標に従って右折し、手すりのついたハシゴや、ジグザグをくり返して下り、まもなく沼岸のバス道路に出る。バスの場合は左折してビジターセンターまで歩き、始発のバスに乗るとよい。

霧氷の黒檜山稜線を歩く（展望台への途中）

アクセス　JR前橋駅からバス約25分で富士見温泉へ。赤城山ビジターセンター行きバスに乗り換え、約45分であかぎ広場前下車。[往復とも同じ］土日祝日は前橋駅から直通バスが出る。

マイカー情報　関越自動車道前橋ICから国道17号・県道4号（赤城道路）であかぎ広場まで約1時間30分。バス停前のおのこ駐車場を利用（100台、無料）。黒檜山登山口前にも10台ほどの駐車場がある。車道は除雪されているが、冬用タイヤとチェーンなどの滑り止めは必要。富士見温泉がある道の駅「ふじみ」に駐車して、車内で販売するAKG冬割パス（往復1700円）を利用すれば雪道運転が不要だ。

参考タイム　あかぎ広場前（20分）黒檜山登山口（30分）猫岩（1時間30分）黒檜山〈展望台往復10分〉（5分）南峰（30分）大ダルミ（25分）駒ヶ岳（15分）下降点（45分）駒ヶ岳登山口　**【計4時間30分】**

アドバイス　黒檜山の往復ならより短時間ですんで初級者向き。駒ヶ岳への縦走は積雪が多いとわかんが必要なこともある。赤城山ではこのほか鳥居峠から小地蔵～長七郎山の縦走、地蔵岳登頂などの初級雪山ルートが考えられる。

問合せ先　赤城公園ビジターセンター☎027-287-8402、前橋観光コンベンション協会☎027-235-2211、関越交通渋川営業所☎0279-24-5115

2万5000分ノ1地形図　赤城山

追加情報　バス経由・乗換点の「富士見温泉見晴らしの湯ふれあい館」（☎027-230-5555）は日帰り温泉施設で入浴や食事ができる。前橋へのバスは本数が多いので安心してくつろげる。マイカーの場合は畜産試験場交差点から西へ1分。

田尻沢ノ頭付近からルート全景

上越 谷川岳

ロープウェイ天神平駅 » 天神尾根 » 肩ノ小屋 » 谷川岳トマの耳（往復）

難易度	体力★★／技術★★★
適期	12月、3月〜5月上旬
日程	日帰り／約6時間

ロープウェイ利用で豪雪地の雪山へ

北西側に高い山脈がない谷川《たにがわ》連峰は、北西季節風が直接吹き抜ける地形のため、冬季には国内で最も悪天候となる山域のひとつである。そのなかで天神《てんじん》尾根は、比較的容易に登れる例外的なコースだ。

　ロープウェイの駅舎を出ると冬風と寒気が体に痛い。スキー場内のいちばん右側のコースに沿い、じゃまにならない場所を登っていく。初冬期には夏道どおりにトラバースして行けるが、積雪が多い時期は、適当なところを直登して田尻沢《たじりざわ》ノ頭付近の稜線に出る。このあたりは雪上訓練のパーティがよくテントを張っている。

　稜線をたどって熊穴沢《くまあなざわ》避難小屋まで、夏道で約30分のところ、ひざ下程度のラッセルなら1時間ぐらいで行けるだろう。小屋は雪が多ければ埋まって入れず、目印の鉄柱が雪の上に出ている。

　ここから天狗ノ腰掛岩まで約400mを一気に急登する。雪面がクラストして硬いときは、危険を感じる前にアイゼンを装着しよう。初心者にはロープの使用も考慮しよう。「天狗の溜まり場」とも呼ばれる腰掛岩を過ぎると稜線は判然としなくなり、べったりとした雪の急斜面になる。ここを慎重に登りきると肩ノ小屋が現われる。

　谷川岳頂上（トマの耳）は晴れていれば大展望だが、2月までは晴れることは少ない。頂上稜線は東側に大きな雪庇が張り出しているので、絶対にその上に乗らないように。トレースがあっても、雪庇の上でないか自分の目で確認することが大切だ。

　下山は、まず出だしから方角がわからない（トレースはすぐに風で消えてしまう）。標識が1、2本立っていれば助けられるところだ。天狗ノ腰掛岩が見つかれば、そこからは稜線の地形が明確になってくる。稜線上に乗ったらあとは転倒しないように、アイゼンの引っかけに注意して下ろう。熊穴沢避難小屋でひと休みしたら、豪雪のため灌木状に小さく見えている樹林の間を通り抜けてスキー場に戻る。

オキの耳から望むトマの耳。マチガ沢へ滑り込むシュプールも

アクセス　JR上毛高原駅からバス50分、またはJR水上駅からバス25分で谷川岳ロープウェイ。ロープウェイは土合口駅から天神平駅まで約15分。12〜3月の運行時刻は8:30〜16:30、できるだけ早い時刻に乗車したい。
マイカー情報　関越自動車道水上ICから国道291号を約25分で谷川岳ロープウェイ。ベースプラザ駐車場は1500台、有料。
参考タイム　ロープウェイ天神平駅（40分）天神尾根稜線（1時間）熊穴沢避難小屋（50分）天狗ノ腰掛岩（50分）肩ノ小屋（15分）谷川岳（1時間30分）熊穴沢避難小屋（55分）天神平駅　【計6時間】
※谷川岳からオキの耳往復は約40分
アドバイス　熊穴沢避難小屋から先は急登箇所が複数あり、稜線の側面が切れ落ちていることもあるので注意。天狗ノ腰掛岩から肩ノ小屋間は短いが、視界不良のときは非常に迷いやすい。トマの耳周辺からオキの耳にかけては東側に出た雪庇に厳重注意。
問合せ先　みなかみ町観光協会☎0278-62-0401、谷川岳インフォメーションセンター☎0278-25-8830、谷川岳ロープウェイ☎0278-72-3575、関越交通沼田営業所☎0278-23-1111
2万5000分ノ1地形図　水上、茂倉岳
追加情報　12月下旬〜2月の厳冬期には、主稜線は厚い雪雲に隠れてめったに晴れることはない。たまに訪れる晴天をとらえて入山すると、腰上から胸まで没する深い雪に苦しめられる。厳冬期に日帰りは難しく、一般的には1泊2日行程となる。

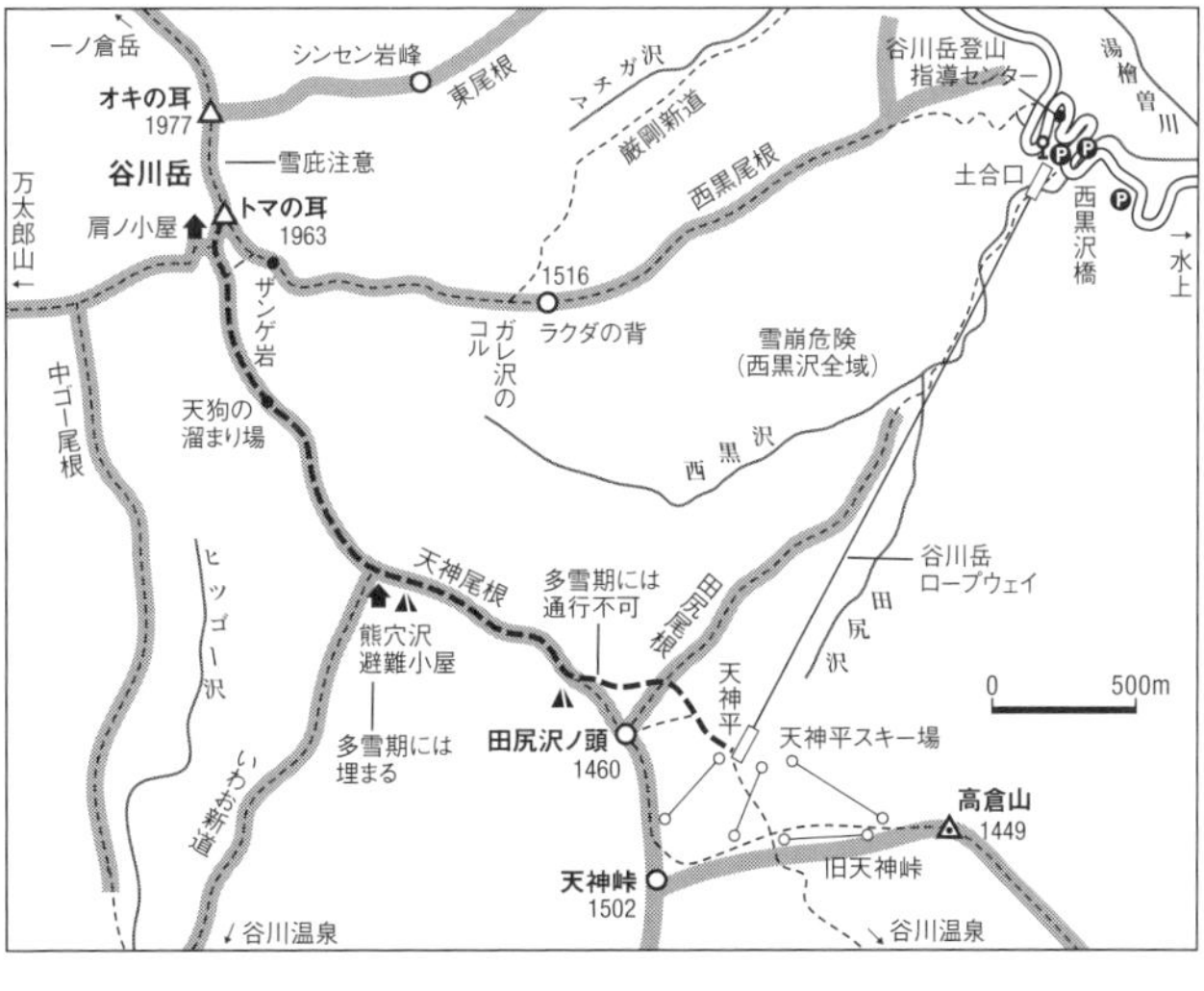

第１外輪の先の稜線。仙人岳と鋸岳

中信 黒斑山

車坂峠 ≫ 表コース ≫ トーミの頭 ≫ 黒斑山 ≫ 中コース ≫ 車坂峠

難易度	体力★／技術★
適期	1月〜3月
日程	日帰り／約4時間

雄大な浅間山を眺める半日コース

浅間《あさま》山の西側に岩稜を連ねる黒斑《くろふ》山は、浅間山の格好の展望台である。登山口の車《くるま》坂《ざか》峠からの標高差は４００ｍ余り。半日ほどの雪山登山を体験したうえ、雄大な浅間山の景観に感激するという、初級者が楽しめるコースとなっている。

高峰《たかみね》高原ビジターセンターは冬季休業中だが、駐車場とトイレは使える。車道を少し戻り、車坂峠から表コースに入って歩き始める。このコースは多くの人が歩くので、トレースが踏み固められてツルツルに滑る。そのため、最近はスタートからアイゼンで歩くことが多くなっている。

雪で飾られた針葉樹を眺めながら登り、20分ほどで車坂山を越える。急坂を登って尾根に出ると、視界が開けて八ヶ岳や北アルプスが見渡せる。もう一度樹林帯に入り、頭上高く針葉樹におおわれた黒斑山を見上げ、右に曲がってもう一段急登すると金属シェルターの避難小屋がある。その先で展望が開けたピークに「槍《やり》ヶ鞘《さや》」の道標が立っている。大きな浅間山が初めて姿を現わし、「おおっ！」と息をのむところだ。

右側がガレている急坂を慎重に登ってトーミの頭に立つと、浅間山が横幅いっぱいに広がってすばらしい景観を見せる。この山稜は、浅間山の最高のビューポイントといってまちがいないだろう。

90度左折して、第1外輪の稜線を黒斑山に向かう。樹林帯で見えないが、右横は火口壁の崖が落ちているはずだ。ときおり浅間山を見るため右に寄るトレースがあるが、足元に注意しよう。わずか20分ほどで黒斑山に着く。相変わらず浅間山が真正面に大きいが、混み合うと落ち着けない狭い山頂だ。ほどほどで切り上げて戻ろう。

トーミの頭で浅間山にお別れして、下った鞍部から右に分かれる中コースに入る。このコースは展望はないが、短時間で下ることができる。立派な天然林のカラマツがめだつようになると、まもなくビジターセンターの近くに下山する。

槍ヶ鞘の展望台からトーミの頭（左）と浅間山

アクセス　JR小諸駅からバス40分、またはJR佐久平駅からバス1時間で高峰高原ホテル前下車。バス停のすぐ前が車坂峠で、黒斑山の表コース登山口がある。

マイカー情報　上信越自動車道小諸ICからアサマサンライン、チェリーパークラインを経て車坂峠まで約19km・約30分。峠を越えてすぐ左側に高峰高原ビジターセンターがあり、駐車場（30台・無料）が利用できる。いっぱいの場合は高峰マウンテンパークに駐車する。

参考タイム　車坂峠（表コース：1時間50分）トーミの頭（30分）黒斑山（20分）トーミの頭（中コース：1時間20分）車坂峠【計4時間】

アドバイス　ピッケルは不要。本格的なアイゼンも不要だが、軽アイゼンかチェーンスパイクは用意したい。また、気象情報を見て降雪がありそうだったら、スノーシューかワカンも使ってみるとよい。トーミの頭への登りが急傾斜なので転倒しないように。また、トーミの頭から黒斑山までは東側ががけになっているので、あまり寄りすぎないように。

問合せ先　小諸市観光協会☎0267-22-1234、JRバス関東小諸支店☎0267-22-0588、高峰マウンテンパーク☎0267-23-1714、高峰高原ホテル☎0267-25-3000、高峰温泉☎0267-25-2000

2万5000分ノ1地形図　車坂峠

追加情報　高峰温泉か高峰高原ホテルに1泊すれば、雪山旅をより満喫できる。2日目は高峰山でスノーハイクするか、展望のよい東篭ノ登山〜水ノ塔山に登ってもよい。

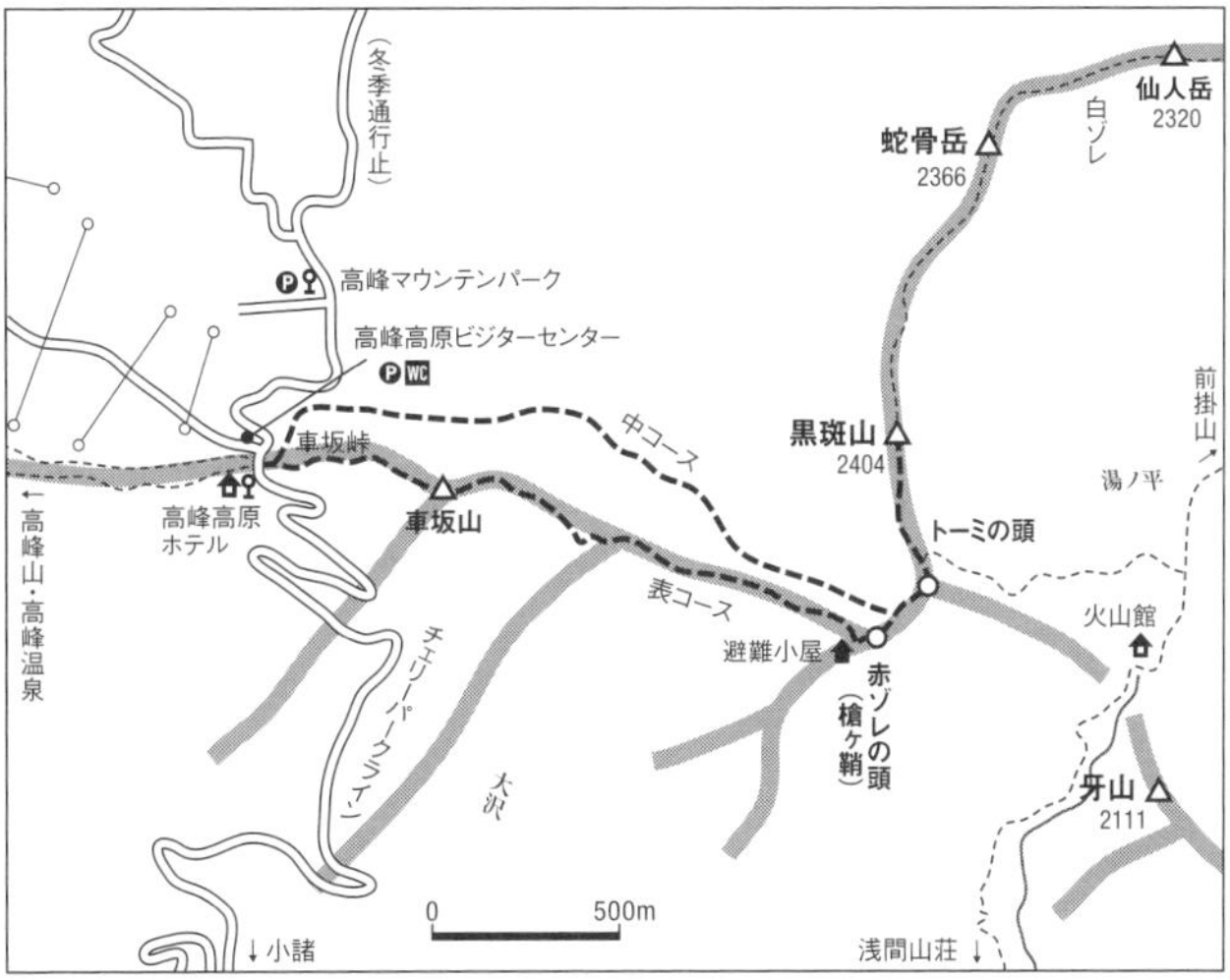

凍結なかばの百尋ノ滝

首都圏近郊

奥多摩・川苔山

川乗橋 » 百尋ノ滝 » 川苔山 » 鳩ノ巣

難易度	体力★★／技術★★
適期	1月〜3月中旬
日程	日帰り／約6.5時間

滑落注意！手応えを感じられる雪山

奥多摩の名山のひとつ、人気の高い川苔《かわのり》山に雪の多い北面から登ってみよう。

JR奥多摩駅から東日原《ひがしにっぱら》行きのバスに乗り、川乗橋《かわのり》で下車。車道から右に入る川乗林道を1時間ほど歩く。細倉橋を渡った分岐で右の川苔谷に沿う道へ入る。

細倉橋から1時間ほどで百尋《ひゃくひろ》ノ滝に着く。運がよければ全面凍結した美しい氷瀑が見られる。ここから山道は切り立った斜面を100mほどの高さまで急登し、トラバースして支尾根を越える。足を滑らせたら事故になる場所なので、一歩ずつ慎重に行こう。支尾根の東側に回り込んで、小尾根伝いになれば要注意箇所は終わる。

次の課題はルートファインディングだ。川苔谷から分かれた火打石《ひうちいし》谷に沿って上流へ登ると、しだいに右下の沢底が近づく。左から合流する大きな沢（火打石谷本流）を渡り、それから右下の沢（横ヶ谷）に下りる。流れを渡って少し進むと足毛《あしげ》岩分岐の道標がある。左右どちらからも頂上へ行けるが、正規ルートは左だ。

左ルートは小尾根を少し登り、右へトラバースする踏み跡に導かれて、最も雪の多い川苔山北面に入っていく。雪がいっぱいに溜まっていて、気分のよい雪山歩きが味わえるところだが、地形が複雑でトレースがないとルートがわからないかもしれない。地形図の標高1190mまで沢底を行き、それから左の小さな尾根に取り付き、川苔山の「東ノ肩」へ登っていく。

稜線へ出ると強風のため樹木が凍りついて、美しい冬景色を見せている。わずかな登りで小広い川苔山頂上に立つ。展望は広くないが、酉谷《とりだに》山や石尾根方面の眺めが開けている。

下山は南面へ向かう。東ノ肩へ戻って鳩ノ巣方面の山道へ入ると、急に雪が少なくなってしまう。1ピッチで祠のある大根《おおね》ノ山ノ神まで下りる。ここは山と人里との境界として祭られている場所で、鳩ノ巣の集落はもう間近である。

光と影の川苔山山頂。冬の奥多摩は晴れることが多い

アクセス　JR奥多摩駅から東日原行バス13分、川乗橋下車。

マイカー情報　川乗林道はゲートがあり進入禁止。近くには駐車スペースもほとんどない。奥多摩駅に近い町営氷川駐車場に車を置き、川乗橋までバスを利用するとよい。奥多摩駅までは圏央道青梅ICまたは日の出ICから国道411号などで各50分。

参考タイム　川乗橋（50分）細倉橋（1時間）百尋ノ滝（1時間20分）横ヶ谷（1時間）東ノ肩（15分）川苔山（10分）東ノ肩（15分）舟井戸（1時間）大根ノ山ノ神（30分）鳩ノ巣駅　【計6時間20分】

アドバイス　百尋ノ滝までの渓谷道は雪がついていると滑りやすく危険。百尋ノ滝から急登〜トラバースする10〜15分ほどの区間は、滑落事故が多発している要注意箇所だ。充分に注意してほしい。

　川苔山北面の地形とコースは複雑で、トレースがない状況で夏道を探り当てるのは難しいと思われる。冬でもよく登られる山なので、たいていトレースがあるだろう。

問合せ先　奥多摩観光協会☎0428-83-2152、奥多摩ビジターセンター☎0428-83-2037、西東京バス氷川支所☎0428-83-2126、町営氷川駐車場☎0428-83-3087

2万5000分ノ1地形図　武蔵日原、奥多摩湖、原市場、武蔵御岳

追加情報　奥多摩では1月下旬ごろから南岸低気圧が通過するため積雪が多くなる。雪山登山のチャンスだ。

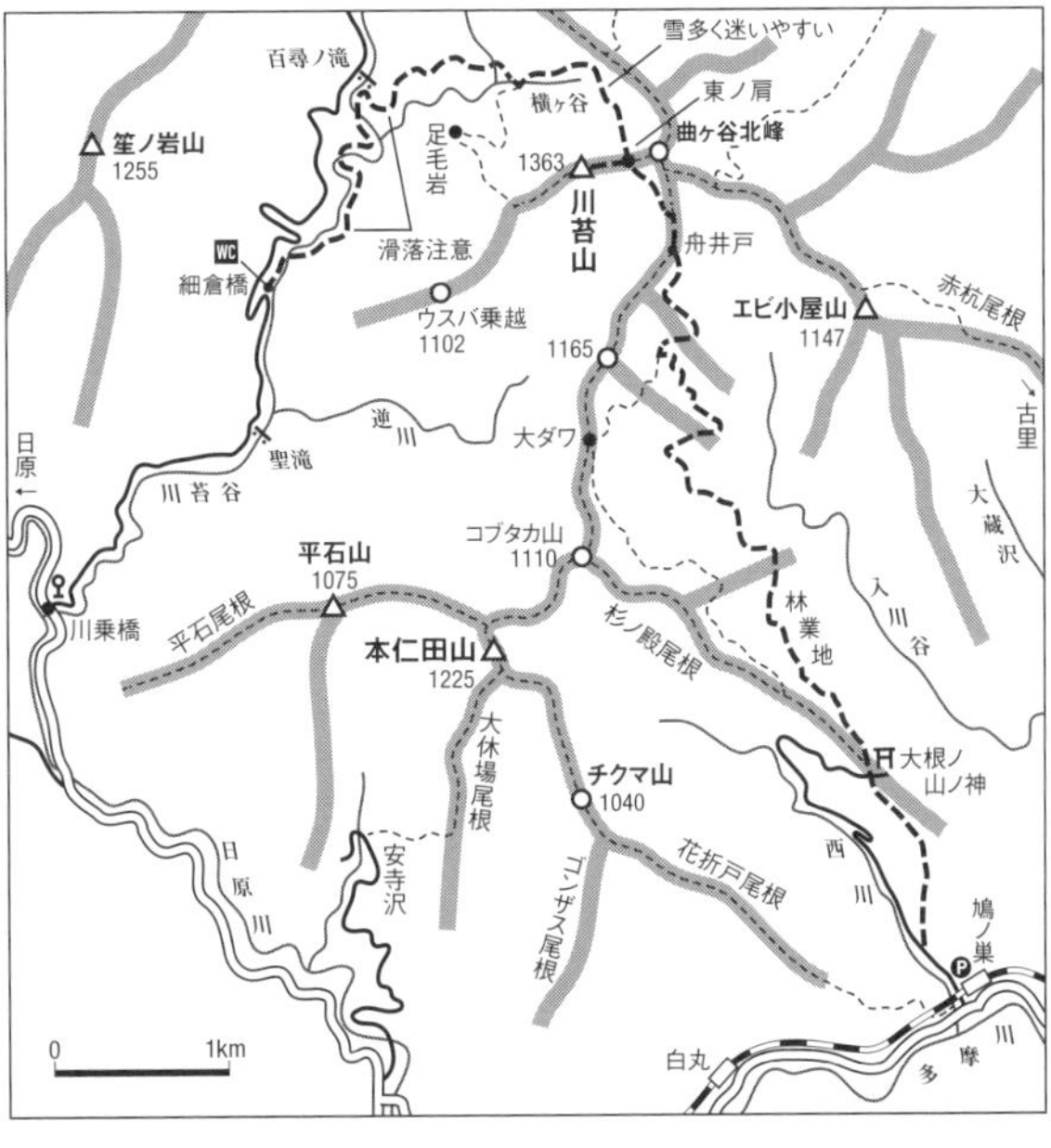

明るいブナ坂付近と七ツ石山

首都圏近郊
奥秩父・雲取山

三峯神社 » 霧藻ヶ峰 » 白岩山 » 雲取山 » 七ツ石山 » 鴨沢

難易度	体力★／技術★
適期	1月〜3月中旬
日程	小屋泊2日／約9.5時間

東京都最高峰へメインコースから登る

東京都の最高峰である雲取山《くもとり》は、通年営業の雲取山荘があるので、小屋泊まりの雪山登山ができる。ここでは古くから親しまれている、三峯《みつみね》神社から奥多摩側へ縦走するプランで紹介しよう。

第1日　起点となる三峯神社へはバスを利用するが、朝一番のバス時刻が遅く（土休日8時、平日9時ごろ）、雲取山荘までたどり着けないことがある。場合によってはタクシーで上がるとよいだろう。

三峰ビジターセンターの先から登山道が始まる。スギとヒノキの参道を進み、炭焼平のピークを経て地蔵峠の登りにかかる。秩父宮のレリーフの先で霧藻《きりも》ヶ峰休憩舎に出る。両神山《りょうかみ》と奥秩父の山々が眺められ、休憩によいところだ。

お清平《きよたいら》の鞍部から始まる白岩山《しらいわ》への登りは、体力的にいちばんきついところだ。高度を上げるにつれて針葉樹の原生林に変わり、深山の雰囲気が濃くなってくる。前白岩山を越し、老朽化した白岩小屋跡を過ぎて、短く急登すると白岩山に着く。

白岩山に続く芋ノ木ドッケは、西面を巻いて登山道がつけられている。階段や桟道が設けられ、急峻な斜面を横切る箇所もあって、スリップや滑落に厳重な注意が必要だ。大ダワからは尾根伝いの男坂か傾斜の緩い女坂から雲取山荘に至る。

第2日　雲取山山頂へは深い原生林の尾根を登っていく。樹林帯を抜けると三角点の置かれた山頂に飛び出す。山頂は南北に細長く、南端に避難小屋が立っている。

避難小屋の前から、東へのびやかに続く石尾根を下る。秩父側の北面にくらべて圧倒的に明るく、積雪も少なく、しかも展望のよい尾根道だ。ブナ坂の鞍部から鴨沢《かもさわ》へ下るのが最短だが、時間と天候が許せば展望のよい七ツ石山を経由していこう。

堂所《どうどこ》からは東斜面に移り、畑作地も現われる。車道に下りたら右へ進み、左にカーブするところで直進する山道に入る。鴨沢集落に入り、まもなくバス停に着く。

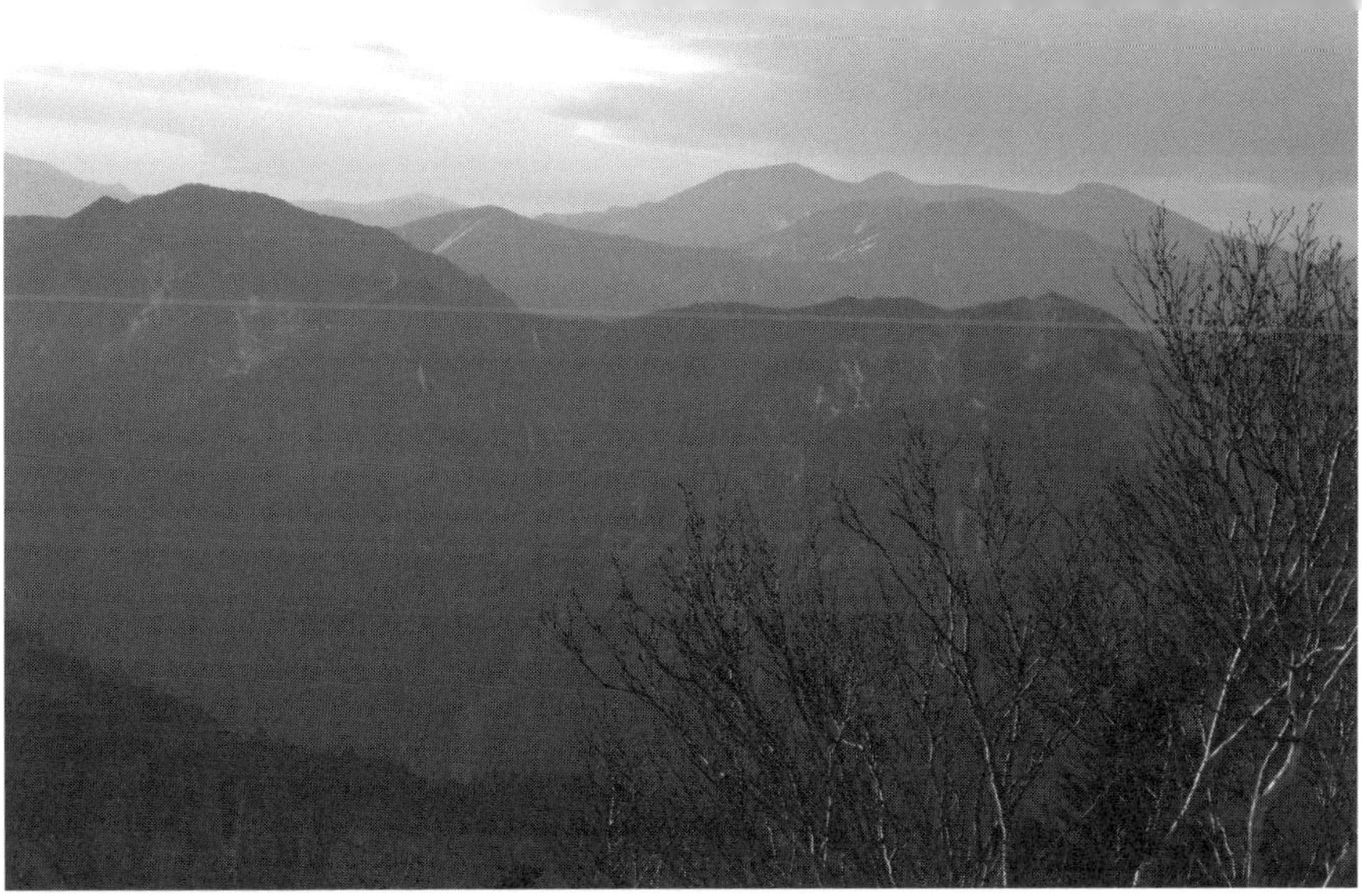

雲取山山頂から奥秩父主脈を望む。左は飛竜山、右に遠く甲武信ヶ岳方面

アクセス　［行き］西武秩父駅からバス1時間20分、終点三峯神社下車。タクシー利用は秩父鉄道三峰口駅から約40分・約8500円。［帰り］鴨沢からバス37分でJR奥多摩駅。
マイカー情報　車利用の場合は入山地点からの往復になる。秩父側は三峯神社バス停付近の三峰第2駐車場（42台、有料）を利用。第1駐車場は営業時間外は閉鎖されている場合がある。奥多摩側は小袖乗越手前に丹波山村営駐車場がある（45台、無料）。
参考タイム　▶**第1日**：三峯神社（1時間40分）霧藻ヶ峰（2時間）白岩山（45分）大ダワ（30分）雲取山荘　▶**第2日**：雲取山荘（30分）雲取山（1時間30分）七ツ石山（2時間5分）小袖乗越（20分）鴨沢　【計9時間20分】
アドバイス　北面をたどるので積雪量も多く、路面の凍結に注意。とくに芋ノ木ドッケ西面を巻く部分は、路面凍結による滑落事故例もあるので、アイゼン（6本爪以上）装着のうえ慎重に通過したい。大雪直後などは想像以上に時間を食うこともあるので、余裕をもった計画を立てたい。
問合せ先　秩父市観光課☎0494-25-5206、西武観光バス☎0494-22-1635、西東京バス☎0428-83-2126、雲取山荘☎0494-23-3338、秩父丸通タクシー☎0120-02-3633、秩父丸通タクシー三峰口営業所☎0494-54-1771
2万5000分ノ1地形図　三峰、雲取山、丹波
追加情報　入門～初級者には鴨沢からの往復や、帰路、石尾根を下るプランがより手ごろといえる。マイカー利用にも向いている。

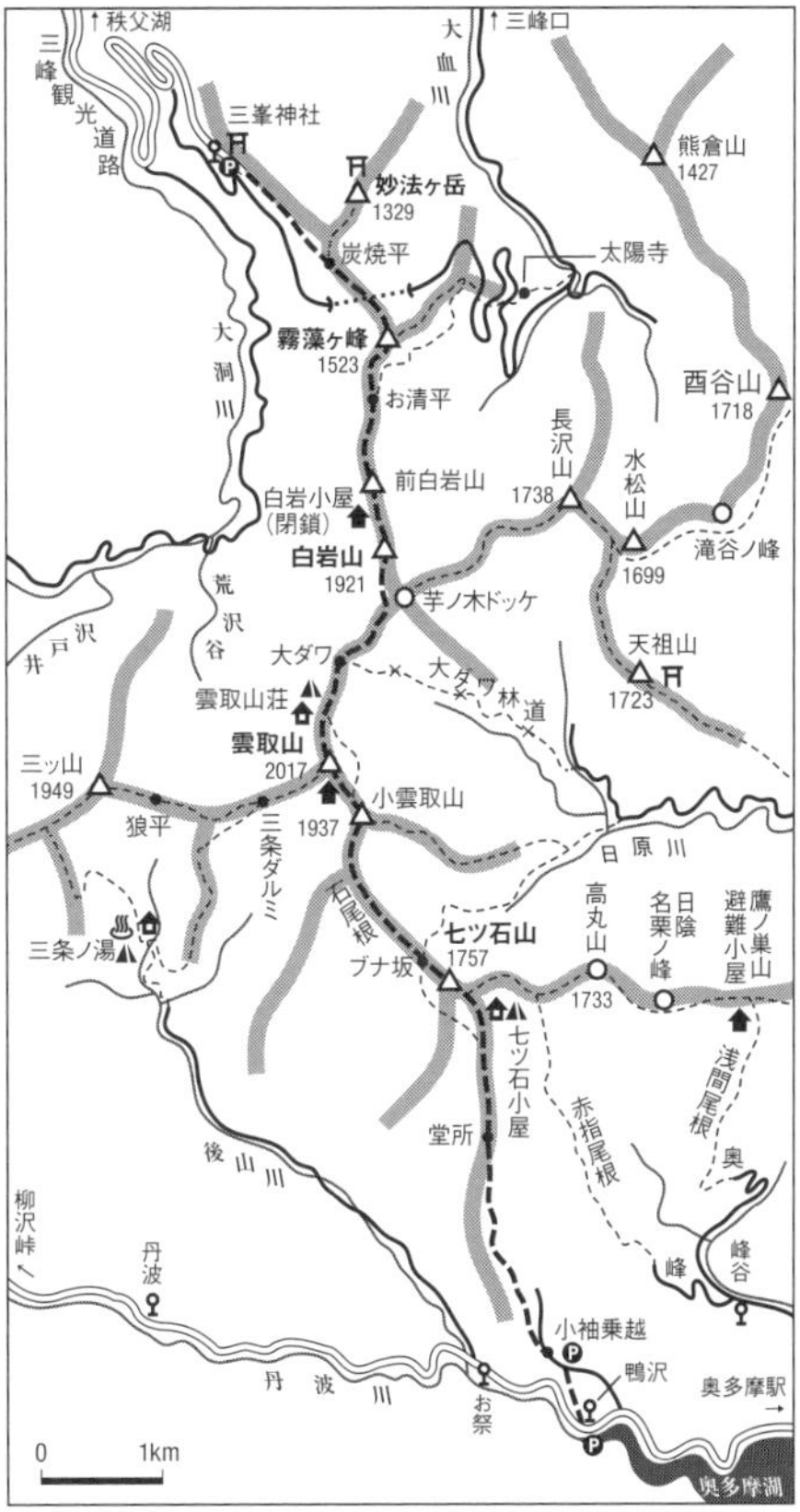

首都圏近郊
奥秩父・甲武信ヶ岳

西沢渓谷入口≫徳ちゃん新道≫甲武信小屋≫甲武信ヶ岳（往復）

難易度	体力★★／技術★
適期	12月下旬〜4月上旬
日程	テント泊2日／約12時間

八ヶ岳がすぐ近くに望まれる

奥深く長い樹林帯から展望の山頂へ

甲武信《こぶし》ヶ岳は奥秩父を代表する名山で、山塊の奥深い位置にある。行程が長く日帰りは難しいが、一度は登ってみたい。

第１日　山梨県側は車利用なら広い駐車場がある。時刻は遅くなるが、バスで入ることもできる。西沢渓谷へ向かう車道（一般車は通行止め）を上流へ歩き、近丸《ちかまる》新道の登山口を過ぎ、廃業した西沢山荘の手前から山道に入る。標高１４５０ｍ前後のガレ混じりの急斜面は以外に足場が悪く緊張するところ。ここを登り切って右折すると、尾根上の傾斜はゆるやかになる。

うっすらと雪が現われ、しだいに量を増してくる。前方に主稜上の白い山が、左手には鶏冠《とさか》尾根が木の間越しに見える。近丸新道が合流する新道分岐まで来れば、半分以上の行程をこなしたことになる。周囲は針葉樹林帯に変わっている。展望のない雪道を淡々と登り続けると、標高２３５０ｍ付近で左側がガレで展望が開け、その先にめだった露岩がある。眼下に広瀬湖が望まれ休憩によいところだ。

ここから急に雪が深くなり、斜面を右にトラバースして主稜の縦走路に合流する。左折してトレースを行くと、すぐに展望のない木賊《とくさ》山山頂だ。先へ進んで少し下ると展望地に出る。甲武信ヶ岳が目の前に立ち上がり、八ヶ岳や奥秩父主稜が美しい。ここからわずかで甲武信小屋に下る。

第２日　日の出時刻の40分前に出発して、ご来光をぜひ眺めたい。前爪付きのアイゼンを装着し、できればピッケルを手にして行きたい。ほぼ３６０度の大展望が見られる山頂は、長く単調だった登りの苦労が吹き飛ぶすばらしさだ。充分に楽しんだら、戻ってテントを撤収しよう。

下りはさすがに楽で、奥秩父の山深さを味わいながら、満たされた気持ちで歩くことができるだろう。標高１４５０ｍ前後のガレ斜面は転倒などミスしないよう注意。なお、トレースがあれば、新道分岐から近丸新道を下ってもよい。

木賊山の下り斜面から甲武信ヶ岳、右は三宝山

アクセス　JR山梨市駅からバス58分で西沢渓谷入口下車。［往復とも同じ］山梨市民バスは本数が少なく時刻も遅い。タクシーはJR塩山駅から約30分・約7000円。

マイカー情報　中央自動車道勝沼ICから国道20号、県道38号・213号、国道140号経由で西沢渓谷入口へ約30分。西沢渓谷入口駐車場（60台、無料）に駐車。ほかに東沢山荘駐車場（有料）、徒歩5分離れているが「道の駅みとみ」（無料）にも駐車できる。

参考タイム　▸**第1日**：西沢渓谷入口（30分）徳ちゃん新道入口（2時間40分）新道分岐（2時間20分）木賊山肩（30分）甲武信小屋
▸**第2日**：甲武信小屋（30分）甲武信ヶ岳（20分）甲武信小屋（2時間30分）新道分岐（2時間）徳ちゃん新道入口（30分）西沢渓谷入口
【計11時間50分】

アドバイス　山頂近くでは短いが断崖のへりを歩く箇所があるので、ピッケル・アイゼン使用が安心である。しかし、あまりにも短い区間だから省略してもよいだろう。いずれにせよ転倒・滑落しないよう慎重に行動すること。それ以外は樹林帯の軟雪を歩く区間が長いので、ラッセルに備えてワカンまたはスノーシューを用意したい。

問合せ先　山梨市役所総務課（山梨市民バス）☎0553-22-1111、牧丘タクシー☎0553-35-2104、YKタクシー塩山☎0553-32-3200、甲武信小屋☎090-3337-8947
（注）甲武信小屋の営業は4月下旬から。

2万5000分ノ1地形図　雁坂峠、金峰山

追加情報　長野県側の千曲川源流コースのほうが標高差が小さい。車で毛木平まで入ったうえ、トレースがあれば日帰り可能だ。途中に滑落危険箇所もないので、より初級者向きといえる。毛木平から甲武信ヶ岳まで登り約4時間、下り約3時間20分。

金峰山のシンボル五丈石

首都圏近郊

奥秩父・金峰山

瑞牆山荘 ≫ 富士見平小屋 ≫ 大日岩 ≫ 金峰山（往復）

難易度	体力★★／技術★★
適期	12月下旬～4月中旬
日程	日帰り／約7.5時間

美しい樹林帯と初級雪山が楽しめる

奥秩父では珍しいアルペン的雰囲気をもった名峰で、かつては奥秩父の最高峰と思われていた。千代《ちよ》ノ吹上《ふきあげ》の岩稜から上部は森林限界上で、雪山登山ではピッケル・アイゼンで登る領域となる。

瑞牆《みずがき》山荘前の登山口から、シラカバ林の高原をゆるやかに登っていく。しだいに傾斜を増して林道を横切り、急登して瑞牆山を望む展望台に出る。右折してゆるやかな尾根道を行くと、水場を過ぎて富士見山荘の前に出る。テント場とトイレがあり、前日ここに泊まれば、初級者も余裕をもって金峰山《きんぷさん》を往復できるだろう。

小屋の右側から山道に入って一度尾根上に登り、しばらく尾根伝いに登ってから、右折して飯盛《めしもり》山南面の巻き道に入る。一帯は奥秩父らしい針葉樹林帯が美しい。鷹見《たかみ》岩への道を分けて、シャクナゲの株をくぐり大日《だいにち》小屋の前に出る。小屋は無人で、登山道の左手がテント場になっている。

ここから大日岩への縦八丁と呼ばれる急坂は、凍結して滑りやすい所がある。大日岩基部から登る岩場や鎖場も滑りやすく要注意だ。稜線に上がるとしばらく樹林帯の単調な登りが続くが、砂払《すなばらい》ノ頭《あたま》で一気に展望が開ける。金峰山と瑞牆山が美しく眺められ、八ヶ岳と南アルプスもすばらしい。

ここからはほぼ森林限界上で（実際の森林限界はもう少し上）、左側から強風が吹き付け、南側は断崖が切れ落ちた非対称山稜になる。傾斜のゆるい部分を歩くので恐怖感はない。ピッケル・アイゼンをしっかり使って登っていこう。

見た目よりも遠く忍耐を強いられるが、やがて五丈石《ごじょうせき》の基部を通り抜けて山頂前広場に着く。山頂は岩石の重なった高みだ。３６０度のすばらしいパノラマを、時間の許すかぎり楽しみたい。

下山は、樹林帯に入るまでと、大日岩の急下降での滑落に注意。登りではゆっくり見られなかった針葉樹林帯や高原の風景を楽しみながら、瑞牆山荘へ向かう。

五丈石と、岩塊が積み重なった金峰山山頂

アクセス　冬季（12月～3月）はJR韮崎駅～瑞牆山荘間のバスは運休中。タクシーは約40分・約1万2000円。［往復とも同じ］4月からはJR韮崎駅から瑞牆山荘行きのバスが運行され、所要1時間19分。また、年末年始は増富温泉郷発の臨時バスが運行されている。
マイカー情報　中央自動車道須玉ICから県道23号など経由して約25km、約40分で瑞牆山荘へ。山荘前から左に分岐する車道に進むと、県営無料駐車場（120台）がある。
参考タイム　瑞牆山荘（50分）富士見平小屋（1時間40分）大日岩（2時間）金峰山（1時間30分）大日岩（1時間）富士見平小屋（40分）瑞牆山荘　【計7時間40分】
アドバイス　大日岩の岩場と砂払ノ頭～山頂間が凍結またはクラストしており、前爪付きのアイゼンが必要。ロングコースなので荷物を軽くして、できるだけ早い時刻に出発する。
問合せ先　北杜市観光課☎0551-42-1351、山梨峡北交通☎0551-42-2343、山梨交通☎0551-22-2511、韮崎タクシー☎0120-69-2235、三共タクシー☎0120-372-328、瑞牆山荘☎0551-45-0521、富士見平小屋☎090-7254-5698
（注）瑞牆山荘は冬季（12月～3月上旬）は年末年始と、予約があった週末のみ営業。富士見平小屋は4月から営業。
2万5000分ノ1地形図　瑞牆山、金峰山
追加情報　長野県側の川上村から入山して金峰山小屋に泊まるプランだと、時間に余裕をもって登れる。ピッケル・アイゼンの練習ができている条件で、初級者でも可能だ。

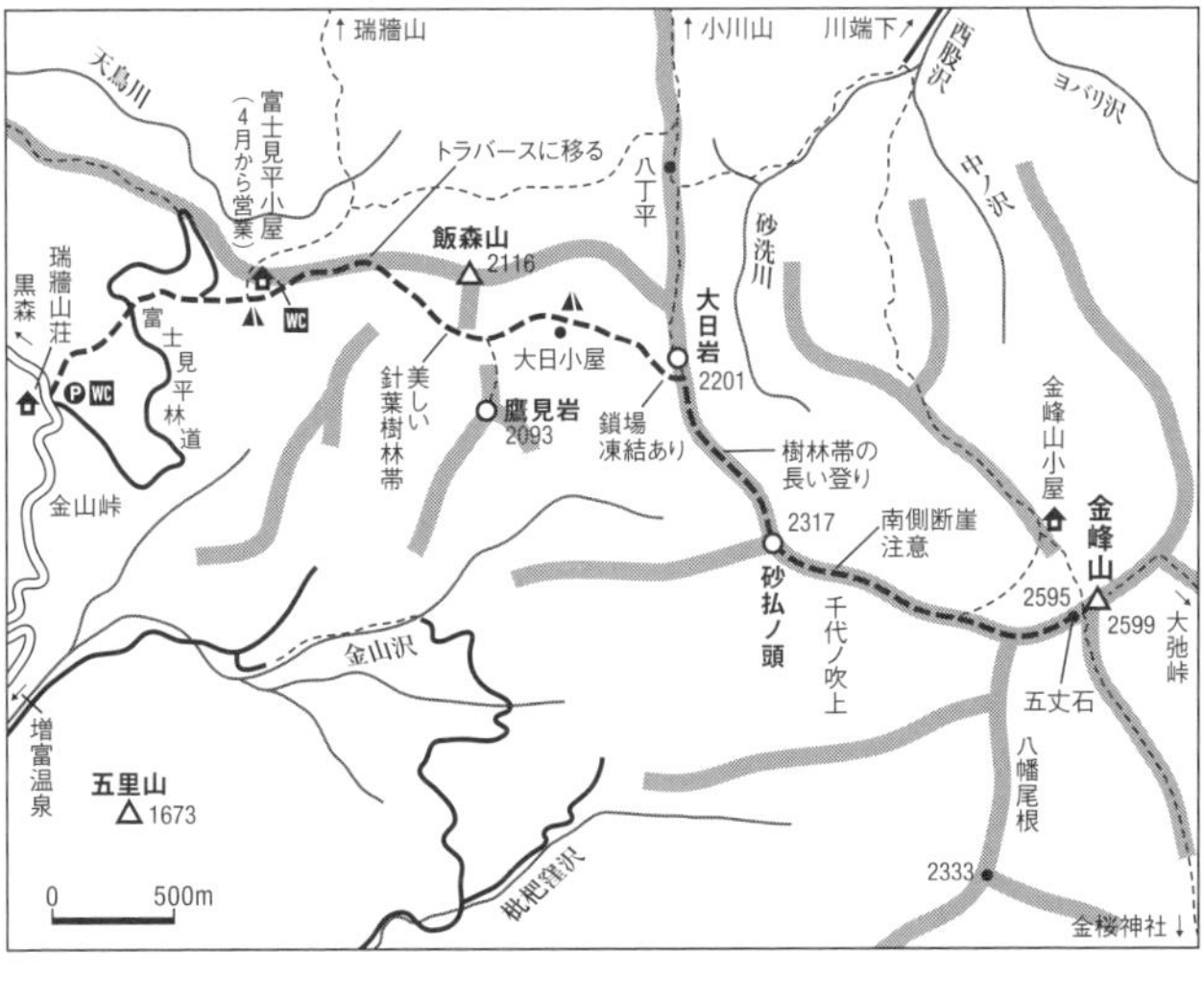

ルート上からは富士山がよく見える

首都圏近郊
大菩薩峠・嶺

大菩薩峠登山口 ≫ 大菩薩峠 ≫ 大菩薩嶺 ≫ 雷岩 ≫ 大菩薩峠登山口

難易度	体力★／技術★
適期	1月～3月中旬
日程	小屋泊2日／約8時間

静寂に包まれながら雪の峠路を歩く

古くから人が往来した旧青梅《おうめ》街道の峠路《とうげみち》が大菩薩峠《だいぼさつとうげ》のコースである。冬季には車が入れないので山麓から歩くことになるが、静かな雪山ウォークができる。健脚者なら日帰りもできるが、山小屋に泊まってゆっくりと楽しみたい。

第1日　大菩薩峠登山口バス停から右に分岐する林道を行く。30分ほどで丸川《まるかわ》峠分岐に車両通行止ゲートがあり、右の山道に入ってふたたび車道に出ると、千石橋を渡ったところに千石茶屋（冬季休業）がある。200mほど先で左の山道に入り、急登して尾根上に出るとゆるやかになる。このあたりから雪が現われ、日陰のため凍結して滑りやすい。しばらくして林道に出たところが上日川《かみにっかわ》峠で、ロッヂ長兵衛がある。

ロッヂ長兵衛の右角から左に分岐する林道を行く。福ちゃん荘、富士見山荘と通り、勝縁荘《しょうえんそう》前で林道は終わり山道となる。やがて草原状を行くようになり、大菩薩峠のすぐ手前に介山荘《かいざんそう》がある。

第2日　介山荘から40mほども行くと富士山が見えだす。中里介山文学碑を過ぎ、石のごろごろした斜面を登りきったところが親不知《おやしらず》ノ頭で、南アルプスの主峰が連なり、八ヶ岳も見える。右に下ると賽《さい》ノ河原で、避難小屋がある。妙見《みょうけん》ノ頭は山頂を通らず、西斜面を緩やかに登っていく。

この前後はずっと富士山の眺めがよい。ちょっとした岩場を登った先が神部《かんべ》岩（または神成《かみなり》岩）で、さらに登ると岩の塊の雷岩に着く。その先の静かな樹林帯の中に大《だい》菩薩嶺《ぼさつれい》の山頂があるが展望はない。

雷岩まで戻り、道標に「上日川峠」方面とある唐松尾根を下るが、ガスのときは下り口がわかりにくい。上部はやや急だが、やがて樹林帯に入ると傾斜も緩くなり、福ちゃん荘前に出る。ここから上日川峠を経て、往路を下山する。

なお、上日川峠への県道は、例年12月中旬から3月末まで（積雪状況により変わる）車両通行止めになっている。

展望のよい雷岩。吹き付ける強風が顔に痛い

アクセス　JR塩山駅からバス27分で大菩薩峠登山口。タクシーは塩山駅から通行止ゲートまで約20分・3000円強。[往復とも同じ]
マイカー情報　中央自動車道勝沼ICから国道411号などで大菩薩峠登山口へ。丸川峠分岐に駐車場（無料、約10台）がある。ここから上日川峠方面は冬季車両通行止め。
参考タイム　▸**第1日**：大菩薩峠登山口（30分）車両通行止ゲート（1時間50分）上日川峠（20分）福ちゃん荘（1時間）大菩薩峠・介山荘
▸**第2日**：大菩薩峠（1時間）雷岩（10分）大菩薩嶺（1時間）福ちゃん荘（15分）上日川峠（1時間20分）車両通行止ゲート（25分）大菩薩峠登山口　【計7時間50分】
アドバイス　年末年始ごろの積雪は比較的少なく、2月が最も多い。しかし、降雪直後以外はほぼトレースがあるだろう。4月に入ると日当たりのよい場所の雪は消えてしまう。積雪期（12月～4月中旬）の小屋は介山荘のみ通年営業、ロッヂ長兵衛は土日と年末年始営業、福ちゃん荘は予約のみ営業。富士見山荘、勝縁荘は休業中。
問合せ先　甲州市観光協会☎0553-32-2111、山梨交通塩山営業所☎0553-33-3141、YKタクシー塩山営業所☎0553-32-3200、ロッヂ長兵衛☎0553-33-4641、福ちゃん荘☎0553-33-4639、介山荘☎0553-33-2816
2万5000分ノ1地形図　大菩薩峠
追加情報　北面の丸川峠方面は雪が多いが、慣れた人にはおすすめ。参考タイム：大菩薩嶺（1時間20分）丸川峠（1時間30分）丸川峠分岐

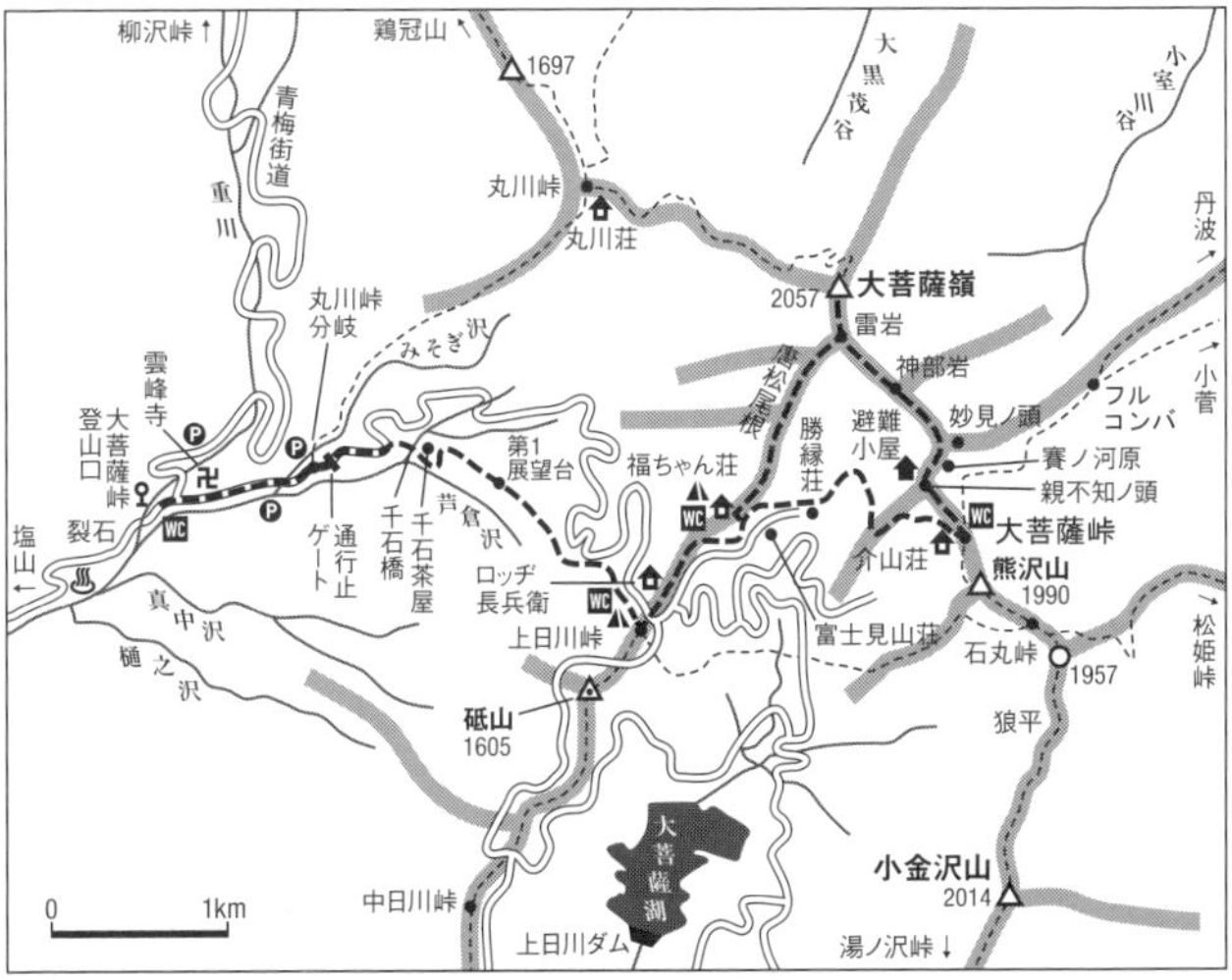

塔ノ岳山頂から丹沢山と蛭ヶ岳

首都圏近郊
丹沢・塔ノ岳

大倉 ≫ 堀山の家 ≫ 花立山荘 ≫ 金冷シ ≫ 塔ノ岳（往復）

難易度	体力★★／技術★
適期	1月中旬～3月中旬
日程	日帰り／約6.5時間

雪の富士山と相模湾を見渡す展望台

相模《さがみ》湾に面した丹沢《たんざわ》では、冬型の気圧配置になったときは快晴で空気が澄み渡り、遠くの山や海、平野の市街地までくっきりと望むことができる。一年で最も好天が続くこの時期の登山は強い印象を与えてくれるだろう。

表丹沢の塔《とう》ノ岳周辺は、多量の雪は期待できないものの、雪山の第一歩が体験できる山だ。塔ノ岳に登るには、丹沢表尾根、大倉尾根、鍋割《なべわり》山稜の３つのコースがある。冬でも登山者が多いのは大倉尾根で、雪山経験がまったくない人でも安心して登ることができる。ただし登山口から頂上までの標高差は１２００ｍもあるから、体力的に楽なコースとはいえない。

登山口の大倉に雪はない。登り一方の通称「馬鹿尾根」だが、1時間30分ほどで駒止茶屋か堀山のあたりから雪が見られるようになる。戸川からの登山道が合流する標高１１００ｍぐらいまで来ると、さらに雪が多くなる。標高１３００ｍの花立《はなだて》山荘で休憩しながら、軽アイゼンを装着している人が多い。

この付近からは雪山らしい風景が見られる。雪が多いと木の階段が埋もれていたり、馬ノ背の稜線が小さなナイフエッジのようになっていたりする。凍結しているときは、軽アイゼンで慎重に通過したいところ。晴れ上がった午前中なら、金冷《きんひや》シの狭い稜線では美しく霧氷をつけた樹木が見られるかもしれない。

登り着いた山頂は雪にすっぽりとおおわれて、無雪期とは雰囲気が変わっている。白く雪をかぶった富士山が大きく、その左に箱根《はこね》、伊豆《いず》半島、真鶴《まなづる》岬、相模湾が広々と見渡せる。東には表尾根と大山《おおやま》の奥に、東京湾と関東平野の市街が広がる。この展望が丹沢の大きな魅力だ。

下山は大倉尾根を戻るが、下山時の事故が多いので慎重に。時間・体力ともにまだ余裕がある人は、ブナ林のきれいな鍋割山稜を回っていくのもよい。

花立ピーク付近を下山するハイカー

アクセス　小田急線渋沢駅から大倉行きバス約15分、終点下車。[往復とも同じ]
マイカー情報　東名高速秦野中井ICから県道71号・52号・706号などで約15分。秦野戸川公園の大倉駐車場（150台、有料）は8～21時開門、大倉バス停前の駐車場は24時間利用可能。ほか駐車場は何カ所もある。
参考タイム　大倉（1時間45分）堀山の家（1時間10分）花立山荘（25分）金冷シ（35分）塔ノ岳（1時間30分）堀山の家（1時間15分）大倉　【計6時間40分】
アドバイス　本格的アイゼンは不要で、軽アイゼン（6本爪）またはチェーンスパイクがよい。標高差が大きく、予想以上に体力のいるコース。塔ノ岳から下山を始める時刻が13時以前になるように計画しよう。暗くなっても行動できるライト類は必携。ライト不携帯での遭難がとても多いエリアだ。
問合せ先　神奈川県自然公園課☎046-248-2536、秦野ビジターセンター☎0463-87-9300、神奈川中央交通西☎0463-81-1803、秦野交通（タクシー）☎0463-81-6766、尊仏山荘☎070-2796-5270
2万5000分ノ1地形図　大山、秦野
追加情報　体力的に余裕があるなら、鍋割山経由で下山する周回コースは変化があって楽しい。また、経験者がリーダーとして引率する条件で、尊仏山荘またはみやま山荘に泊まり、翌日蛭ヶ岳へ縦走して道志川へ下る東丹沢主脈コースは魅力的だ。塔ノ岳から姫次までは雪深いコースとなる。

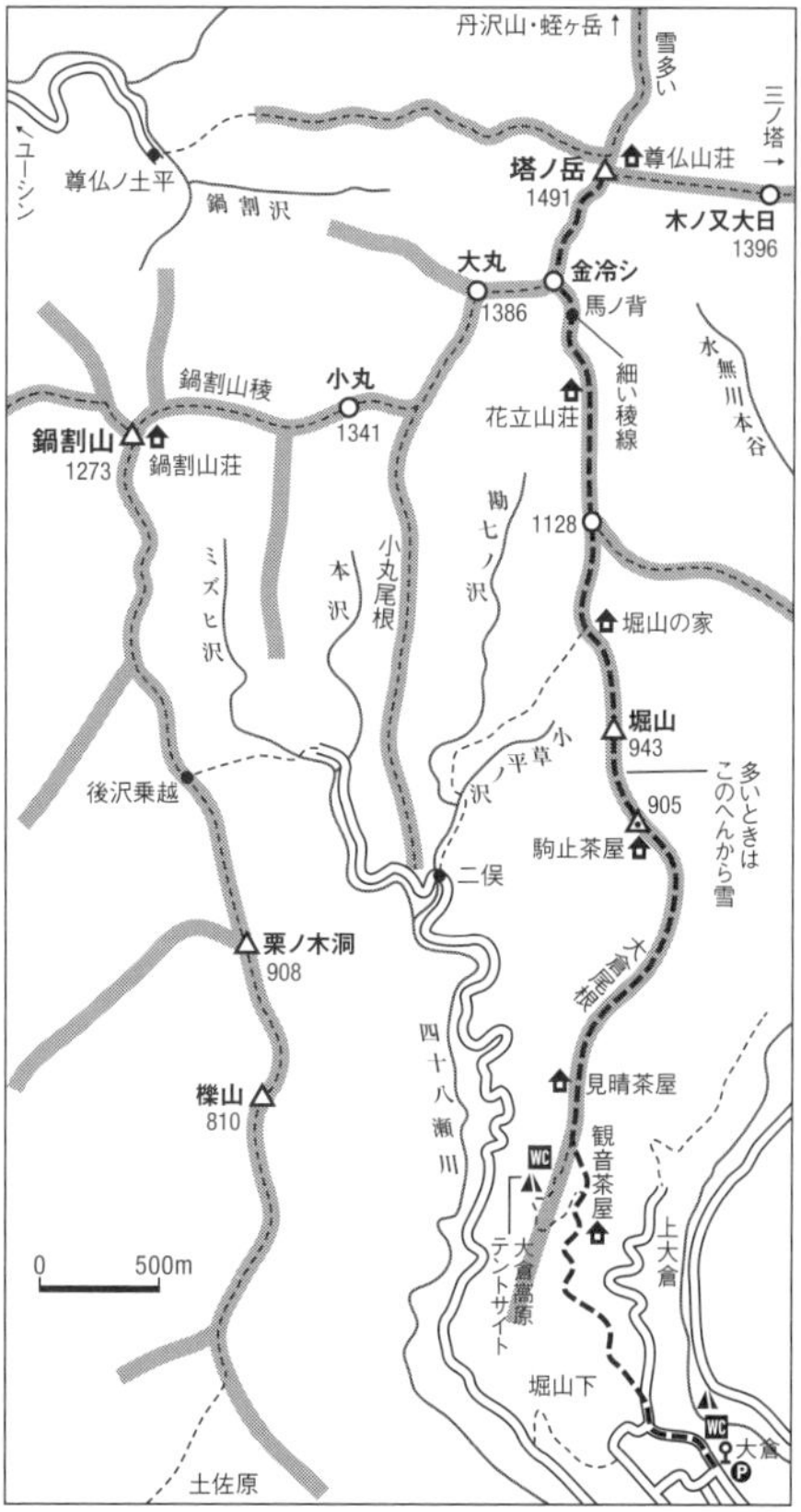

山頂真ん中にある蓼科神社

八ヶ岳 蓼科山

蓼科山登山口 » 蓼科山頂ヒュッテ » 蓼科山（往復）

難易度	体力★★／技術★
適期	12月～3月下旬
日程	日帰り／約5.5時間

信州中部の山々を見渡す展望の雪山

八ヶ岳連峰の北側にそびえる独立峰の蓼《たて》科《しな》山は、積雪もほどほどに多く、滑落の危険箇所はほとんどない。週末には多くの人が入山するため、初心者も安心して入山できる。標高差は約８００ｍあるので、ほどよい雪山入門となるだろう。

登山口の駐車場はバイオトイレも整備されている。１００ｍほど茅《ち》野《の》側に戻ったバス停前（バスは冬季運休）から入山する。すぐに美しいスノーツリーに迎えられ、左側に現われた急斜面に取り付く。一気に登ると平坦になり、天然カラマツも多い林をゆるやかに登る。梢の間から蓼科山や北横《きたよこ》岳が遠く望まれる。

標高１９５０ｍぐらいから2番目の急登になる。この登りは30分ほども続いて、登り切ると「蓼科山２１２０ｍ」と道標が立っている。しばらく平坦地を進むと「幸徳平」の表示もあるが、その地点は地形図上の標高２１７０ｍ付近のようだ。

急斜面が迫り、3回目（最後）の急登が始まる。初めは左のほうにガレが見え、その脇を登っていく。さらに高度を上げて標高２４４０ｍぐらいになると縞枯れ地帯を通る。樹林が途切れて、八ヶ岳から南・中央アルプスのすばらしい眺めが広がる。

その先で樹林帯を抜けて森林限界になる。トレースは右へのトラバースに移って、山頂ヒュッテに向かう。ヒュッテ前で左に折り返して、すぐに蓼科山山頂に着く。

山頂は南～東側に向いて、北横岳から八ヶ岳全体のパノラマがすばらしい。しかし、強風と極寒のためゆっくりと景色を見ていられない。山頂広場の中央には蓼科神社の鳥居と石祠があり、西側には展望盤（こわれている）が置かれた展望台がある。その付近からは北アルプスがよく見える。トレースを戻ってヒュッテ前に下がると、風当たりが弱まって少し落ち着ける。

充分な時間を過ごせたら下山にかかろう。体調がしっかりしていれば、2時間ほどで駐車場に戻れるはずである。

山頂から八ヶ岳。厳冬期は風が強く長時間はいられない

アクセス　JR茅野駅から北八ヶ岳ロープウェイ行きバス45分、石臼台別荘地下車。徒歩約50分（約3.8km）で女乃神茶屋。［往復とも同じ］ただし、1番バスが10時過ぎ着なので日帰りは厳しい。タクシーは茅野駅～蓼科山登山口約50分・約8500円。

マイカー情報　中央自動車道諏訪ICから国道152号・県道192号経由で蓼科山登山口まで約25km・約45分。バス停の白樺湖側50m先に無料駐車場（50台）とトイレがある。

参考タイム　蓼科山登山口（1時間40分）幸徳平（1時間10分）森林限界（20分）蓼科山［山頂周回15分］（15分）森林限界（50分）幸徳平（1時間）蓼科山登山口【計5時間30分】※石臼台別荘地から歩いた場合は計7時間10分

アドバイス　コースのほとんどが樹林帯で滑落危険箇所もないため、ピッケル、アイゼンは不要。ただし、人気の高い初級ルートで登る人も多く、トレースが固められて氷化していることがある。チェーンアイゼンか、苦手な人は軽アイゼンを持参するとよい。

問合せ先　八ヶ岳観光協会☎0266-73-8550、アルピコ交通茅野営業所☎0266-72-7141、アルピコタクシー☎0266-71-1181、中山タクシー☎0266-72-7181

2万5000分ノ1地形図　蓼科山

追加情報　時間に余裕があったら道路向かいの八子ヶ峰に登ると蓼科山が大きく望まれ、アルプスの眺めもよい。トレースがあれば往復2時間。

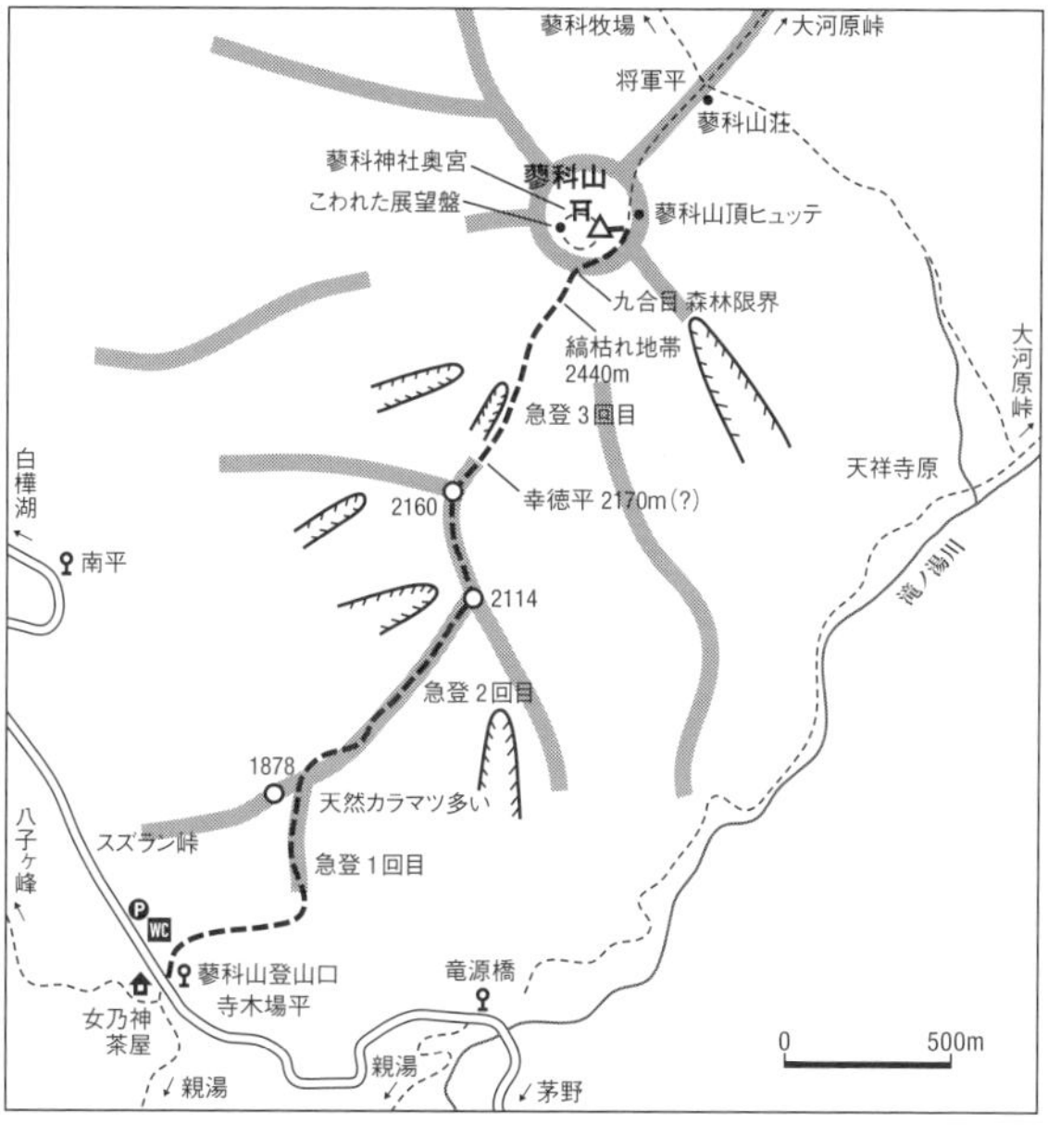

雪景色に囲まれた北横岳ヒュッテ

八ヶ岳 北横岳

北八ヶ岳ロープウェイ坪庭駅 » 北横岳 » 七ツ池 » 坪庭駅

難易度　体力★／技術★
適期　12月～3月下旬
日程　日帰り／約3時間

八ヶ岳の森と展望を楽しむ雪山入門

北八ヶ岳の最高峰である横岳は、南八ヶ岳にも横岳があるので、「北横岳」と区別されている。ロープウェイで標高２２００mまで上がると、北横岳には標高差２８０mだけ登ればよい。このため雪山初心者でも自分の力で登れる。また、まったく初めての人が雪山を体験するのにもよい。

ロープウェイの駅舎を出ると寒気が肌に突き刺さる。遊歩道を歩いて溶岩台地の坪《つぼ》庭《にわ》へ登る。坪庭を散策する観光客のために、遊歩道は雪かきが行なわれていることもある。坪庭からは横岳、三ツ岳、雨池山《あまいけ》、縞《しま》枯《がれ》山などが間近に見える。

遊歩道の中間から左に分かれて、横岳方面へ向かう。樹林帯に入って急斜面に取り付き、ジグザグの山道をしばらく急登する。登りきって傾斜が緩むと道標が立つ三差路で、右は三ツ岳へのコースだ。

左のトレースを行くとすぐに北横岳ヒュッテが現われ、七ツ池への小道が分かれている。ヒュッテは予約営業なので閉めていることもある。ここを過ぎると傾斜は急になり、今度はジグザグのない苦しい登りだ。しばらくのがんばりで北横岳南峰に飛び出す。ここには三角点があるが、先へ5分ほど進んだ北峰のほうが標高は高い。蓼科《たてしな》山や北アルプスを見るには北峰が、南八ヶ岳を見るには南峰がよい位置にある。とくに南八ヶ岳のパノラマはすばらしい。

時間があるので七ツ池に寄っていこう。北横岳ヒュッテの向かいの森の中に、小さな池が集まっている。大岳、三ツ岳、横岳に周囲を囲まれた、独特の雰囲気がある池だ。このような個性的な池が多いことも、北八ツらしい魅力になっている。

坪庭に下ってもう一度北八ツの山々を眺め、ロープウェイ駅に戻ろう。

なお、三ツ岳から雨池山を経て周回するコースは、入山者が少なくトレースが期待できないうえ、岩場のルートファインディングも難しい。短いが初級者向きではないので、入らないように気をつけたい。

北横岳南峰から望む八ヶ岳

アクセス JR茅野駅から北八ヶ岳ロープウェイ行きバス約59分、終点下車。ロープウェイは9〜16時運行、所要約7分。[往復とも同じ]

マイカー情報 中央自動車道諏訪ICから国道152号・県道192号経由、北八ヶ岳ロープウェイへ40〜50分。スキー場の駐車場（約800台、無料）を利用できる。

参考タイム ロープウェイ山頂駅（1時間）七ツ池入口（25分）横岳（15分）七ツ池入口〈七ツ池散策30分〉（50分）ロープウェイ山頂駅 【計3時間】

アドバイス アイゼンは10〜12本爪のほうが安心だが、6本爪軽アイゼンでも対応可能。横岳に登る登山者は多く、降雪直後でないかぎりトレースがあって、よく踏み込まれていることが多い。しかし笹平〜坪庭〜北横岳のラインを一歩外れると、本来のラッセルとルートファインディングが必要な雪山になる。

問合せ先 八ヶ岳観光協会☎0266-73-8550、アルピコ交通茅野営業所☎0266-72-7141、アルピコタクシー☎0266-71-1181、第一交通☎0266-72-4161、北八ヶ岳リゾート（ロープウェイ）☎0266-67-2009、北横岳ヒュッテ☎090-7710-2889、縞枯山荘☎090-2235-4499

2万5000分ノ1地形図 蓼科、蓼科山

追加情報 三ツ岳は巨岩が堆積したピークで、Ⅲ峰の鎖場は三点支持で通過する必要がある。岩の頭を渡っていくのもスリップに気をつかう。中級者向き。三ツ岳分岐（30分）Ⅲ峰（30分）Ⅰ峰（40分）雨池山（25分）八丁平（25分）ロープウェイ坪庭駅

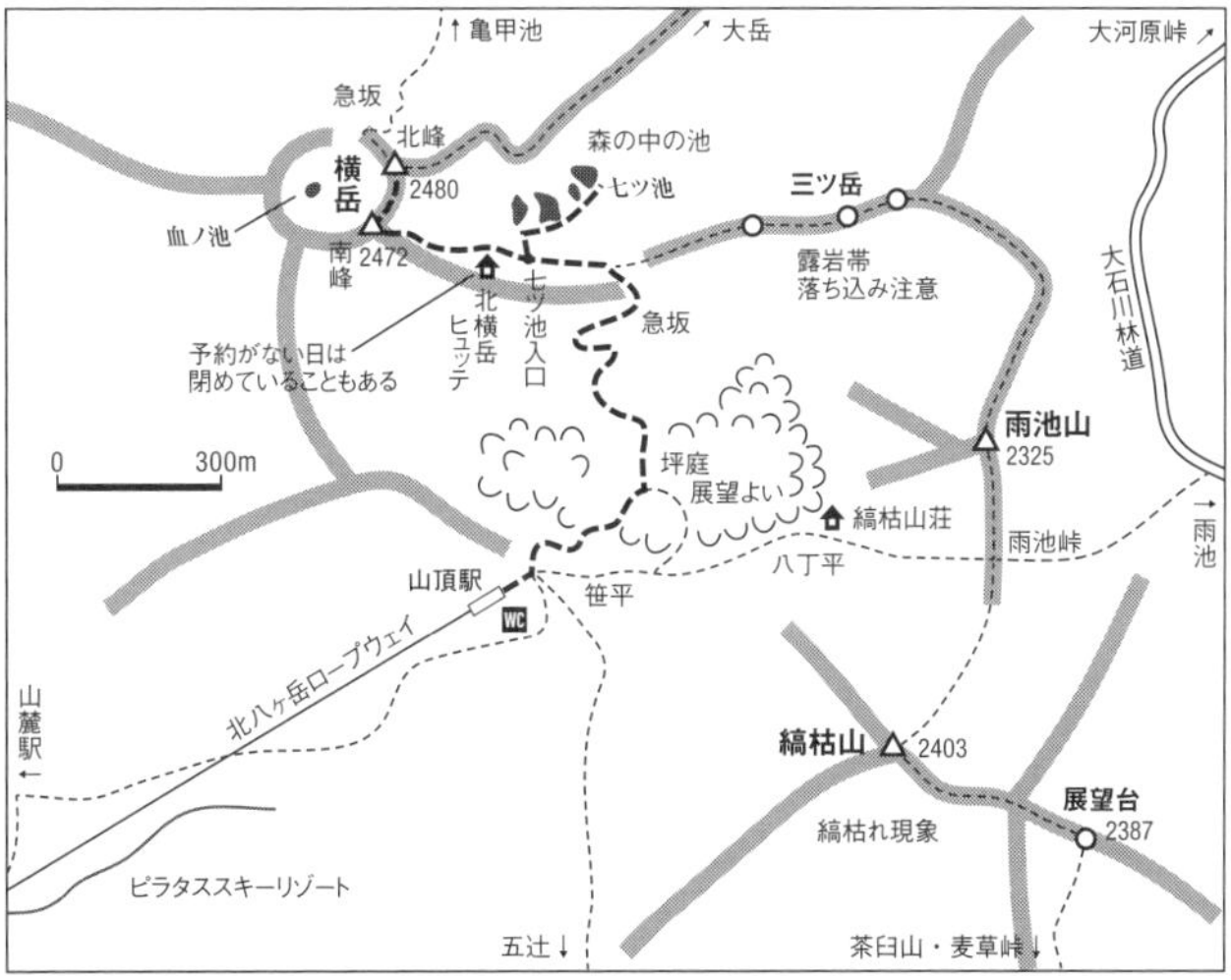

青苔荘。北八ツは個性的な山小屋が多い

八ヶ岳 北八ツ縦走

ロープウェイ坪庭駅》麦草峠》白駒池》高見石》中山》渋ノ湯

難易度	体力★★／技術★
適期	12月〜5月上旬
日程	小屋泊2日／約9時間

美しい雪景色を楽しむ縦走コース

北八ヶ岳は冬季営業の山小屋が多く、降雪直後以外はほぼトレースがある。小屋泊まりでの縦走は、初級者でも本格的な雪山をたっぷり楽しめるプランになる。

第1日　ロープウェイ坪庭《つぼにわ》駅から雨池峠《あまいけ》方面に向かう。縞枯《しまがれ》山荘前を通り、雨池峠で右折して登っていく。シラビソの森に入ると雪は多くなるが、トレースを踏んでいくだけだから気が楽だ。縞枯山と茶臼《ちゃうす》山は頂上を越えた先に絶景の展望台があるので、かならず立ち寄っていきたい。針葉樹林帯の雪景色も美しいが、要所にかならず展望台があるのが北八ツのよいところだ。

縦走路に戻って急坂を下っていくと、国道（積雪期通行止め）を渡った先に麦草《むぎくさ》ヒュッテがある。この小屋か、白駒池《しらこまいけ》まで進んで池畔の小屋のどちらかに泊まる。東京近郊を早朝の特急で出発した場合、時間的にこのあたりがちょうどよい。

第2日　麦草峠から白駒池を経由して、白駒荘の奥の道から高見石《たかみいし》に登る。白駒池一帯から高見石にかけては、北八ツの樹林帯が最も深く美しいエリアといわれている。ゆっくり味わっていきたい。

1時間ほどで高見石に登り着く。小屋裏の高見石に登ると、雪で白くなった白駒池が、樹海の中に美しく望まれる。北横岳や中山の姿と合わせて、個性的な北八ツの山岳美が心にしみるところだ。

南側に下った鞍部から、雪の多いシラビソの森を登っていく。樹林から出ると広々とした中山展望台で、天狗岳が間近に望める。樹林に囲まれた中山山頂を通って下っていくと、森の中の十字路の中山峠だ。右に進んで森から出ると、小さな広場に黒百合ヒュッテがたたずんでいる。

ふたたび深いシラビソの森に入り、最後の下りにかかる。沢状地形から右手の尾根に乗り、八方台《はっぽうだい》分岐から右斜面を下っていくと、ほどなく渋川の流れに降りて高見石からのコースが合流する。小橋を渡って、渋御殿湯《しぶごてんゆ》のすぐ先に渋ノ湯バス停がある。

強風が通り抜ける中山稜線の森

アクセス　［行き］JR茅野駅から北八ヶ岳ロープウェイ行きバス約59分、終点下車。ロープウェイに乗り7分で坪庭駅へ。［帰り］渋ノ湯からバス約50分でJR茅野駅へ。またはタクシー約40分・約7800円。
マイカー情報　中央自動車道諏訪ICから40〜50分で北八ヶ岳ロープウェイ山麓駅へ。駅前に駐車場（約800台、無料）がある。下山後はタクシーで渋ノ湯からロープウェイ駅まで約8600円。
参考タイム　▸**第1日**：ロープウェイ坪庭駅（20分）縞枯山荘（1時間30分）茶臼山（1時間10分）麦草峠（40分）白駒池　▸**第2日**：白駒池（1時間10分）高見石（1時間30分）中山（40分）黒百合平（1時間50分）渋ノ湯　【計8時間50分】
アドバイス　全体的にスノーシュー向きのエリア。トレースはだいたいついているが、スノーシューを履くと靴が深く潜るときでも楽しんで歩ける。
問合せ先　八ヶ岳観光協会☎0266-73-8550、アルピコ交通茅野営業所☎0266-72-7141、北八ヶ岳リゾート（ロープウェイ）☎0266-67-2009、アルピコタクシー☎0266-71-1181、第一タクシー☎0266-71-1181、麦草ヒュッテ☎090-7426-0036、青苔荘☎090-1423-2725、白駒荘☎090-1549-0605、高見石小屋☎080-2188-4429、黒百合ヒュッテ☎090-2533-0620
2万5000分ノ1地形図　蓼科

西天狗岳から東天狗と天狗ノ鼻（左）

八ヶ岳 東天狗岳

渋ノ湯 » 黒百合平 » 中山峠 » 東天狗岳（往復）

難易度	体力★★／技術★★
適期	12月〜3月下旬
日程	日帰り／約7時間

ピッケル&アイゼン初体験のルート

八ヶ岳はふたつの顔をもっている。ひとつはピッケル・アイゼンで登るアルペン的な南八ヶ岳、もうひとつはスノーシューなどで森の中の雪道を歩く北八ヶ岳だ。天狗《てんぐ》岳は南北のちょうど中間に位置しており、両方の雰囲気が味わえる。

渋ノ湯から登り始める。雪道は多くの登山者に踏まれて凍結しているので、滑りそうなら早めにアイゼンをつけよう。小1時間登ると八方台《はっぽうだい》分岐に着き、ここからは尾根上をゆるやかに登る。途中で北アルプスの見える場所もある。まもなく右手の沢筋に下ると唐沢《からさわ》鉱泉への分岐があり、うっそうとしたシラビソの森を行く。北八ツらしい深い森の雰囲気が心地よい。

1時間ほど歩いて休みたくなったころ、左手に中山の山腹が近づいて、積み重なった露岩や強風でねじ曲がった木が見える。まもなく黒百合平の小さな雪原に出る。

日帰りの場合はここに不要な荷を置いて、天狗岳を往復する。黒百合ヒュッテの前を直進し、10分ほどで中山峠の十字路に着く。天狗岳は右へ曲がる。樹木に隠れて見えないが左は天狗岳東壁側に切れ落ちているので、寄り過ぎないように注意しよう。

天狗ノ奥庭の一角に登ると急に高山的な雰囲気になり、大きな展望が広がる。しかし、よそ見をせずに、ピッケル・アイゼンに意識を集中させて登ろう。天狗ノ鼻の岩峰に突き当たったら右へ回り込んで巻き、左上へつめ上げると東天狗の頂上だ。

頂上からの展望はすばらしく、ここからの南八ヶ岳方面、北側に連なる北八ヶ岳〜蓼科《たてしな》山は、八ヶ岳を代表する景観のひとつだ。時間と体力に余裕があれば西天狗岳を往復しよう。展望は東天狗とほとんど同じだが、こちらのほうが標高が高い。

充分に楽しんだら下山にかかる。黒百合平までは急がずにゆっくりと、アイゼンの爪の引っかけに注意しながら下ろう。そこから先は意外に早く、渋の湯まで2時間弱で下ってしまう。

東天狗岳から赤岳、中岳、阿弥陀岳（12月）

アクセス　JR茅野駅から渋ノ湯行きバス約50分、終点下車。茅野駅からのタクシーは約40分・約7800円。

マイカー情報　中央自動車道諏訪ICから国道152号・県道191号経由で渋ノ湯へ約40分。バス停の手前に有料駐車場（30台、1日1000円）がある。

参考タイム　渋ノ湯（1時間）八方台分岐（30分）唐沢鉱泉分岐（1時間10分）黒百合平（10分）中山峠（1時間20分）東天狗岳（1時間）中山峠（10分）黒百合平（1時間50分）渋ノ湯【計7時間10分】

アドバイス　行程が長いので、マイカーで前夜に登山口に入り、早朝から登り始めないと日帰りは苦しい。アイゼンを装着して登下降する中山峠〜東天狗間は転倒厳禁。アイゼンの爪を引っかけないように、転石や岩でバランスを崩さないように、常に足元を意識を集中させながら歩くこと。初級コースとはいえ、トレッキングポールや軽アイゼンで歩くのは危険だ。

問合せ先　八ヶ岳観光協会☎0266-73-8550、アルピコ交通茅野営業所☎0266-72-7141、アルピコタクシー☎0266-71-1181、第一交通☎0266-72-4161、黒百合ヒュッテ☎090-2533-0620、渋御殿湯☎0266-67-2733

2万5000分ノ1地形図　蓼科

追加情報　黒百合ヒュッテに泊まる1泊2日行程なら、ゆったりしたスケジュールになり、雪山をより楽しめる。この場合、体力グレードは1ランク低く★となる。体力のある人なら1日目に天狗岳を往復し、2日目は高見石をまわるか、しらびそ小屋を経て稲子湯へ下山などのコースがとれる。1日目に技術練習を組み込むのも有意義だ。

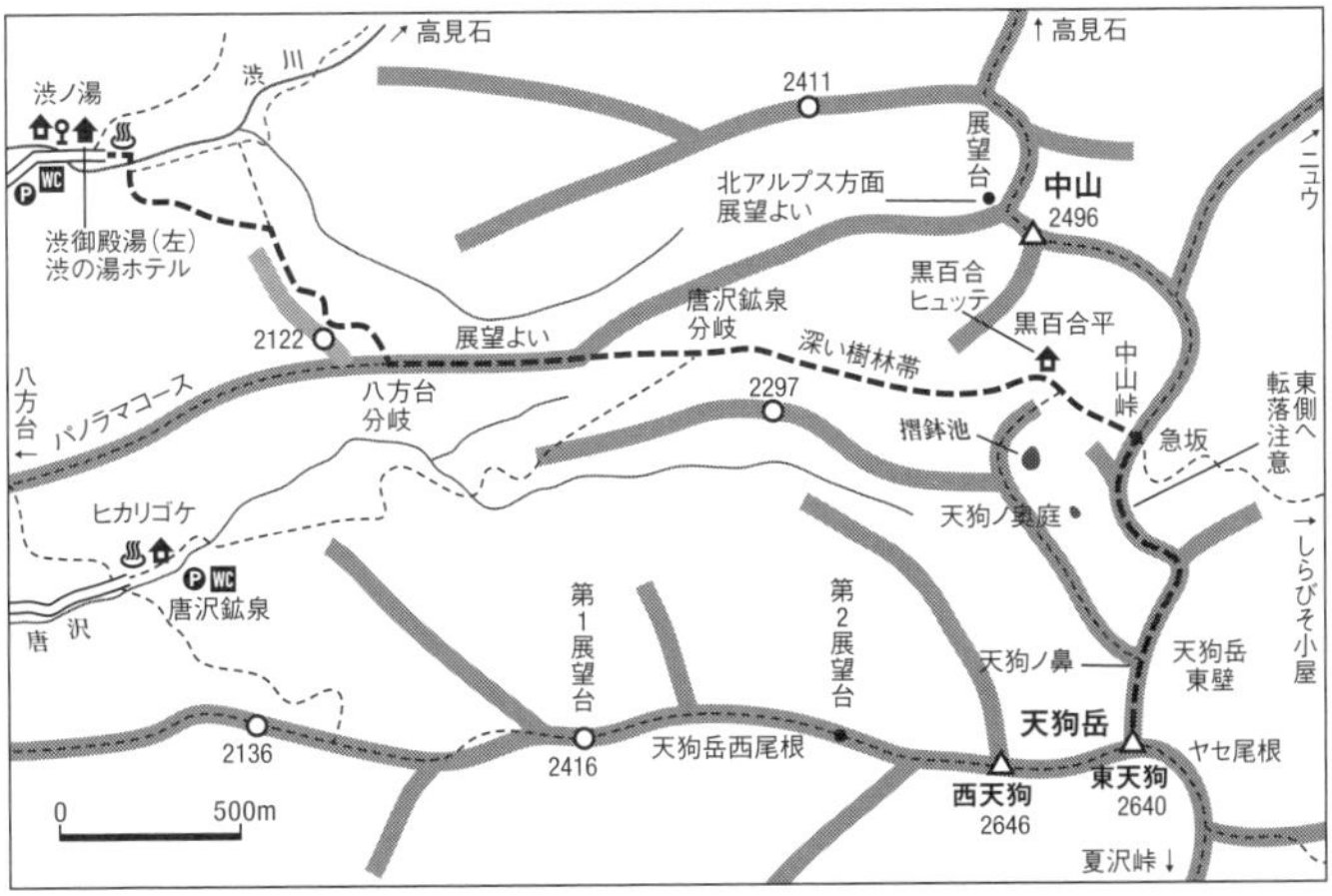

夏沢峠の山小屋と硫黄岳

八ヶ岳 硫黄岳

**桜平 » 夏沢鉱泉 » オーレン小屋 »
夏沢峠 » 硫黄岳（往復）**

難易度	体力★／技術★★
適期	12月～3月下旬
日程	小屋前泊1日／約5.5時間

高所の温泉に泊まって南八ヶ岳入門

冬の八ヶ岳は西面の赤岳鉱泉付近から登るルートが一般的だが、初級者にはややハードルが高い。そこで、ここでは北面の夏沢鉱泉に泊まり、夏沢峠から硫黄《いおう》岳をめざす初級ルートを紹介する。

第1日　夏沢鉱泉に宿泊予約すると、JR茅野《ちの》駅または唐沢《からさわ》鉱泉入口まで送迎車で送り迎えしてもらえる。午前・午後各1便の時刻が決まっているので、それに合わせて入山する。送迎は桜平《さくらだいら》までで、ここから夏沢鉱泉まで約30分の歩きになる。

鉱泉に到着後、その日のうちに硫黄岳を往復してしまう人もいるが、周辺を散策するなどして過ごすのがよいだろう。

第2日　鉱泉を出発し、針葉樹林の谷あいを緩急をくり返して登っていく。1時間ほどで樹林が途切れた明るい台地にオーレン小屋が立つ。立派な冬季小屋（有料）が開放され、冬季用仮設トイレも使える。

なおも樹林帯のゆるやかな登りが続き、ほとんどきつさを感じないまま夏沢峠に着く。登山道をはさんで2軒の山小屋があり、風を避けて休める。アイゼンを装着し、ピッケルに持ち替え、防風・防寒ウェアをチェックしたら硫黄岳へ向かう。

樹林帯をわずかに登ると森林限界で、ここからは吹きさらしの稜線になる。ピッケル・アイゼンでスリップを防ぐのはもちろんのこと、各種の目印に注意して、正しいルートを確認しながら登ろう。

上部では大きなケルンが目印になり、きつかった傾斜がゆるんで硫黄岳の山頂標識に出る。横岳西面の荒々しい岩肌と、その先には赤岳・阿弥陀《あみだ》岳の尖峰が立ち上がっている。初めて見る八ヶ岳核心部の眺めは強烈な印象を受けるだろう。晴れていれば、遠くには北アルプスなどのすばらしい山頂展望も広がっている。

山頂の時間を満喫したら往路を下ろう。夏沢峠まではアイゼンを引っ掛けての転倒などに注意。樹林帯に入れば緊張から解かれて、のんびりと夏沢鉱泉へ下る。

硫黄岳の上部登山道とケルン

アクセス　JR茅野駅からタクシーまたはマイカー利用で唐沢鉱泉入口へ。ここから夏沢鉱泉の送迎車で桜平に至る。茅野駅までの送迎便もある。タクシーは約25分・約7200円。[往復とも同じ]
(注) 夏沢鉱泉宿泊者に限りJR茅野駅～桜平間を無料で送迎。午前・午後の1日2便が基本だが、それ以外の時刻に対応可能な場合もある。

マイカー情報　中央自動車道南諏訪ICまたは諏訪ICから30～40分で唐沢鉱泉入口へ。約10台の駐車スペースがある。積雪が少なければもっと奥まで入れることもある。

参考タイム　▸**第1日：**桜平（30分）夏沢鉱泉　▸**第2日：**夏沢鉱泉（50分）オーレン小屋（30分）夏沢峠（1時間10分）硫黄岳（50分）夏沢峠（1時間）夏沢鉱泉（30分）桜平　【計5時間20分】

アドバイス　夏沢鉱泉～夏沢峠間は、降雪直後はラッセルを強いられる可能性もある。夏沢峠からは硫黄岳へ登る最も容易なルートだが、西側から強風を受ける。風下側（東側）には爆裂火口壁が切れ落ちているので寄りすぎないように。また防寒・防風対策には万全を期したい。

問合せ先　八ヶ岳観光協会☎0266-73-8550、夏沢鉱泉☎090-4158-4545、アルピコタクシー☎0266-71-1181、第一交通☎0266-72-4161

2万5000分ノ1地形図　蓼科、八ヶ岳西部

追加情報　標高2060mの夏沢鉱泉は、本邦第5位の高所にある温泉宿泊施設である。宿泊客でなくても日帰り入浴ができるので、ぜひ一度入浴してみたい。

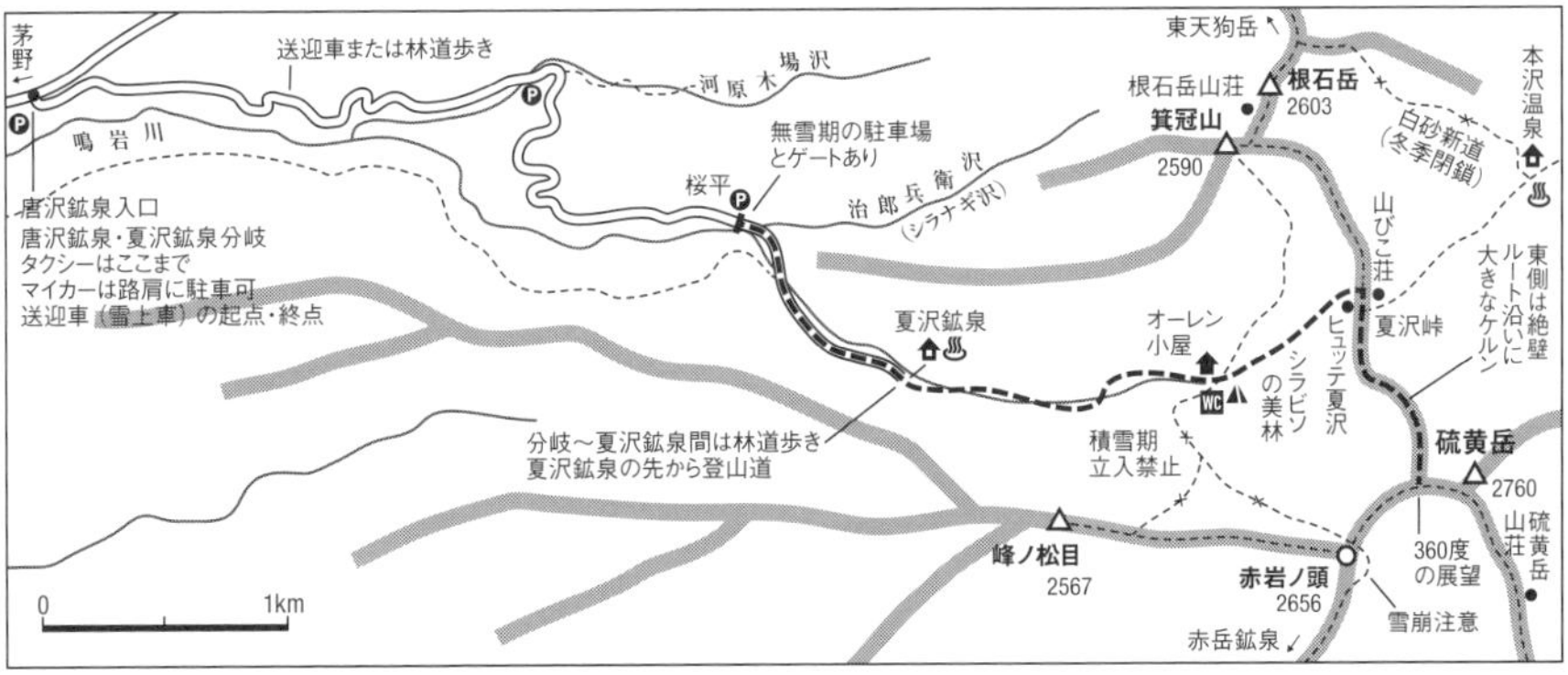

地蔵ノ頭から赤岳へ向かう

八ヶ岳　赤岳

美濃戸口 » 地蔵尾根 » 赤岳 »
文三郎道 » 行者小屋 » 美濃戸口

難易度	体力★★／技術★★★
適期	12月〜3月下旬
日程	小屋泊2日／約10時間

八ヶ岳のスタンダードな中級ルート

　南八ヶ岳の信州側（西面）一帯は、全国で最も雪山登山が盛んなエリアだが、なかでも主峰の赤岳をめざすコースはポピュラーな対象となっている。

第1日　美濃戸《みのと》から約1時間進んだ林道終点で山道に入り、シラビソの樹林帯を登る。1時間ほどで赤岳鉱泉に着く。小屋では早めに寝て翌日に備えよう。

第2日　できるだけ早い時刻に出発しよう。行者《ぎょうじゃ》小屋から地蔵《じぞう》尾根のトレースに入り、森林帯を抜けると急な岩場が始まる。危険箇所には徹底的にハシゴがかけられ、難しさは大きく軽減されている。鎖はなかば埋まっていることもあるが、そのときはアイゼンを効かせて登ろう。いずれにしても転倒が許されない地形が続く。

　主稜線に出ると少しホッとするところ。天望荘《てんぼうそう》の前を通り抜けて、正面に大きく迫る赤岳に取り付く。雪が少なくガリガリの急斜面を一気に登り、ショルダー（赤岳手前の肩）の岩稜に出ると、右側の赤岳西壁がすっぱり切れ落ちて緊張が高まる。ここを慎重に通過すると、頂上山荘のある北峰の前に出る。さらに30mほど進んだ南峰が最高点で、赤嶽神社が祭られている。見渡すかぎりの大展望が広がるが、なかでも端正な形の富士山が印象的だ。

　南方向への岩場から下降にかかる。ルートは南面に出て浅いルンゼ状の岩場を下り、それから右方向へトラバースする長い鎖場となる。ここは八ヶ岳でも事故の多い場所だが、ホールドも鎖もしっかりしており、慎重に行動すれば問題はない。

　トラバースを終えて広い稜線に出ると、少し下に文三郎道《ぶんざぶろうみち》の分岐がある。急な雪斜面と鎖やハシゴが連続する。鉄メッシュの階段はアイゼンでは歩きにくい。

　樹林帯に入り行者小屋に戻る。赤岳をふり仰ぐと、あらためて危険箇所の連続だったことが思われるだろう。そのまま柳川《やながわ》南沢コースを下って、美濃戸口へは2時間30分ほどの行程である。

赤岳南面の立場川源頭部を下る。滑落事故の多いところ

アクセス　JR茅野駅から美濃戸口行きバス約38分、終点下車。タクシーは約30分・約5500円。[往復とも同じ]
マイカー情報　中央自動車道諏訪南ICから約20分、または小淵沢ICから約25分で美濃戸口へ。八ヶ岳山荘前に美濃戸駐車場（150台、有料）がある。雪道対策のある車なら美濃戸まで約10分で入れる。赤岳山荘に駐車場（80台、有料）があり、後払いも可能。
参考タイム　▸**第1日**：美濃戸口（1時間）美濃戸（2時間）赤岳鉱泉　▸**第2日**：赤岳鉱泉（45分）行者小屋（1時間40分）地蔵ノ頭（50分）赤岳（1時間20分）行者小屋（1時間40分）美濃戸（50分）美濃戸口　【計10時間5分】　マイカーで美濃戸まで入った場合は行程がそれぞれ短くなる。
アドバイス　中級者以上で好条件の場合は基本的にロープ確保なし、各自転倒厳禁で登下降できる。初級者を含む場合はリーダーが危険箇所を判断し、要所でロープ確保の手段をとること。
問合せ先　八ヶ岳観光協会☎0266-73-8550、アルピコ交通茅野営業所☎0266-72-7141、アルピコタクシー☎0266-71-1181、第一交通☎0266-72-4161、赤岳鉱泉☎090-4824-9986、赤岳天望荘☎0266-74-2728、赤岳山荘☎0266-74-2272　小屋の営業期間についてはP175参照。
2万5000分ノ1地形図　八ヶ岳西部、八ヶ岳東部

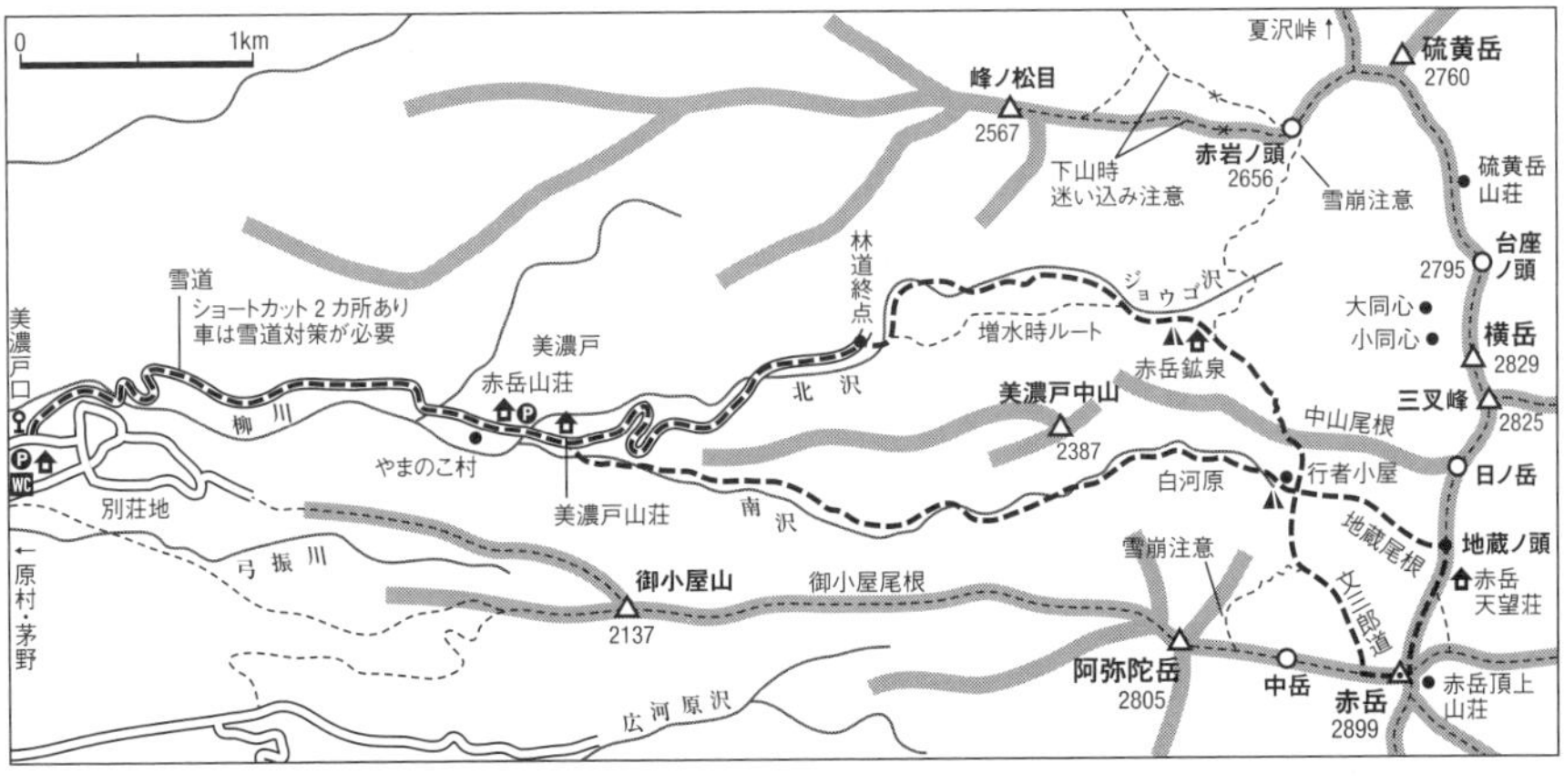

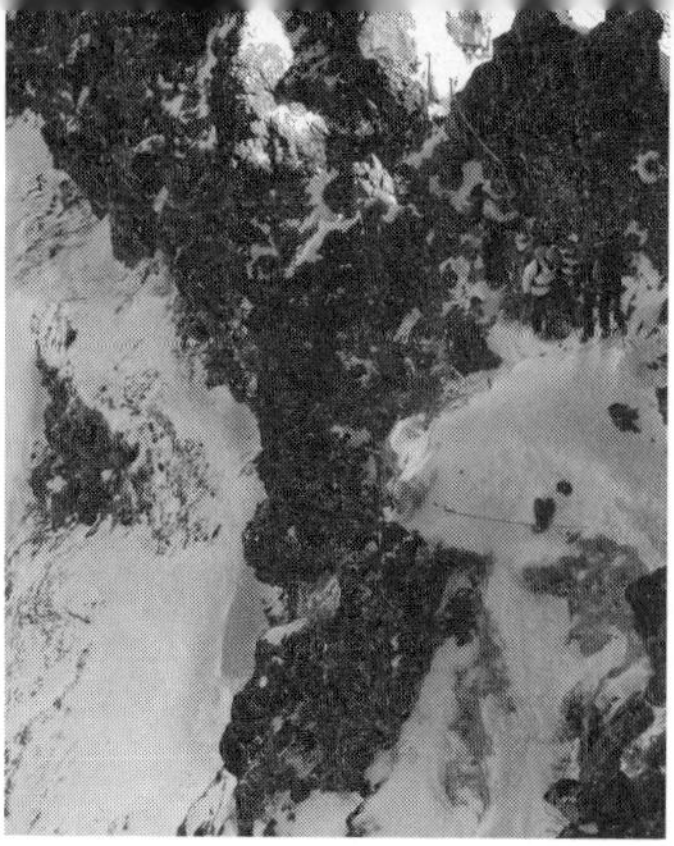

奥ノ院北側の岩稜をたどる

八ヶ岳
赤岳〜横岳

美濃戸口≫赤岳鉱泉≫赤岳≫横岳≫硫黄岳≫美濃戸口

難易度	体力★★★／技術★★★★
適期	12月〜3月下旬
日程	小屋泊2日／約12.5時間

南八ヶ岳核心部を踏破するミニ縦走

赤岳に登ったら、次に挑戦してみたいのが赤岳から横岳への周回コースだ。

第1日 美濃戸口《みのとぐち》から入山し、美濃戸から柳川《やながわ》北沢コースを歩いて赤岳鉱泉へ。この日は赤岳鉱泉に泊まる。

第2日 できるだけ早い出発を心がけよう。行者《ぎょうじゃ》小屋で服装・装備を再確認し、アイゼンやハーネスをつけるとよい。

「赤岳」（P176）の逆コースで文三郎《ぶんざぶろう》道《みち》を登る。文三郎尾根を登り、南面へ回り込んだ岩場から赤岳を越え、北峰からの急斜面を下りきるまで、どこでスリップしても致命的な地形が続く。赤岳でロープ確保が必要な人は、横岳でも何度もロープを使うことになるだろう。地蔵ノ頭の到着時刻をみて先へ進むかどうか判断したい。

地蔵ノ頭から、いよいよ横岳の縦走に踏み込む。二十三夜峰《にじゅうさんや》の小さなハシゴを過ぎると、岩峰の基部を右へ回り込み、浅い雪のルンゼを直登する。上部をトラバースして稜線上へ登り、少し先から西側に下って鉾岳《ほこ》を大きく巻く。鎖は埋まっていることが多く、急傾斜の雪壁のトラバースは緊張する。ここを通過して稜線をふたたび東側に越えると、傾斜はゆるやかになる。三叉《さんじゃ》峰を経て主峰の奥ノ院までは問題ない。

奥ノ院からの下りは、雪が乗った細いリッジを下り、下部で東側へ3mほど下降してハシゴを渡り、小さなギャップから西側へ抜け出す。先頭を行く人は、雪と岩の状況を見てルートを決める力が重要だ。

悪場が終わったら、風を避けられる場所でひと息入れたい。大ダルミから硫黄《いおう》岳までは強風に対抗しながら進み、登り着いた硫黄岳では特別な気持ちで赤岳〜横岳をふり返ることになるだろう。

赤岩ノ頭から赤岳鉱泉への下り口は吹き溜まりになりやすく、トレースが消えていることが多い。ここは道標と地形図をしっかり確認する。吹き溜まり斜面を一気に下って樹林帯に入れば、あとは赤岳鉱泉まで問題になるところはない。

鉾岳西側のトラバースを行くガイドパーティ

アクセス　JR茅野駅から美濃戸口行きバス約38分、終点下車。タクシーは茅野駅から約30分・約5500円。[往復とも同じ]

マイカー情報　中央自動車道諏訪南ICから約20分、または小淵沢ICから約25分で美濃戸口へ。八ヶ岳山荘前に美濃戸駐車場（150台、有料）がある。雪道対策のある車なら美濃戸まで約10分、赤岳山荘に駐車場（80台、有料）があり、後払いも可能。

参考タイム　▸**第1日**：美濃戸口（1時間）美濃戸（2時間）赤岳鉱泉　▸**第2日**：赤岳鉱泉（45分）行者小屋（2時間）赤岳（30分）地蔵ノ頭（1時間20分）横岳・奥ノ院（1時間10分）硫黄岳（1時間35分）赤岳鉱泉（1時間30分）美濃戸（50分）美濃戸口　【計12時間40分】

アドバイス　トレースが踏まれているときは意外にやさしく感じるだろう。しかし、降雪後でトレースが消えていると難しさは倍増する。また、積雪によって鎖・ハシゴが埋まった場合など困難が予想される。状況に応じてロープの使用を検討すること。

問合せ先　P177（赤岳）と同じ。

2万5000分ノ1地形図　八ヶ岳西部、八ヶ岳東部

追加情報　冬季12〜3月の山小屋営業状況は、赤岳鉱泉が通年営業、赤岳天望荘が12月下旬〜1月営業、行者小屋と頂上山荘は休業。美濃戸では赤岳山荘が通年営業、美濃戸山荘は年末年始のみ営業、やまのこ村は休業（2023年現在）。

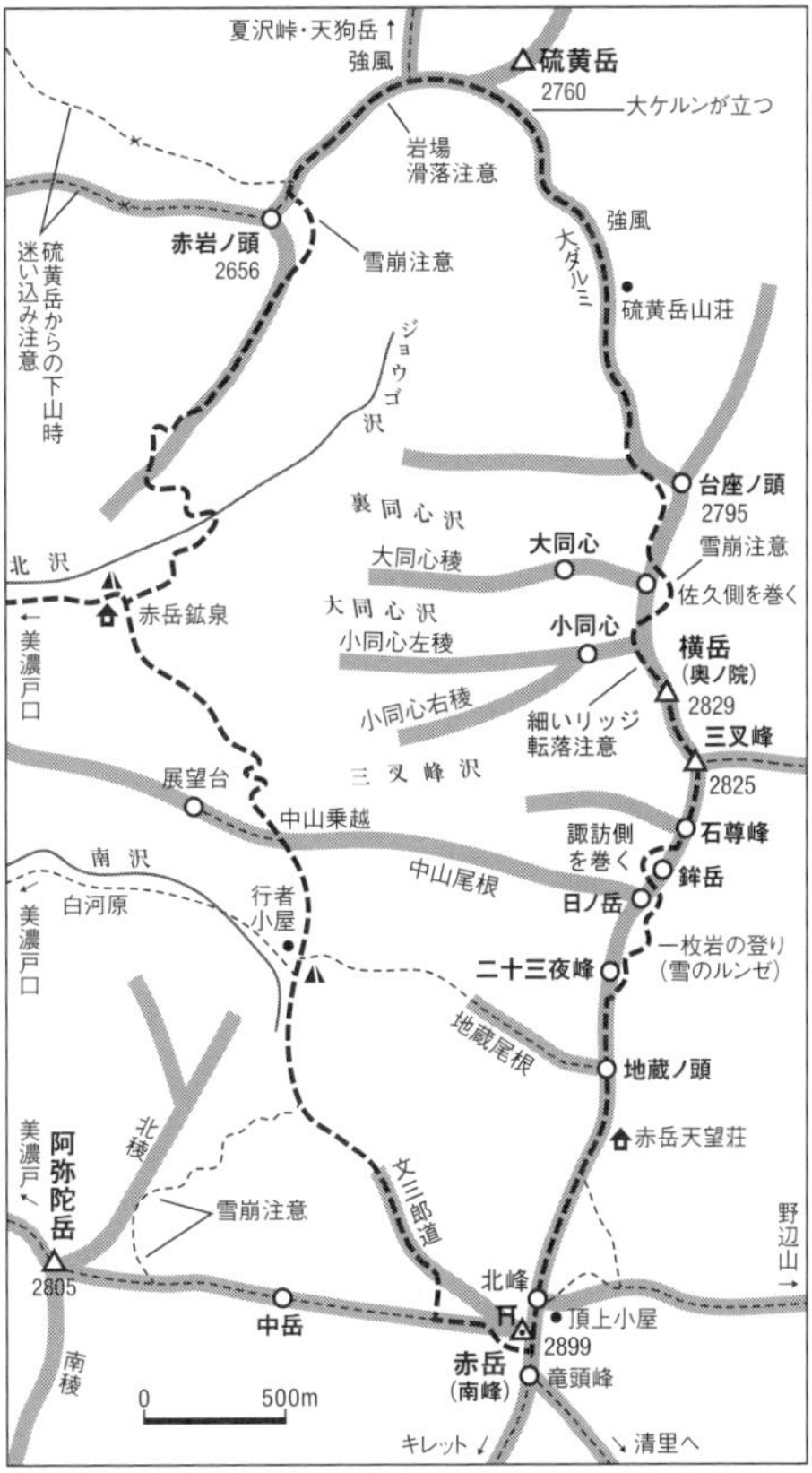

コース上半部は原始的な森の中を行く

八ヶ岳 編笠山

富士見高原ゴルフコース ≫ 盃流し跡 ≫ 石楠花公園分岐 ≫ 編笠山（往復）

難易度	体力★★／技術★★
適期	12月下旬〜3月中旬
日程	日帰り／約7.5時間

八ヶ岳南端の静かな雪山を日帰りで

八ヶ岳南端にある編笠山《あみがさ》は、タクシーを利用して日帰りがギリギリ可能だ。山頂は展望がよく満足度は高い。登山者が少ないので静かな雪山登山になるだろう。

富士見高原ゴルフコース前の登山者用駐車場からスタート。車道を少し登ると林道ゲートと登山口がある。盃流し《さかずきなが》までは富士見高原のハイキングコースになっており、経路は複雑だが、道標などが設けられている。すぐ林道に出て看板のとおりに左折し、150mほど先で右の山道に入る。2回目に林道に出たところが五差路分岐で、道標をよく見て盃流しへの道を選ぶ。3回目に林道を横断した先に盃流し分岐の道標があり、沢を渡るところが盃流しと思われるが、水害で埋まってしまったようだ。

4回目、5回目と林道を横断し、小さな尾根上を登る。ここからは編笠山への一本道になる。尾根から右側の平坦地に移り、道迷いを警戒しながら古いロープなどの形跡を確認しつつ進むと、明確な急斜面の下に着く。一帯は苔の林床がきれいな針葉樹林に変わっている。標高約1840mから2095mの尾根に出るまで一気に登る。

尾根上はダケカンバの大木や幹の黒いマツが多く、原始的な感じのする林相だ。40分ほどでシャクナゲ公園分岐の看板があるが、それらしい踏み跡も、シャクナゲの株も見つけられない。さらに30分ほどで森林限界になる。標高約2400mである。

大岩が積み重なった斜面を、足場を選びながら登っていく。ここはアイゼンのほうが楽だが、軽アイゼンでもなんとかなるだろう。万一、転倒しても岩の間に落ちるだけで、滑落することはない。

ようやく登り着いたピークは、八ヶ岳南面の眺めが圧倒的ですばらしい。南アルプスと富士山が美しく、中央アルプスなどのパノラマも広がっている。

下山も長い。悩ましいところだが、途中で暗くならないように調整しよう。遅くとも午後2時には下山開始したい。

編笠山から八ヶ岳南面の眺め。左から阿弥陀岳、赤岳、ギボシ、権現岳

アクセス　JR小淵沢駅またはJR富士見駅から富士見高原ゴルフコース入口まで、タクシー約15分・約3300円。[往復とも同じ]

マイカー情報　中央自動車道小淵沢ICから県道11号・484号などで富士見高原ゴルフコース入口まで約8分。登山者用に設けられた「B1」駐車場（無料）を利用。

参考タイム　富士見高原ゴルフコース入口（50分）盃流し跡（2時間）標高2100m稜線（40分）シャクナゲ公園分岐（1時間）編笠山（30分）シャクナゲ公園分岐（2時間）盃流し跡（30分）富士見高原ゴルフコース入口　【計7時間30分】

アドバイス　滑落危険箇所はなく、ピッケル、アイゼンは不要。凍結に備えて軽アイゼンかチェーンスパイクを用意したい。ラッセルが予想されるときは、ワカンかスノーシューも持っていこう。ただし、コースが長いためラッセルがあると登頂できない可能性が高い。技術グレードはルート不明瞭な部分を含めて★★になっている。

問合せ先　富士見町観光案内所☎0266-62-5757、富士見高原リゾート☎0266-66-2121、小淵沢タクシー☎0120-36-2055、第一交通富士見営業所☎0266-62-8588

2万5000分ノ1地形図　八ヶ岳西部

追加情報　体力に自信がある人は、西岳から源治新道を回って編笠山へ周回するコースもとれる。源治新道は雪が深くラッセルになる可能性が高いが、全体的に積雪は少ないので可能だろう。青年小屋に宿泊できればちょうどよいのだが残念である。

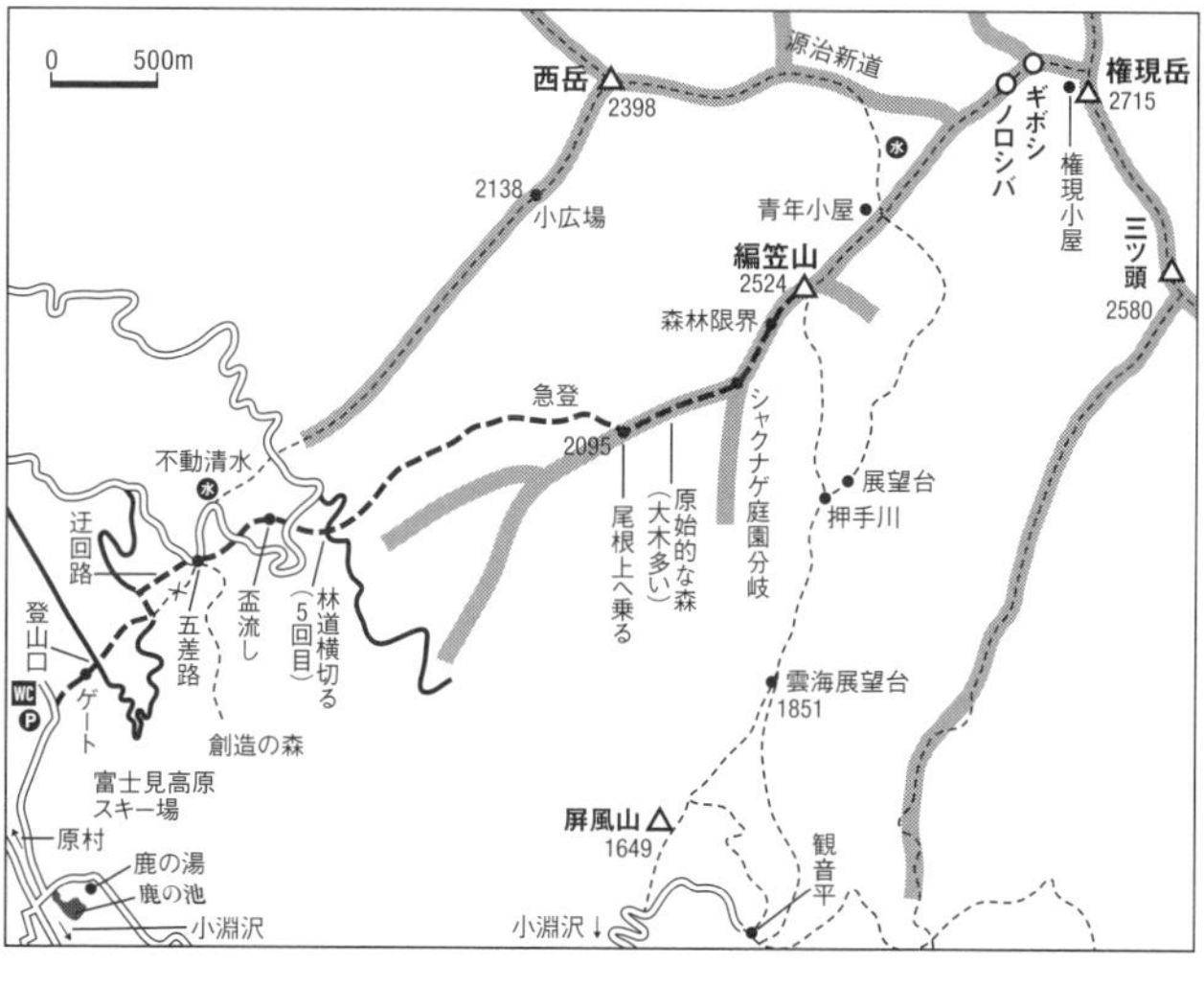

山頂から八ヶ岳方面の展望

南アルプス 入笠山

沢入登山口 » 入笠湿原 » ヒュッテ入笠 » 入笠山（往復）

難易度	体力★／技術★
適期	12月下旬～3月中旬
日程	日帰り／約3.5時間

手軽なフィールドで雪山を初体験

入笠《にゅうかさ》山は雪山が初めての人も無理なく入れるフィールドだ。富士パノラマリゾート（スキー場）のゴンドラを利用すると短時間で登れるが、ここでは沢入登山口から往復するコースを紹介しよう。

東京方面から早朝発の特急に乗車すると、富士見駅は午前9時前の到着になる。タクシーを予約しておいて、なるべく早く登山口に入れるようにする。

週末なら駐車場はすでに混んでいるだろう。登る人が多く、トレースがあるのはありがたいが、踏み固まりすぎて軽アイゼンがほしいときもある。雪の状況を見ていちばん効率のよい方法で登るとよい。

この地方に多いカラマツ主体の人工林の中を登っていく。斜面を右にして斜め上に登るので、傾斜はそれほどきつく感じない。30～40分ほど登ると山道はほぼ水平になり、「法華道」の看板が立つところで左に細いトレースが分かれる。まもなく道は左の沢へ下り、鹿柵をくぐって入笠湿原の一角に入ると、スキー場から来る人も加わってにぎやかになる。湿原といっても今は広い雪原があるだけだ。対岸の山彦荘《やまびこそう》（冬季休業中）あたりでひと休みするとよい。ここにはトイレもある。

左折して林道を南へ進む。10分ほどでヒュッテ入笠をすぎ、そのまま登りにかかる。左下に小広い雪原が広がり、その先に蓼科山から諏訪地方の山なみが見える。雪のスロープで多くの人が雪遊びに興じていて、なごやかな気分にさせてくれる。

登り着いた頂上は３６０度の好展望だ。正面に八ヶ岳が大きく広がり、富士山から鳳凰《ほうおう》・甲斐駒《かいこま》あたりも迫力がある。中部山岳の真ん中にあって、晴れれば日本百名山のうち22山を望むことができるそうだ。

下りの時間を考えて、適度な時刻で頂上をあとにしよう。1時間の余裕があったら、大阿原《おおあはら》湿原に足を延ばすのもよい。ヒュッテ入笠の料理は評判なので、そこでランチにするのがいいかもしれない。

ヒュッテ入笠前、花畑の雪原で雪遊びする人たち

アクセス　JR富士見駅から沢入登山口へタクシー約30分・約3000円。[往復とも同じ]
マイカー情報　諏訪南ICから一般道を約10km・約30分で沢入登山口へ。無料駐車場（30台）がある。雪用タイヤにスノーチェーンなど雪道対策が必要。
参考タイム　沢入登山口（1時間10分）山彦荘（10分）ヒュッテ入笠（40分）入笠山（30分）ヒュッテ入笠（1時間）沢入登山口　【計3時間30分】
アドバイス　踏み固められたトレースが滑ることがあるので、念のため軽アイゼンかチェーンスパイクは用意したい。スノーシュー向きのフィールドなので、スノーシューも使って楽しむとよい。
問合せ先　富士見町観光協会☎0266-62-5757、富士見パノラマリゾート☎0266-62-5666、　ヒュッテ入笠☎0266-62-2083、アルピコタクシー茅野営業所☎0266-71-1181、第一交通富士見営業所☎0266-62-8588
2万5000分ノ1地形図　信濃富士見
追加情報　時間に余裕があったら、山頂から大阿原湿原まで足を伸ばすと、スノーハイクをより楽しめるだろう。入笠山(20分)仏平峠［大阿原湿原散策30～40分］(入笠林道経由30分）ヒュッテ入笠
　スキー場のゴンドラを利用すると、さらに短時間で山頂を往復できる。ゴンドラ山頂駅（20分）入笠湿原（15分）ヒュッテ入笠（40分）入笠山（30分）ヒュッテ入笠（35分）ゴンドラ山頂駅【計2時間20分】富士見駅からスキー場へ無料のシャトルバスが運行されている。

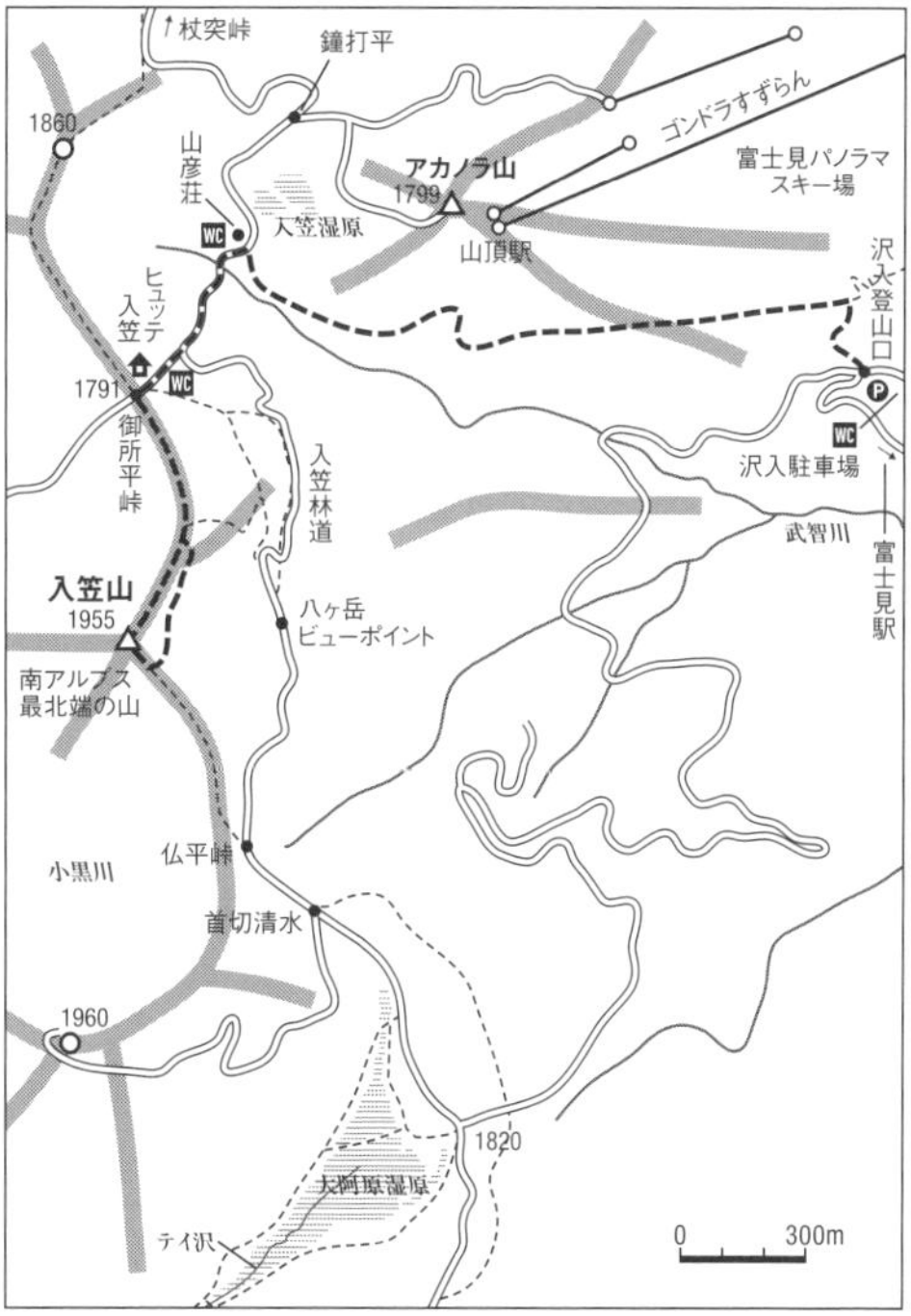

山頂から鳳凰三山と富士山

南アルプス
甲斐駒ヶ岳（残雪期）

歌宿 ≫ 北沢峠 ≫ 甲斐駒ヶ岳（往復）

難易度	体力★★★／技術★★★
適期	4月下旬～5月中旬
日程	小屋泊3日／約13時間

豪快な岩稜を登り大展望の頂上へ

甲斐駒《かいこま》ヶ岳への雪山ルートは、黒戸《くろと》尾根と北沢《きたざわ》峠からの2つがある。北沢峠からのルートは中級者向きで、昔から南アルプスの雪山入門として登られてきたが、アプローチの林道が崩落危険のため通行止めになっており、開通の見通しが立っていない。そのため、ここでは南アルプス林道バスが歌宿《うたじゅく》までの運行を開始する時期に合わせて、残雪期ルートとして紹介する。

第1日　仙流荘《せんりゅうそう》までタクシーかマイカーで入り、南アルプス林道バスに乗り換えて歌宿へ。舗装された林道を峠方向へ歩き、大《おお》平山荘《だいら》（休業中）の前から山道に入り、もう一度林道に出ると北沢峠に着く。こもれび山荘か5分下った長衛小屋、またはテントで泊まる。指定地は長衛小屋前にある。

第2日　北沢沿いに上流へ行くと、しだいに積雪は多くなり仙水《せんすい》小屋を通過する。小屋は冬季休業中だが、建物の一部を開放しており、テント指定地にもなっている。

樹林帯を抜けゴーロ帯を行くと仙水峠に出て、摩利支天《まりしてん》の岩峰に圧倒される。峠からシラビソの樹林帯を登るが、新雪はほとんどないので、無雪期と同じくらいの時間で登れるだろう。駒津峰《こまつみね》からは甲斐駒ヶ岳が近くに迫ってくる。

駒津峰からヤセ尾根を下り、六方石《ろっぽういし》の大岩の右側を通る。この先で岩稜直登コースと、摩利支天の鞍部を経由する巻き道コースに分かれる。雪崩の危険がなければ巻き道コースは楽に登れるが、積雪期の標準は直登ルートのほうである。直登コースに雪は少なく、アイゼンを岩にガリガリ噛ませながらのクライミングになる。

1時間ほど登ると傾斜がゆるやかになり、山頂に達する。北岳や仙丈《せんじょう》ヶ岳、富士山の姿がすばらしく、八ヶ岳、北・中央アルプスなど大きな展望が楽しめる。

下山は、アイゼンでの下降はより難しいので慎重に行動したい。駒津峰からは双児《ふたご》山経由で下ることもできる。

第3日　宿泊地から歌宿へ戻る。

六方石から甲斐駒ヶ岳の直登ルートを見上げる。雪は非常に少ない

アクセス　JR伊那市駅から市営バス（運行はJRバス関東）25分で高遠下車。タクシーに乗り換え仙流荘へ約14分・約5200円。またはタクシーでJR伊那市駅から仙流荘へ約30分・約9200円。仙流荘から歌宿まで南アルプス林道バス30分。[往復とも同じ]

マイカー情報　中央自動車道伊那ICから国道361号経由約40分、または諏訪ICから国道152号経由約1時間で仙流荘へ。有料駐車場あり（200台）。バスに乗り換え30分で歌宿。

参考タイム　▸**第1日**：歌宿（2時間）北沢峠　▸**第2日**：北沢峠（45分）仙水小屋（40分）仙水峠（1時間45分）駒津峰（2時間）甲斐駒ヶ岳（1時間20分）駒津峰（1時間45分）仙水小屋（35分）北沢峠　▸**第3日**：北沢峠（2時間）歌宿　【計12時間50分】

アドバイス　駒津峰〜六方石間は細い雪稜で滑落注意。六方石からは氷雪混じりの岩場の登攀になる。雪崩の危険がなければトラバースルートのほうがやさしい。

問合せ先　長谷総合支所山岳高原観光課☎0265-98-3130、JRバス関東中央道支店☎0265-73-7171、伊那市（伊那市営バス）☎0265-78-4111、南アルプス林道バス営業所☎0265-98-2821、白川タクシー高遠営業所☎0265-94-2046、仙流荘☎0265-98-2312、北沢峠こもれび山荘☎080-8760-4367、南アルプス市長衛小屋☎090-2227-0360、仙水小屋☎080-5076-5494

2万5000分ノ1地形図　仙丈ヶ岳、甲斐駒ヶ岳

追加情報　戸台方面通行止めについてP.183を参照。

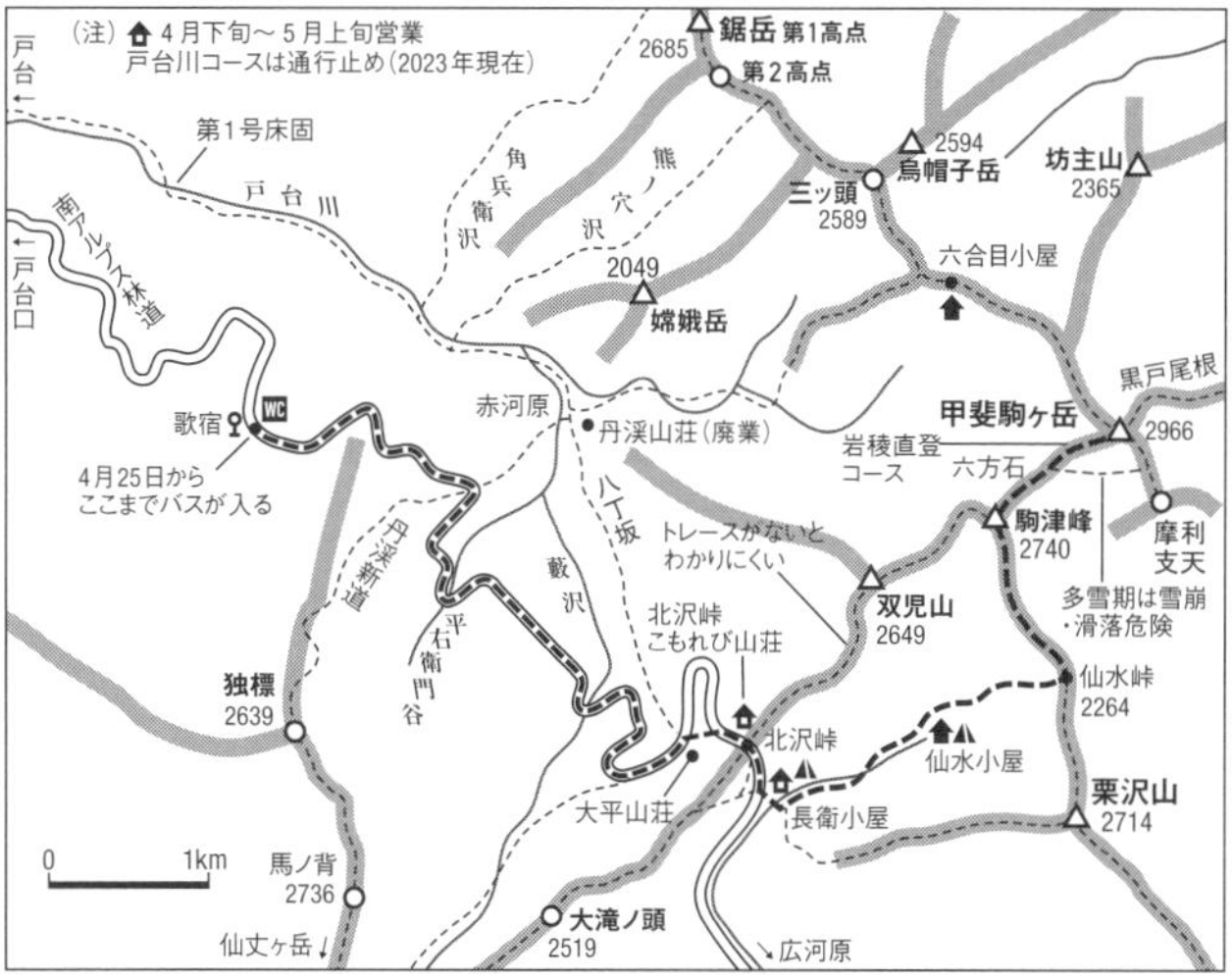

小仙丈ヶ岳から仙丈ヶ岳

南アルプス
仙丈ヶ岳（残雪期）

歌宿 ≫ 北沢峠 ≫ 仙丈ヶ岳（往復）

難易度	体力★★★／技術★★★
適期	4月下旬～5月中旬
日程	小屋泊3日／約12.5時間

雪稜とカールに囲まれた優美な山

仙丈《せんじょう》ヶ岳への雪山ルートは、北沢《きたざわ》峠からと地蔵尾根の2つがある。地蔵尾根はテントで2泊以上が必要なマイナールートだ。北沢峠からのルートは昔から登られてきたが、現在はアプローチの林道が通行止めで入山できなくなっている。ここでは、南アルプス林道の歌宿《うたじゅく》から北沢峠へ入山する、残雪期のルートとして紹介する。

第1日　仙流荘《せんりゅうそう》までタクシーかマイカーで入り、南アルプス林道バスに乗り換えて歌宿へ。さらに舗装された林道を1時間30分～2時間歩いて北沢峠へ登る。北沢峠のこもれび山荘、峠から5分下った北沢の長衛小屋、またはテントで泊まる。

第2日　北沢峠の公衆トイレ左側と、仙水峠分岐の道路向かいの所から仙丈ヶ岳へ登る山道が入っていて、両者は二合目で合流する。シラビソの原生林を登っていくと、四合目あたりから尾根の形がはっきりしてくる。大滝ノ頭（五合目）を過ぎて森林限界を超え、甲斐駒《かいこま》ヶ岳が背後に大きく立ち上がってくる。広い斜面を急登すると小仙丈ヶ岳に着き、広大なカールを前景にした仙丈ヶ岳がとても美しい。

ここから雪稜となり、左側はカールの急斜面、右側も雪の滑り台となって、滑落は許されないところだ。急な雪面を登り、尾根に上がって左折するが、下山のときガスで視界がないとこの地点がわかりにくい。

やがて尾根の中腹を行くが、このあたりは強風のため積雪が少ない。小ピークの雪面を登ると尾根は右折して、藪沢カールを右下に見ながら細い雪稜をたどり、ほどなく頂上に達する。この雪稜は雪が硬く締まっているとやや緊張するところだ。

頂上は全方向への展望が広がり、美しい三角錐の北岳と、並んで見える富士山が印象的だ。風を避けられる窪地もある。

下山は同じルートを戻るが、視界がなくなると、小仙丈ヶ岳頂上から南東の尾根に引き込まれやすいので注意しよう。

第3日　北沢峠から歌宿へ戻る。

山頂直下のスノーリッジ。このルートで唯一、難所といえるところだ

アクセス　JR伊那市駅から市営バス（運行はJRバス関東）25分で高遠下車。タクシーに乗り換え仙流荘へ約14分・約5200円。またはタクシーでJR伊那市駅から仙流荘へ約30分・約9200円。仙流荘から歌宿まで南アルプス林道バス30分。[往復とも同じ]

マイカー情報　中央自動車道伊那ICから国道361号経由約40分、または諏訪ICから国道152号経由約1時間で仙流荘へ。有料駐車場あり（200台）。バスに乗り換え30分で歌宿。

参考タイム　▸**第1日**：歌宿（2時間）北沢峠　▸**第2日**：北沢峠（2時間20分）大滝ノ頭（1時間20分）小仙丈ヶ岳（1時間20分）仙丈ヶ岳（1時間）小仙丈ヶ岳（1時間）大滝ノ頭（1時間30分）北沢峠　▸**第3日**：北沢峠（2時間）歌宿　【計12時間30分】

アドバイス　大滝ノ頭から上は雪が多く確実なアイゼンワークが重要。転倒したら長い距離を滑っていきそうだが、トレッキングポールでは止められない。頂上直前のスノーリッジはカール側に落ちないように注意。

問合せ先　長谷総合支所山岳高原観光課☎0265-98-3130、JRバス関東中央道支店☎0265-73-7171、伊那市（伊那市営バス）☎0265-78-4111、南アルプス林道バス営業所☎0265-98-2821、白川タクシー高遠営業所☎0265-94-2046、仙流荘☎0265-98-2312、北沢峠こもれび山荘☎080-8760-4367、南アルプス市長衛小屋☎090-2227-0360、藪沢小屋（伊那市観光）☎0265-71-5577

2万5000分ノ1地形図　仙丈ヶ岳、甲斐駒ヶ岳

追加情報　仙流荘の上流1kmから戸台方面への市道黒河内線は、2022年3月以降、法面崩落のため全面通行止めが続いている（車両・歩行者とも）。このため、戸台川原から北沢峠への登山コースも使えない状況だ。

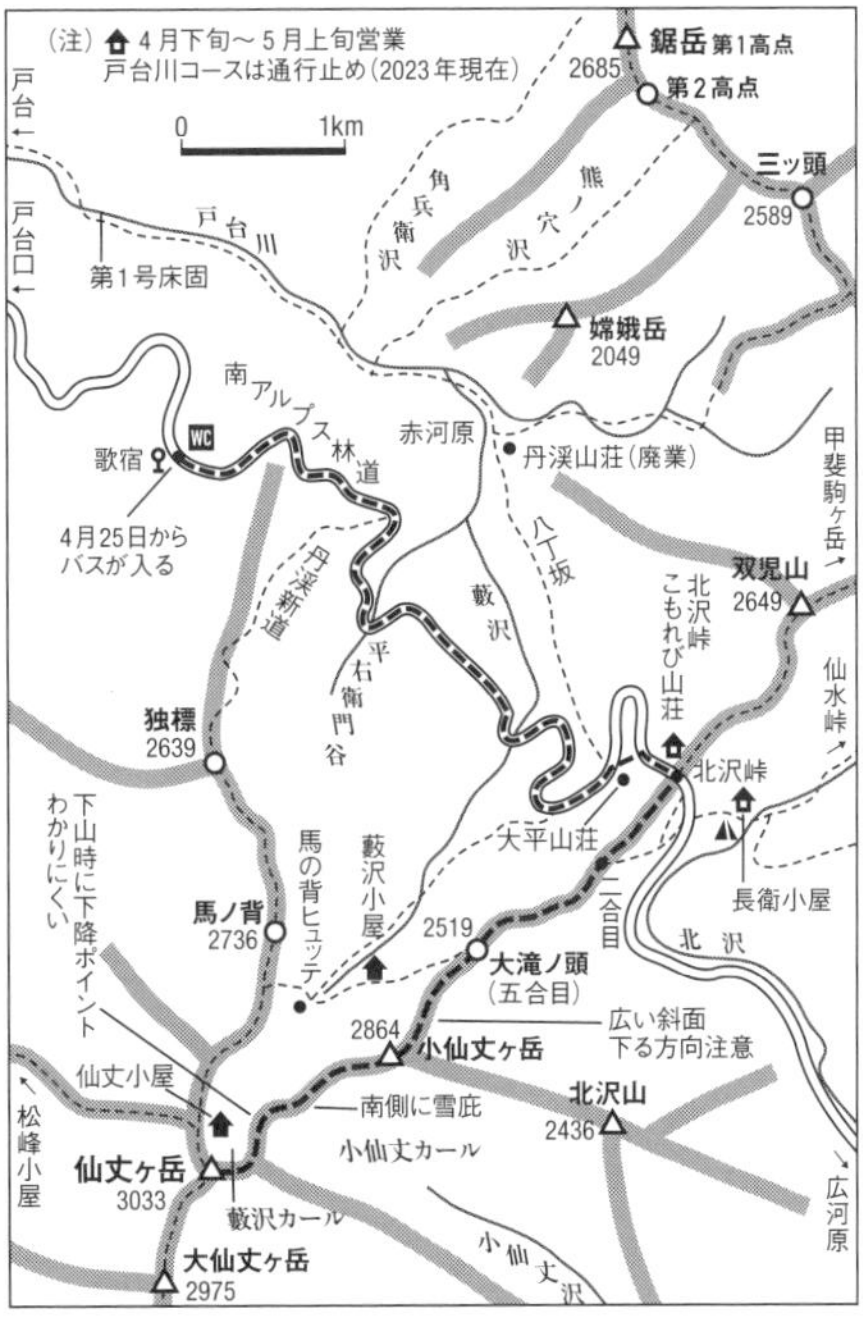

地蔵岳山頂のオベリスク

南アルプス　鳳凰三山

夜叉神峠登山口 ≫ 南御室小屋 ≫ 観音岳 ≫ 赤抜沢ノ頭（往復）

難易度	体力★★／技術★★
適期	12月下旬〜5月上旬
日程	小屋泊3日／約17.5時間

大展望を思う存分楽しめる好ルート

鳳凰《ほうおう》三山は太平洋側に位置するため、冬季の天候が安定し、積雪量が少なく入山しやすい。滑落などの危険箇所がない点でも、雪山の入門コースに適している。薬師《やくし》岳から地蔵《じぞう》岳の稜線は、白峰《しらね》三山《さんざん》や甲斐駒《かいこま》・仙《せん》丈《じょう》、秀麗な富士山も間近に眺められ、絶好の展望台になっている。

第1日　夜叉神《やしゃじん》峠登山口からカラマツの樹林帯につけられた登山道を登る。年末年始ごろだと、夜叉神峠までは無雪期と変わらず1時間ほどで登れる。峠から右にひと登りして夜叉神峠小屋前に出ると、雪をいただいた北岳と間《あい》ノ岳がすばらしい。日帰りでここまで往復する人もいる。

杖立《つえたて》峠までは展望のない樹林帯が続く。樹林帯を抜け出た標高2300m付近の展望地は、かつて山火事があったところだ。苺平《いちごだいら》から積雪が増した樹林帯を下り南御室《みなみおむろ》小屋へ。小屋前がテント場になっていて、冬でも流水から水が汲める。無人の冬季小屋（有料）に泊まることもできる。

第2日　小屋脇から樹林帯の急斜面を登り、傾斜が緩くなると砂払《すなはらい》岳の露岩帯に出る。森林限界になり雰囲気が一変する。鞍部に立つ薬師岳小屋を過ぎて、ひと登りで広々とした薬師岳山頂だ。北岳を中心とした南アルプス北部の名峰と、雲の上に突き出す富士山が大迫力で展開する。観音《かんのん》岳まではピッケル、アイゼンをしっかり使いながら、大展望のなかを快適に縦走する。

地蔵岳までは大きな下りと登り返しがあるうえ、入山者も少なくトレースが薄いことが多い。状況により往復するかどうか決めよう。最高点のオベリスクはロッククライミングでないと登れないので、通常は赤《あか》抜沢《ぬけざわ》ノ頭《あたま》か賽《さい》ノ河原《かわら》まで往復する。

帰路も展望を思う存分楽しみながら、南御室小屋へ戻る。

第3日　往路を下山する。途中、苺平から辻山を往復するとよい。真正面に近く白峰三山が望まれ、登ってきた鳳凰三山のルートが見渡せるすばらしい山頂だ。

観音岳から白峰三山。右から北岳、間ノ岳、西農鳥岳、農鳥岳

アクセス　11月中旬以降、夜叉神峠方面へ入るバスはない。タクシーで夜叉神峠登山口まで、JR甲府駅から約50分・約9000円、JR韮崎駅から約45分・約8000円。[往復とも同じ]
マイカー情報　中部横断自動車道白根ICから国道52号、県道20号（南アルプス街道）、南アルプス林道経由で夜叉神峠登山口へ。無料駐車場（100台）がある。
参考タイム　▸**第1日**：夜叉神峠登山口（1時間）夜叉神峠（2時間）杖立峠（2時間40分）南御室小屋　▸**第2日**：南御室小屋（2時間）薬師岳（1時間）観音岳（1時間10分）赤抜沢ノ頭（1時間20分）観音岳（2時間10分）南御室小屋　▸**第3日**：南御室小屋（3時間20分）夜叉神峠（40分）夜叉神峠登山口　【計17時間20分】
アドバイス　スノーシューやわかんはあったほうが無難。トレースが踏まれていれば無雪期と同じコースタイムで歩ける。薬師岳から赤抜沢ノ頭の稜線は風が強いので、しっかりした防風・防寒対策が必要。最近は軽量化の影響で日帰りする人もいるほどだが、一般的には余裕をもった計画でゆっくり歩きたい。
問合せ先　南アルプス市観光協会☎055-284-4204、YKタクシー甲府☎0120-82-2121、芦安観光タクシー☎055-285-3555、夜叉神ヒュッテ☎080-2182-2992、夜叉神峠小屋☎055-288-2402、南御室小屋☎0551-22-6682、薬師岳小屋☎090-5561-1242
2万5000分ノ1地形図　夜叉神峠、鳳凰山
追加情報　積雪が多いときなどは、芦安の山ノ神ゲートで車両規制が行なわれ、車が入れないことがある。芦安から夜叉神峠への旧道を歩くと、夜叉神峠登山口まで登り2時間、下り1時間ぐらい。

乗越浄土へ登る

中央アルプス
木曽駒ヶ岳

千畳敷≫乗越浄土≫木曽駒ヶ岳（往復）

難易度	体力★／技術★★★
適期	11月下旬〜5月上旬
日程	日帰り／約4.5時間

日帰りで登れる中央アルプス主峰

中央アルプスの主峰である木曽駒《きそこま》ヶ岳は、日帰りで登れる3000m峰として人気が高い。ただし、カール内は雪崩の危険地帯であるうえ、稜線直下は急峻な雪面で滑落の危険がある。雪山のリスクに対する判断が重要なコースである。

ロープウェイに乗る前に靴とスパッツ、ウェアの準備を済ませておく。ロープウェイ駅舎でもあるホテル千畳敷《せんじょうじき》から外へ出ると、白い雪におおわれた千畳敷カールが広がり、宝剣《ほうけん》岳がそびえ立っている。なるべく風を避けてアイゼンを装着する。

ホテルの建物の前を右へ進み、約20m下ってカールの底へ下りる。ここから乗越浄《のっこしじょ》土《うど》までは雪崩危険地帯のため、残雪期でないかぎり途中で腰を下ろして休むことはできない。そのことを考えに入れて登りのペースをつくっていく。

はじめはゆるやかな雪面が続き、徐々に傾斜が増してくる。30分ほど登ると稜線が近づくが、傾斜はさらに急になっていき、最後には40〜50度になる。上部ではクラストしていることが多く、ピッケルとアイゼンをしっかり効かせて登る。

乗越浄土に出て左折すると、宝剣山荘と天狗荘が並んで立っている。小屋の後ろから右手に向かい、ゆるやかな斜面を中岳へ登る。悪天候で視界がないときは迷いやすいところだ。登り着いた中岳から、ほぼ直角に左折して広い鞍部に下り、駒ヶ岳頂上山荘（休業中）の左側を過ぎて、少し傾斜のある雪面を登りつめると、頂上三角点の正面かやや馬ノ背寄りに飛び出す。山頂は、北・南アルプス、御嶽《おんたけ》・乗鞍《のりくら》、八ヶ岳など名だたる山々を見渡すことができる。

展望を充分に楽しんだら往路を引き返そう。乗越浄土からの下りは、ピッケルをすぐ突き刺せる位置に持ちながら、滑落しないように慎重に下る。下るにつれて傾斜は緩くなり、しだいに楽になってゆく。

なお、ロープウェイの最終は16時ごろなので、それまでに戻る必要がある。

山頂より中岳と南アルプス・荒川岳、赤石岳、聖岳など

アクセス　JR駒ヶ根駅からロープウェイ行きバス約50分、終点しらび平下車。ロープウェイに乗り継ぎ約8分で千畳敷へ。

マイカー情報　県道75号駒ヶ岳公園線黒川平～しらび平間は一般車両通行禁止である。中央自動車道駒ヶ根ICから約3分の菅の台バスセンターへ行き、菅の台バスセンター駐車場（300台、有料）に駐車する。バスに乗り換えて約30分でしらび平、ロープウェイ約8分で千畳敷へ。

参考タイム　千畳敷（1時間20分）乗越浄土（30分）中岳（50分）木曽駒ヶ岳（40分）中岳（20分）乗越浄土（50分）千畳敷　【計4時間30分】

アドバイス　雪崩の判断をきちんとすることが重要。正確な予測は個人には難しいので、専門家による気象情報・雪崩情報をチェックして、少しでも危険な要素があるときは登らないようにしたい。

宝剣山荘は年末年始と4月上旬から営業予定。積雪期は小屋前でテントも張れるが、冬型になると強風が当たり、風防ブロックは切り出せないので快適ではない。

問合せ先　駒ヶ根観光協会☎0265-81-7700、中央アルプス観光（ロープウェイ）☎0265-83-3107、伊那バス駒ヶ根営業所☎0265-83-4115、ホテル千畳敷☎0265-83-5201、宝剣山荘☎090-7804-2185（1～6月）・0265-95-1919

2万5000分ノ1地形図　木曽駒ヶ岳

追加情報　千畳敷を起点にした木曽駒ヶ岳、宝剣岳をめぐる雪山コースは事故発生が多い。千畳敷カールでの雪崩遭難はこれまで何度もくり返されてきた。宝剣岳では滑落事故が多く、登るには通常はロープ確保が必要。中岳の木曽側を水平に巻くコースは滑落事故が多発したために、雪のある時期は閉鎖されている。

宝剣山荘付近から宝剣岳

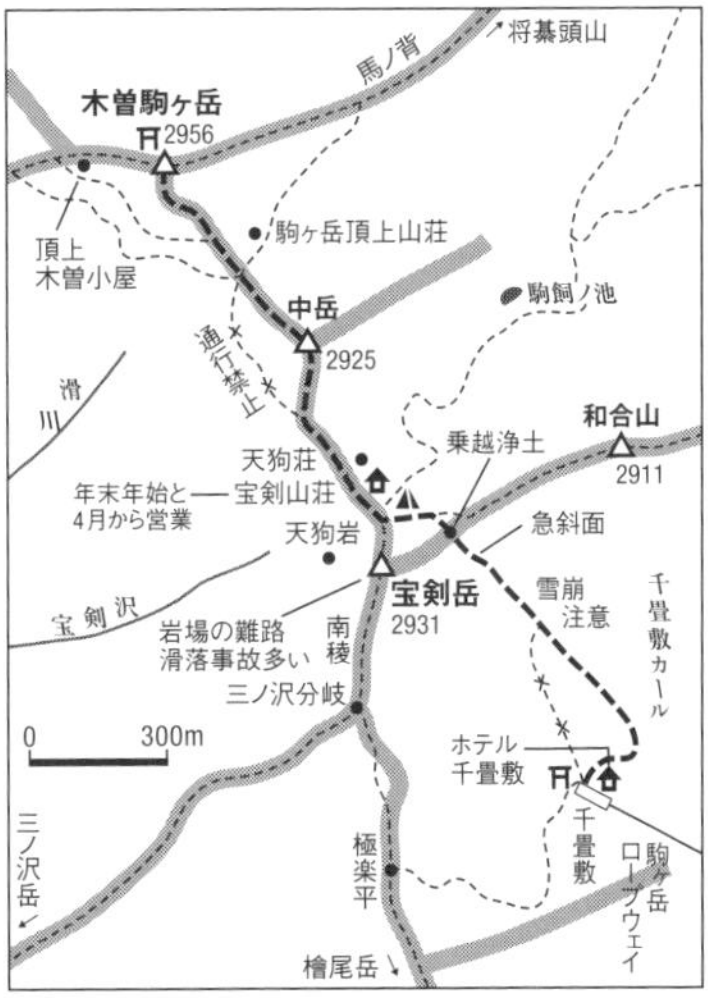

北アルプス 白馬岳

栂ノ森 ≫ 栂池平 ≫ 白馬大池
小蓮華山 ≫ 白馬岳（往復）

難易度	体力★★／技術★★★
適期	12月上旬〜5月中旬
日程	テント泊3日／約15.5時間

白馬岳へ最後の稜線を行く

テント泊で北アルプスの名峰へ

積雪期の白馬岳《しろうま》をめざすルートのなかでは、最も危険度が少なく容易に登れるルート。ラッセルの可能性も高いが、すばらしい雪山登山が体験できる。

第1日　自然園駅では降車時に雪崩ビーコンを装着しているかチェックされる。スノーシューを履いて、北側の緩やかな斜面を登り始める。ところどころスキーツアーの標識があるが、地図とコンパス、GPSなどを使い、自分で方向を確かめて登る。だいたい北西方向に登り続けて、上部で少しずつ右にカーブするようになり、傾斜が緩んだら天狗原《てんぐっぱら》に出る。

目前の窪地に下り、横長に広い乗鞍《のりくら》岳の斜面に取り付く。雪崩のある場所なので雪質をチェックしよう。正面が危険だと思ったら、ずっと右手から回り込んで登ると少し安全になるかもしれない。標高差100mほどで乗鞍岳の一角に出ると、広くて方角がわかりにくい。西〜北西へ進みながら風を避けられるテント場を探していく。白馬大池周辺でテント泊する。

第2日　なるべく早い時刻に出発する。ここからは樹木がまったくない森林限界以上で、完全にピッケル・アイゼンの領域になる。舟越《ふなこし》ノ頭《かしら》付近からは稜線上をほぼ夏道通しに進む。小蓮華《これんげ》山に登り着くと白馬岳の全貌が眺められすばらしい。風を避けられる場所もあって休憩によいところだ。

もう標高差はいくらもないが、アップダウンが多いため意外に疲れる。三国境《さんごくざかい》は凹状地形で風を避けられ小休止できる。露出度の高い斜面を何段階か登り切って、最後に平坦になった稜線から登頂する。剱《つるぎ》・立《たて》山《やま》、後立山《うしろたてやま》連峰、北アルプス全域のすばらしい展望を改めて楽しもう。

下りもいたるところが雪の滑り台なので慎重に。小蓮華山まで来れば安心だ。

第3日　晴れていれば気分よく下るだけだ。悪天候のときはルートを外れないように地図、コンパス、GPSなどで防ぐ。乗鞍岳から下部は雪崩にも注意しよう。

小蓮華山からは白馬岳と後立山連峰の名峰が見渡せる

アクセス　JR白馬駅よりバス28分で栂池高原、ゴンドラリフト・ロープウェイを乗り継ぎ自然園駅まで約30分。［往復とも同じ］栂池ロープウェイは例年3月上旬からの運行で、それまでは栂ノ森駅から約1時間10分歩く。ロープウェイの運行状況については問い合わせること。
マイカー情報　長野自動車道安曇野ICより、北アルプスパノラマロード、国道148号で栂池高原まで約1時間20分。または長野自動車道長野ICより国道19号、県道31号、33号を経て国道148号で栂池高原まで約1時間20分。栂池高原ゴンドラ駅付近に駐車場（有料・無料）がある。
参考タイム　▸**第1日**：ロープウェイ自然園駅（1時間45分）天狗原（2時間40分）白馬大池　▸**第2日**：白馬大池（2時間40分）小蓮華山（2時間）白馬岳（1時間25分）小蓮華山（1時間50分）白馬大池　▸**第3日**：白馬大池（2時間）天狗原（1時間20分）ロープウェイ自然園駅　【計15時間40分】
アドバイス　全体的に距離が長くラッセルに苦労する。降雪があるとトレースもすぐ消えてしまう。スノーシューやスキーを活用しよう。栂池平から天狗原、乗鞍岳にかけては雪崩事故が多い。雪崩対策を行なって登ること。
問合せ先　白馬村観光局☎0261-85-4210、白馬観光開発（ゴンドラリフト）☎0261-83-2255、アルピコ交通白馬営業所☎0261-72-3155、白馬館（白馬山荘・栂池ヒュッテ）☎0261-72-2002
2万5000分ノ1地形図　白馬町、白馬岳

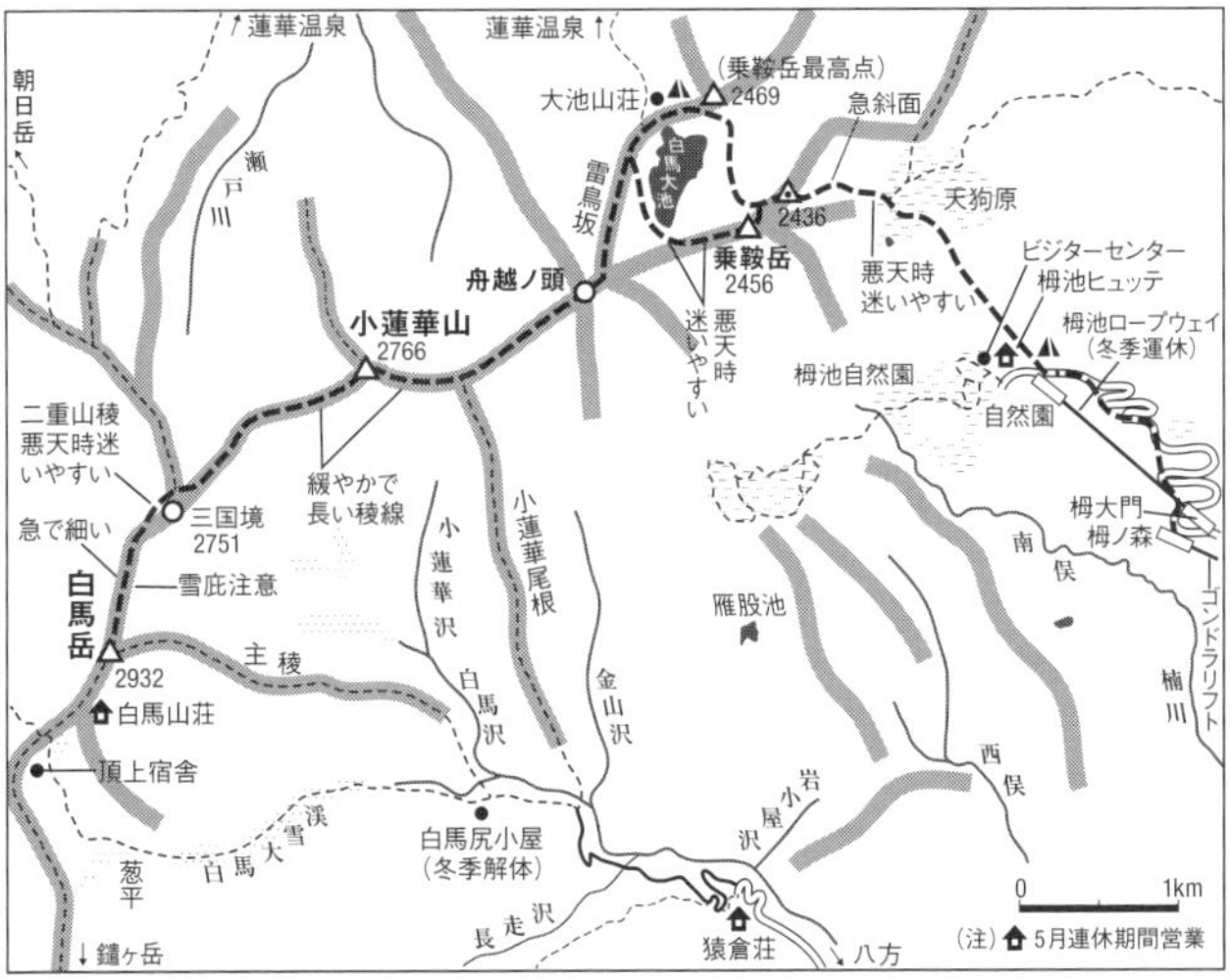

山頂から剱岳と北方稜線

北アルプス 唐松岳

八方池山荘 » 八方尾根
唐松岳頂上山荘 » 唐松岳（往復）

難易度	体力★★／技術★★★
適期	12月上旬～5月中旬
日程	日帰り／約6.5時間

貴重な北アルプスの初級雪山ルート

北アルプスでは数少ない、貴重な初級雪山ルート。後立山《うしろたてやま》連峰の中心部にあるので、スタートから終始展望がすばらしい。

日帰りの場合、始発のゴンドラリフトに乗る。リフトを2基乗り継いで、すぐ上の八方池《はっぽういけ》山荘でトイレなどをすませる。

雪の状態によってスノーシューかアイゼンかを選ぼう。最近は超人気ルートでトレースが踏み固められているため、最初からアイゼンのことが多い。

山荘の左横からひと登りで八方山ケルンに出ると、五竜《ごりゅう》岳と鹿島槍《かしまやり》ヶ岳の迫力ある姿に圧倒される。閉鎖中のトイレの横を通り、第2ケルン、八方ケルン、第3ケルンと通過する。右手に白馬《しろうま》三山方面、正面にソフトクリームのような雪ひだをまとった不帰《かえらず》ノ嶮《けん》がすばらしい。

少しはっきりしてきた尾根筋を登り、下《した》ノ樺《かんば》のダケカンバ帯に入る。ここは八方尾根上で強風を避けられる貴重な休憩ポイントとなっている。右折して尾根沿いに登ると上《うえ》ノ樺《かんば》を通る。右下の斜面一帯がテント適地になっている。

上に見える丸いピークを目指して20～30分登ると、最後の丸山ケルンだ。後立山連峰全体を見渡せる屈指の展望台である。ここから尾根の両側が急傾斜になり、転落・滑落への注意が必要となる。主稜線に合流する最後のピークを左に巻いて唐松《からまつ》岳頂上山荘の真上に出ると、剱《つるぎ》岳の雄姿が飛び込んできて思わず歓声が挙がる。

ここから唐松岳は標高差１００ｍほど、約20分のがんばりで頂上に立てる。後立山連峰、剱・立山《たてやま》連峰はじめ、すばらしい展望が広がっている。ゴンドラリフトの最終時刻を考えて、時間の許す限りぜいたくな展望を味わいたい。

下りは丸山までは転落・滑落注意、下ノ樺から下部はルートロスト（道迷い）に注意が必要だ。ギリギリの体力で登ってきた人は下りでミスをしやすい。落ち着いてゆっくり下ることを心がけよう。

頂上山荘前から唐松岳頂上。アイゼンをしっかり効かせて登る

アクセス　JR白馬駅からバス5分で白馬八方尾根スキー場、徒歩10分でゴンドラ八方駅、ゴンドラとリフト2基計約30分で八方池山荘前。
マイカー情報　長野自動車道安曇野IC、国道147号、国道148号経由で白馬八方へ。または上信越自動車道長野ICから長野オリンピック道路経由で白馬八方へ。駐車場は八方ゴンドラ山麓駅付近、その他4カ所あり。
参考タイム　八方池山荘（1時間）第3ケルン（1時間40分）丸山（50分）唐松岳頂上山荘（20分）唐松岳（20分）唐松岳頂上山荘（1時間30分）第三ケルン（40分）八方池山荘　【計6時間20分】
アドバイス　北アルプス内での初級なので、本来の雪山初級者は経験者の同行をすすめる。前日に八方池山荘に泊まると余裕ある計画が立てられる。2月までは悪天候の日が多く、3月以降が晴天率が高くなる。八方尾根は広々とした尾根が多く迷いやすいので荒天時は行動しないこと。
問合せ先　白馬村観光局☎0261-72-7100、白馬観光開発（ゴンドラリフトなど）☎0261-72-3280、アルピコ交通バス白馬営業所☎0261-72-3155、村営八方池山荘☎0261-72-2855
2万5000分ノ1地形図　白馬町、欅平

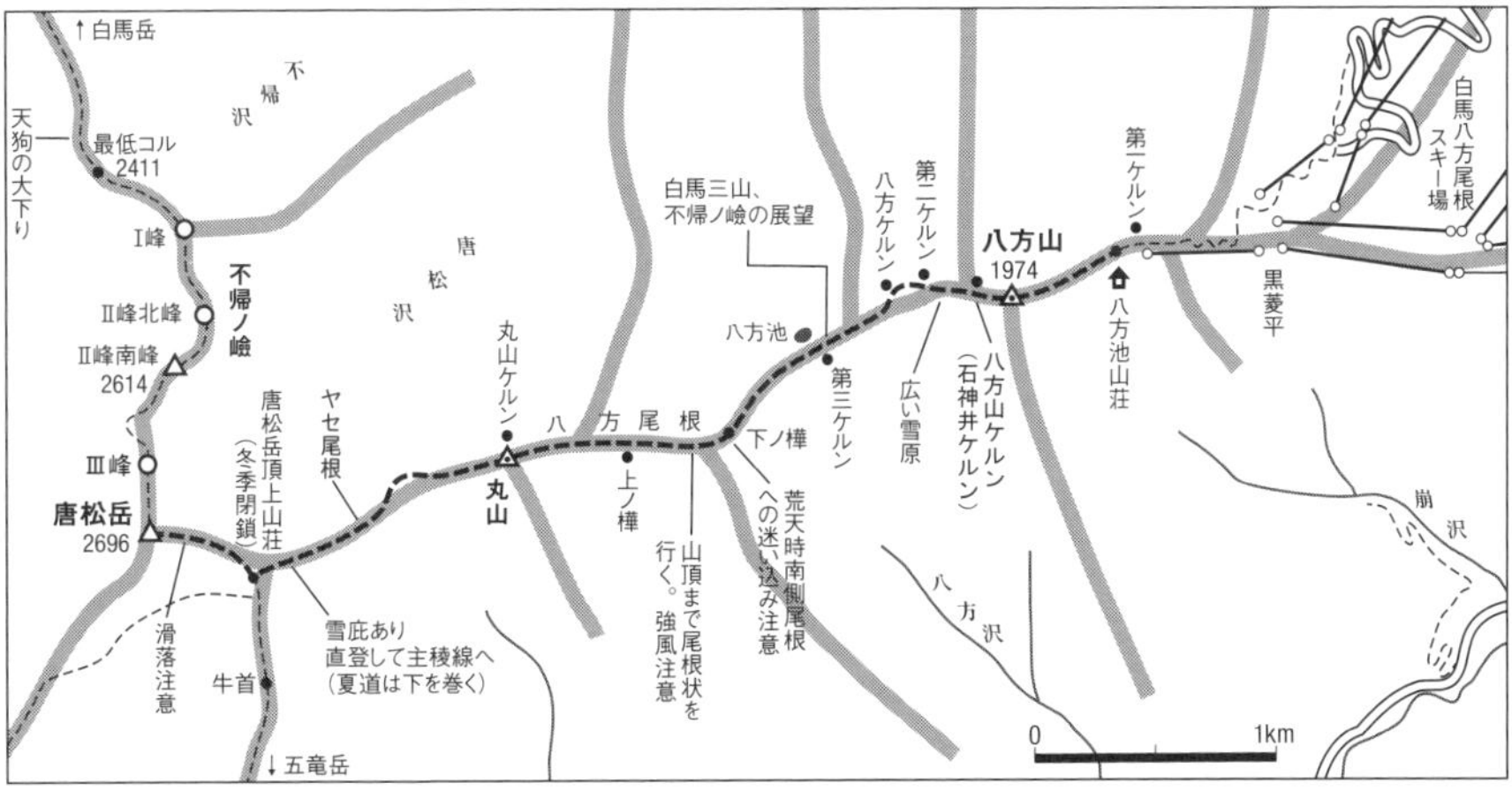

北アルプス 遠見尾根

アルプス平 ≫ 地蔵ノ頭
小遠見山 ≫ 大遠見山（往復）

難易度	体力★★／技術★★
適期	12月上旬〜5月中旬
日程	日帰り／約6時間

五竜岳を眺めながらランチタイム

鹿島槍と五竜の眺めがすばらしい

遠見《とおみ》尾根から五竜《ごりゅう》岳へ登るルートは中〜上級者向けでハードルが高いが、遠見尾根の大遠見《おおとおみ》山までなら、リーダーが同行すれば初級者でも登れる。小遠見《ことおみ》山から上部の展望は北アルプスでも第一級のすばらしさだ。ラッセルの可能性が高く、スノーシュー（またはわかん）とトレッキングポールは必携。アイゼンは使わない可能性が高いが、ザックに入れておくと安心だ。

白馬五竜《はくばごりゅう》テレキャビンに乗り、アルプス平駅で下車。リフトが動いていれば地蔵《じぞう》ノ頭《あたま》直下までリフトで上がることもできる。歩いても20分程度だ。

リフト終点から直上すれば地蔵ノ頭だが、ゲレンデ内を左へ回り込んで進むとバックカントリーの入山口がある。左手の斜面を急登して遠見尾根の一角に出たら、右折して尾根伝いに登る。左側に雪庇が出ているので近寄りすぎないように注意。雪の上に標識が見えれば、一《いち》ノ背髪《せがみ》、二ノ背髪を通過したことがわかる。

右手に五竜岳が見え始め、稜線の傾斜が緩やかになってしばらく進むと小遠見山に着く。３６０度の展望が広がるが、なかでも真正面にカクネ里と北壁をいだいた鹿島《かしま》槍《やり》ヶ岳の雄姿に圧倒される。

ルートは右へ直角に曲がり、行く手に遠見尾根の全貌と五竜岳が望まれる。鞍部へ下り、登り返して少し細くなった稜線を通り、狭い頂上の中遠見山へ着く。その先で大きく下り、2段階登り返して雪原状の広い尾根に出る。少しずつ姿を変える五竜と鹿島槍を飽きるほど眺めながら、気持ちよく雪上散歩ができるところだ。

広い台地状の上に来るが、道標は雪の下で、どこが大遠見山かわからない。この付近から西遠見ノ池までは大きなアップダウンもなく散歩できる。時刻を見て、13時ぐらいには引き返すといいだろう。

テレキャビンの最終は16時ごろ。スキー場内を歩いて下ることは禁止なので、かならず時刻までに戻るようにしよう。

小遠見山付近から鹿島槍ヶ岳北峰、カクネ里と北壁が圧倒的

アクセス　JR神城駅からテレキャビンとおみ駅まで徒歩30分。とおみ駅からアルプス平駅まで白馬五竜テレキャビン8分。神城駅からスキー場まで無料シャトルバスがある。

マイカー情報　長野自動車道安曇野IC、国道147号、国道148号経由で白馬五竜スキー場（駐車場）へ。または上信越自動車道長野ICから長野オリンピック道路経由で白馬五竜スキー場（駐車場）へ。

参考タイム　アルプス平駅（20分）地蔵ノ頭（1時間30分）小遠見山（1時間30分）大遠見山（1時間10分）小遠見山（1時間20分）アルプス平駅【計5時間50分】

アドバイス　白馬五竜テレキャビンは始発に乗る。降雪の多い山なのでトレースの有無が問題になる。トレースがなくラッセルになった場合は小遠見山までしか行けないだろうが、それでも満足感は大きい。トレースがあってもスノーシューかわかんを使用したほうが楽である。

問合せ先　白馬村観光局☎0261-72-7100、五竜（白馬五竜テレキャビン）☎0261-75-2101

2万5000分ノ1地形図　神城

追加情報　五竜岳をめざすにはテント泊で2泊3日行程が一般的。ラッセルのない5月連休以降は1泊2日で登れる可能性が高くなる。

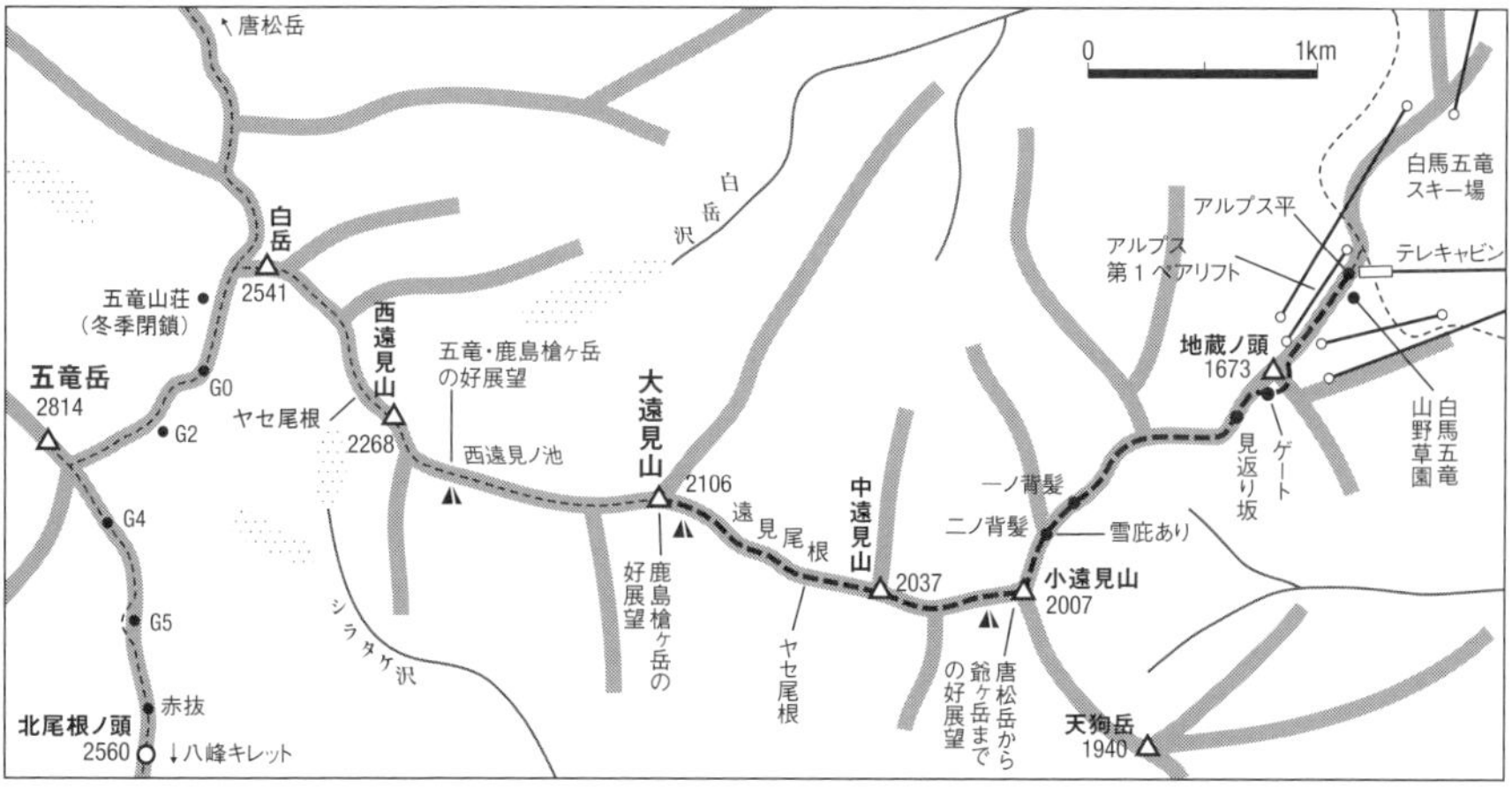

爺ヶ岳南峰と鹿島槍ヶ岳

北アルプス 爺ヶ岳

日向山ゲート » 柏原新道登山口
爺ヶ岳南尾根 » 爺ヶ岳南峰（往復）

難易度	体力★★★／技術★★★
適期	12月中旬〜3月下旬
日程	テント泊3日／約17時間

後立山連峰南部を見渡す好ルート

　大町市付近から見上げる爺《じい》ヶ岳は堂々としている。爺ヶ岳南尾根は滑落危険箇所が少なく、経験者同行のもとで初級者も充分に挑戦できるルートだ。

第1日　日向山ゲートから単調な車道歩きをして、扇沢《おうぎさわ》橋手前の柏原《かしわばら》新道登山口に着く。ここから南尾根の２３２０ピークまで標高差約９７０ｍを登る。

　最初は歩きやすい柏原新道に入り、約１時間で丸木のベンチがある八ツ見ベンチに着く。登山道は尾根の左側に回り込んで登っていくが、適当なところから山道を離れて右手の斜面を登る。登り口にテープなどの目印があるかもしれない。

　尾根に出て1時間ほど登ると、左手が開けて岩小屋沢《いわごやさわ》岳東面のガレが見える所がある。まもなく１９１７ｍ標高点付近の平坦地に出る。モミ、ツガの大木があって、山深い感じのする樹林帯だ。右手に雪庇らしいオープンな雪面が見えるようになり、樹林がまばらになった雪尾根を登りきって２３２０ｍピークに出る。平坦な地形でどこにでもテントを張ることができる。

第2日　これまでの苦労にくらべれば快適そのものの雪稜登りだ。しっかりとアイゼンを効かせ、ピッケルを突き刺しながら一歩一歩登る。針《はり》ノ木《き》岳を中心に後立山南部の山々がずっと見えている。

　南峰に登るとまず鹿島槍《かしまやり》ヶ岳に目を奪われ、黒部《くろべ》側に展開する劔《つるぎ》・立山《たてやま》連峰の荒々しさにも感動するだろう。地味なラッセルをしてきたことが報われる眺めだ。

　展望を満喫したら、気を引き締めて中央峰に向かう。強風のため雪は飛ばされて少なく岩混じりとなっている。中央峰からは鹿島槍ヶ岳がすっきりと展望できて、爺ヶ岳東尾根や赤岩《あかいわ》尾根もよく見える。慎重に南峰に戻り、展望をもう一度目に焼き付けたら下山しよう。

第3日　トレースが完全に残っていれば楽に下ることができる。雪山の余韻を楽しみながら下ろう。

南峰頂上から種池山荘と剱・立山連峰のパノラマ

アクセス　JR信濃大町駅からタクシー約20分で日向山ゲートへ。[往復とも同じ]
マイカー情報　安曇野ICから国道147号・148号経由、または麻績ICから県道55号・国道148号経由で信濃大町へ40〜50分。大町から大町アルペンラインを日向山ゲートまで約10分。数台分の駐車スペースがある。
参考タイム　▸**第1日**：日向山ゲート（2時間30分）柏原新道登山口（5時間）P2320 ▸**第2日**：P2320（2時間）爺ヶ岳南峰（30分）爺ヶ岳中央峰（30分）爺ヶ岳南峰（1時間30分）P2320　▸**第3日**：P2320（3時間）柏原新道登山口（2時間）日向山ゲート【計17時間】
アドバイス　ルートが長くラッセルの技術・体力が必要。P1917より上部の樹林帯にも狭いがテント場は見つかるので、早めにテントを張って体を休めてもよい。南峰〜中央峰の間は風が強く滑落注意。登り返しが大きく見た目よりも時間がかかる。
問合せ先　大町市観光協会☎0261-22-0190、アルピコタクシー☎0261-23-2323、アルプス第一交通☎0261-22-2121
2万5000分ノ1地形図　黒部湖、十字峡、大町
追加情報　さらに先をめざして鹿島槍ヶ岳まで往復するルートは3泊4日行程になる。アルペンルートが4月中旬に開通すると、柏原新道登山口から南峰を1〜2日で往復できる。積雪が多めの年ならまだ残雪期登山が可能だ。

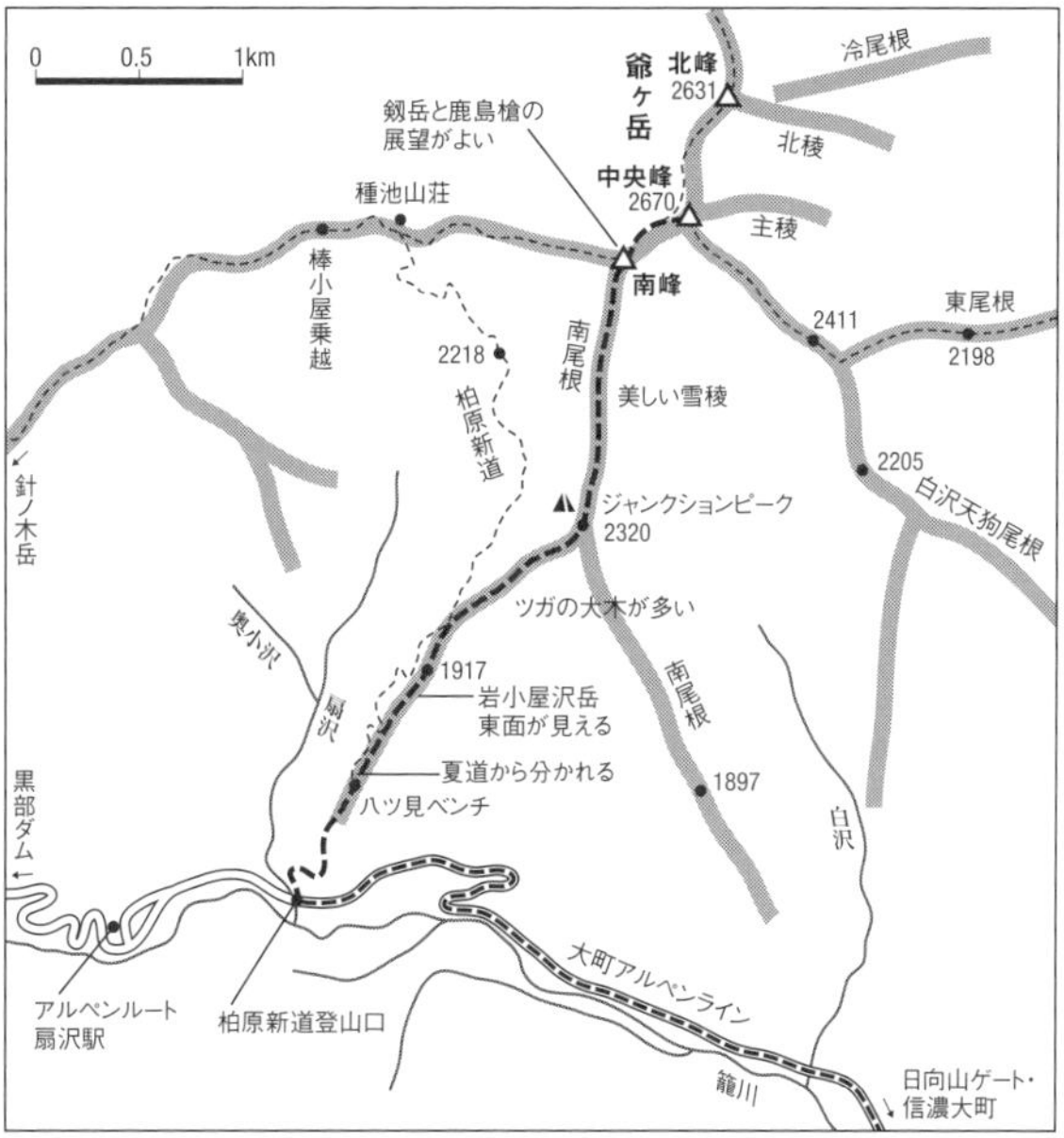

室堂から一ノ越への雪のルート

北アルプス 立山（残雪期）

室堂 » 別山乗越 » 別山 » 大汝山 » 雄山 » 一ノ越 » 室堂

難易度	体力★★／技術★★★
適期	4月中旬〜5月下旬
日程	小屋泊2日／約8.5時間

3000m級の雪山縦走ルート

北アルプス主峰を縦走する豪華なプラン。危険な難所などはなく基本的な技術でこなせる。ピッケル・アイゼンの基礎練習ができているメンバーで臨むこと。

第1日　夜行バスやマイカーで前夜発して、大町側または富山側から朝のアルペンルートに乗車する。室堂《むろどう》ターミナルから屋外広場に出て、立山《たてやま》三山と大《だい》日岳を眺めながら雷鳥平へ向かう。除雪された遊歩道はすぐに終わって雪道になる。

雷鳥平から雷鳥坂を登り始める。雷鳥沢は雪崩の危険地帯なので、雷鳥沢右岸（向かって左側）の高まった箇所から尾根をめざして登っていく。標識が立てられていたらそれに従えばよい。最終的には室堂乗越から続く稜線に上がり、右にトラバースして別山《べっさん》乗越の劒御前《つるぎごぜん》小舎に着く。

第2日　小屋の裏手から東方向へ尾根沿いに登っていく。ライチョウが多く生息する場所で、運がよければ出会えるだろう。登り着いた別山は劒岳の第一級の展望台だ。

ルートは右折して南方向へ下り、緩やかな起伏の真砂《まさご》岳へ登り返す。トラバースして巻くこともできる。小ピークを過ぎた鞍部から富士《ふじ》ノ折立《おりたて》への急登が始まる。雪が少なく、アイゼンを岩にかませながら標高差180mを一気に登る。山頂の右側から稜線へ出ると急に雪が多くなり、幅の広がった平坦な稜線を進んで休憩所の建物を過ぎるとすぐ大汝山《おおなんじさん》頂上だ。

ルートは北面に回り込み、10mほどトラバースする箇所は硬く凍結していて、ちょっといやなところだ。慎重に通過すると北側から雄山《おやま》神社社務所（無人）の前に出るので、ここから祠の立つ雄山山頂を往復する。休憩は少し先の広場がいい。白馬《しろうま》岳から槍《やり》・穂高《ほたか》までの大展望台である。

あとは一《いち》ノ越《こし》へ一気に下るだけだが、露出した岩にアイゼンを引っかけやすいので注意しよう。一ノ越からは歩きやすい雪道をあと一息だ。アルペンルートの最終は16時30分ごろである。

真砂岳の後ろに剱岳、左手遠く毛勝三山が見える

アクセス ［関東方面］JR信濃大町駅からバス40分で扇沢。アルペンルートに乗り換えて1時間25分～1時間40分で室堂へ。［関西方面］JR富山駅から富山地方鉄道立山線に乗り立山駅下車。アルペンルートに乗り換えて約1時間10分で室堂へ。

マイカー情報 ［関東方面］長野自動車道安曇野ICから扇沢へ。扇沢ターミナル周辺に多数の駐車場あり。徒歩10分の市営駐車場は無料。［関西方面］北陸自動車道立山ICから立山駅へ。立山駅周辺に多数の無料駐車場がある。

参考タイム ▸**第1日**：室堂（50分）雷鳥平（2時間40分）剱御前小舎 ▸**第2日**：剱御前小舎（1時間30分）真砂岳（1時間50分）雄山（50分）一ノ越（1時間）室堂 【計8時間40分】

アドバイス 東京または関西方面を朝発の場合、第1日は室堂周辺泊、翌日は縦走後に室堂泊の2泊3日行程になる。逆回りコースは一の越山荘泊で1泊2日が可能だが、真砂岳と別山乗越直下が急斜面の下降となるため初級者向きではない。また、2日目の行程も最終（16:30）に間に合わせるのはかなり忙しい。

問合せ先 大町市観光協会☎0261-22-0190、立山町観光協会☎076-462-1001、アルピコ交通白馬営業所☎0261-72-3155、立山黒部総合案内センター☎076-481-1500、富山地鉄テレホンセンター☎076-432-3456、剱御前小舎☎080-8694-5076、一の越山荘☎090-1632-4626

2万5000分ノ1地形図 立山、剱岳

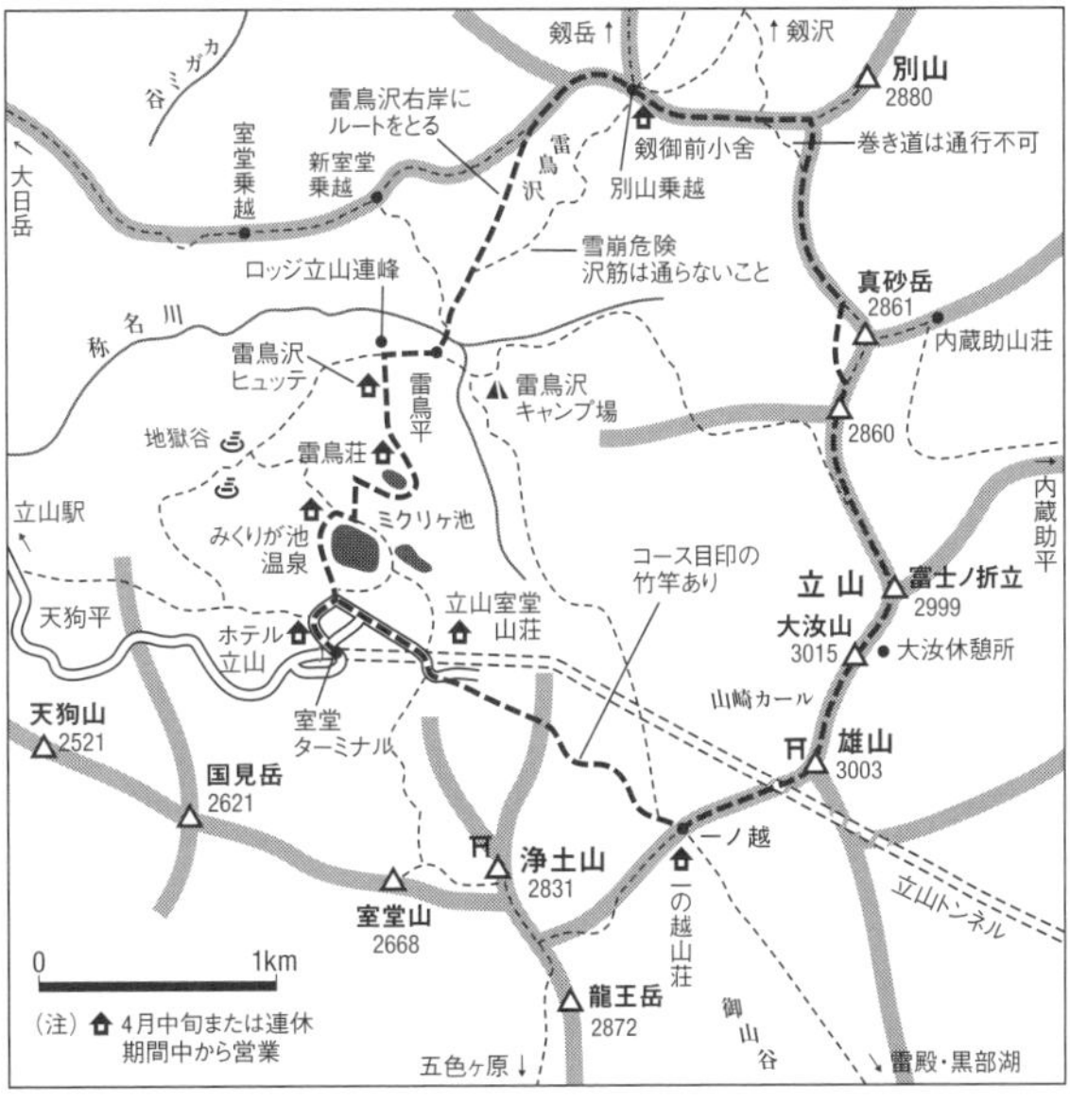

槍ヶ岳山頂から穂高連峰

北アルプス
槍ヶ岳（残雪期）

上高地≫槍沢≫槍ヶ岳（往復）

難易度	体力★★★★／技術★★★★
適期	4月下旬～5月下旬
日程	小屋泊3日／約20.5時間

ロングルートと岩稜を越えて槍ヶ岳へ

厳冬期の槍《やり》ヶ岳は簡単には登れないが、気候のゆるむ4～5月なら比較的楽に登れる。上高地《かみこうち》線のバスが開通するのに合わせて、残雪の槍ヶ岳に登ってみよう。

第1日　上高地の美しい自然と穂高《ほたか》連峰を眺めながら、明神《みょうじん》、徳沢《とくさわ》、横尾《よこお》へと歩く。横尾から槍沢沿いに入ると雪の上を歩くことも多くなる。一ノ俣に続いて二ノ俣の橋を渡り、沢辺から左岸の斜面を上がって槍沢ロッヂに着く。テント泊の場合は、上流へ約40分進んだババ平に指定地がある。

第2日　10時間以上の長丁場になるので夜明けと同時に出発しよう。ババ平のキャンプ指定地を過ぎると樹林が薄くなり、年にもよるが完全に雪上を行くようになる。槍沢は大曲りで大きく左にカーブして、次に天狗原《てんぐはら》へ向かう支沢を分けて右にカーブする。目の前の浅い凹状の雪面を一気に登ったところがグリーンバンドで、ここで初めて槍ヶ岳が姿を見せる。槍ヶ岳山荘が上に見えるが標高差はまだ460mもある。殺生《せっしょう》ヒュッテ（冬季閉鎖中）の下でひと息入れ、最後は40度ほどの傾斜になった雪面を登り切って槍ヶ岳山荘前に出る。山頂まであとわずかだ。

槍の穂先への行程はクライミングルートと同じと考え、自信のある上級者以外は、原則としてロープ確保の用意をして取り付こう。ルートは明瞭で、鎖や梯子、鉄杭の打ち込みなどを利用して、最も安全な方法で登ればよい。強風のあおりや、氷雪の凍り付いた部分、ホールドが雪に隠れた箇所、落氷など、すべてに注意を払う。最後の長い梯子を慎重に登り切って登頂する。穂高連峰を筆頭に、奥黒部から劔《つるぎ》・立山《たてやま》、後立《うしろたて》山《やま》連峰、中部日本の多くの山々を見渡せるすばらしい山頂だ。

最高の時間を過ごしたら、気持ちを入れ直して下山にかかろう。山荘までは特に慎重に。殺生ヒュッテあたりまで下れば、少し緊張を解くことができるだろう。

第3日　往路を上高地へ下る。

槍沢グリーンバンドを越えると大槍が姿を現わす

アクセス　JR松本駅から松本電鉄約30分で新島々駅下車。バスに乗り換え約1時間5分で上高地バスターミナルに着く。[往復とも同じ]

マイカー情報　中ノ湯〜上高地間はマイカー規制のため一般車進入禁止。松本ICから約50分の沢渡駐車場に駐車し、バスまたはタクシーに乗り換える。バスは上高地まで約30分。市営駐車場は4カ所、民間駐車場もある。

参考タイム　▸**第1日**　上高地（3時間10分）横尾（1時間50分）槍沢ロッヂ　▸**第2日**　槍沢ロッヂ（5時間40分）槍ヶ岳山荘（40分）槍ヶ岳（40分）槍ヶ岳山荘（3時間40分）槍沢ロッヂ　▸**第3日**　槍沢ロッヂ（1時間40分）横尾（3時間10分）上高地　【計20時間30分】

アドバイス　2日目の行程が長いが、無理な場合は槍ヶ岳山荘に泊まってもよい。槍ヶ岳山荘までは技術的に難しいところはない。大槍の往復は氷雪が残っていれば滑落のリスクが高い。不安なときはロープ使用を考え、ハーネスを装着して登り始めよう。単独の場合でもハーネスをつけていれば、セルフビレイをとりながら休み休み登れるし、途中から懸垂下降で撤退することもできる。

槍沢上部は前爪の付いた10〜12本爪アイゼンで登り、傾斜が強まってきたら滑落の危険を感じる前にピッケルに持ち替える。チェーンスパイクとトレッキングポールだけでは滑落に対処できず危険だ。

問合せ先　松本電鉄新島々駅☎0263-87-3166、アルピコ交通新島々営業所☎0263-92-2511、槍沢ロッヂ☎0263-95-2626、槍ヶ岳山荘☎090-2641-1911

2万5000分ノ1地形図　上高地、穂高岳、槍ヶ岳

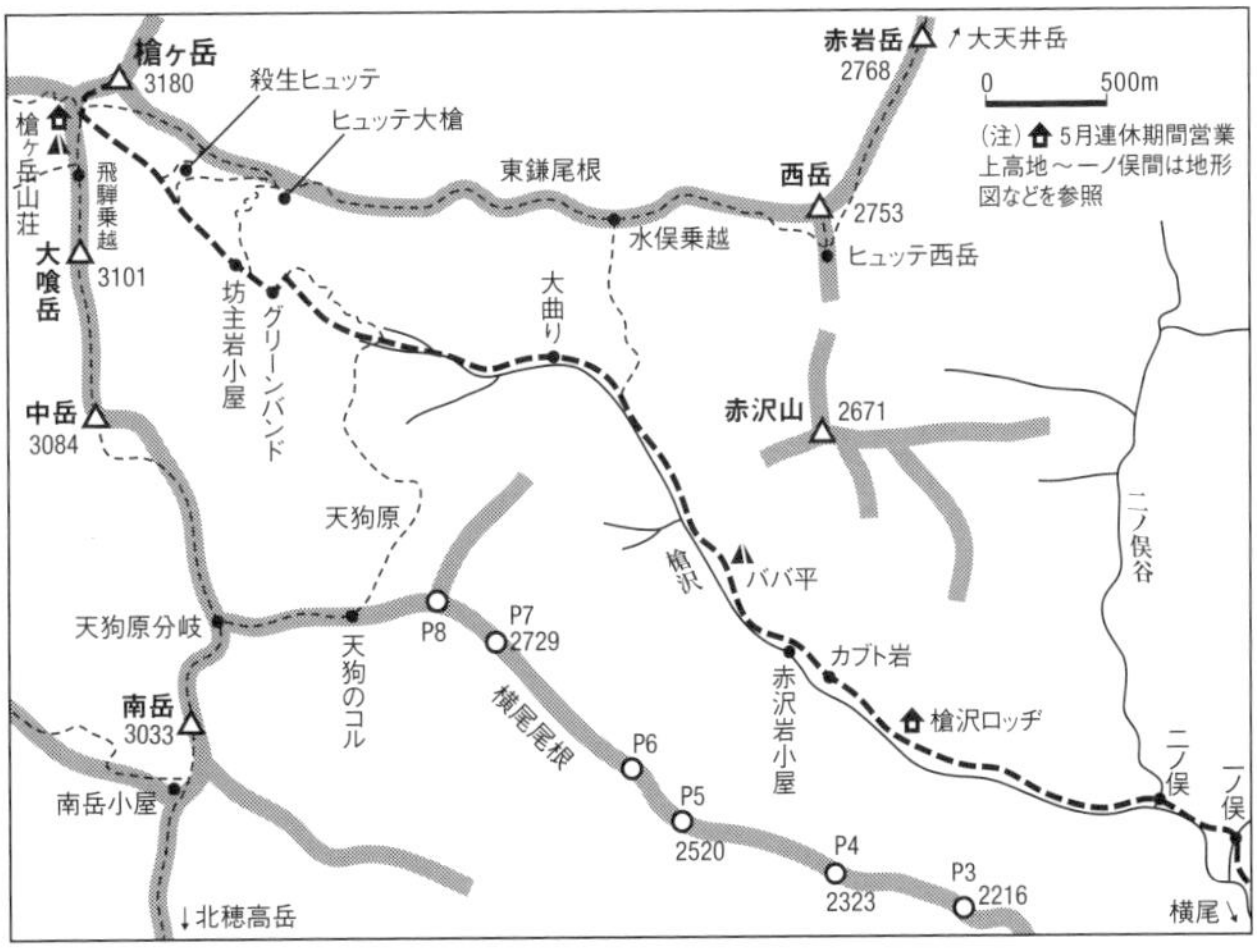

涸沢までの行程も楽しい

北アルプス

奥穂高岳（残雪期）

上高地≫涸沢≫奥穂高岳（往復）

難易度	体力★★／技術★★★★
適期	4月下旬〜5月下旬
日程	小屋泊3日／約17.5時間

残雪の北アルプス最高峰へ登る

奥穂高岳《おくほたか》の雪山登山は上級者のみに許された世界だが、残雪期なら中級者にも可能だ。涸沢《からさわ》側から挑戦してみよう。

第1日　上高地《かみこうち》から横尾《よこお》への歩道を歩き、横尾大橋を渡って涸沢へ向かう。本谷橋《ほんたにばし》から横尾谷が埋まっていれば沢通しに雪上を歩き、雪が少なければ夏道沿いを登る。

沢通しに行く場合は、本谷を約５００m上流に進み、涸沢出合から左に入って涸沢を登る。途中から前穂あたりの稜線が見え始め、沢筋が大きく右に曲がると涸沢の小屋が近く見えるが、まだ標高差で２５０mぐらいある。この日は涸沢ヒュッテか涸沢小屋、またはテントで泊まる。

第2日　穂高岳山荘がある白出《しらだし》のコルへのルートは３つある。通常は小豆《あずき》沢を登るが、雪が少なければザイテングラートも登れる。その右側の雪面も登れるが、上部に涸沢岳の岩稜があって落石が危険なため、早めにザイテングラートに移るのがよい。小豆沢は上に行くほど傾斜が強まり、山荘直下では50度以上になる。ピッケル、アイゼンをしっかり効かせて登る。

山荘前でひと息入れたら奥穂高岳へ向かう。２カ所の梯子を登るとルートはやや右に向かい、以後は岩稜右側（飛騨側）の長い雪壁を登る。スリップは許されないところだ。登り切ると緩やかになった稜線上を左側の雪庇に注意しながら進み、最後にもう一度短い雪壁を直登して、小さな尾根を越える。この尾根は山頂から派生している「迷い尾根」と呼ばれるものだ。左折してわずかで奥穂高岳山頂に着く。

下山は先ほどの小尾根で右折するポイントがわかりにくいので注意。２カ所の雪壁も慎重に下降しよう。さらに涸沢へ下る小豆沢上部は、雪が軟らかくなって足場が定まりにくく恐怖感があるかもしれない。転倒したら停止できるように、ピッケルを構えて慎重に下ろう。

第3日　この日は時間に余裕がある。春の景色を楽しみながら往路を上高地へ下る。

小豆沢のルート（左の雪面）。露岩が数個見えるクビレの所から上が急傾斜になる

アクセス　JR松本駅から松本電鉄約30分で新島々駅下車。バスに乗り換え約1時間5分で上高地バスターミナルに着く。[往復とも同じ]

マイカー情報　中ノ湯～上高地間はマイカー規制のため一般車進入禁止。松本ICから約50分の沢渡駐車場に駐車し、バスまたはタクシーに乗り換える。バスは上高地まで約30分。市営駐車場は4カ所、民間駐車場もある。

参考タイム　▸**第1日**　上高地（3時間10分）横尾（3時間20分）涸沢　▸**第2日**　涸沢（2時間40分）穂高岳山荘（1時間）奥穂高岳（40分）穂高岳山荘（1時間30分）涸沢　▸**第3日**　涸沢（2時間）横尾（3時間10分）上高地　【計17時間30分】

アドバイス　穂高岳山荘から山頂までの区間が核心になる。残雪が少なく岩が出ている箇所が多ければ楽だが、ルート上に氷雪が硬く貼り付いていると困難になるだろう。残雪が多いときはロープを出せるように準備をして登り始めるとよい。

小豆沢の最上部は傾斜が強く緊張させられる。転倒すると長い距離を滑落してしまうので、ピッケルで停止操作ができるよう心の準備をしておきたい。残雪が少なくなれば、ザイテングラートの上も通れるようになる。近年は軽アイゼンにトレッキングポールで登り下りする人も見かけるが、滑落すると止められず非常に危険である。

問合せ先　松本電鉄新島々駅☎0263-87-3166、アルピコ交通新島々営業所☎0263-92-2511、涸沢ヒュッテ☎090-9002-2534、涸沢小屋☎090-2204-1300、穂高岳山荘☎090-7869-0045

2万5000分ノ1地形図　上高地、穂高岳

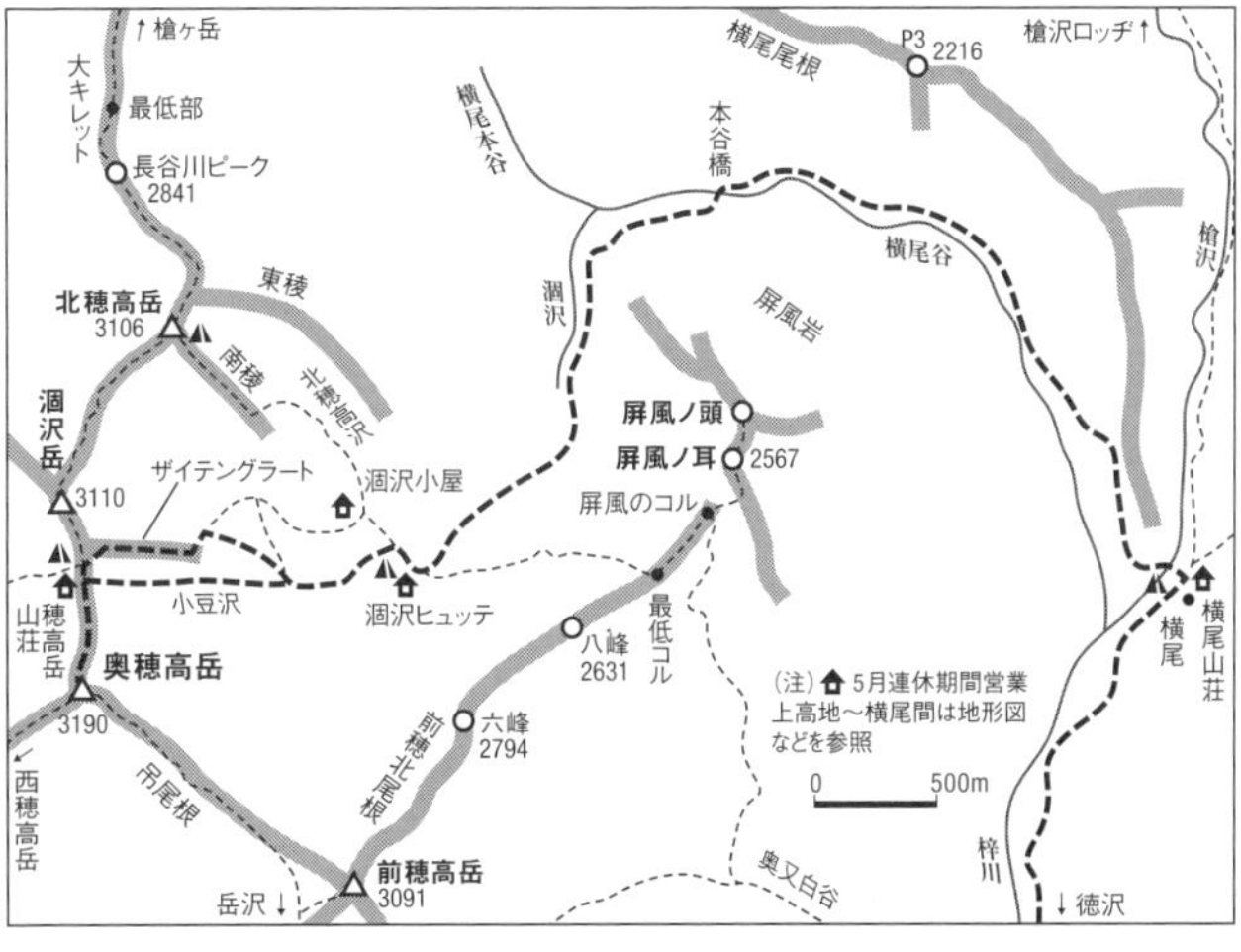

丸山付近から見上げる稜線

北アルプス 西穂独標

新穂高温泉 ≫ 西穂高口 ≫ 西穂山荘 ≫ 西穂独標（往復）

難易度	体力★／技術★★
適期	年末年始、3月上旬〜5月中旬
日程	小屋泊2日／約5時間

山小屋利用で穂高の雪稜入門へ

西穂独標《にしほどっぴょう》は、新穂高《しんほたか》ロープウェイを利用して２１５６ｍの西穂高口まで一気に上がれ、比較的手軽に登ることができる。また北アルプスの稜線で唯一通年営業している西穂山荘があり、冬でも登山者が多いエリアである。しかし、初級向きと考えられがちだが、穂高連峰の稜線の一角にある険しい岩峰である。標高は低いといえども雪の穂高稜線なので、気を引き締めてしっかりした装備で臨もう。

第1日　新穂高ロープウェイ・西穂高口周辺は千石《せんごく》園地として散策道や展望テラスが整備されているが、一歩外へ出ると厳しい冬山の世界が始まる。雪のトレースを進むと登山届出所（冬期は閉鎖、登山届はロープウェイ出口で提出）の建物の脇を通り千石尾根に出る。正面右手には樹林越しに木造りの西穂山荘が見えてくる。

シラビソの森をいったん下り、緩やかな登り下りを繰り返し進む。左手の谷越しに西穂高岳の険しい山稜を望みながら、樹林帯の細かいアップダウンを繰り返す。木々にはオレンジ色の案内板があり、コースから外れないように。尾根の鞍部から西穂山荘への急な登りとなり、徐々に斜度を増していく。やがて傾斜が緩くなり、斜面を右手に回り込むと西穂山荘の裏手に出る。ふり返ると笠ヶ岳が大きく見える。

第2日　急な雪の斜面を乗り越え、森林限界を超えると前穂高岳や吊尾根の展望が広がる緩やかな尾根に出る。小広い丸山を通り、広く急な雪の斜面に入る。上部に行くにしたがい稜線は狭くなり、岐阜側に入ると岩稜帯の登下降になる。初心者がいる場合はロープで確保も必要だ。

目の前に立ちはだかる岩峰に取り付き、登りきれば標高２７０１ｍの西穂独標に立つ。笠ヶ岳や西穂本峰が望める展望地だ。

帰路は往路を戻るが、岩場は慎重に行こう。広い尾根に入ればひと安心。西穂山荘で休憩して、西穂高口へ戻ろう。

（写真・文＝渡辺 幸雄）

西穂独標から望む西穂山稜と奥穂高岳

アクセス　JR松本駅のバスターミナルから特急高山行き(1日4往復、アルピコ交通・濃飛バス共同運行)1時間40分、平湯温泉下車。新穂高ロープウェイ行き（濃飛バス）に乗り換え約30分で終点下車。新穂高ロープウェイの第1・第2（通しで約25分）を乗り継いで西穂高口へ。[往復とも同じ]

マイカー情報　長野自動車道松本ICから国道158号・471号で平湯温泉を経由し、約1時間40分で新穂高温泉へ。12月から3月まで新穂高第2駐車場（新穂高温泉バス停下）は無料。

参考タイム　▸**第1日**：西穂高口（1時間30分）西穂山荘　▸**第2日**：西穂山荘（1時間30分）西穂独標（1時間）西穂山荘（1時間）西穂高口　【計5時間】

アドバイス　西穂高口から西穂山荘への道は、降雪直後以外はトレースがある。しかしひと晩に1m積もることもあり、降雪直後の樹林帯ではラッセルを強いられるので、わかんは必携。木につけられたオレンジ色の標識を目安にルートをたどっていくのでコースから外れないように。稜線上の雪面にはポールが立ち、道はわかりやすいが、風が強い日が多いので注意。また、強風時はロープウェイが運行できないこともあるので、日程に余裕をもちたい。

問合せ先　岐阜県北アルプス山岳遭難対策協議会☎0578-83-0099、高山市☎0577-32-3333、西穂山荘☎0263-95-2506（通年営業、要予約）、濃飛バス☎0577-32-1160、アルピコ交通☎0263-92-2511、奥飛騨観光開発（新穂高ロープウェイ）☎0578-89-2252

2万5000分ノ1地形図　笠ヶ岳、穂高岳

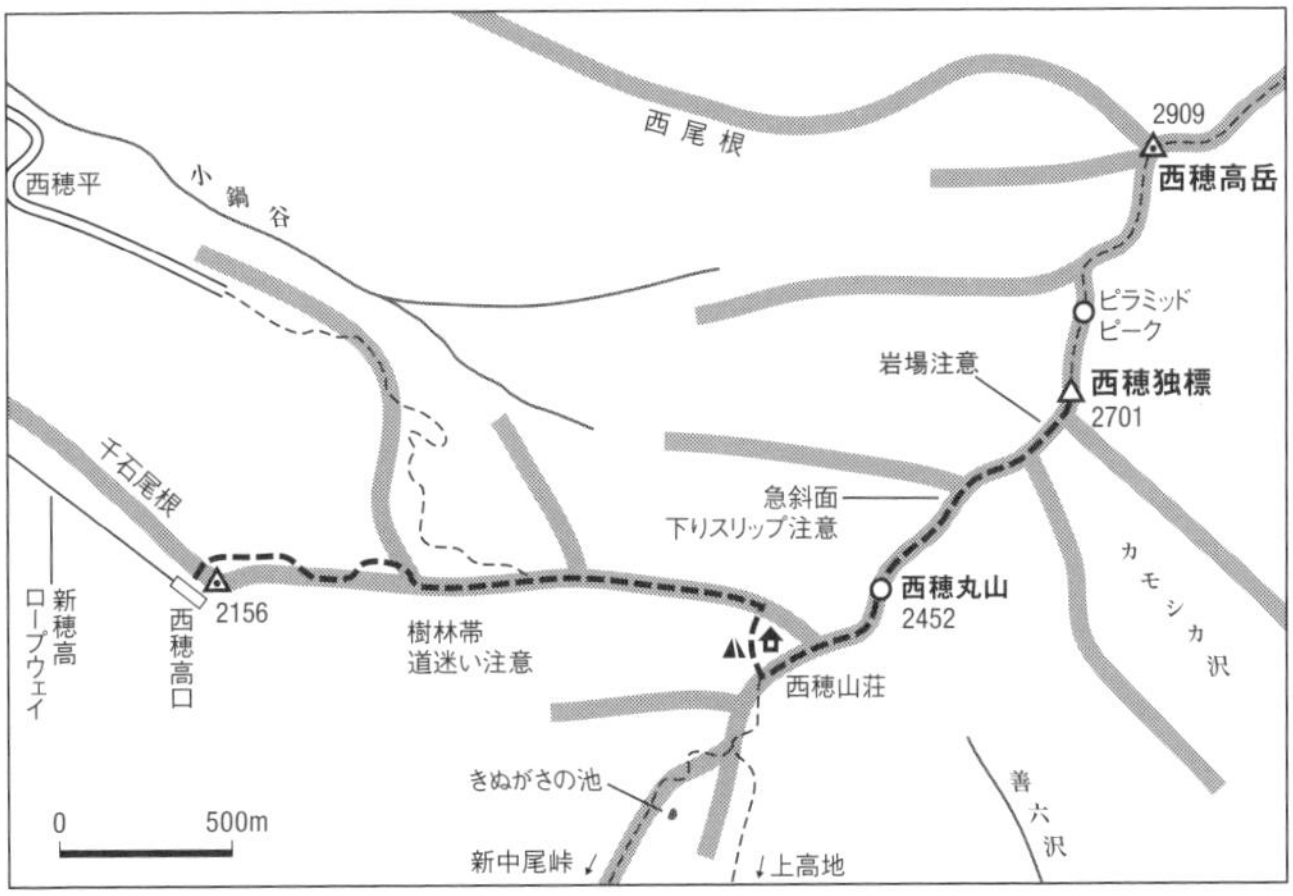

モルゲンロートに染まる槍ヶ岳

北アルプス 燕岳

新穂高温泉 ≫ 西穂高口 ≫ 西穂山荘 ≫ 西穂独標（往復）

難易度	体力★★／技術★★
適期	年末年始、3月中旬～5月上旬
日程	小屋泊3日／約17時間

槍ヶ岳を望む北アルプス入門コース

燕岳《つばくろ》は北アルプスの入門コースとして知られている。とくに年末年始は燕山荘《えんざんそう》が営業していることもあり、越年登山を楽しむ登山者が多い。稜線からは白く輝く槍ヶ岳をはじめとする北アルプスの名峰が望め、雪山の魅力を存分に楽しめるコースだ。

第1日　車道が冬季閉鎖のため、ゲートのある宮城《みやしろ》までタクシーで入り、ここから約13㎞の車道歩きとなる。信濃坂付近は凍結することもあり、スリップに注意しよう。初日は登山口にある中房《なかぶさ》温泉に泊まる。

第2日　合戦尾根に取り付くと、歩き始めから針葉樹林帯の急な登りになる。第1ベンチ、第2ベンチとコンスタントに休憩ポイントがあり、ペースをつかんで登っていく。次の第3ベンチから富士見ベンチの間は急登が連続し、このコースでいちばんつらいところ。やがて花崗岩の大岩が現われると合戦小屋（冬季閉鎖）に着く。

合戦小屋からひと登りで森林限界を超え、合戦沢ノ頭に達する。雪面がまぶしく光る大天井岳《おてんしょう》、その奥には槍ヶ岳の厳格な冬姿が望まれる。行く手に燕山荘が見え、右手には燕岳や北燕岳が姿を見せる。

合戦沢ノ頭から尾根通しに登りつめ、小屋の裏から回り込んで、燕山荘に到着する（悪天時は裏からも入れる）。

荷を小屋に置いて山頂を往復しよう。自然がつくりあげた花崗岩のオブジェを観賞しながら山頂へ向かう。燕岳山頂からは裏銀座の稜線や槍・穂高連峰をはじめ、北アルプスの峰々の展望がすばらしい。

第3日　北アルプスの稜線から望む日の出は格別だ。北鎌尾根を従えた槍ヶ岳がモルゲンロートに染まり、ドラマチックなシーンが展開する。朝の展望を充分に楽しんだら、スリップや転倒に気をつけ、往路を忠実に引き返そう。

なお、年末年始期間以外は登山者もほとんどなく、冬季小屋かテント泊となる。充分な経験や装備などが必要である。

（写真・文＝渡辺 幸雄）

燕山荘から燕岳を往復

アクセス　JR穂高駅からタクシーで約20分、宮城のゲートへ。[往復とも同じ]

マイカー情報　長野自動車道安曇野ICから約30分。宮城ゲート下の登山者用駐車場を利用、もしくは安曇野市営しゃくなげ荘の登山者用駐車場を利用し、タクシーで宮城ゲートへ。

参考タイム　▸**第1日**：宮城ゲート（4時間）中房温泉　▸**第2日**：中房温泉（1時間10分）第2ベンチ（1時間50分）合戦小屋（1時間30分）燕山荘（30分）燕岳（25分）燕山荘　▸**第3日**：燕山荘（1時間）合戦小屋（2時間30分）中房温泉（4時間）宮城ゲート　【計16時間55分】

アドバイス　北アルプスの入門コースとはいえ森林限界を超える雪山なので、それなりの心構えは必要。尾根上を行くので雪崩のリスクは比較的少ないが、合戦沢ノ頭までは樹林帯の急登が続く。また森林限界を超えた稜線はさえぎるものが何もない吹きさらしの稜線歩き、悪天時は行動を続けるか撤退かを合戦小屋で判断したい。降雪直後はラッセルを強いられることもあるので、わかんは持参しよう。ほかのパーティとも協力して行きたい。下りはアイゼンの引っかけによる転倒に注意。

問合せ先　安曇野市穂高総合支所☎0263-82-3131、中房温泉☎0263-77-1488（年末年始営業・要予約）、燕山荘☎0263-32-1535（年末年始営業・要予約、営業期間外は冬季小屋利用）、安曇観光タクシー☎0263-82-3113、明科第一交通☎0263-82-2306

2万5000分ノ1地形図　槍ヶ岳、有明

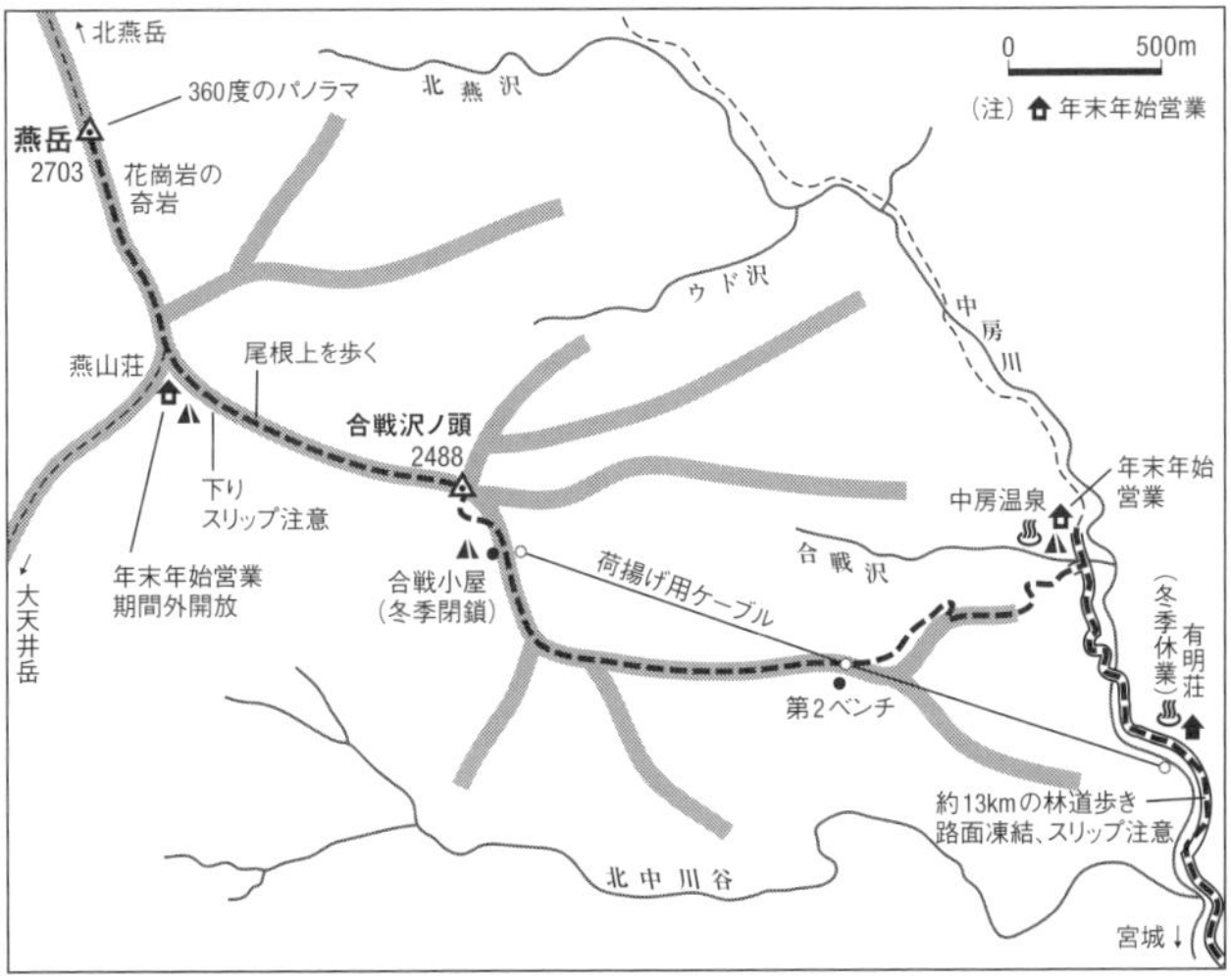

多重山稜の蝶ヶ岳稜線

北アルプス 蝶ヶ岳

中ノ湯≫上高地≫横尾≫蝶ヶ岳≫長塀尾根≫徳沢≫中ノ湯

難易度	体力★★★／技術★★
適期	年末年始、3月上旬〜4月上旬
日程	冬季小屋泊3日／約21.5時間

槍・穂高連峰のパノラマが魅力

蝶《ちょう》ヶ岳は槍・穂高連峰の展望地として知られている。冬季でも比較的天候が安定する日が多いものの、稜線上は風が強く、ときには立っているのが困難なほど。無人の冬季小屋を利用するので、雪山装備に加え自炊や寝具なども必要となる。降雪直後にはラッセルを強いられ、正月以外はトレースも期待できない厳しさだ。

第1日　上高地《かみこうち》への入口、中《なか》ノ湯《ゆ》バス停から釜《かま》トンネルを抜け、大正池を経由して河《かっ》童《ぱ》橋へ。雪を踏みしめて明神、徳沢《とくさわ》へ続く広く平らな道を進んでいく。状況によって河原歩きになることもあるが、基本は夏道通しで梓《あずさ》川沿いに進む。横尾《よこお》の避難小屋(11月上旬〜4月下旬利用可)で泊まる。

第2日　横尾山荘の先で蝶ヶ岳への登りに取り付き、オオシラビソにおおわれた樹林帯の急登を行く。背後に槍ヶ岳が見えだすと槍見台で、さらに急斜面の登りが続く。コメツガ林が開けてくると森林限界を超え、槍・穂高連峰が広がりを見せる。

蝶ヶ岳稜線の横尾分岐に出たら、左に折れて蝶槍ピークに向かおう。蝶槍から常念岳の展望が圧巻だ。分岐に戻り、蝶ヶ岳特有の二重山稜の上高地側稜線を進み、本館の安曇野側に建つ蝶ヶ岳ヒュッテの冬季小屋(11月〜4月下旬利用可)に到着する。山頂や小屋近くの瞑想の丘では、槍・穂高のすばらしい展望が満喫できる。

第3日　徳沢への下山は蝶ヶ岳西側の山頂直下を通り、窪地に入っていく。森林帯へ入って赤布や鉈目《なため》を頼りに下り、左手の小高い長塀《ながかべ》山を登り返して山頂へ。なだらかな尾根道を下り、やがて急な斜面を一本調子で下っていく。2000m付近でいったん斜度が緩み、再び急坂を下る。広い尾根をジグザグに進み徳沢園の横に下り立つ。

ここからは往路同様梓川沿いの道を歩き、上高地を経て、中ノ湯バス停へ向かう。

なお、横尾の避難小屋をベースに蝶ヶ岳を日帰りでピストンする行程も可能だ。

(写真・文=渡辺　幸雄)

蝶ヶ岳からの槍・穂高連峰の展望

アクセス　JR松本駅バスターミナルから特急高山行きバス（1日4往復、アルピコ交通・濃飛バス共同運行）で1時間15分、中の湯下車。［往復とも同じ］

マイカー情報　長野自動車道松本ICより国道158号を約1時間で沢渡へ。市営第2駐車場（冬季無料）に駐車し、タクシー（約10分、約3600円）または徒歩約2時間で釜トンネル入口の中ノ湯バス停へ。

参考タイム　▸**第1日**：中ノ湯（2時間30分）上高地・河童橋（3時間）徳沢（1時間30分）横尾　▸**第2日**：横尾（5時間）横尾分岐（30分）蝶ヶ岳ヒュッテ（蝶ヶ岳往復10分）▸**第3日**：蝶ヶ岳ヒュッテ（1時間）長塀山（3時間）徳沢（3時間）上高地・河童橋（2時間）中ノ湯　【計21時間40分】

アドバイス　年末年始はトレースがあるが、新雪が積もれば消えてしまう。登り下りとも稜線部以外の多くが樹林帯のルートとなるので、登山道から外れないようにルートファインディングをしっかり行ないたい。ルート上の木々の鉈目や赤布が目印になる。

問合せ先　長野県警山岳情報ダイヤル☎026-235-3611、松本市山岳観光課☎0263-94-2307、中の湯温泉旅館☎0263-95-2407、横尾避難小屋☎0263-47-4751、蝶ヶ岳ヒュッテ冬季小屋☎0263-58-2210、アルピコ交通☎0263-92-2511、濃飛バス☎0577-32-1160、アルピコタクシー☎0263-27-8191

2万5000分ノ1地形図　焼岳、上高地、穂高岳

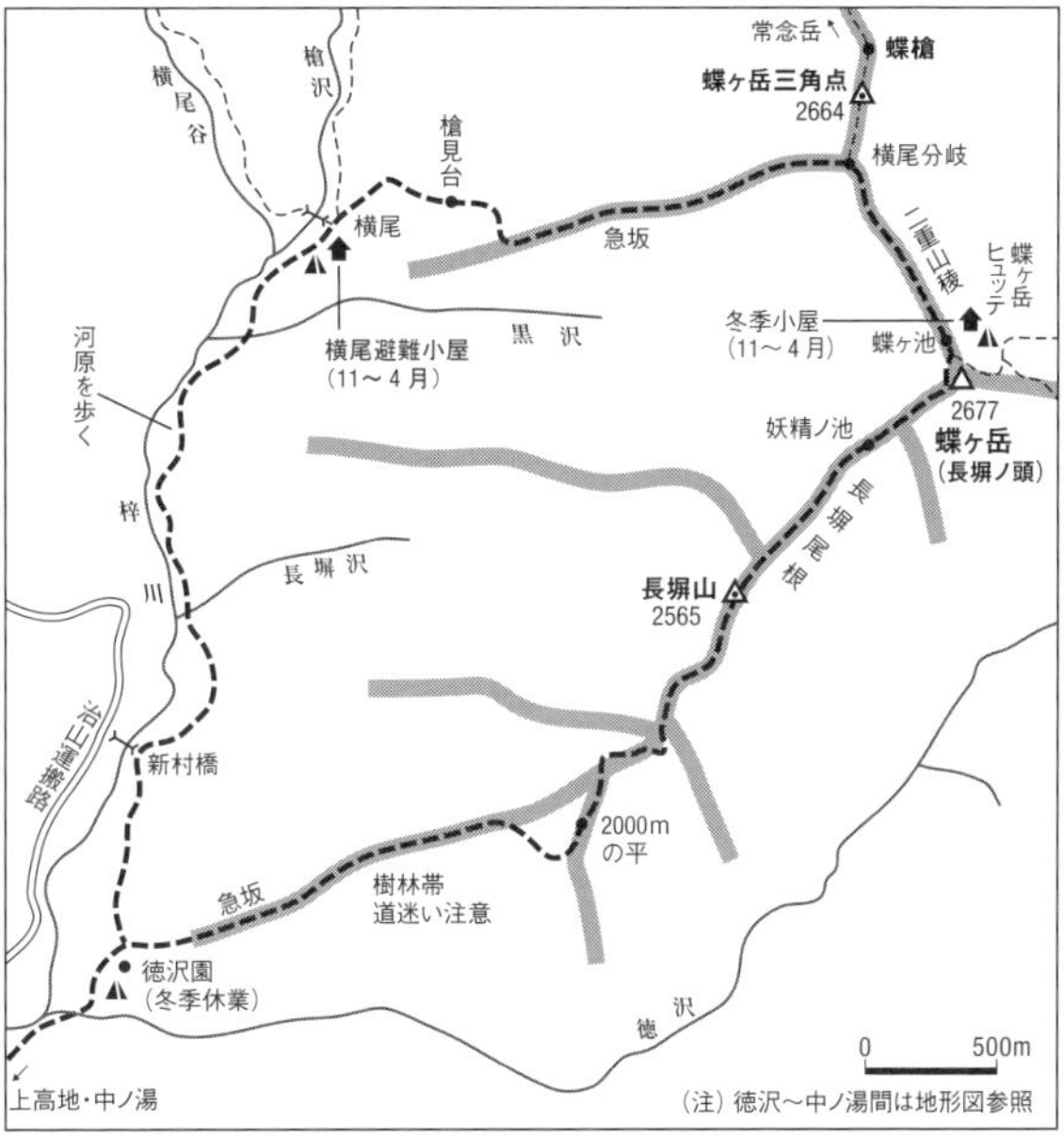

中腹はワカンやスノーシューで

北アルプス 乗鞍岳

乗鞍高原温泉スキー場 » 位ヶ原
乗鞍岳・剣ヶ峰（往復）

難易度	体力★★／技術★★
適期	年末年始、2月中旬〜5月上旬
日程	小屋泊2日／約11時間

3000m峰の雪山入門コース

乗鞍《のりくら》岳は山頂近くの畳平《たたみだいら》まで車道があり、夏山では手軽に登れる3000m峰として知られている。雪の季節も、山麓の乗鞍高原にスキー場があるために比較的アプローチしやすく、3000m峰では登りやすい山のひとつ。山頂からは、晴れれば北アルプスをはじめ大展望が期待できる。バックカントリーでも人気があり、滑走目的で山頂まで登ってくる人も多い。

第1日　スキー場から歩き始めるが、スキー場のオープン期間はリフトを利用できる。かもしかリフト終点からスキーのツアーコースを登っていく。伊奈川沿いの広いバーンから右手の樹林に入る。枝につけられた赤布を見落とさないようにして進み、車道に出たらそれをたどって位《くらい》ヶ原《はら》山荘に到着する。小屋より上部に登ると森林帯を出てしまうので、テント泊の場合はこの付近の安全な場所で。

第2日　山荘からは夏道に近い形で雪の斜面を直登していく。一段上がった位ヶ原に入ると木々がまばらになり、雄大な乗鞍岳の峰々が大きく姿を見せ始める。最初は摩《ま》利支天《りしてん》岳に向かうように、方向を見きわめながら雪斜面を登っていく。ふり返ると槍・穂高も見えて、かせいだ高度が実感できる。やがて肩ノ小屋口のトイレ（冬季使用不可）が2棟、屋根部分だけ雪の上に出ているのが見えるので、それを目標にひたすら登っていく。森林限界を超え、周辺には何もさえぎるものがない。この建物が唯一風をよけられる休憩ポイントだ。

次の目標は肩ノ小屋。夏は大雪渓が残る斜面の右側をつめ、コロナ観測所をめざす。肩ノ小屋から上部は雪面が硬くなるのでアイゼンを装着し、完全装備で山頂に向かう。朝日岳と剣《けん》ヶ峰のコルに登り、稜線歩きになる。岩がゴロゴロした山頂直下を抜け、神社の社殿の立つ山頂へ到着する。

下山は往路を戻るが、位ヶ原周辺はなだらかな地形なので、ルートを間違えないように。

（写真・文＝渡辺 幸雄）

剣ヶ峰から北アルプス方面の展望

アクセス　JR松本駅から松本電鉄30分で新島々、バスに乗り換え約1時間でMt.乗鞍スキー場へ。[往復とも同じ]

マイカー情報　長野自動車道松本ICから国道158号、県道乗鞍岳線経由約1時間20分でMt.乗鞍スキー場へ。スキー場の無料駐車場を利用。春のGWごろには車で三本滝レストハウスまで入れる。

参考タイム　▸**第1日**：Mt.乗鞍スキー場前（1時間）三本滝レストハウス（2時間30分）位ヶ原山荘　▸**第2日**：位ヶ原山荘（2時間）肩ノ小屋（50分）剣ヶ峰（30分）肩ノ小屋（1時間20分）位ヶ原山荘（2時間）三本滝レストハウス（40分）Mt.乗鞍スキー場前【計10時間50分】

アドバイス　降雪後はトレースがなく、スノーシューが便利だ。独立峰のため、気象状況によっては風が非常に強い。とくに肩ノ小屋から稜線に上がると立っていられないほどになることも。また、ガスの場合、方向を見失いがちになる。コンパスや地図、GPSの技術も必要だ。

問合せ先　松本市山岳観光課☎0263-94-2307、乗鞍高原観光案内所☎0263-93-2147、位ヶ原山荘☎090-9001-7362（年末年始、2月上旬〜10月下旬営業、要予約）、アルピコ交通☎0263-92-2511

2万5000分ノ1地形図　乗鞍岳、梓湖

追加情報　過去に位ヶ原の富士見沢下部で雪崩による死亡事故が発生している。積雪の状況しだいでコース下部でも雪崩の可能性があるので、ビーコン、プローブ、ショベルの3点セットは携行しよう。

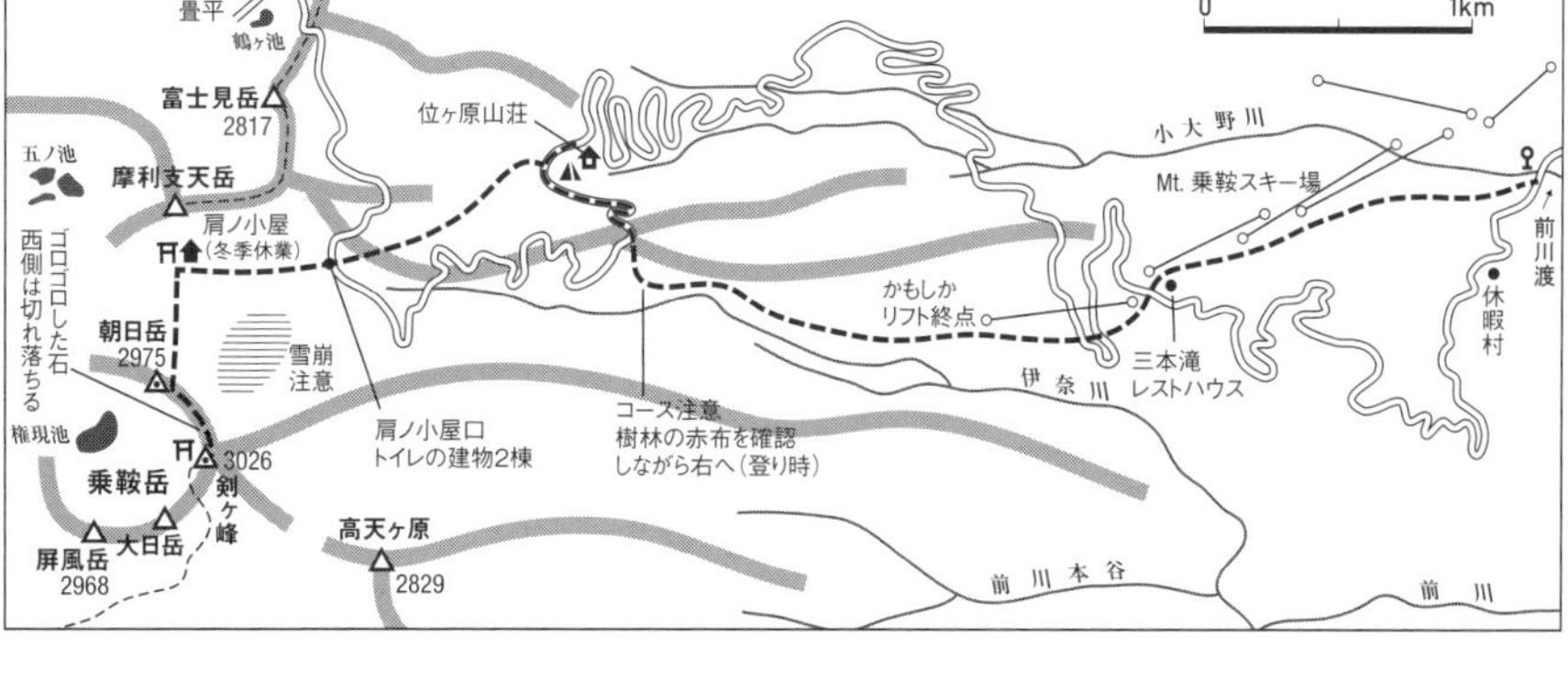

山頂直下の気持ちのよい斜面

北陸 取立山

東山いこいの森≫林道終点駐車場≫ジグザグ道終点≫取立山（往復）

難易度	体力★★／技術★
適期	12月下旬～4月上旬
日程	日帰り／約6時間

白山を眺めるほどよい一日コース

取立《とりたて》山は福井・石川県境に位置する加越《かえつ》山地の山である。この地域では赤兎《あかうさぎ》山とともに人気があって登山者も多い。人気の理由は、山頂直下の取立平で見られるミズバショウの群落が大きいようだ。

もう一つのポイントが、白山《はくさん》を間近に眺める展望のよさである。谷を隔てたすぐ隣が白山連峰で、とりわけ雪をいただいた白山は見事な眺めになる。

バスの便はないが、登山口は国道沿いなので車で行くには便利だ。夏にはキャンプ場などで利用される「東山いこいの森」の入口に、除雪された駐車場がある。

林道は除雪されていないので、駐車場からすぐ徒歩になる。雪の状況によって、スノーシュー、軽アイゼン、チェーンスパイクのどれかを使うとよい。ピッケルや本格的アイゼンは必要ない。

林道を大半ショートカットしながらトレースどおりに登り、1時間程度で林道終点に着く。夏は大きな駐車場になっている広場だ。ここから山裾に近づくと、尾根末端の急斜面の登りが始まる。夏道はジグザグのところだが、雪上でも直登はきついのでジグザグのトレースが切られている。

1時間近くもかけて登り切ると傾斜はゆるみ、歩きやすい尾根上の雪道になる。西に大日山《だいにちさん》と九頭竜《くずりゅう》川、南に経《きょう》ヶ岳や荒島《あらしま》岳と、この地方の名山が見えてくる。広い雪斜面を登ると尾根が細くなり、右側（南側）に急斜面が落ちて雪庇も出ているようだ。樹林帯の上側で、稜線の少し下といった位置取りで登っていくと、山頂でくつろいでいる登山者たちが見えてくる。

山頂に着くと、横幅いっぱいに連なる白山に目を奪われる。さらに、大長《おおちょう》山、赤兎山、三ノ峰、石徹白《いとしろ》方面の野伏《のぶせ》ヶ岳へと続く稜線もすばらしい。大休止して、いくらでも眺めていたい風景である。

時間があればこつぶり山まで足を延ばすとよい。ちがった角度から白山が眺められ、取立平の雪原を歩くのも楽しい。

白山のパノラマを見ながらランチ休憩、最高の楽しみだ

アクセス　えちぜん鉄道勝山駅からタクシーで東山いこいの森まで約20分。[往復とも同じ]

マイカー情報　北陸自動車道福井北ICから国道416号・157号経由で東山いこいの森まで約50分。中部縦貫自動車道勝山ICから国道416号・157号経由で約30分。国道脇に除雪された駐車スペースがある。

参考タイム　東山いこいの森（1時間20分）林道取立山線終点駐車場（2時間10分）取立山（1時間20分）林道取立山線終点駐車場（1時間）東山いこいの森　【計5時間50分】

アドバイス　雪が多い山なので、わかんまたはスノーシューとトレッキングポールを用意すること。ただし標高950〜1050mの急斜面はスノーシューには向いていない。

問合せ先　勝山市商工文化課☎0779-88-8117、勝山タクシー☎0779-88-0251

2万5000分ノ1地形図　北谷

追加情報　さらに健脚向きなプランとして、こつぶり山から県境稜線を北西方向へ縦走してゴマンド山を越え、谷峠から国道へ下りるルートが考えられる。縦走に3時間以上、国道を戻るのに徒歩1時間ぐらいかかりそうだ。可能なら谷トンネル入口付近に車を1台回しておくとよい。

下山するハイカー

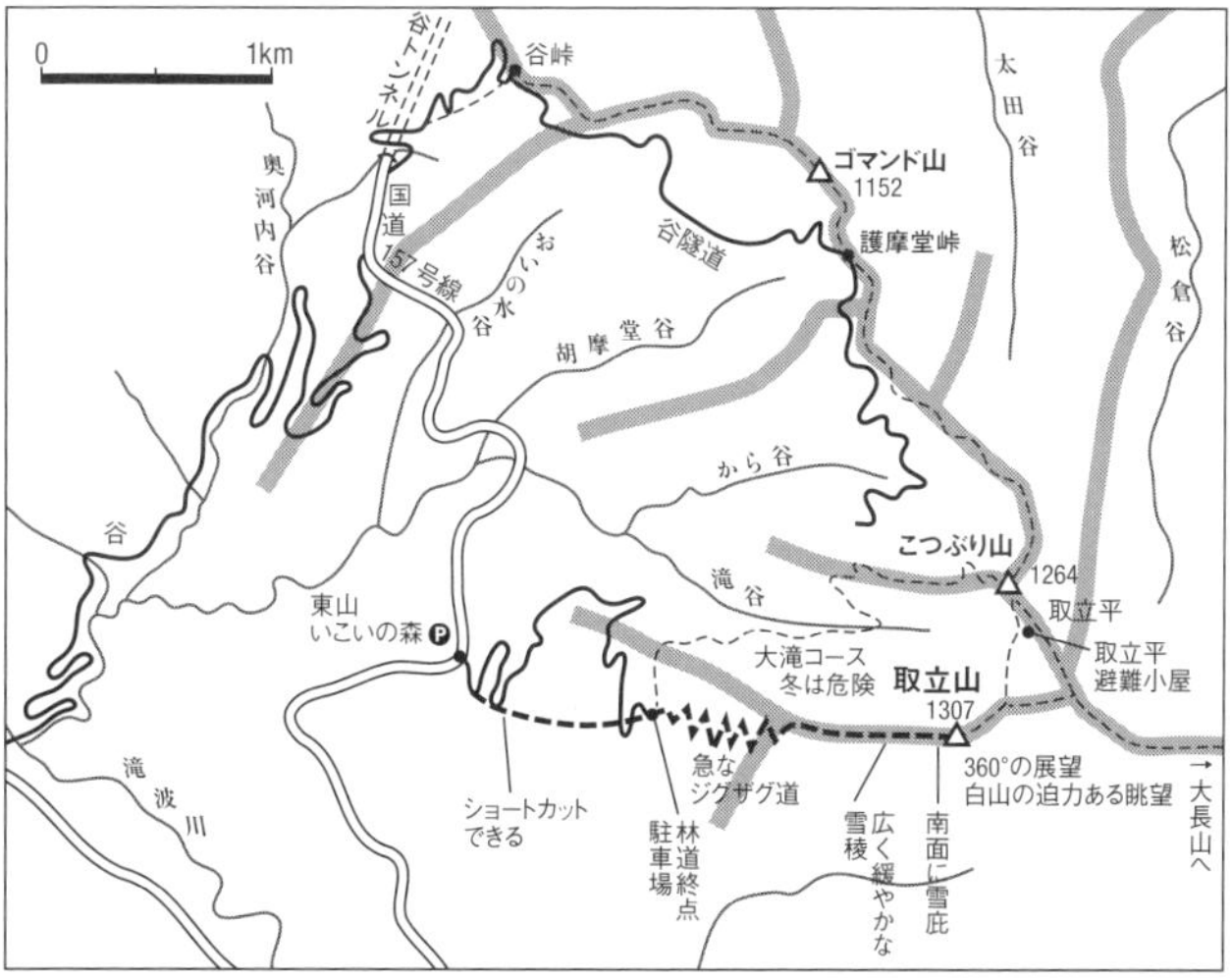

もちが壁を迂回するトレース

北陸 荒島岳

カドハラスキー場跡 ≫ シャクナゲ平 ≫ もちが壁 ≫ 荒島岳（往復）

難易度	体力★★★／技術★★
適期	12月中旬〜4月上旬
日程	日帰り／約8時間

おおらかな雪稜をたどる福井の名峰

荒島《あらしま》岳は白山《はくさん》の南側にある越美《えつみ》山地に属し、能郷白山《のうごうはくさん》とともにこの山地を代表する山である。北端で大野《おおの》盆地に接するため、山容が立派で独立峰のように見える。また、登山口近くを鉄道、国道、高速道路が通るアクセスのよさからも人気が高い。

勝原《かどはら》駅から登山口のあるカドハラスキー場跡まで30分ほどだが、ほとんどの人はマイカーで入る。緩斜面から登り、急斜面に突き当たって右へ折れ、2回ジグザグを切って登る。尾根上の小広い場所がかつてのゲレンデトップのようだ。

ここから樹林に入り、すぐにブナの森に変わる。しだいに林相が立派になり、時おり古いブナの大木も見られる。2時間強で標高１０００ｍ付近の尾根に合流し、樹間から初めて荒島岳が見える。１０８０ｍの小平地からは荒島岳の全体が望まれる。

そのすぐ先で急斜面となって、シャクナゲ平へ標高差約１２０ｍを一気に登る。途中から左へトラバースするトレースがついていることもある。出たところはもちが壁の下で、通常はここでピッケル、アイゼンに替えたほうがいいだろう。

もちが壁はこのコース一番の難所だが、トレースが踏まれていれば、足場を確認しながら慎重にたどるだけでよい。10mほどの急斜面を直登するか、右側から迂回して越えると傾斜はゆるみ、山頂へ続く大きな雪稜へ出る。ここからは滑落の危険は少ないので、歩きにくければ、またトレッキングポールに替えてもよい。

頂上は近そうに見えてなかなか着かないが、九頭竜《くずりゅう》川と大野盆地、そこを取り囲む山々を眺めながら、おおらかな雪稜を登っていくのは（ラッセルでなければ）とても気持ちがいい。やがて雪だけで何もない広場の山頂に登り着く。３６０度の大展望を心ゆくまで楽しみたい。

帰路はもちが壁での転落とスリップに注意。余力があったら、荒島岳がよく見えるという小荒島岳に立ち寄ってみたい。

荒島岳山頂へ続く広い雪稜

アクセス　JR越美北線は勝原駅行きが1日4本しかなく登山には使えない。越前大野（福井駅から越美北線約1時間）に前泊して、タクシーでカドハラスキー場跡の登山口へ約20分。[往復とも同じ]

マイカー情報　北陸自動車道福井ICから国道158号でカドハラスキー場跡まで約40分。または中部縦貫自動車道勝原ICからすぐ（約500m）。スキー場跡入口に駐車スペースがある（約30台）。満車の場合、JR勝原駅隣の五箇公民館駐車場を利用するように大野市ウェブサイトに公告あり。

参考タイム　カドハラスキー場跡（3時間）シャクナゲ平（1時間50分）荒島岳（1時間）シャクナゲ平（2時間）カドハラスキー場跡【計7時間50分】

アドバイス　難所のもちが壁は滑落注意だが、トレースが踏まれていれば問題ない。積雪が非常に多い山なので、わかんやスノーシューなどのラッセル道具が必携。山スキーで登る人もいる。登山口まで標高差約1000mの滑走が楽しめる。

問合せ先　大野市観光交流課☎0779-66-1111、大野タクシー☎0779-66-2225、大喜タクシー☎0779-66-2171

2万5000分ノ1地形図　荒島岳、下山

中腹のブナ林を下る

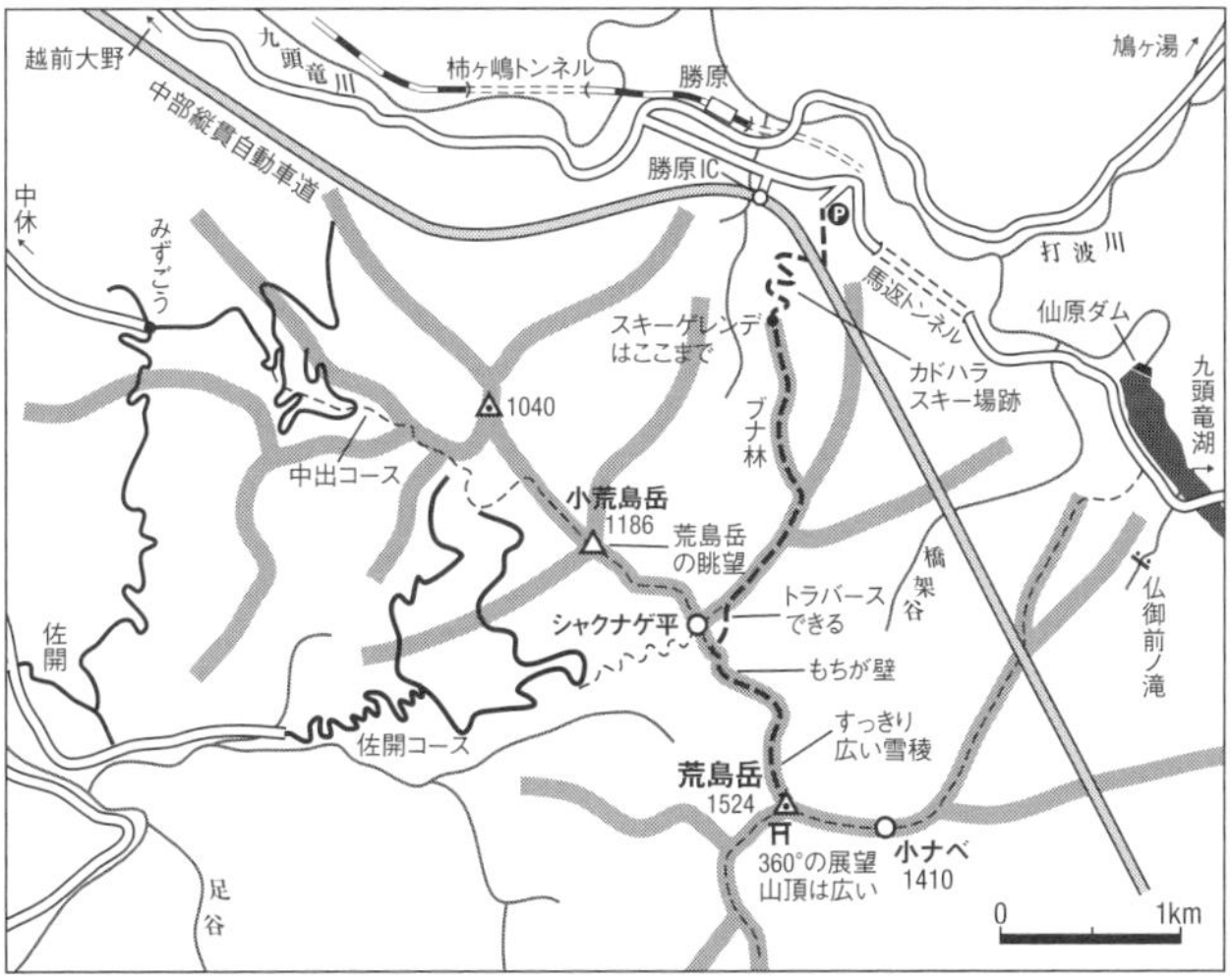

急斜面を登り切った山頂台地分岐

関西 伊吹山

伊吹登山口 » 三合目あずま屋 » 六合目避難小屋 » 伊吹山（往復）

難易度	体力★★／技術★★
適期	12月下旬〜3月下旬
日程	日帰り／約8時間

大きな雪斜面を登って絶景の山上へ

伊吹《いぶき》山は雪の多い山である。若狭湾から伊勢湾への狭いライン上にあって、冬季の北西季節風をもろに受ける位置にあるのがその理由らしい。シーズンになると、東海道線などの車窓から見上げる伊吹山は雪をかぶった孤高の姿でそびえ立っている。積雪期の伊吹山は、関西を代表する雪山ルートの一本といえるだろう。

夏山コースと同じ上野《うえの》の三之宮神社から入山する。初めは凍結している程度の山道だが、一合目ぐらいから積雪が現われ、スキー場跡の草原台地はけっこうな雪山になっているかもしれない。雪の状況により、必要ならスノーシューやアイゼンを使う。

三合目まで登ると伊吹山の大きな山容が望まれる。白い開けた斜面をまっすぐに登っていくルートの全容が見える。

五合目は旧スキー場のゲレンデトップだったところで、ここからスキー場の痕跡はまったくなくなる。六合目で避難小屋を過ぎると傾斜は強まり、ここから九合目までの間は30度かそれ以上の急傾斜になる。

22年1月に避難小屋の約200m上部で雪崩事故が発生している。六合目以上では雪崩の危険性があるので、雪質が不安定で危険なときは登山中止を判断しなくてはならない。簡単な考え方として、多量の降雪があったら、数日間は雪崩の危険性があるものとして警戒してほしい。

避難小屋付近から急斜面の登りが続くが、1時間強がんばれば、山頂台地の一角である九合目に登り着く。眼下いっぱいに琵琶《びわ》湖《こ》の湖面が広がり、関西の雪山がはるばると見渡せる。右折して山頂へ向かい、山上台地を一周しよう。晴れたときはすばらしいばかりだが、視界が悪いと方角を見失いやすい。そのときは地図やGPSで現在地を把握しながら行動すること。

下山は往路を戻るが、九合目からの急斜面は恐怖感があるかもしれない。ピッケルをすぐ突き刺せる構えに持ちながら、慎重に下っていくとよい。

六合目避難小屋を過ぎると傾斜が強くなる

アクセス　JR近江長岡駅よりバス16分で伊吹登山口バス停下車。［往復とも同じ］長浜駅、米原駅からも伊吹登山口行きのバスが出ている。
（注）2023年7月以降、豪雨被害の影響から伊吹登山口へのバスは運休中。
マイカー情報　伊吹登山口まで名神高速道路関ヶ原ICから国道365号経由で約20分。北陸自動車道米原ICから国道21号・県道19号経由で約20分。登山口周辺に有料駐車場が多数ある。
参考タイム　登山口（2時間）三合目（3時間）伊吹山（1時間40分）三合目（1時間20分）登山口　**【計8時間】**
アドバイス　六合目上部から山頂台地までの間は急な雪壁の登りと下降があるので、ピッケルとアイゼンは必要。軽アイゼンとトレッキングポールで通すのは危険である。またこの区間では、多量の降雪後には雪崩が出る。気象情報をチェックして大量降雪後には入山を控えること。
問合せ先　米原市役所伊吹庁舎☎0749-58-1121、湖国バス長浜営業所☎0749-62-3201、近江タクシー米原☎0749-52-0106
2万5000分ノ1地形図　関ヶ原、美束
追加情報　伊吹山は関西では有名な山スキーの山でもある。山頂から急な雪壁を慎重に抜け、スキー場跡の五合目から一合目まで高差1000mの滑降を楽しむことができる。

山頂のヤマトタケル像

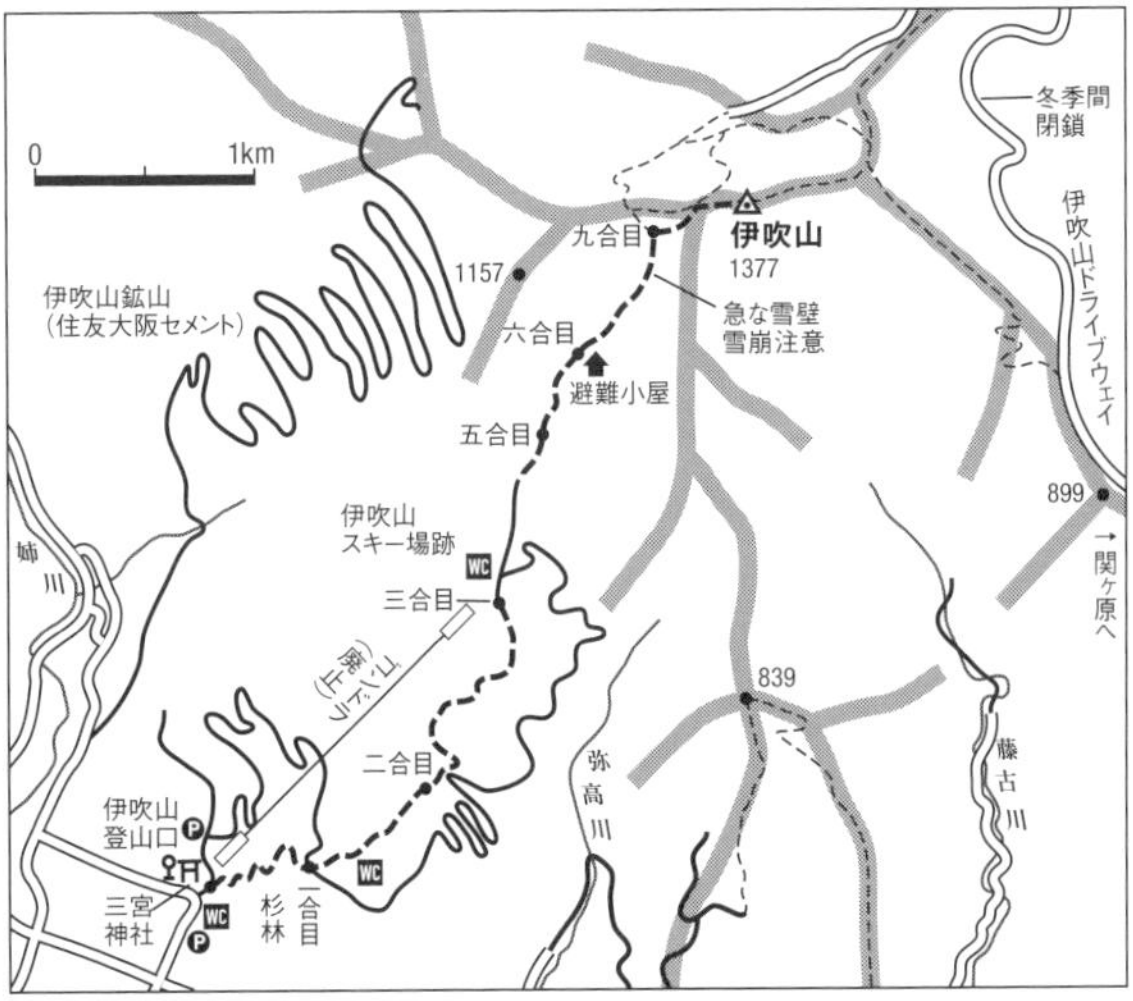

霊仙山最高点と伊吹山

関西 鈴鹿・霊仙山

今畑登山口 ≫ 笹峠 ≫ 近江展望台 ≫ 霊仙山三角点（往復）

難易度	体力★★／技術★★
適期	12月下旬～3月下旬
日程	日帰り／約6.5時間

鈴鹿最北端、手応えある本格的雪山

鈴鹿《すずか》山脈の最北端に位置して、個性的な〝花の百名山〟として知られる霊仙山《りょうぜんざん》。山上のササ原がニホンジカの食害を受けていると聞くが、積雪期はそれらも雪で覆い尽くされて美しい雪山になる。伊吹《いぶき》山と並んで関西の代表的な雪山の一つである。

主要なコースは米原市側から2本、多賀町側から1本ある。積雪期のアクセスがしやすい多賀町からの西南尾根コースを紹介する。落合集落までの県道が基本的に除雪されるため、登山口まで車で入ることができる。狭いが駐車スペースもある。

登山届の投函箱がある今畑《いまはた》登山口から登り始める。20分ほどで廃村今畑に着く。古い家屋やお寺がそのまま残されてある不思議な空間だ。集落を抜けて尾根に取り付き、植林地から自然林に変わり、途中から尾根左側のトラバース道を進んで笹峠に出る。展望が開け、休憩によいところだ。

ここで西南尾根末端の大きな雪斜面が立ち上がり、標高差２５０mほどを一気に登る。雪が硬いと緊張するし、軟雪でも足場が不安定で登りづらい。慣れた人は軽アイゼンでもよいが、初級者はピッケル、アイゼンで安全に登りたいところだ。

登り切ると近江展望台に着く。石灰岩質の頂上台地の一角に入って、高い樹木がないため高山的な景観に変わる。なだらかな稜線は、風下側（南側）が急斜面で雪庇状になっている。やがて見えてきた山頂部は全体が雪におおわれて、多雪地の雪山のような美しい姿である。

山上はどこでも自由に歩けるので、夏道にこだわらず、トレースは左の大洞谷源頭部から最高点に向かったり、三角点ピークに向かったりしている。登り着いたどのピークでも３６０度の展望を楽しめる。

下山は、第3の山頂である経塚《きょうづか》山を通って落合集落へ周回する人も多いが、トレースがないと難しいだろう。往路を戻って下山する場合は、近江展望台下の急斜面での滑落に注意しよう。

雪たっぷりの霊仙山頂上部。中央が最高点、左奥が三角点

アクセス　JR彦根駅からタクシーで落合まで約30分。［往復とも同じ］

マイカー情報　名神高速道路彦根ICから国道306号、県道17号で河内ノ風穴の標識に従い、落合集落の手前にある今畑登山口まで約30分。道は狭いが落合まで除雪されている。登山口の手前左側に駐車スペース（4〜5台）あり。いっぱいの場合はさらに手前左側にもスペースがある。

参考タイム　今畑登山口（1時間10分）笹峠（1時間）近江展望台（1時間45分）霊仙山三角点（1時間10分）近江展望台（30分）笹峠（45分）今畑登山口　【計6時間20分】

アドバイス　雪が多い山なのでわかんかスノーシューを用意しよう。笹峠から上の急斜面は、慣れた人は軽アイゼンでもこなせるが、12本爪アイゼンが安全だ。

問合せ先　米原市役所米原庁舎☎0749-52-1551、近江タクシー彦根☎0749-22-0106、彦根タクシー☎0749-22-4500

2万5000分ノ1地形図　霊仙山、彦根東部

追加情報　三角点頂上から汗フキ峠を経て落合へ下る人も多く、トレースがあればこれを下ってもよい。所要時間は西南尾根を下るのと同じくらいだが、落合から車道を戻るぶんだけ長くなる（約20分）。北面榑ヶ畑からのルートは養鱒場から先が除雪されないため、積雪があると車での入山ができない。

山中にあった新しい標識

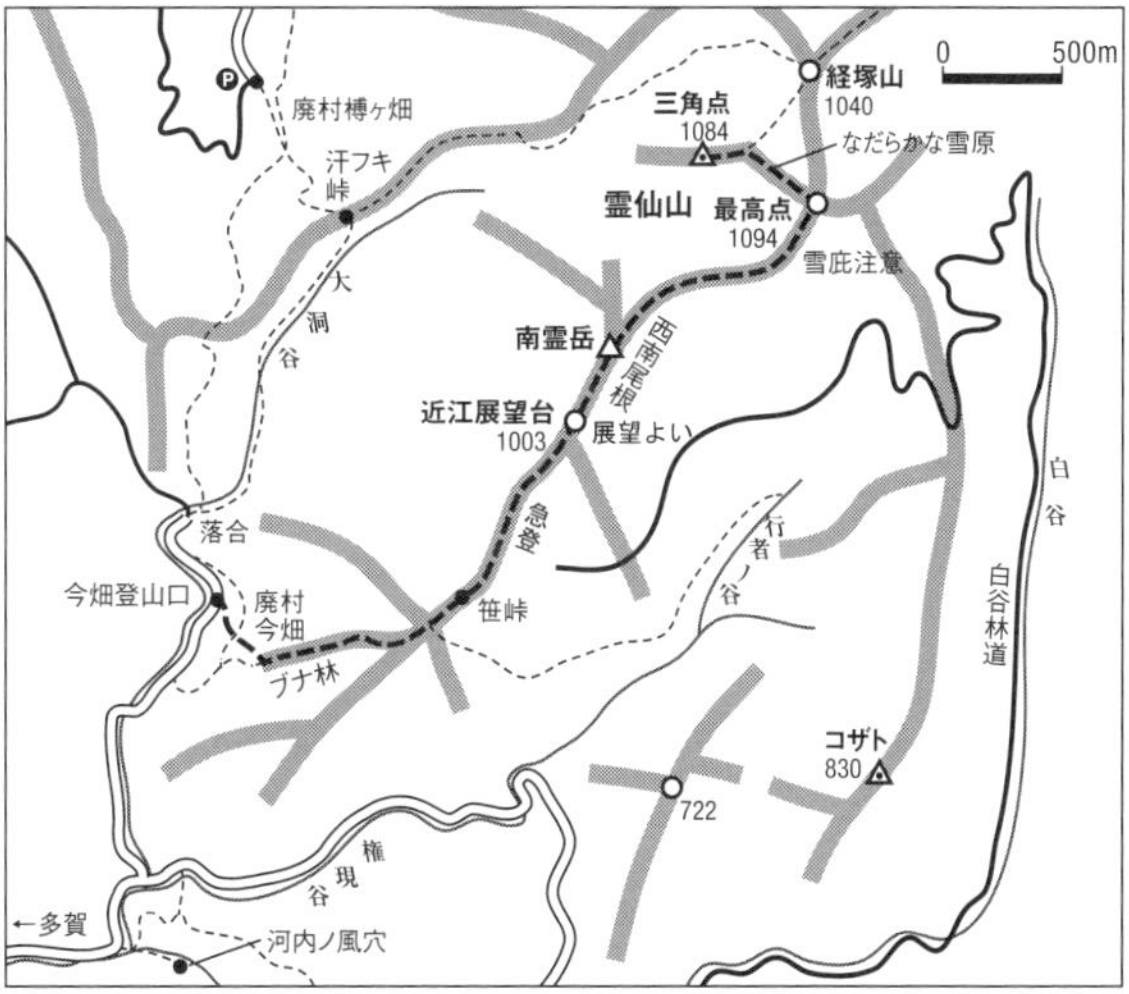

山頂まで展望のよい雪尾根が続く

関西 比良・武奈ヶ岳

坊村・葛川市民センター ≫ 御殿山 ≫ 武奈ヶ岳（往復）

難易度	体力★★／技術★★
適期	12月下旬～3月下旬
日程	日帰り／約6時間

比良山地の最高峰に登って雪山入門

四季を通じて関西の登山者に親しまれている比良《ひら》山地。冬には比叡《ひえい》おろしが吹き続いて積雪量も多く、初・中級者向きの雪山登山が楽しめる。なかでも最高峰の武奈《ぶな》ヶ岳はポピュラーな対象だ。西南稜から登るコースは雪山入門として有名だが、登りの傾斜がきつく体力が必要である。

車で坊村《ぼうむら》まで入り、道標を確認して地主《じしゅ》神社前から明王院《みょうおういん》の左手へ進み、境内の奥から山道に入って登り始める。

最初から急な杉植林地の登りが始まり、半分凍結、半分泥混じりのような歩きづらい道である。しだいに雪がついてきて、やがて完全な雪道になるので、適当なところからアイゼン、チェーンスパイクなど、滑り止めを使うとよい（不要なら靴のままでもよい）。標高６００ｍぐらいから自然林に変わり、標高７００ｍぐらいで最も急な箇所を越える。ここは足元が悪く、滑落の危険を感じるかもしれない。

急な箇所を登り切るとゆるやかになり、主尾根上に出る。ひと休みしたいところだ。ここでルートは左に直角に折れて、感じのよい樹林帯の中を登っていく。夏道が右斜面を大きくトラバースする箇所は、トレースが稜線通しになっているだろう。もう２回ほど短く急な登りをこなすと御殿《ごてん》山に着く。富士山の形をした武奈ヶ岳と、西南稜のコースが一望できる。

まだ遠いように見えるが、ここからは快適そのものの雪稜歩きだ。まさにアイゼンまたはスノーシューでの雪山入門で、一歩ずつ武奈ヶ岳へ距離をつめていく。稜線の東側に小さな雪庇ができていることがあるので、見逃さないようにしよう。

到達した山頂は３６０度の展望で、まず広大な琵琶湖がすばらしい。白く雪をかぶった伊吹《いぶき》山、霊仙《りょうぜん》山をはじめ、鈴鹿《すずか》山脈、奥美濃《おくみの》、白山《はくさん》まで最高の眺めが広がる。

充分に過ごしたら往路を引き返す。もう一度気分を引き締めて、アイゼンやスノーシューに足を慣らしていくとよい。

広々とした武奈ヶ岳山頂。琵琶湖をはじめ広大な眺めに目を奪われる

アクセス JR堅田駅から予約制乗合タクシー1時間5分で坊村へ。通常のタクシーはJR堅田駅から坊村へ約40分・約9500円。[往復とも同じ]
（注）予約制乗合タクシーは利用時刻の1時間前までに琵琶湖タクシー☎077-522-6677に予約する。2人以上のグループで予約すると料金を割引する制度がある。

マイカー情報 湖西道路真野ICから国道477号・367号で坊村の葛川市民センターへ約25分。センター前広場に無料駐車場（80台）が、国道を渡ったところにトイレがある。

参考タイム 坊村（2時間30分）御殿山（1時間）武奈ヶ岳（40分）御殿山（1時間40分）坊村 【計5時間50分】

アドバイス 初級雪山ルートだがけっこう体力が必要。とくに主稜線に出るまでの急登がきつい。P846を過ぎると夏道は尾根の南斜面をトラバースするが、積雪が多いときは稜線通しに登るほうが安全でわかりやすい。トレースもそのように踏まれていることが多い。

問合せ先 大津市葛川観光協会☎077-599-2001、近江タクシー堅田☎077-572-0106、大津第一交通堅田営業所☎077-574-4000

2万5000分ノ1地形図 北小松、比良山、花脊

山頂は風が通り抜けて寒い

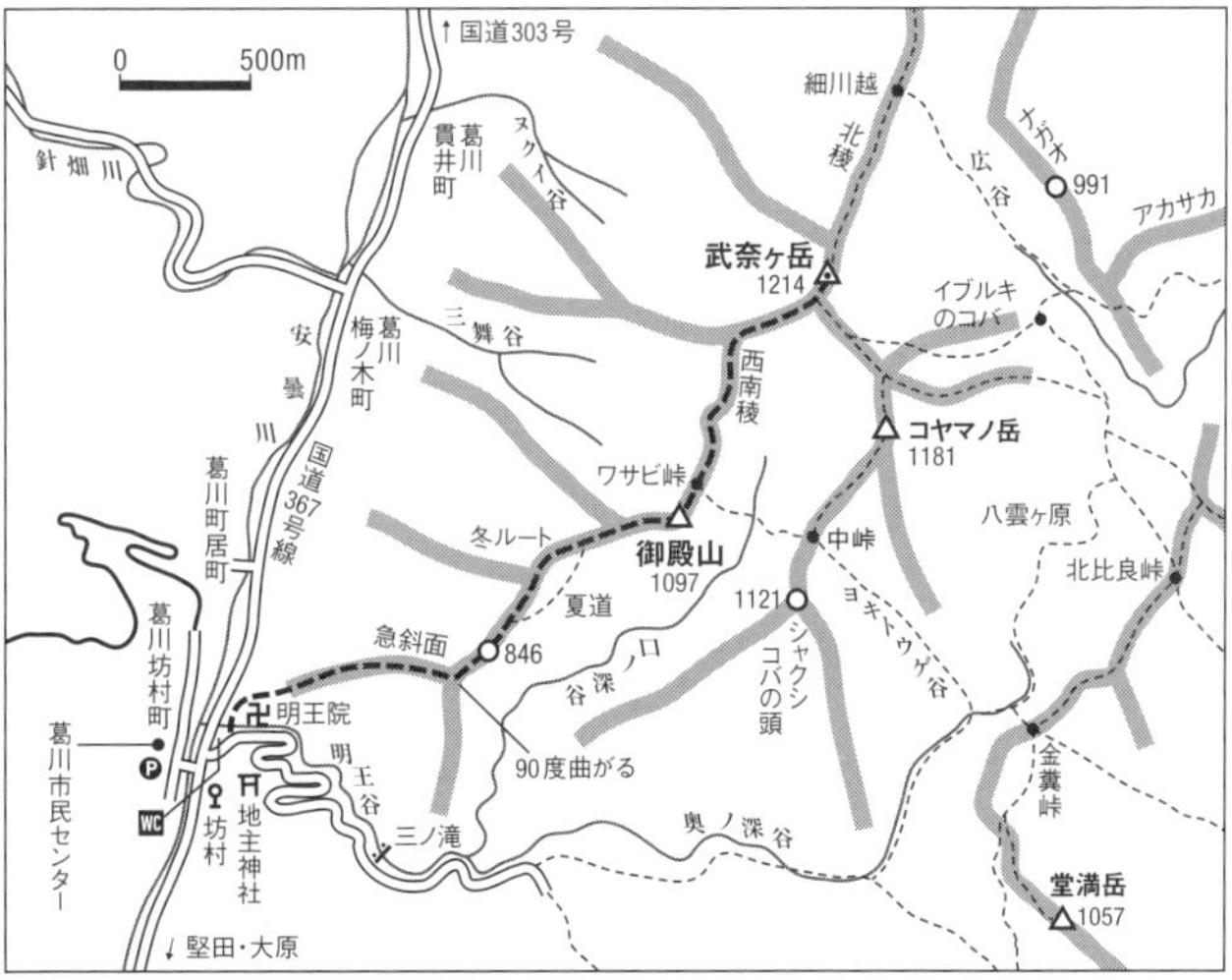

雪ダルマがあった三峰山頂

関西 台高・三峰山

三峰山登山口 ≫ 不動滝 ≫ 三峰山 ≫ 八丁平 ≫ 登り尾コース ≫ 三峰山登山口

難易度	体力★／技術★
適期	1月上旬〜2月下旬
日程	日帰り／約4.5時間

霧氷がきれいな山稜を半日ウォーク

三峰山《みうね》は、奈良県と三重県の境界を東西に連なる高見《たかみ》山地の山である。高見山地西端の高見山、東端の三峰山は、どちらも冬季の霧氷が有名だ。積雪の多い山域ではないが、北側に高い山がないために、季節風の湿気を含んだ寒気が山地にぶつかることによって霧氷が作られるようだ。

山麓の御杖《みつえ》村がハイキングの環境整備に力を入れていることから、無人小屋、トイレ、無料駐車場が使える。地元の好意に感謝しながら雪山入門を楽しみたい。

不動滝コースを登り、登り尾コースを下る周回コースを紹介しよう。登山者用駐車場から車道を上流に進むと、みつえ青少年旅行村のゲートをくぐり、１００ｍほど行ったところに登山口がある。左へのオオタイ谷林道を行き、約20分で不動滝分岐、登山道に入って約10分で不動滝に着く。

滝を左側に見ながら杉植林地を急登するが、雪が凍結していて滑りやすいので軽アイゼンを使ったほうがよいだろう。ジグザグに登って稜線に出たところに丸木組みの避難小屋がある。右から登り尾コースが合流し、尾根上を進むと主稜線の三畝《みうね》峠だ。左折してすぐ山道が二分し、稜線通しの左の道を行く。右は八丁平《はっちょうだいら》へ通じている。

じつに感じのよい自然林は、厳冬期には霧氷が美しいだろう。そのなかをゆるやかに登って三峰山の山頂に立つ。樹木が伸びて展望が狭くなったようだが、北東方向に曽爾《そに》高原方面の山々が望まれる。山頂から南へ下ってすぐ、広々とした草原の八丁平へ出る。こちらははるかに展望がよく、鋭鋒の高見山や台高《だいこう》の山々を一望できる。

迷いやすい場所なので道標を慎重に確かめて、西北西方向の山道へ入り、斜面をトラバースすると三畝峠へ戻る。稜線から分かれて右へ下り、避難小屋からは登り尾コースを下る。途中にきれいな休憩所やトイレがあって、施設が増えているようだ。

杉林を沢まで下るとオオタイ谷林道に合流する。駐車場まであとわずかである。

頂上直下にある八丁平。そのまま直進すると迷い尾根に入ってしまう

アクセス　[行き] 近鉄榛原駅から奥宇陀わくわくバス50分または近鉄名張駅から三重交通バス55分で掛西口バス停へ。御杖ふれあいバスに乗り換え52分で三峰山登山口。**[帰り]** 三峰山登山口から御杖ふれあいバス14分で神末敷津バス停へ。三重交通バスに乗り換え54分で近鉄名張駅。
（注）霧氷シーズン（1月下旬～2月上旬）の土・日・祝日は近鉄榛原駅からみつえ青少年旅行村直通の臨時バス「霧氷号」が運行される。
マイカー情報　名阪国道針ICから国道369号経由で約60分。または同上野ICから国道368号・369号経由で約60分。みつえ青少年旅行村手前の登山者用無料駐車場（約100台）に駐車できる。
参考タイム　三峰山登山口（35分）不動滝（1時間10分）避難小屋（50分）三峰山（5分）八丁平（30分）避難小屋（35分）登り尾コース休憩所（30分）三峰山登山口　【計4時間15分】
アドバイス　八丁平から南西尾根への迷い込み、三畝峠から新道峠方面への迷い込みに注意。雪は少ないので通常ラッセル道具やピッケルはいらないが、トレースが凍結して滑りやすいことがあり、不動滝の上部斜面などは苦労するかもしれない。アイゼン（軽アイゼンでもよい）を持参し必要に応じて使いたい。
問合せ先　御杖村総務課（御杖ふれあいバス）☎0745-95-2001、御杖村観光協会☎0745-95-2070、奈良交通榛原営業所（奥宇陀わくわくバス）☎0745-82-2201、三重交通伊賀営業所☎0595-66-3715
2万5000分ノ1地形図　菅野

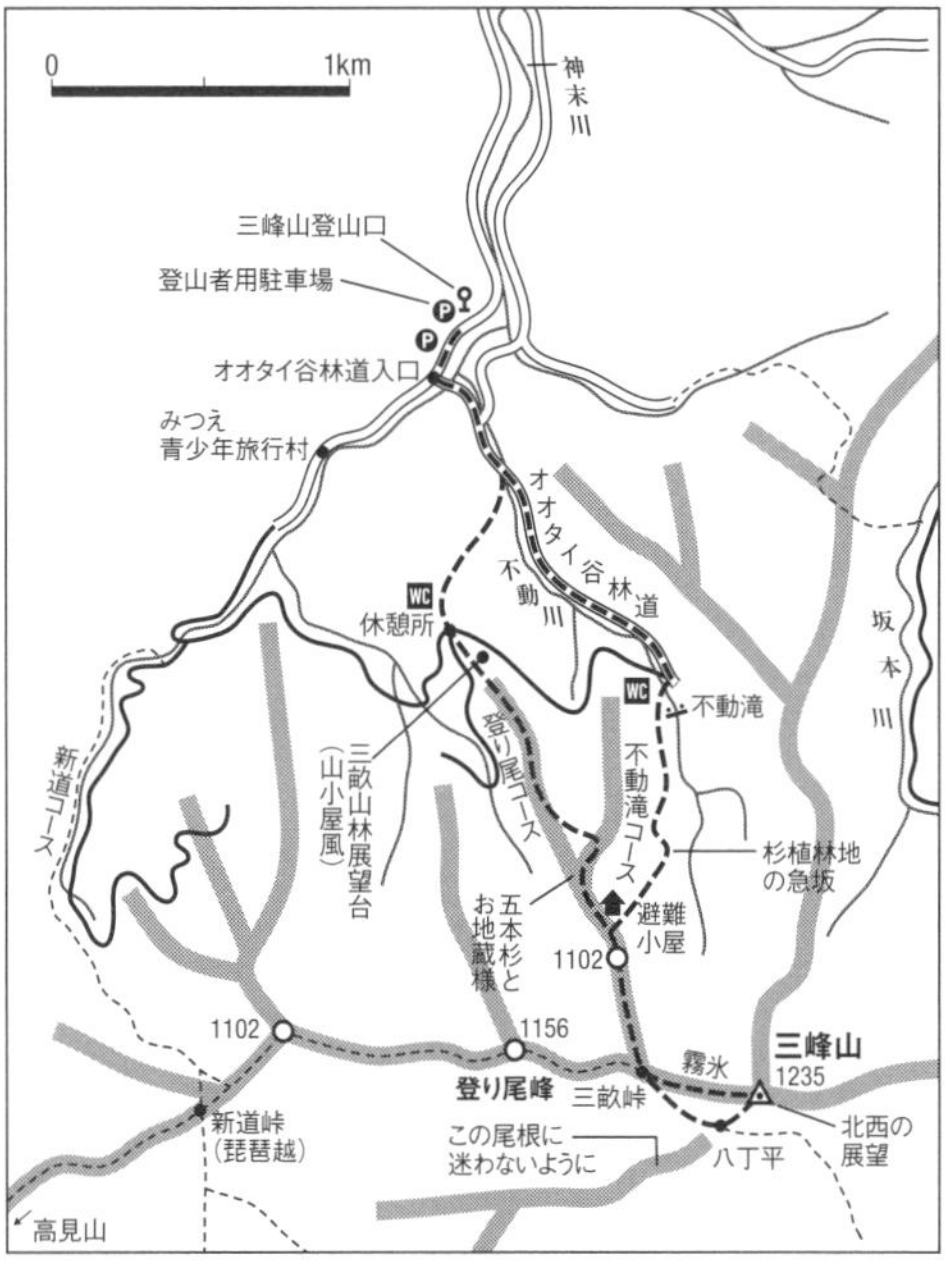

雪で埋まった大日のトラバース

関西 大峰・稲村ヶ岳

洞川温泉 ≫ 稲村ヶ岳登山口 ≫ 法力峠 ≫ 山上辻 ≫ 稲村ヶ岳（往復）

難易度	体力★★／技術★★
適期	12月中旬〜3月中旬
日程	日帰り／約7時間

ブナ林が美しい大峰中心部の名峰

大峰《おおみね》山脈は山が深く、積雪期に主稜線上の山に登るには1泊以上を要するものが多い。そのなかで、稲村《いなむら》ヶ岳はギリギリ日帰りが可能な貴重な山だ。ただし、トレースがついていることが条件で、ラッセルが多くなれば日帰りは難しい。

洞川《どろがわ》温泉の登山口をできるだけ早朝に出発できるように計画する。母公堂《ははこどう》からスタートできれば片道30分ほど短縮できる。

杉林のなかをゆるやかに登っていく歩きよい道で、ほとんどきつさを感じずに法力《ほうりき》峠に着く。観音峰《かんのみね》からの道を合わせ、尾根を反対側に乗り越して、今度は南側の斜面をトラバースする。かなり急な斜面をトラバースしたり、沢筋からの落雪でトレースが埋まっているところもある。不安ならアイゼンをつけて慎重に行こう。

いつしか周囲は自然林に変わり、樹間から大日《だいにち》岩や稲村ヶ岳が見えるところもある。標高１４００ｍ前後から、ルンゼ状の場所を横切るちょっとした難所が何度も現われるが、一つずつ慎重に通過していく。

かなり雪が深くなり、標高１５３０ｍ付近からトレースは左斜面を直上して、一度稜線に上がってから山上辻《さんじょうつじ》へ下っていた。このへんは積雪状況によっていろいろなルートのとり方がありそうだ。

稲村ヶ岳山荘の周辺一帯から、ブナ林の雪景色が美しく気分が高揚する。大日のトラバースはピッケルを深く突き刺し、足場をよく固めながら慎重に通過する。雪が少ないほうが悪いかもしれず、初級者にはロープを使ったほうがいいだろう。

鎖場が埋まっているとルートがわかりにくいが、アイゼンで急峻な雪面を登り、大きく左（東）側に回り込んでから山頂展望台にはい上がる。晴れていれば大峰中心部、山上《さんじょう》ヶ岳、大普賢《だいふげん》岳、弥山《みせん》方面まで３６０度の展望が楽しめるところだ。

下山は往路を戻る。山上辻付近では迷いトレースが多く、トラバース道への下降点がわかりにくいので注意してほしい。

稲村ヶ岳山荘周辺のきれいなブナ林

アクセス　近鉄吉野線下市口駅から奈良交通バスで洞川温泉へ1時間18分。始発バスは9時21分着なので、できれば洞川温泉に前泊するか、タクシーを予約して早朝に入山したいところだ。下市口駅～洞川温泉はタクシー約1時間、約1万2000円。

マイカー情報　南阪奈道路葛城IC・高田バイパス経由国道169号・309号で洞川温泉へ約2時間。京奈和自動車道橿原バイパス経由国道169号・309号で洞川温泉へ約2時間。名阪国道針ICから国道370号経由国道169号・309号で洞川温泉へ約2時間。洞川温泉センターに隣接した村営駐車場（70台・有料）が利用できる。

参考タイム　洞川温泉（1時間50分）法力峠（1時間20分）山上辻（1時間）稲村ヶ岳（50分）山上辻（2時間）洞川温泉　【計7時間】

（注）母公堂に予約駐車できれば短縮コースから入山できる。その場合の合計時間は6時間10分。

アドバイス　バス利用の場合日帰りは難しい。1泊2日のプランにして、1日目に観音峰を往復するか洞川温泉周辺を観光し、翌日稲村ヶ岳に登るとよい。大日山のトラバースが難所で、足場を確実に決めて慎重に通過する。下りで積雪が多くトレースが薄い場合は、山上辻からトラバースへの下降点を見過ごして尾根に入り過ぎてしまうことがある。登りが続いておかしいと思ったら引き返すこと。

問合せ先　天川村総合案内所☎0747-63-9999、母公堂☎0747-64-0930、奈良交通☎0742-20-3100、近鉄タクシー下市営業所☎0747-52-3705、千石タクシー☎0747-52-2555

2万5000分ノ1地形図　洞川、弥山

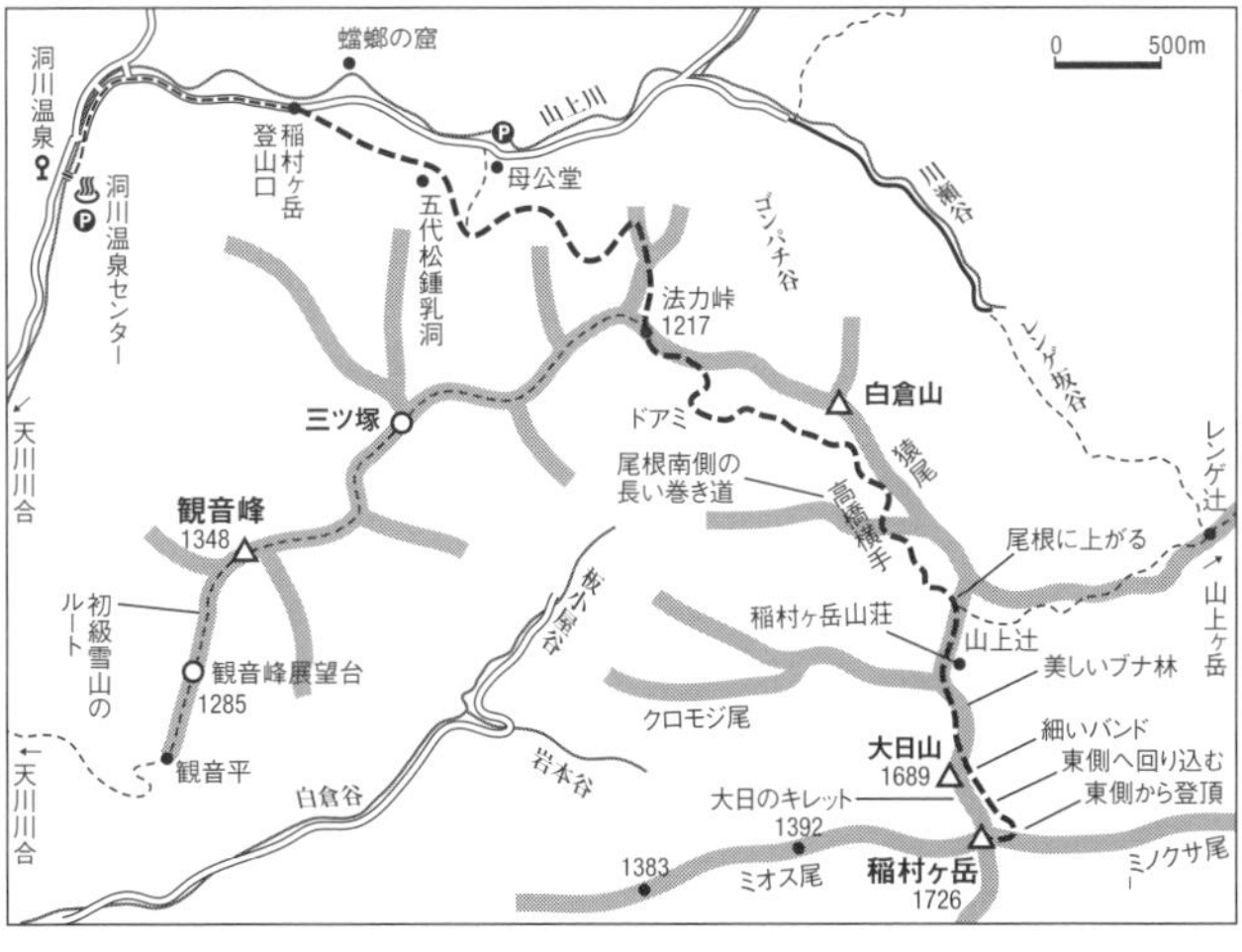

頂上避難小屋前は休憩場所になっている

中国 伯耆大山

大山寺 » 夏山登山道 » 弥山（往復）

難易度	体力★★／技術★★
適期	12月下旬～3月下旬
日程	日帰り／約6.5時間

雄大な雪山登山が楽しめる独立峰

日本海に近く位置する伯耆大山《ほうきだいせん》は、厳冬期は季節風の影響を受けて天気の悪い日が多い。しかし、晴天に恵まれれば雄大なパノラマと荘厳な北壁の展望が楽しめる。

登山届は大山寺《だいせんじ》駐在所、モンベル、南光《なんこう》河原《がわら》駐車場で提出できる。モンベル前で大山寺橋を渡り、すぐ左手に南光河原駐車場と登山口がある。山道のトレースに入ってしばらく歩くと、右から夏山登山道が合流し、阿弥陀堂《あみだどう》を過ぎて二次林の林に変わる。降雪後は樹林帯の雪景色が美しい。

ラッセルがなければ2時間以内で五合目を過ぎ、行者コースが左から合流する。さらに20～30分で樹林帯を抜けて六合目に着く。稜線の左下に避難小屋があるが、雪に埋もれて見えないこともある。

ここからは吹きさらしの稜線になる。通常は前爪付きのアイゼンを装着し、雪面が硬く滑落の危険があるときはピッケルに持ち替える。八合目までは傾斜がきつく、アイゼンをつけた足は重い。単調でつらい登りになるが、アイゼンを効かせて一歩ずつ確実に登ってゆく。

七合目を過ぎると右手に遭難碑の標柱が見える。左寄りに登りつめたところが八合目で、標柱が立ち傾斜がゆるむ。ここからは頂上台地の一角に入り、左側に雪庇が出ているのに注意し、コース上に立てられたペナントから外れないように登ってゆく。

やがて半分以上雪に埋もれた頂上避難小屋に着く。晴れていれば、外で多くの人が休憩しているだろう。小屋のすぐ後ろのピークにも「大山頂上」の標識があるが、稜線を東側へ約１００ｍ進んだところに三角点のピークがあり、本当の頂上である剣ヶ峰が美しく望まれる。稜線はやや細く、頂上も狭いので転落しないように注意。

下山はトレースを下るが、冬の大山は天候が変わりやすく、強風でトレースが消されてしまうことも多い。地形図やＧＰＳで慎重にルートを決めながら下る。八合目から下の急斜面は滑落にも注意しよう。

弥山頂上から剣ヶ峰を望む

七合目付近をアイゼンで下降

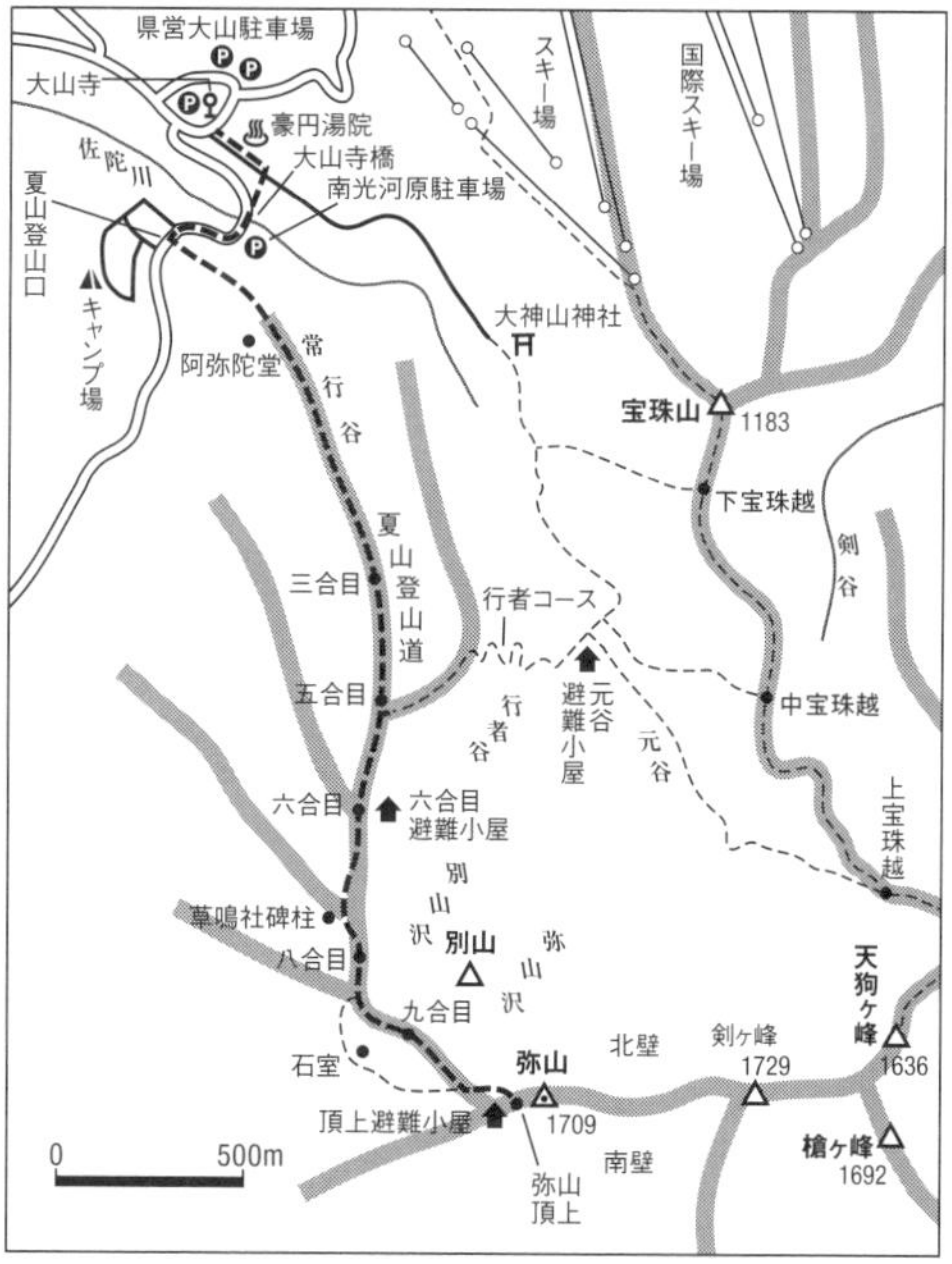

アクセス　JR米子駅から大山寺行きバス約50分、終点下車。[往復とも同じ]
マイカー情報　米子自動車道溝口IC、大山高原スマートIC、米子ICから、県道を経て大山寺の各駐車場へ。登山口から約450m離れているが、県営大山駐車場が大規模で安い（3カ所、600台）。
参考タイム　大山寺（10分）夏山登山口（2時間10分）六合目（1時間20分）弥山（1時間）六合目（1時間30分）夏山登山口（10分）大山寺　【計6時間20分】
アドバイス　トレースがついていることが多いが、ラッセルの場合はコースタイムを大きく上回る。頂上台地では強風でトレースはすぐに消える。下山時、右に寄りすぎると雪庇を踏み抜いて北壁側に転落。また、左に寄りすぎるとルートを外れてしまうので要注意。頂上避難小屋の冬季入口は頂上側と九合目側の両方にあるが、雪に埋まることもある。登山届は南光河原駐車場にも提出箱がある。
問合せ先　大山町役場大山支所☎0859-53-3311、日本交通バス米子営業所☎0859-33-9116
2万5000分ノ1地形図　伯耆大山

二ノ鎖の巻き道（下降中）

四国　石鎚山

山頂成就駅 » 夜明峠 » 二ノ鎖下 » 石鎚山・弥山 » 天狗岳（往復）

難易度	体力★★／技術★★
適期	12月下旬〜3月中旬
日程	日帰り／約6.5時間

雰囲気もすばらしい第一級の雪山

西日本最高峰の石鎚《いしづち》山は、この地方で第一級の雪山登山が楽しめる。歴史的な雰囲気の登山口から、美しく雪化粧を施した樹林帯を歩き、難所を抜けた最後に大展望の絶頂に立つ。入山者が多いためトレースも充分期待できるところだ。

ロープウェイの山頂成就《じょうじゅ》駅から、まず石鎚神社が鎮座する成就まで30分ほど歩く。拝殿からは白く雪をかぶった石鎚山が望め、登拝ムードを高めている。

立派なブナ林のなかを八丁《はっちょう》峠まで下り、登り返しも傾斜のきつくない歩きやすい道がしばらく続く。前社森《ぜんじゃがもり》の登りにかかると傾斜が強まり、岩峰を越える「試し鎖」は登らず、トレースどおりに巻き道を行く。稜線に戻ったところの休憩所は冬季閉鎖中だが、建物の近くでひと息つける。

剣山を右から巻いて通過し、広々とした夜明《よあかし》峠に出ると、白く輝く石鎚山がそびえ立ってすばらしい。ここから3カ所の鎖場はすべて巻き道を登る。一ノ鎖は気づかずに過ぎ、二ノ鎖小屋から右側に大きくトラバースする。ハシゴ、桟道がかけられているが、雪で埋まってしまうと難しそうだ。トラバースする場所は谷底まで一直線なので転倒は絶対に許されない。桟道が途切れて斜面をジグザグに登る箇所は、足元の雪が崩れそうで緊張する。初級者にはロープの使用も考えられるところだ。

一度稜線へ出て天狗岳北壁を間近に望み、もう一度短い巻き道に入って、戻ったところが弥山《みせん》頂上である。目前にそびえる天狗岳は、細い岩稜を約10分で登れる。見た目ほど難しくはないが転落に注意。

充分に過ごしたら下山にかかる。二ノ鎖小屋までの巻き道は最大の難所なので、時間をかけて慎重に通過しよう。ここを無事に終えたら、あとはロープウェイの最終時刻に間に合うように下ればよい。

日帰りはけっこう忙しいが、成就の白石《しらいし》旅館に泊まって早朝出発すれば、さらにすばらしい雪山登山になるだろう。

夜明峠から石鎚山北面を望む。右から弥山、天狗岳、南尖峰

弥山から最高峰の天狗岳

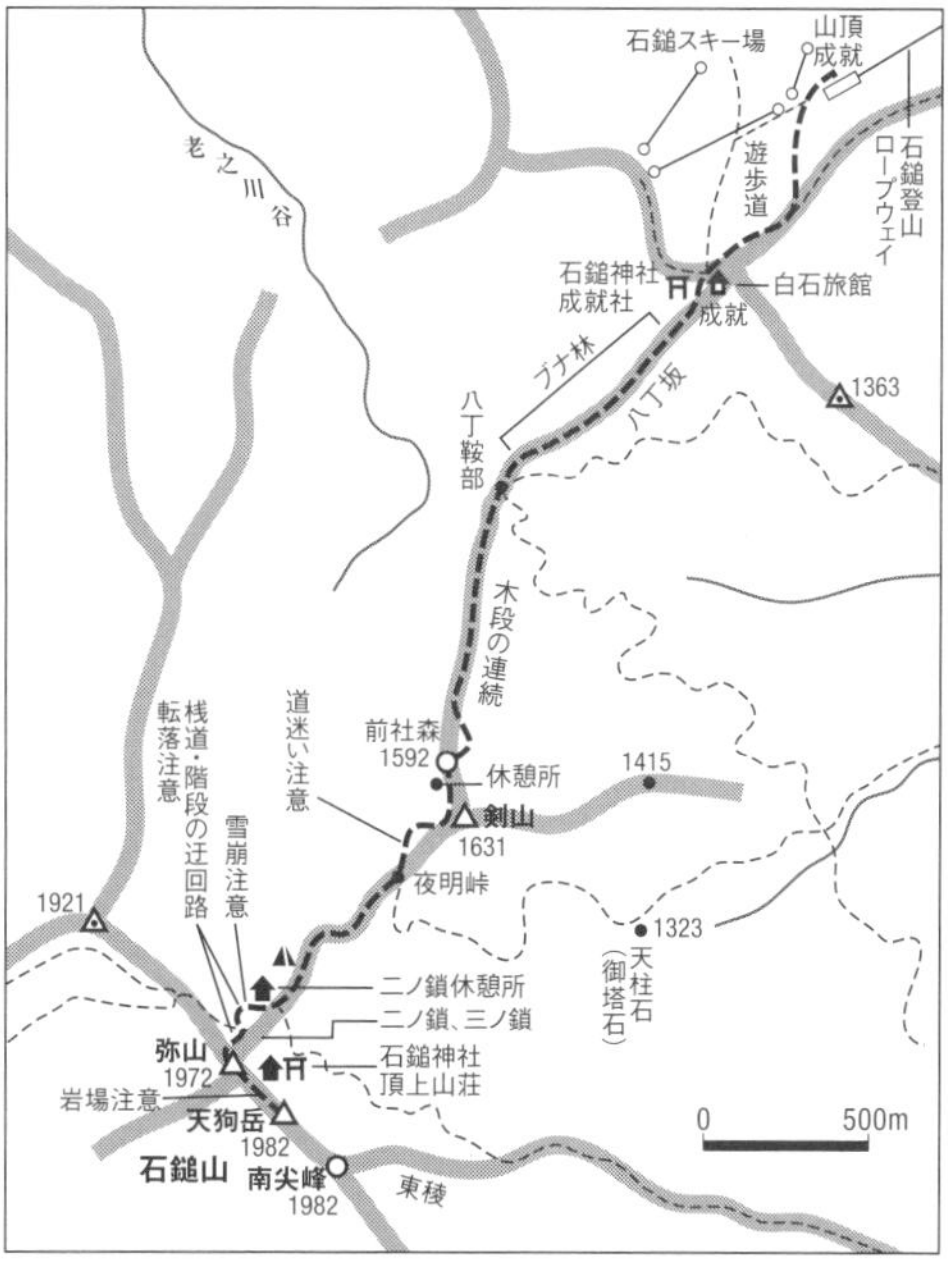

アクセス　JR伊予西条駅からバス約54分で石鎚ロープウェイ前下車。ロープウェイに乗り換えて約8分で山頂成就駅へ。[往復とも同じ]

マイカー情報　松山自動車道いよ西条ICから国道11号・県道12号・県道142号などを経由して石鎚ロープウェイ前へ35〜40分。私営の有料駐車場がある。

参考タイム　山頂成就駅（25分）成就（1時間25分）前社森休憩所（25分）夜明峠（40分）二ノ鎖下（40分）弥山（15分）天狗岳（40分）二ノ鎖下（50分）前社森休憩所（1時間）成就（20分）山頂成就駅【計6時間40分】

アドバイス　石鎚山での転落・滑落事故の半数近くが3月に発生しており、ピッケル・アイゼンは必携。また吹雪などの視界不良時は夜明峠付近が迷いやすく要注意だ。現在、成就で通年営業を続けているのは白石旅館だけになった。

問合せ先　西条市観光振興課☎0897-52-1690、せとうちバス周桑営業所☎0898-72-2211、石鎚登山ロープウェイ☎0897-59-0331、白石旅館☎0897-59-0032

2万5000分ノ1地形図　石鎚山、瓶ヶ森

次郎笈へ最後の登り

四国 剣山

見ノ越 ≫ 西島 ≫ 刀掛けの松 ≫ 剣山三角点 ≫ 次郎笈（往復）

難易度	体力★★／技術★
適期	12月下旬〜3月上旬
日程	日帰り／約6時間

剣山と次郎笈、ふたつの名峰に登る

無雪期には登山リフトが架かり、広く親しまれている剣山《つるぎさん》だが、積雪期は雪山登山者しか訪れず閑散としている。しかし、剣神社までの国道は基本的に除雪されるため、雪道装備をした車で登山口まで入れるのはありがたい。登山ルート自体は難所もなく、初級者向きの雪山である。

見ノ越《みこし》のリフト前広場で用意をして、反対側の剣神社への石段登りからスタートする。神社から右へ行くと簡易宿泊所前を通り、登山道が始まっている。樹林帯の落ち着いた道を登ること1時間ほどで、野営場を通りリフト終点の西島駅に着く。

コースは尾根道と、大剣《おおつるぎ》神社コース（巻き道）に分かれるが、積雪期は尾根道のほうが一般的で、巻き道はトレースも薄い。左折して駅舎の前を通り、左から回り込んだところに尾根道の登り口がある。初めてだとわかりにくいので注意が必要だ。

尾根道は中間地点の刀掛《かたなか》けの松を経て、1時間ほどで雲海荘（冬季休業中）の横を通り抜けて山頂台地に出る。積雪は少なく、植生保護のため台地全体に敷かれた木道の上を歩く。木目が出ているときはアイゼンを外そう。南西の端まで歩いたところが最高点の頂上で、正面に純白の雪をいただいた次郎笈《じろうぎゅう》が大きい。尾根続きの三嶺《みうね》、祖谷《いや》山系、石鎚《いしづち》連山、はるか遠く瀬戸内海や、大山《だいせん》と思われる山影まで望まれる。

休憩もそこそこに切り上げて、次郎笈に向かう。アップダウンは大きいが、美しくて雰囲気のよい雪稜登高が体験できる。登りつめた次郎笈からは、大きな山容の剣山が望めるほか、ここでも３６０度の大展望が楽しめる。穏やかな天候であれば、ランチ休憩するには最高の場所である。

帰りは往路を戻るが、次郎笈峠からの標高差約１７０ｍの登り返しがつらいところ。大剣神社経由の巻き道を行くのが楽なように思えるが、ラッセルによってはかえって厳しい状況もありえる。トレースの状況と時間をみて判断するとよいだろう。

次郎笈から剣山へ、美しい雪稜歩きが楽しめる

剣山神社の石段登りから始まる

アクセス　バス、タクシーとも見ノ越までは入らない。マイカー限定となる。
マイカー情報　徳島自動車道美馬ICから国道438号を見ノ越へ約2時間。タイヤチェーンまたはスタッドレスタイヤが必要。さらに四輪駆動車が望ましい。リフト駅前の広場に駐車できる。
（注）降雪直後の早朝は除雪されていないことがあり、その場合は車が入れない。冬期通行規制が行なわれることもある。つるぎ町ウェブサイトで確認のこと。
参考タイム　見ノ越（1時間10分）西島（1時間）剣山三角点（30分）次郎笈峠（40分）次郎笈（1時間10分）剣山三角点（1時間30分）見ノ越　【計6時間】
アドバイス　夏道は多数あるが、稜線通しを基本にトレースの踏まれたルートを利用するとよい。ラッセルに苦労することは少ないが、アイゼンやスノーシュー

を持参しているとどんな状況にも対応できて安心である。剣神社境内の簡易宿泊所は通年営業で食事付き宿泊ができる。
問合せ先　つるぎ町産業経済課（除雪状況）☎0883-62-3114、剣神社簡易宿泊所☎0883-67-5017
2万5000分ノ1地形図　剣山

法華院下り口からの大船山と坊がつる

九州 久住山

牧ノ戸峠 » 久住山 » 中岳 » 法華院温泉 » 大船山 » 長者原

難易度	体力★★／技術★★
適期	1月中旬〜3月上旬
日程	小屋泊2日／約11.5時間

九重山の3名峰と高原・湿原をめぐる

温泉付きの法華院《ほっけいん》温泉山荘に泊まったうえ、九重《くじゅう》山群の主峰である久住《くじゅう》山、中《なか》岳、大船《だいせん》山に登るぜいたくなプラン。少し雪山登山に慣れた人向きだ。ちなみに、初級者には牧《まき》ノ戸《と》峠から久住山・中岳（両方またはどちらか1峰）往復がちょうどよい。

第1日　牧ノ戸峠から入山し、最初のピークである沓掛《くつかけ》山に進むと雪化粧した山々がまぶしい。樹木に付着した霧氷を愛でながら進み、扇《おうぎ》ヶ鼻《はな》分岐から西千里浜《にしせんりがはま》へ。星生《ほっしょう》山分岐を過ぎると三角峰の久住山が見え始め、星生崎の岩峰を通過すると頭上高くそびえ立つ。避難小屋前でひと息入れたら、久住分かれを経て火口縁を進み、斜面をひと登りで久住山山頂に到達する。

大展望を満喫したら、引き返した途中から右折して御池《みいけ》〜池ノ小屋と進み、九重最高峰の中岳にも登る。御池を前景にした久住山、坊《ぼう》がつるを抱く大船山と、宝物のような山岳風景が見られる。

中岳付近から法華院へ直接下る道は廃道なので、確実に久住分かれまで引き返し、それから北斜面を下る。荒涼とした火山原の北千里浜《きたせんりがはま》は独特な雰囲気がある。道迷いを警戒しながら北へ縦断し、涸れ谷の右岸を急下降して法華院温泉山荘に着く。

第2日　早朝、山荘を出発して坊がつるを横切り、避難小屋の奥から大船山の斜面に取り付く。標高差450mほどを一気に登るが、ラッセルになるとかなり厳しい。段《だん》原《ばる》の分岐で右折し、避難小屋前を過ぎて、もう一度急登すると大船山の頂上に着く。山頂からは阿蘇《あそ》、祖母《そぼ》山、由布《ゆふ》岳など、九州北部の山なみが遠望できる。久住山周辺とはちがった個性の山頂である。

往路を下降して坊がつるへ戻る。避難小屋でひと休みしたら、広大な坊がつるを北上して、雨《あま》ヶ池分岐から三俣《みまた》山東面の樹林帯へ入る。雨ヶ池の湿原や樹林帯の雪景色を楽しみながら、2時間ほど下り続けると長者原《ちょうじゃばる》に着く。牧ノ戸峠に戻るには、さらに1時間ほど歩かなくてはならない。

中岳山頂から氷結した御池と久住山、星生山

アクセス　JR豊後中村駅から九重町コミュニティバス50〜60分（経路により異なる）で長者原へ。ほかにJR別府駅から由布院駅経由の亀の井バスで長者原へ約2時間。別府駅から九州産交バス（要予約）も利用できる。[往復とも同じ］12〜2月は雪のため長者原〜牧ノ戸峠間はすべてのバスが運休となる。
マイカー情報　九州自動車道九重ICから牧ノ戸峠へ約40分。無料駐車場（150台）がある。あるいは下山口の長者原の駐車場（400台、無料）に車を停め、バスまたは徒歩で牧ノ戸峠へ移動してもよい。
参考タイム　第1日▸牧ノ戸峠（1時間45分）久住分かれ（30分）久住山（40分）中岳（25分）久住分かれ（1時間30分）法華院温泉山荘
第2日▸法華院温泉山荘（15分）坊がつる避難小屋（1時間20分）段原（20分）大船山（15分）段原（1時間）坊がつる避難小屋（50分）雨ヶ池越（1時間20分）長者原（1時間10分）牧ノ戸峠　【計11時間20分】
アドバイス　法華院温泉山荘の宿泊は予約が必要。悪天候のときは久住分かれ付近、北千里浜では吹雪・ガスなどで視界不良となり道迷いの危険がある。ピッケル不要だが、凍結など不測の事態に備えアイゼンは持ったほうがよい。
問合せ先　九重町まちづくり推進課☎0973-76-3807、法華院温泉山荘☎090-4980-2810、亀の井バス別府営業所☎0977-23-0141、九州産交バス予約センター☎096-354-4845
2万5000分ノ1地形図　湯坪、久住山、久住、大船山
追加情報　牧ノ戸峠から久住山または中岳への往復は、初級者にちょうどよい日帰り雪山コースとなる。

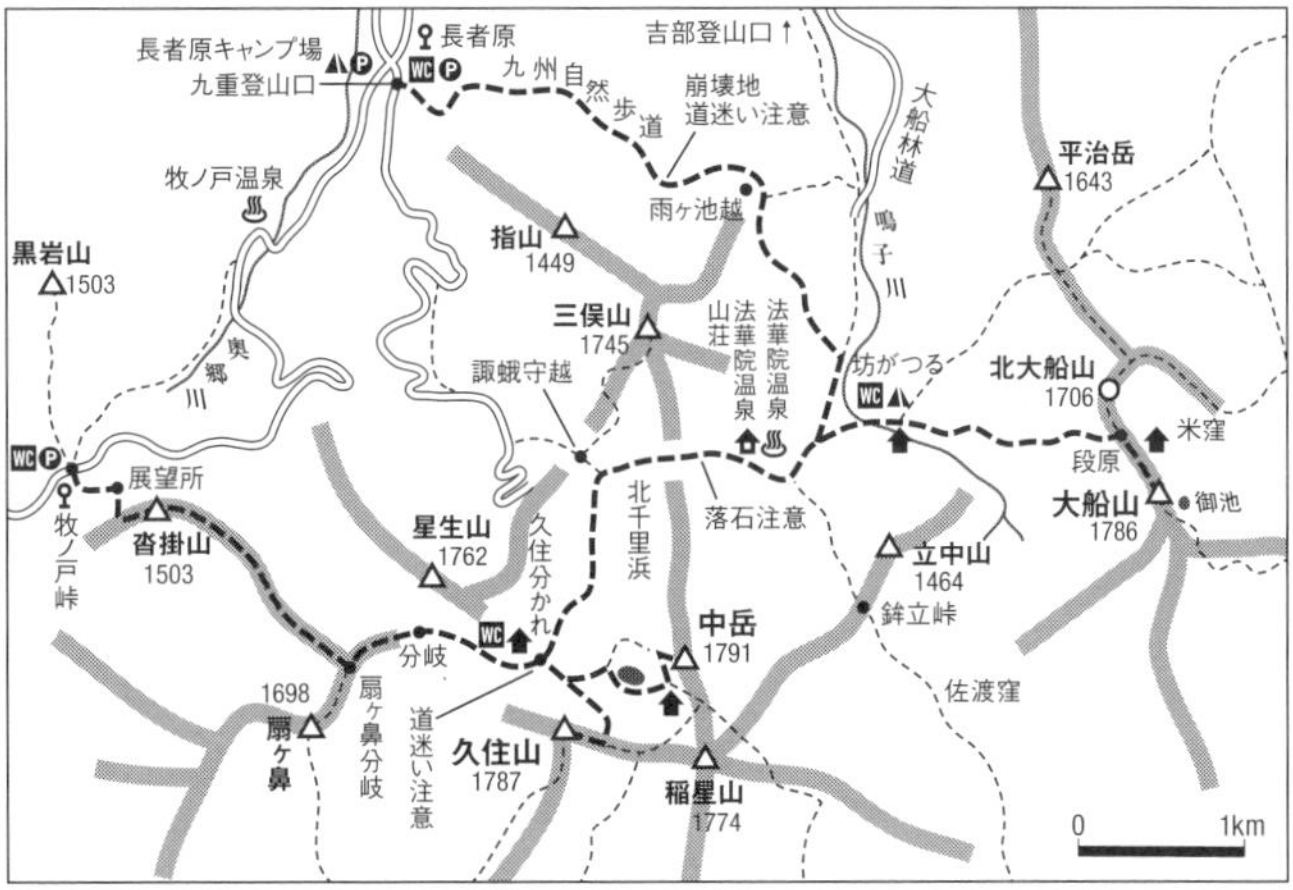

いくつかの祠がある祖母山頂

九州 祖母山

一合目ノ滝登山口 ≫ 五合目小屋 ≫ 国観峠 ≫ 祖母山（往復）

難易度	体力★★／技術★★
適期	1月中旬～3月上旬
日程	日帰り／約5.5時間

自然豊かな尾根を登る祖母山入門

　九州の山のなかでも祖母《そぼ》・傾《かたむき》山地は特別な響きをもっているようだ。山の自然がよく保たれ、原始的な登山ができる貴重な山域ということだろうか。それゆえ交通アクセスは不便で、マイカーを使っても日帰り可能な雪山ルートは限られる。ここでは祖母山への第一歩として、もっとも登山者が多い神原《こうばる》コースを登る。

　一合目ノ滝駐車場には冬でも使えるトイレと登山届ポストがある。最近は予約型乗合タクシーが通年運行されていて、バス停から一合目ノ滝まで徒歩約40分である。

　神原川を左下に見下ろして林道を進み、30分ほどでいつしか沢底が近づくと五合目小屋に着く。さらに20分ほど沢沿いに進み、河原を左岸から右岸に渡る。この付近はルートを外れないように、しっかり確認する必要がある。道標を見て尾根に取り付くと急登が始まる。ほぼ1本の尾根に沿って標高差５００ｍ近くを一気に登る。

　降雪直後でなければ積雪は少ないが、登山道は雪が貼り付いて氷化している。歩きにくかったらアイゼンを装着しよう。また、尾根上から外れて横の斜面を巻き上がる箇所では足場が不安定で崩れやすいので、滑落しないように注意しよう。

　やがて尾根沿いのラインが左折して草原状の国観《くにみ》峠に出る。ぽつんと座している石地蔵が象徴的だ。祖母山は遠くおだやかな山容でたたずんでいる。峠から祖母山へ向かうと積雪は急に多くなり、感じのよい樹林帯のなかを行く雪山登山になる。中間部からはブナ林が豊富になって、時おり目を引かれるような巨木にも出会える。この山の人気の理由がわかるような気がする。

　山頂には古い歴史を感じさせる石祠などが置かれて、じつに渋い雰囲気だ。東から南にかけての展望がよく、黒っぽくごつごつとした山なみが続いている。晴れれば九州中央部の大展望が楽しめるとのこと。

　下りは往路を戻る。2時間程度で一合目ノ滝駐車場へ下ることができる。

祖母山から南方向の眺め。右から障子岳、天狗岩、古祖母山

国観峠のお地蔵さま

アクセス　JR豊後竹田駅から乗合タクシー約40分で祖母山登山口（一合目ノ滝駐車場）下車。またはタクシー約40分・約6000円。

（注）竹田市予約型乗合タクシー「カモシカ号」は前日15時までに利用登録と予約が必要。予約は☎0974-63-2638へ。

マイカー情報　中九州横断自動車道竹田ICから県道8号・639号経由で一合目ノ滝駐車場へ約40分。駐車場は無料で約25台可能、トイレあり。少し下に第2駐車場もある。

参考タイム　一合目ノ滝登山口（30分）五合目小屋（2時間）国観峠（50分）祖母山（30分）国観峠（1時間30分）一合目ノ滝登山口　【計5時間20分】

アドバイス　五合目小屋の先から急な尾根道になりアイゼン（8本爪以上）が必要。ヤセ尾根の通行は滑落しないよう細心の注意を払いたい。

問合せ先　竹田市総合政策課☎0974-63-4801、竹田市観光ツーリズム協会竹田支部☎0974-63-2638、竹田合同タクシー☎0974-63-4141

2万5000分ノ1地形図　豊後柏原、祖母山

追加情報　尾平登山口や傾山の九折登山口がある豊後大野市でもコミュニティバスを運行しており、公共交通機関で登山口近くまで入れる。祖母山から別ルートでの下山や、傾山への縦走も、工夫しだいでできるようになった。

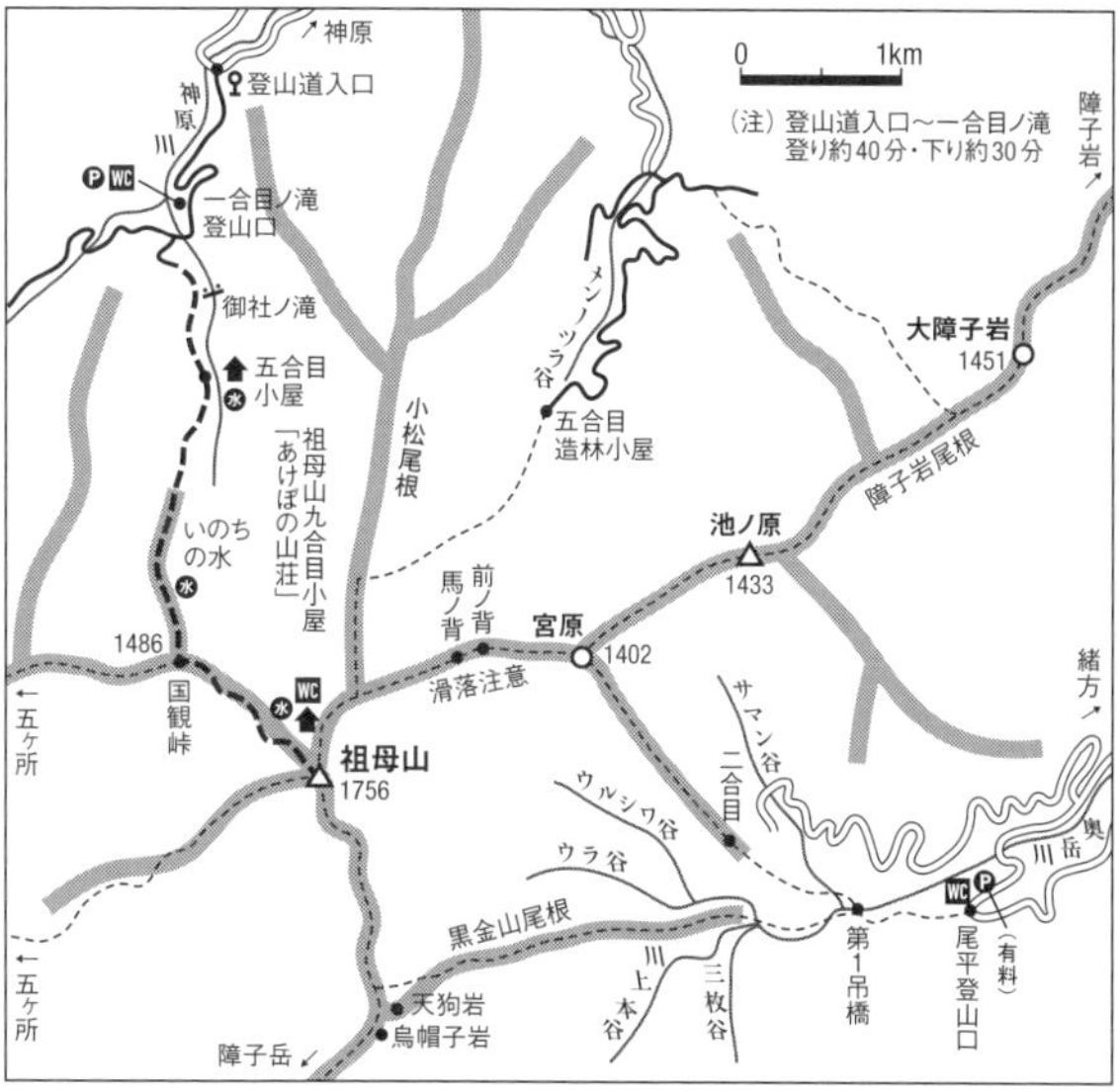

各県の登山条例・規則

山の遭難多発の状況が続いていることから、いくつかの県では遭難対策のひとつとして登山条例や指導要綱を定めている。具体的な規制内容としては、登山者に対して登山届の提出を義務付けているのがほとんどだ。雪山登山は登山届義務化の対象となっていることが多い。

登山届を義務付けているのは、群馬、富山、岐阜、石川、長野、新潟、山梨の各県である(2023年現在)。義務化する対象山域、対象期間がそれぞれ定められている。

[群馬県] 3〜11月に谷川岳東面・南面の「危険地区」へ登山しようとする場合、登山届を提出しなくてはならない。12〜2月は「危険地区」への入山自粛が要請され、原則として登山禁止。知事は「危険地区」への登山を一時的に禁止することができて、例年3月末〜4月末の融雪期は雪崩などの危険のため登山禁止となる。

対象となる「危険地区」は、谷川岳東面のマチガ沢、一ノ倉沢、幽ノ沢、谷川岳南面のいわお新道から谷川本谷左岸までの岩壁地帯で、一般ルートは除外される。登山届は所定の届出用紙を使用して郵送により行なう。

[富山県] ①12月〜5月15日の積雪期に剱岳の「危険地区」へ登山しようとする場合、登山届を提出しなければならない。また「特別危険地区」は、12月〜4月15日の期間は「立ち入らないよう努めること」と要望されている。「危険地区」はブナクラ乗越〜剱岳〜室堂乗越までの稜線西面から馬場島までと、剱岳東面の劒沢北股右岸〜劒沢本流左岸〜武蔵谷左岸までで、一般コースも含まれる。「特別危険地区」はそのうち東大谷と池ノ谷で稜線部分を除く。

②4〜5月、11月（毎年、知事が定めて公表する日）に立山室堂地区へ入山しようとするスキーヤー、スノーボーダー、登山者は入山届を提出しなくてはならない。期間中、室堂ターミナル内に設置される入山安全相談窓口では、その場で入山届を記入して提出できると同時に、入山者にルート上の危険情報などが伝えられる。また、雪崩ビーコン、ショベル、プローブ、ツエルトの携帯を確認し指導する方針だ。

登山届は所定の届出用紙を使用して行なうほか、日本山岳ガイド協会「コンパス」での提出も可能。①は電子申請もできる。

群馬県谷川岳遭難防止条例「危険地区」の範囲

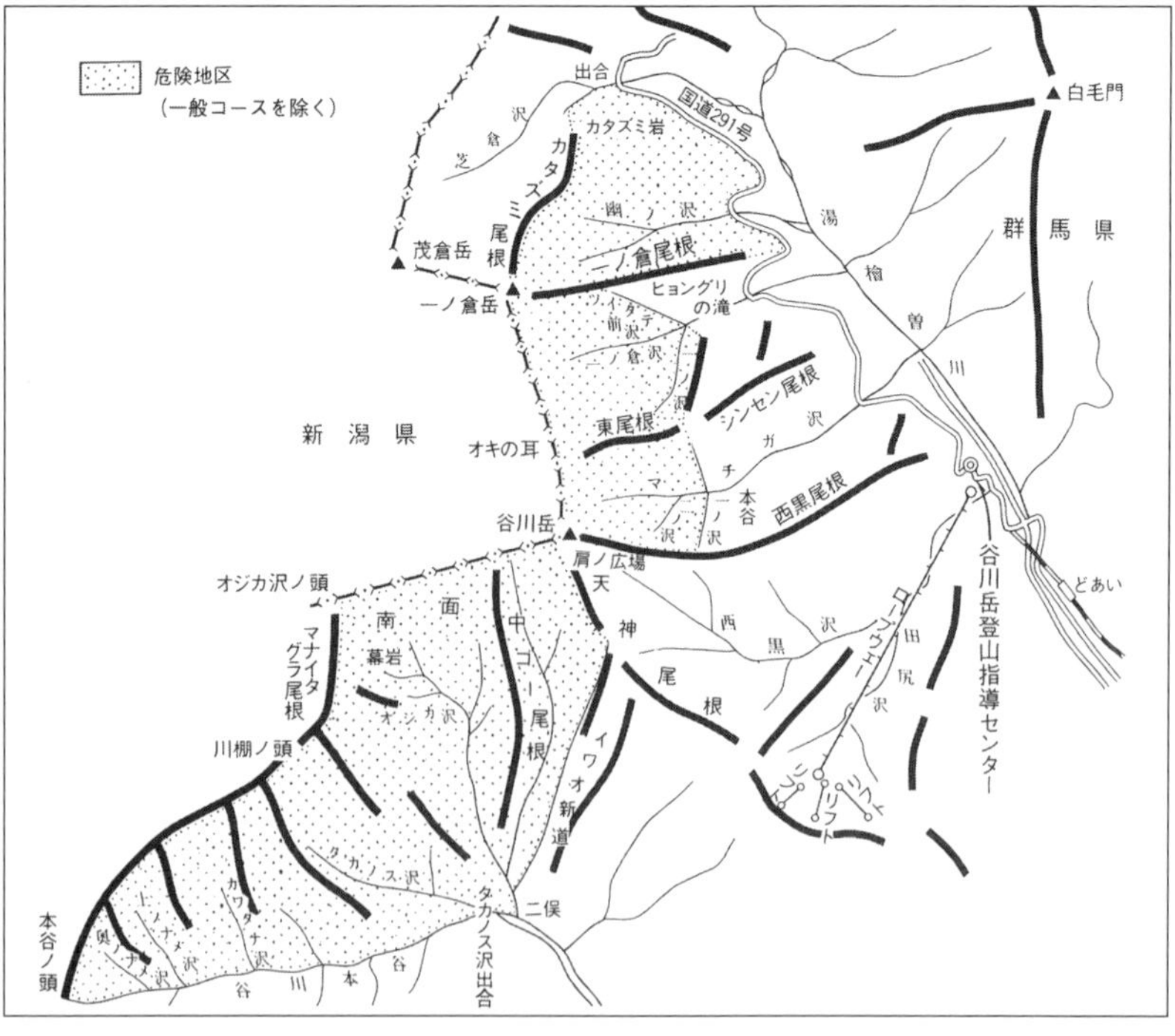

富山県登山届出条例「危険地区」「特別危険地区」の範囲

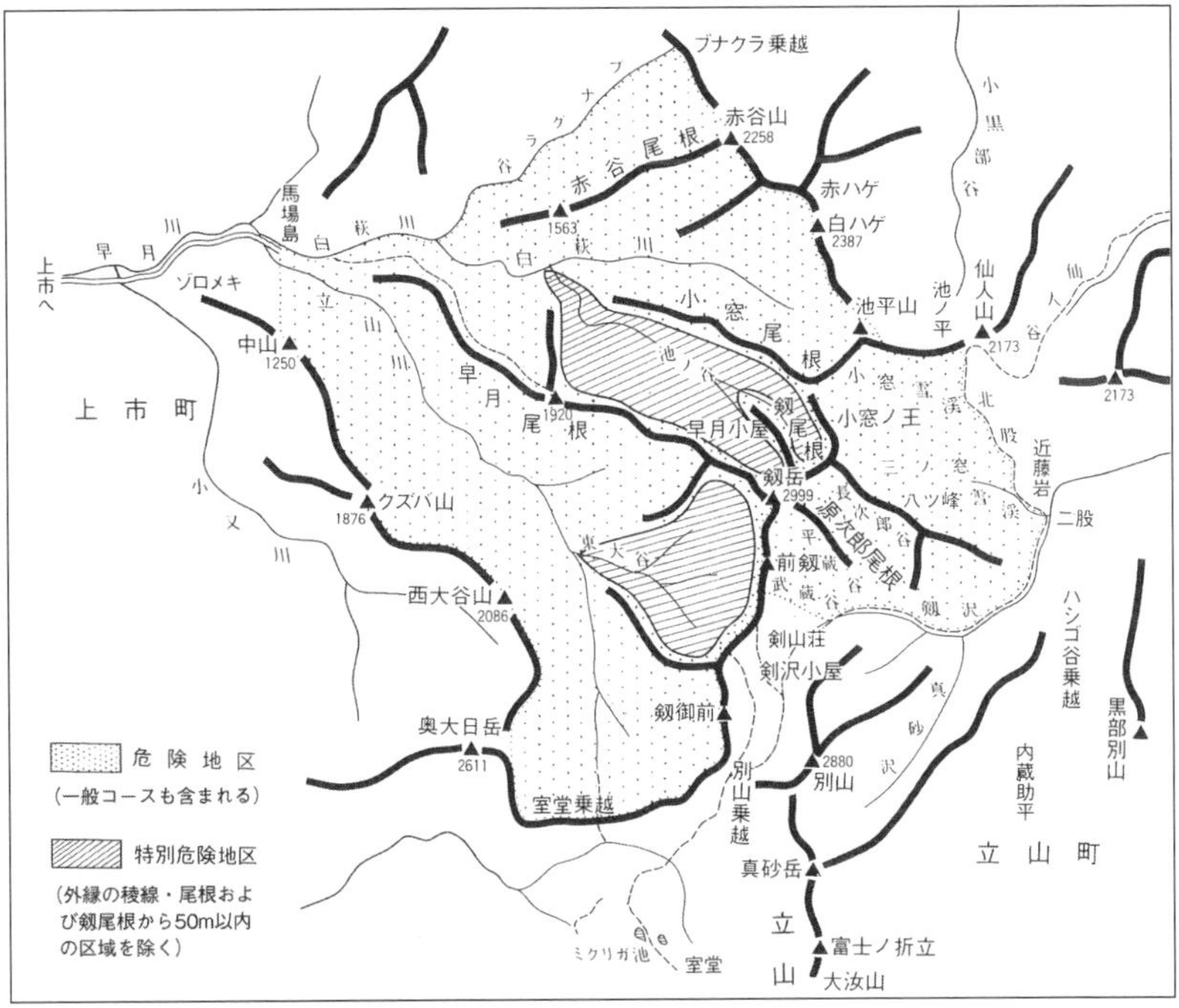

富山県立山室堂地区山岳スキー等安全指導要綱の対象範囲

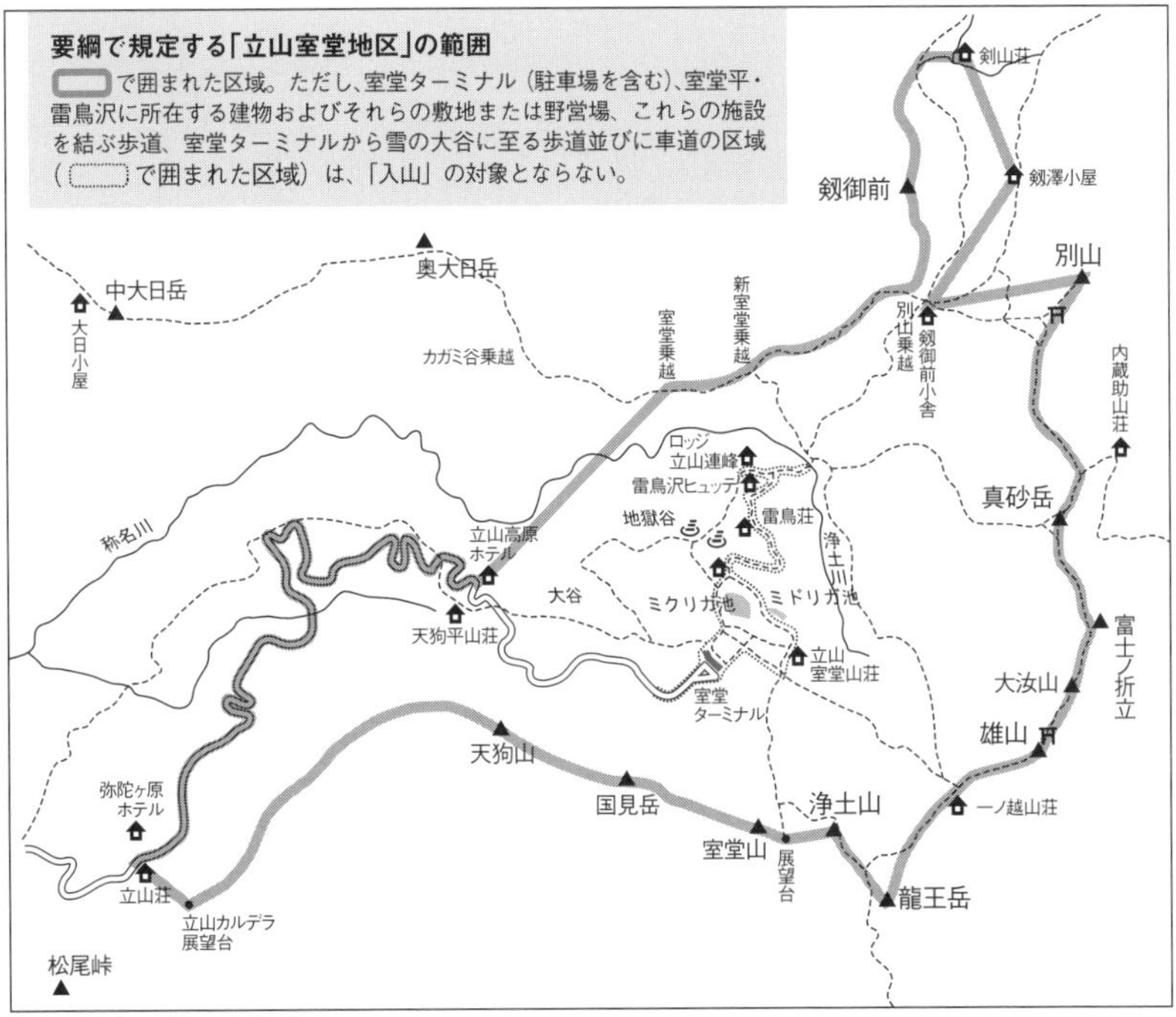

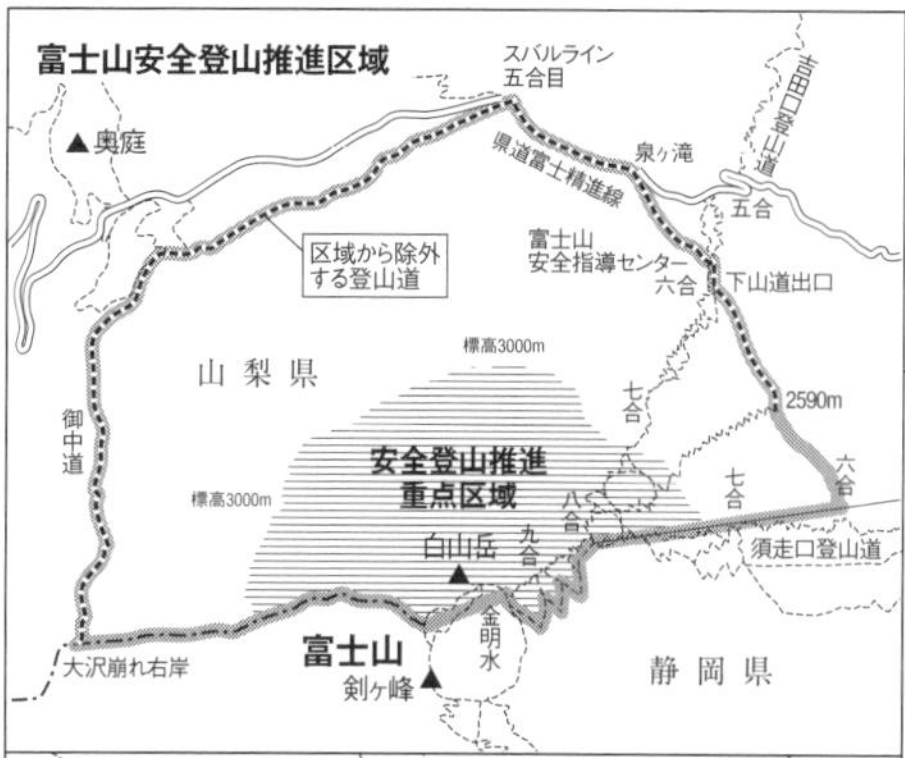

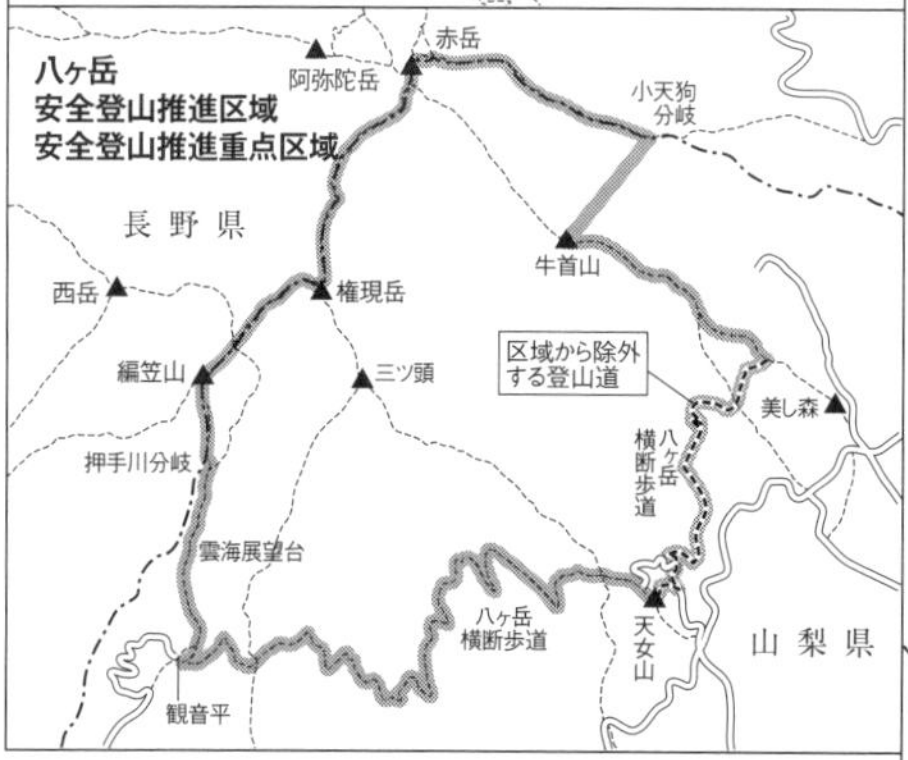

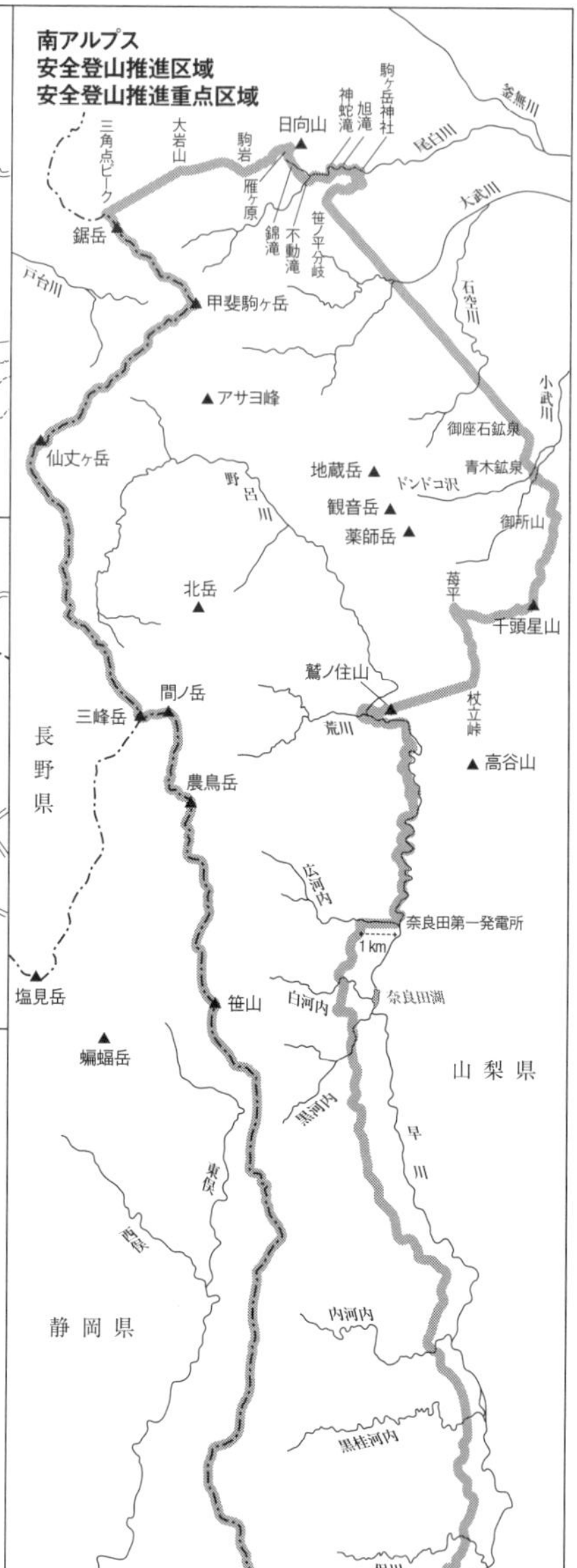

[山梨県] 八ヶ岳、富士山、南アルプスの「安全登山推進区域」へ入山する場合、登山の届出を努力義務として求める。また「安全登山推進重点区域」へ入山する場合は、登山の届出が義務付けられている。

「安全登山推進区域」は、山梨県内の八ヶ岳、富士山、南アルプスの主要登山区域を含む上図の範囲で、南アルプスは鋸岳、甲斐駒ヶ岳、アサヨ峰、鳳凰山、仙丈ヶ岳、小太郎山、北岳、間ノ岳、農鳥岳、笹山、笊ヶ岳を経て布引山まで。「安全登山推進重点区域」は、八ヶ岳の同区域、富士山の同区域のうち標高3000m以上の範囲、南アルプスの同区域で、いずれも12～3月の積雪期に限り登山届義務化の対象となっている。本書掲載のルートでは、赤岳、編笠山、鳳凰三山が該当する。

登山届の提出先は山梨県（県知事）、提出方法は日本山岳ガイド協会「コンパス」、電子メール、ファックス、郵送、登山ポストが可能だが、届出用紙を回収する必要がなく早い点で「コンパス」が推奨されている。

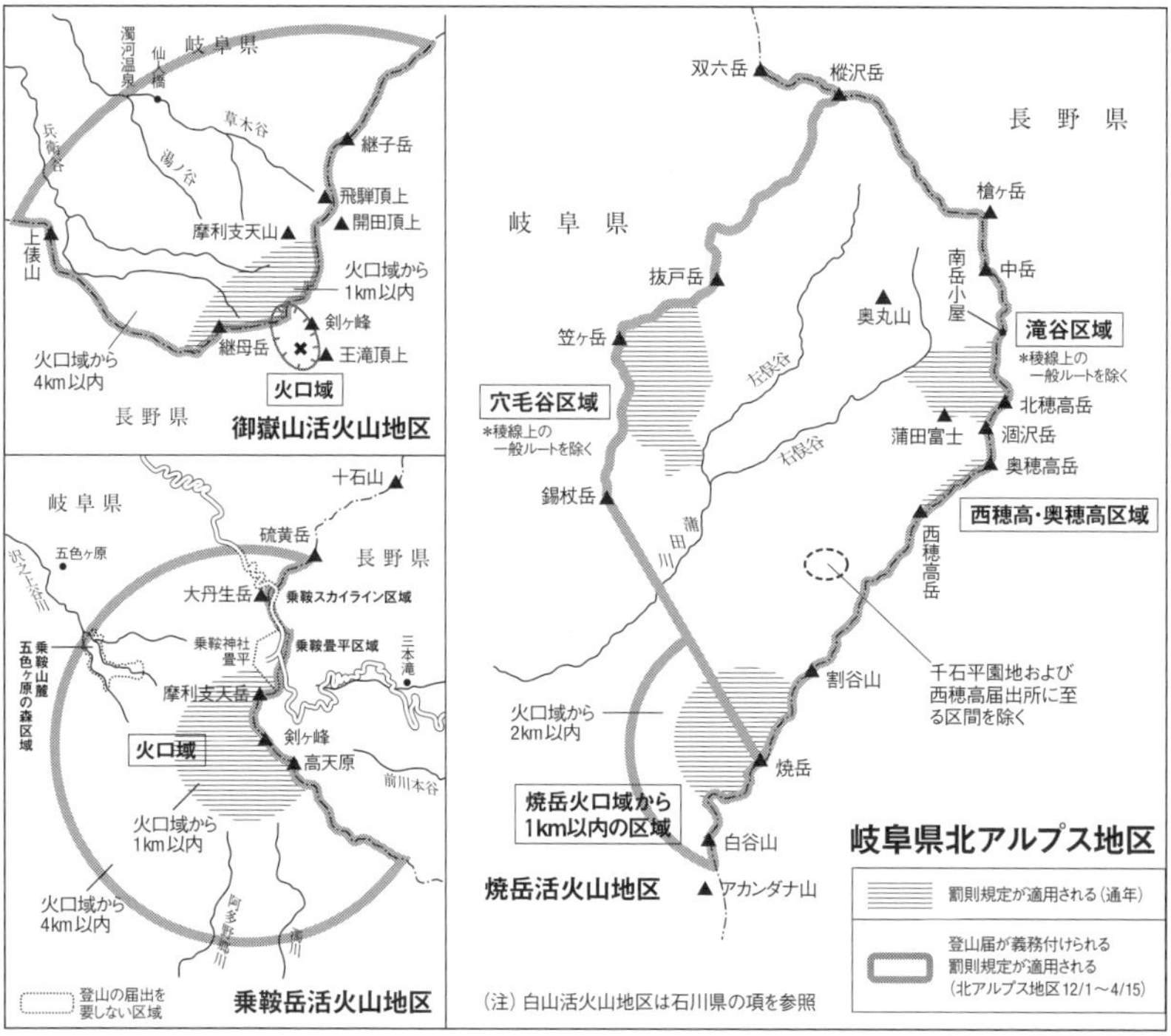

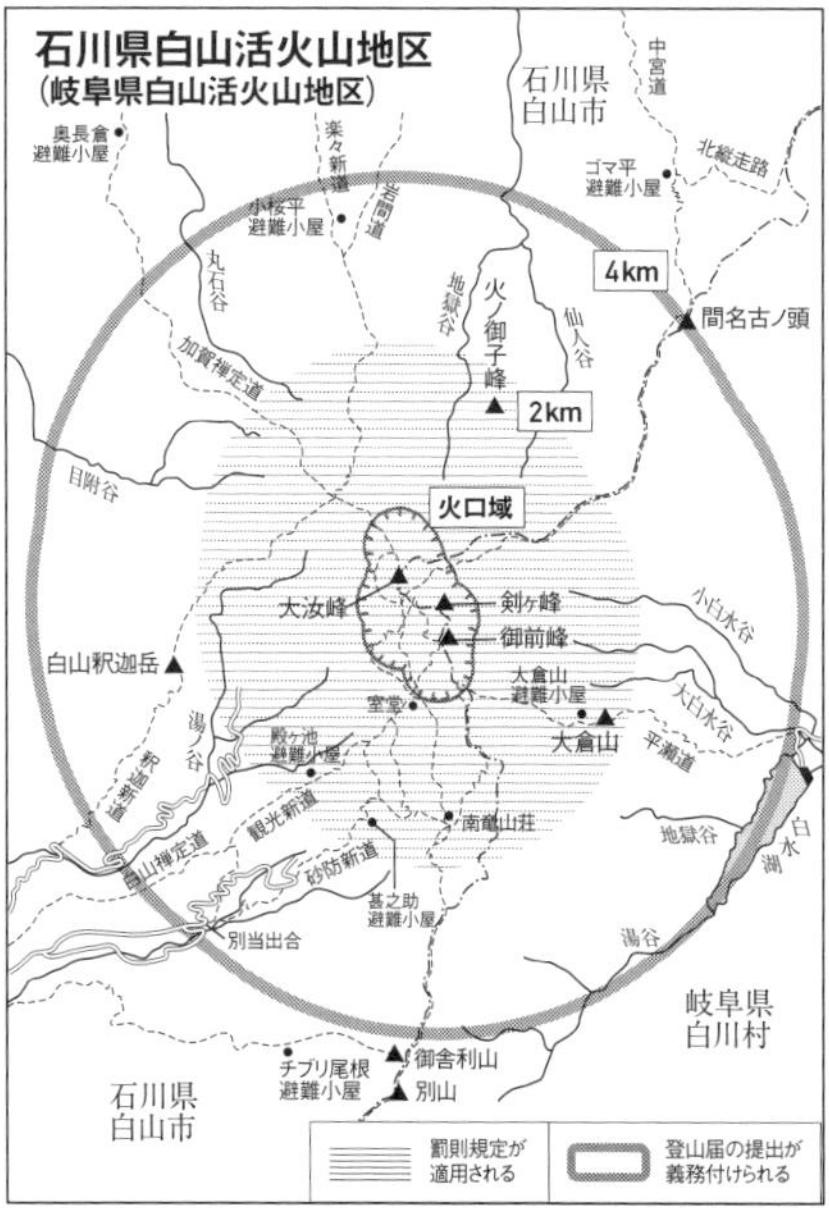

[岐阜県・石川県] 岐阜県北アルプス地区、焼岳（火口域から2km以内）、乗鞍岳・御嶽山・白山（各火口域から4km以内）の各活火山地区へ入山しようとする場合、入山届または登山計画書を提出しなくてはならない。努力義務ではなく義務として規定し、期間も限定せず通年となっている。罰則規定（5万円以下の過料）が適用される区域や期間は次のとおり。

- 岐阜県北アルプス地区のうち、特別に危険な滝谷区域、西穂高・奥穂高区域、穴毛谷区域は通年で罰則規定が適用される。
- 岐阜県北アルプス地区は12月1日～4月15日の積雪期に限り罰則規定が適用される。
- 焼岳活火山地区、乗鞍岳活火山地区、御嶽山活火山地区は、各火口域から1km以内の区域に限り罰則規定が適用される。
- 白山活火山地区は、火口域から2km以内の区域に限り罰則規定が適用される。

登山届の提出先は、各県担当部署のほか県警本部、山域管轄警察署（管内交番・駐在所）。日本山岳ガイド協会「コンパス」での届け出も同等と認められている。

（注）以上のほかに、**長野県**では県内主要山岳（167山と1景勝地）を対象に、**新潟県**では新潟焼山を対象に登山届の提出を義務化している。具体的な規制内容は各県のウェブサイトなどで確認のこと。

登山装備表（雪山一般登山）

品名	日帰り	山小屋泊	テント泊
ウェア			
長袖シャツ	◎	◎	◎
パンツ	◎	◎	◎
アンダーウェア上下	◎	◎	◎
防寒着	◎	◎	◎
アウター（ジャケット）	◎	◎	◎
アウター（パンツ）	◎	◎	◎
雨具（レインウェア）	*	*	*
バラクラバ	◎	◎	◎
帽子	△	△	△
ネックウォーマー	△	△	△
手袋・替え手袋	◎	◎	◎
オーバー手袋	◎	◎	◎
靴下・替え靴下	◎	◎	◎
歩行・行動用具			
登山靴	◎	◎	◎
スパッツ	◎	◎	◎
ザック	◎	◎	◎
サブザック		*	*
ピッケル	*	*	*
ピッケルバンド・カバー	*	*	*
アイゼン	*	*	*
アイゼンカバー・ケース	*	*	*
わかん／スノーシュー	*	*	*
トレッキングポール	△	△	△
ショベル（スノースコップ）	*	*	*
ヘルメット	*	*	*
ハーネス	*	*	*
スリング・カラビナ	*	*	*
制動器（確保器／下降器）	*	*	*
スタッフバッグ	○	○	○
ビニール袋	◎	◎	◎
サングラス／ゴーグル	◎	◎	◎
水筒	◎	◎	◎
保温ボトル	○	○	○
ヘッドランプ・予備電池	◎	◎	◎
ナイフ	◎	◎	◎
ホイッスル	△	△	△
コンパス	◎	◎	◎
地図	◎	◎	◎
GPS受信機	△	△	△
時計・高度計	◎	◎	◎
カメラ・付属品	△	△	△
手帳・筆記用具	○	○	○
コース資料	△	△	△
貴重品入れ	◎	◎	◎
キャンプ・生活用具			
シュラフ			◎
シュラフカバー	△	△	○
個人用マット			◎
テントシューズ			△

品名	日帰り	山小屋泊	テント泊
個人用食器・カトラリー			◎
カップ	△	△	○
ティッシュペーパー	◎	◎	◎
タオル／手ぬぐい	○	○	○
洗面用具・歯ブラシ	△	△	△
裁縫用具	△	△	△
日焼け止め	○	○	○
リップクリーム	○	○	○
携帯トイレ	*	*	*
緊急対策用具			
ビーコン	*	*	*
プローブ（ゾンデ棒）	*	*	*
ツエルト	◎	◎	*
携帯燃料	○	○	△
ライター／マッチ	◎	◎	◎
ファーストエイドキット	◎	◎	◎
テーピングテープ	○	○	○
常備薬	○	○	○
非常食	◎	◎	◎
健康保険証	○	○	○
登山計画書の控え	◎	◎	◎
事故伝達カード	○	○	○
携帯電話	○	○	○
予備バッテリー	△	○	○
共同装備			
補助ロープ／ロープ	*	*	*
アイスハンマー	*	*	*
スノーアンカー	*	*	*
アイスピトン／アイススクリュー	*	*	*
標識（赤布）	*	*	*
竹竿	*	*	*
スノーソー			*
テント			◎
ポール・雪用ペグ			◎
内張／外張			○
フライシート			○
テントマット			○
ストーブ	○	○	◎
ストーブ台		△	○
燃料	○	○	◎
クッカー	△	△	◎
炊事用雑具			○
雑巾・キッチンペーパー			△
ロールペーパー			○
ロウソク／ランタン		△	○
雪用ビニール袋			○
雪用タワシ			○
ラジオ	△	△	○
天気図用紙		△	△
無線機／衛星電話	*	*	*

◎印は必携装備、○印は持っていったほうがよいもの（軽量化が必要なときは除く）、△印はあれば便利だが場合によっては不要なもの、*印はコース状況や季節によっては必携となる装備。「／」はどちらかひとつ持参。

プロフィール

執筆：野村 仁（のむら・ひとし）
1954年、秋田県生まれ。森吉山山麓で少年時代を過ごす。上京して大学時代に登山を始め、その後仲間と山岳会を創って、約50年間各ジャンルの登山を行なってきた。職業は書籍・雑誌の編集と原稿執筆で、登山技術、山岳遭難関係の執筆・編集が多い。著書に『登山技術全書　登山入門』、『転倒・滑落しない歩行技術』、共著に『山で死んではいけない』（いずれも山と溪谷社）などがある。
日本山岳文化学会理事、遭難分科会会員、地理・地名分科会会員。日本山岳ガイド協会認定登山ガイド。編集室アルム主宰。

画：江﨑 善晴（えざき・よしはる）
1961年生まれ、イラストレーター。おもに登山・アウトドアに関する技術解説のためのイラストを手がけている。ほかに図版、地図、アクリルによるリアルイラストレーションなど。登山ガイドも行なう。東京都山岳連盟公認ガイドマスター、JMSCA認定山岳コーチ2。

コースガイド執筆者

荒田 康仁（あらた・やすひと）
1973年、北海道富良野生まれ。故郷と自然を愛するネイティブガイド。里山散策から登山まで「やま」全体を得意分野とする。通年で北海道の自然散策や登山、バックカントリースキーのガイドをしながら、参加者に自然や山岳環境のお話をしている。アウトドアガイド TREE LIFE Guide & Rescue 代表。

渡辺 幸雄（わたなべ・ゆきお）
1965年、埼玉県生まれ。長野県松本市在住。自然・山岳フォトグラファーで『山と溪谷』、『岳人』などで執筆。四季を問わず北アルプスやヒマラヤなど国内外の山で撮影に勤しむ。著書に『アルペンガイド　槍穂高連峰』（山と溪谷社）などがある。㈳日本写真家協会会員、日本山岳写真集団最終代表。

写真提供：「ブナの沢旅」（船形山）

S T A F F

写真　野村 仁
荒田康仁
渡辺幸雄
装丁　飯髙 勉（iitakadesign）
図版　野村志津子（編集室アルム）
DTP　編集室アルム
編集　野村 仁
吉野徳生（山と溪谷社）

ヤマケイ 入門&ガイド

雪山登山 改訂版

2023年12月25日　初版第1刷発行

編著　野村 仁
画　江崎善晴
発行人　川崎深雪
発行所　株式会社山と溪谷社
〒101-0051
東京都千代田区神田神保町1丁目105番地
https://www.yamakei.co.jp/
印刷・製本　株式会社シナノ

■乱丁・落丁、及び内容に関するお問合せ先
山と溪谷社自動応答サービス　電話 03-6744-1900
受付時間 11 時～ 16 時（土日、祝日を除く）
メールもご利用ください。
【乱丁・落丁】service@yamakei.co.jp
【内容】info@yamakei.co.jp

■書店・取次様からのご注文先
山と溪谷社受注センター
電話 048-458-3455　FAX 048-421-0513

■書店・取次様からのご注文以外のお問合せ先
eigyo@yamakei.co.jp

ISBN978-4-635-15039-2